The peasant family history in Ireland

アイルランドの農民家族史

清水由文 著
SHIMIZU Yoshifumi

ナカニシヤ出版

序　　論

　タマラ・ハレーブンは，1991 年の「家族史と社会変動の多様性」という論文で，1960 年代から 1990 年までの家族史の研究史を丹念にレビューしている。著者の問題関心からすれば，1960 年代における家族史研究として，エンリとグベールによるフランスの歴史人口学をはじめとして，ラスレットによるケンブリッジ・グループ（The Cambridge Group for the History of Population and Social Structure），ヘイナルの西欧婚姻タイプなどが取り上げられている。1970 年代では，ラスレットによるライフサイクル・サーヴァント研究と関連づけながら，それ以降のアメリカでのエルダーによるライフコース研究，世帯外の親族研究が取り上げられた。また，家族と社会的・経済的変化と相互関係を重視する視点から，メンデルス（F. Mendels），メディック（H. Medick），レヴァイン（D. Levine）により展開されたプロト工業化（Proto-industrialization）と家族の研究が取り上げられている［Hareven 1991:100-113］。それらの研究に関するレビューは非常に得るところの多いものであった。しかし，そこで取り上げられた研究のほとんどは，特定地域におけるモノグラフによる家族史研究であるといってよいだろう。

　ところが，1990 年以降，家族史研究に大転換が起こった。その拠点はアメリカのミネソタ大学のラグルズ（S. Ruggles）をリーダーとしたミネソタ人口センター（Minnesota Population Center）である。彼の人口センターの着想は，彼の著書である『長期の間柄―― 19 世紀イングランドとアメリカにおける拡大家族の上昇』にさかのぼる。彼の家族史研究の原点は，1963 年にラスレットたちのケンブリッジ・グループによる大家族神話の破壊（つまり近代化や産業化以前の過去には，拡大家族が支配的形態であり，それ以降核家族に変化したという神話），その後に，彼らによる新たな神話（イギリスで産業革命以前にすでに核家族が支配的であったという神話［ラスレット 1992:12-34］）が，形成されたことに求められる。しかし，ラグルズは，アメリカとイギリスでは 1750 年から 19 世紀末にかけて拡大親族を含む世帯が 2 倍に増加し，1971 年ではイギリスで 7.7 ％，1984 年にはアメリカで 6.0 ％に減少したと主張した［Ruggles 1987:3-6］。彼は，そのような 19 世紀末の拡大家族世帯の存在を世帯レヴェルではなく，個人レヴェルで家族構造を測定した結果，その割合の多さが重要であると考えた。つま

i

り，アメリカでは 19 世紀中頃には 65 歳以上の人々が，彼らの成人した子供と居住していた割合が 70 ％以上であり，それが 20 世紀末には 15 ％以下に減少していた。その大きな原因として，より若い世代の雇用労働へのシフト，家族内での父権の喪失が挙げられている［Ruggles 2007:964］。ラグルズは，そのような拡大家族の構成に着目し，ラスレットらの研究の批判を試みたのであった。

　彼は，そのような問題関心を追究するために，1991 年からプロジェクトを立ち上げ，2000 年にミネソタ人口センターを設立した。そのミネソタ人口センターでは，以下のような 3 プロジェクトによるセンサスのデータベース化が中心であった[1]。

　第 1 は，「IPUMS-USA（Integrated Public Use Microdata Series）」であり，現在 1850 ～ 2015 年までのセンサス・サンプルがデータベース化され，それらの多くはサンプルであるものの，時系列データとしての価値がある。とくに 1850 年，1880 年，1920 年，1930 年，1940 年のセンサスデータが 100 ％データであり，とりわけ貴重なデータといえる。

　第 2 は，表序 - 1 のような変数による「北大西洋人口プロジェクト（NAPP）」であり，この表はプロジェクト初期の対象国とデータの変数を示しているが，世帯単位と個人単位でのデータに区分されていることが特徴といえる。現在ではカナダ（1852 ～ 1911 年），デンマーク（1789 年と 1801 年），グレート・ブリテン（1851 ～ 1911 年），アイスランド（1703 ～ 1910 年），ノルウェー（1801 ～ 1910 年），スウェーデン（1880 ～ 1900 年），アメリカ（1850 ～ 1910 年）のセンサスがデータベース化され，すでに公開されている［Minnesota Population Center, North Atlantic Project, Version 2.0, 2008］。

　第 3 は，「IPUMS-International」であり，2017 年現在では，そこには 1960 年以降の 82 か国の 277 のセンサスが含まれ，それは総人口が 61.4 億人で，家族の比較研究にとって貴重なデータである。これらのセンサスのデータベース化の大きな特徴は，すべて各国のセンサス・データが，共通コードによる変数で統一されていることにあり，それらの変数によりすぐに時間的，空間的な比較ができることにある。とくに，職業変数のコード化は，一番困難を伴った作業であったといえる。

　われわれは，このような新しいデータの真っただなかにおり，それらにより人口，世帯，家族構成の研究において前例のない分析と発見の機会が提供されたのである。

　そのような動きに対して，アイルランドの宗主国であったイギリスにおいては，

表序-1　北大西洋人口プロジェクトのデータベース

Country	Great Britain	Canada	Iceland		Norway		United States
Census year	1881	1881	1870	1901	1865	1900	1880
Eunmeration rule	de facto	de jure	both	both	de jure	both	de jure
No. of person records (000)	29,000	4,280	70	79	1,702	2,240	50,155

Household record

Household characteristics							
Country	X						X
City, town, village	X	X	X	X	X	X	X
Province/state		X	X	X	X	X	X
Parish			X	X	X		
Eunmeration district	X	X	X	X		X	X
School district					X		
Address	X		X	X	X	X	
Microfilm reel or folio number	X	X	X	X	X	X	X
Census page number	X	X	X	X	X	X	X
Number and type of rooms						X	
Farm residence	C	C	X	X	X	X	C
Constructed household variables							
Record type (household)	C	C	C	C	C	C	C
Household sequence number	C	C	C	C	C	C	C
Number of persons in household	C	C	C	C	C	C	C
Group-quarters residence	C	C	C	C	C	C	C
Group-quarters type	C	C	C	C	C	C	C
Urban/rural residence	C	C	C	C	C	C	C
Size of place	C	C	C	C	C	C	C
Metoropolitan area	C	C	C	C	C	C	C
Community characteristics	C	C	C	C	C	C	C
Household type (UN system)	C	C	C	C	C	C	C
Household type (Hameel/Laslett)	C	C	C	C	C	C	C
Number of families	C	C	C	C	C	C	C
Size of primary family	C	C	C	C	C	C	C
Number of children under 18	C	C	C	C	C	C	C
Number of married couples	C	C	C	C	C	C	C
Number of secuondary individuals	C	C	C	C	C	C	C

Person record

Individual characteristics							
Relationship to household head	X	C	X	X	X	X	X
Age	X	X	X	X	X	X	X
Sex	X	X	X	X	X	X	X
Occupation	X	X	X	X	X	X	X
Marital status	X	X	X	X	X	X	X
Place of birth	X	X		X	X	X	X
Parental birthplace							X
Citizenship/nationality	X				X	X	
Ethnicity/race		X			X	X	X
Religion		X			X	X	
Disability	X				X	X	
Surname	X	X	X	X	X	X	X
Given name	X	X	X	X	X	X	X
Absent or visiting on census day			X	X		X	
Constructed person variables							
Record type (person)	C	C	C	C	C	C	C
Person number in household	C	C	C	C	C	C	C
Socioeconomic scores	C	C	C	C	C	C	C
Surname similarty code	C	C	C	C	C	C	C
Location of spouse	C	C	C	C	C	C	C
Location of own mother	C	C	C	C	C	C	C
Location of own father	C	C	C	C	C	C	C
Number of own children	C	C	C	C	C	C	C
Number of children under 5	C	C	C	C	C	C	C
Age of eldest own child	C	C	C	C	C	C	C
Age of youngest own child	C	C	C	C	C	C	C

Note. X = variable taken derectly form source. C = constructed variable.

Source: Evan Roberts, Steven Ruggles, Lisa Y. Dillon, Olof Gardatsdottier, Jan Ollervoll, Gunnar Thorvaldsen & Mathew Woollard, The North Atrantic Population Project, *Historical Methods*, 36-2, 2003, 82-3

まず，エセックス大学のイギリス・データ・アーカイブ（UK Data Archive）が
1967 年に設立されたが，現在の組織体制は 2007 年に新しい独立施設で活動する
ことになった。それは社会・経済データのデジタル化を目的として設立されたの
である。そこには現在 6000 のデジタルデータが所蔵されている。とくに，1881
年のグレート・ブリテンの 100 ％センサス原簿（census schedule）のデータベー
ス化が重要であるといえる。またイングランド，スコットランド，アイルランド
のセンサス報告書が 1801 ～ 1911 年，それ以降イングランド，スコットランド，
北アイルランドの報告書が 1937 年までデジタル化され，それらの 20 万ページに
およぶ資料が HISTPOP というウェブサイトで公開されている[2]。さらに，最近，
ケビン・シューラーによる「センサス統合マイクロデータプロジェクト（I-CEM,
Intergrated Census Microdata Project)[3]」によって，イングランドとウェール
ズでは，1851 ～ 1861 年と 1881 ～ 1911 年，スコットランドでは，1851 ～ 1901
年までのセンサス原簿のデータベースが完成された。現在，それらのデータが，
名前と詳細な地名が除外された形で利用可能になっている。
　このような人口センサスのデータベース化が，欧米では急激に進展しており，
それらは，人口学（歴史人口学も含む），社会学など社会科学の研究者にとって
資料の宝庫といっても過言ではない。
　以上のような，アメリカ，イギリスにおけるセンサスのデータベース化やデジ
タル化により，家族の数量的研究が可能になったのであるが，アイルランドでは
どのようになっているのであろうか。これまで，アイルランドの家族史研究は，
以下で取り上げるようにアレンスバーグとキンボールの研究，ギボン・カーティ
ンの研究，ギナーンの研究，グレイの研究などが代表的なものであるが，それ以
外では，家族史研究はあまり行なわれていない。そこで，文化人類学の立場から
アイルランドにおける調査地を明らかにしたウィルソンの分布図を見れば，アイ
ルランド共和国では調査地が 17 か所であるが，どちらかといえば西部アイルラ
ンドに集中していた［Wilson and Donnan 2006:25-26］。アイルランドの社会学的研
究も辺境地域である西部アイルランドに多く見られる。そして，これまでのアイ
ルランドの家族研究は，このようなモノグラフによるものがほとんどであった。
そのような状況のなかで，本書は，アイルランドのセンサス個票（census re-
turns）にもとづくマクロ的な家族史研究であるところに大きな特徴がある。
　アイルランドではセンサスのデータベース化がいまだ行なわれておらず，アイ
ルランドセンサス個票が，アイルランド公文書館（National Archives of Ire-
land）のホームページで公開されているにすぎない。しかし，著者は，それらの

資料をもとにして，残存するセンサスである 1821 年，1841 年，1851 年のセンサ
ス個票のデータベースを作成した。また，1901 年と 1911 年センサス個票の
100 ％データベース化も行なった。それらにより，1821 年から 1911 年のセンサ
ス個票を利用することで，数量的で詳細な家族分析が可能となったのである。以
下の章では，そのようなデータにもとづいて，19 世紀から 20 世紀初頭のアイル
ランド家族構造を追究することが，本書の課題である。

　ところで，本書は，基本的に 1930 年代にアイルランドのクレア州におけるア
レンスバーグとキンボールによる調査研究にもとづいている。その 1930 年代に
は，すでにアメリカでは，この調査に参加していたウォーナーの『ヤンキーシ
ティ』研究[4]，リンド夫妻による『ミドゥルタウン』のコミュニティ研究[5]，ソロー
キンとジンマーマンによる『農村・都市社会学原理』と『農村社会学の体系的資
料源泉』での家族周期論の提起[6]，トマスとズナニエキによる『ヨーロッパとアメ
リカにおけるポーランド農民』[7]，パークとバージェスによるシカゴ学派の都市研
究など，社会学，文化人類学によるコミュニティ研究や家族研究の全盛期であっ
た。日本でも，1930 年代には，有賀喜左衛門による『日本家族制度と小作制度』[8]
や『大家族制度と名子制度』の研究，ソローキンに影響された鈴木栄太郎による
『日本農村社会学原理』[9]，喜多野清一による同族団研究[10]，及川宏による同族組織
研究[11]など，今日では古典といわれる，日本の家族と村落研究が盛んに行なわれて
いた。

　さらに，この時期にアメリカの文化人類学者による日本研究も開始されていた。
その代表的研究として熊本県の須恵村を調査したエンブリー『日本の村，須
恵村』[12]が挙げられる。彼は，シカゴ大学で社会人類学者のラドクリフ゠ブラウン
の学生であり，ウォーナーの有名な 6 階級システムを須恵村で活用［桑山敬己
2013:10］して参与観察によるモノグラフを完成させた。そこでは，アメリカの文
化人類学者のレッドフィールドの影響と日本では柳田國男の助言を得たこと，お
よび須恵村が，柳田による『後狩詞記』における熊本県椎葉村から 40 キロのと
ころに位置していることからも，須恵村を調査地としたことがうかがえる［桑山
2013:10］。エンブリーにより須恵村で調査されたテーマが助け合う「協同」で
あったことは[13]，アレンスバーグとキンボールの研究でも協同労働としての「クー
リング（cooring）」や「ミール（mihil）」と類似しており，両者のアプローチに
おける共通点が興味深い。つまり，極東でのエンブリーによる日本農村調査の理
論的枠組みが，1930 年代にイギリスでラドクリフ゠ブラウンとマリノフスキー
により開始された社会人類学における機能主義理論であり，同時期に極西でのア

レンスバーグとキンボールによるアイルランドの調査研究もまた同じ機能主義理論によるものであった。そのような調査地の違いにかかわらず同じ方法論であったところに意外性を見出すことができる。さらに，欧米の村落研究が集落単位での調査が多く，それが小宇宙を形成し，その範囲で生活者の行動を詳細に描写できるという指摘［桑山 2013:11］は重要である。このことはエンブリーの日本調査とアレンスバーグとキンボールのアイルランド調査でも共通しており，それは元をただせば機能主義理論であったことによるといえる。

　このように1930年代というアメリカと日本におけるコミュニティと家族研究の時代において，本書で取り上げるアレンスバーグとキンボールの研究が位置づけられる。そして，日本で彼らの研究をいち早く紹介したのが，馬淵東一による『人類の生活』（1952）であった。ただし彼は，未開民族のみでなく，現代ヨーロッパ農村社会構造とその生活の事例として，アレンスバーグによる『カントリーマン』にもとづいて，アイルランド，クレア州の家族と農村構造を的確に紹介したのである。それ以降，アレンスバーグとキンボールの研究は，ほとんど日本で取り上げられることがなかった。本書は，このようなアイルランドのパイオニア的研究であった彼らの研究を基礎として展開されているのである。そこで，本書の構成をつぎに簡潔に見ておこう。

　第1章では，これまでの代表的なアイルランド家族史研究を検討する。まず，1930年代にアイルランド，クレア州を調査したアレンスバーグとキンボールによるパイオニア的研究を取り上げる。本書は，彼らの研究成果にもとづいた研究であり，詳細な内容の検討が必要になる。そのつぎに，大飢饉前の家族を対象とした，カーニー，グレイ，オニールの研究，飢饉後を対象としたギボンとカーティン，コリガン，ギナーンらの研究を取り上げ，これまでのアイルランド家族史の研究史を整理する。

　第2章では，そのような先行研究の知見にもとづいて，19世紀から20世紀初頭にかけてのアイルランド家族の変動を捉える理論的枠組みを提起する。とくに19世紀初期のアイルランド家族は核家族システムにより構造化されていたが，19世紀の半ばから直系家族システムに転換されるようになったという仮説を提起する。

　第3章では，本書で資料とするアイルランドのセンサスの歴史およびセンサス個票の内容の検討，英国議会資料，アイルランドにおける史料の内容の説明をする。

　第4章では，19世紀初期から1845年の大飢饉までの時期におけるアイルラン

ド家族を，1821年センサス個票のデータをとおして分析することで，核家族システムにもとづく核家族の優位性と，直系家族の萌芽が明らかにされる。

第5章では，20世紀初頭のアイルランド家族構造を，1901年と1911年の100％センサス個票データをとおして分析することで，アイルランド全体の視点から，アイルランド家族の東西における地域性の存在が明確にされる。⁽¹⁴⁾そのために，GIS技法により，アイルランド家族を地図で表示することにより，20世紀初期のアイルランドの直系家族が東部より，西部に優位であったこと，また大規模農よりも小，中規模農地域において優位であったことが理解される。また，リンケージ・データによる4州の世帯分析から，アイルランド家族における直系家族のダイナミックスが明らかにされる。そして，以下の3章で，地域性・階層性に着目した直系家族形成が追究される。

第6章では，小規模農地域であるメイヨー州の家族構造の特質を，メイヨー州全体だけではなく，救貧区レヴェルからも明らかにする。

第7章では，アレンスバーグとキンボールが調査地として選定した中規模の地域であるクレア州で，直系家族をクレア州全体および救貧区レヴェルで検討する。

第8章では，もっとも牧畜業が近代化し，しかも大農場規模地域であるミーズ州の家族構造の特徴を析出する。

第9章の結論では，これまでの各章の要約をし，提起した仮説の検証をするとともに，本書で使用した家族戦略の概念により，本書の位置づけ，本書の家族史研究での意味を明らかにする。

本書は，以下の論文をもとにしているが，ほとんどの章が全面的に書き改められている。

序章：「人口センサスによる新しい家族史研究」『桃山学院大学総合研究所紀
　　要』，31-1，桃山学院大学総合研究所，2005年，71-85.
第1章：「20世紀初頭における西部アイルランド農村の家の構造」信田敏宏・
　　小池誠編『生をつなぐ家』風響社，2013年，89-112.
第2章：「20世紀初頭におけるアイルランドの農民家族」『桃山学院大学社会
　　学論集』，36-1，2002年，1-50.「19〜20世期におけるアイルランドの家
　　族変動」『桃山学院大学社会学論集』，37-2，2004年，53-90.
第3章：「アイルランドの家族史に関わる資料について」『桃山学院大学総合研
　　究所紀要』，26-1，2002年，71-85.

第4章：「Household Structure in Early Nineteenth Century Ireland」『桃山学院大学総合研究所紀要』，42-1，2016 年，25-55.

第5章：「Regional Variation in Household Structure in Early Twentieth Century Ireland」『桃山学院大学総合研究所紀要』，41-1，2015 年，19-54.

第6章：「20 世紀初頭におけるアイルランド・メイヨー州における世帯構造」『桃山学院大学総合研究所紀要』，39-2，2014 年，1-32.

第7章：「20 世紀初頭におけるアイルランド・クレア州の世帯構造」『桃山学院大学社会学論集』，44-2，2011 年，5-37.

第8章：「20 世紀初頭におけるアイルランド・ミーズ州の世帯構造」『桃山学院大学社会学論集』，45-2，2012 年，1-38.

第9章：書き下ろし

なお，本書は，以下の科学研究費（基盤研究 C）および多年度にわたる桃山学院大学特定個人研究費による研究成果である。

科学研究費一覧

①アイルランドの家族史研究，基盤研究（C），1998 ～ 2000 年度，（研究代表者）.

②欧米における家族構造の比較史的研究，基盤研究（C），2004 ～ 2006 年度，（研究代表者）.

③地政学的空間の史的変容とアイルランドの周辺化・脱植民地化過程の分析，基盤研究（B）2006 ～ 2008 年度，（研究分担者）.

④北大西洋における家族の比較史的研究，基盤研究（C），2007 ～ 2009 年度，（研究代表者）.

⑤19 ～ 20 世紀初頭におけるアイルランドの人口と家族構造の総合的研究，基盤研究（C）2013 ～ 2016 年度，（研究代表者）.

目　　次

序　論　*i*

第1章　アイルランド家族史の先行研究 ……………………………… 3

1　アレンスバーグとキンボールによる研究　3

2　アレンスバーグとキンボールのモデルに対する批判　17

3　アイルランドにおける直系家族研究　22

第2章　アイルランドにおける家族の理論的枠組み …………… 38

第3章　アイルランドの家族研究史料 ………………………………… 46

1　アイルランドの人口センサスの歴史　46

2　教会記録　55

3　英国議会資料　56

4　アイルランド政府関係資料　62

5　結びにかえて　75

第4章　19世紀初頭におけるアイルランドの世帯構造 ………… 76

1　はじめに　76

2　データの属性　79

3　経済構造　80

4　1821年の世帯構造の分析　85

5　結　論　108

第5章　20世紀初頭におけるアイルランドの世帯構造の
　　　　地域性 ……………………………………………………………… 111

1　はじめに　111

2　アイルランドの農業構造　113

ix

3 アイルランドの人口構造　127

4 アイルランドの世帯構造　150

5 結　論　182

第6章　20世紀初頭におけるアイルランド・メイヨー州の世帯構造 ……………………………………185

1 はじめに　185

2 メイヨー州の経済構造　189

3 メイヨー州の人口構造　213

4 メイヨー州の世帯構造　223

5 メイヨー州の世帯ダイナミックス　237

6 メイヨー州の家族生活　242

7 結　論　246

第7章　20世紀初頭におけるアイルランド・クレア州の世帯構造 ……………………………………248

1 はじめに　248

2 クレア州の経済構造　251

3 クレア州の人口構造　268

4 クレア州の世帯構造　278

5 クレア州におけるケース・スタディによる世帯構造と相続　295

6 結　論　300

第8章　20世紀初頭におけるアイルランド・ミーズ州の世帯構造 ……………………………………303

1 はじめに　303

2 ミーズ州の経済構造　305

3 ミーズ州の人口構造　328

4 ミーズ州の世帯構造　338

5 ミーズ州におけるケース・スタディによる世帯構造と相続　358

6 結　論　363

第9章　結　論 ……………………………………………………………365

＊

注　374

あとがき　392

地図・図表等一覧　397

史料・文献目録　406

人名索引　433

事項索引　435

アイルランドの地方行政区分地図

アイルランドの農民家族史

第1章
アイルランド家族史の先行研究

1 アレンスバーグとキンボールによる研究

　まずアイルランドにおける家族・コミュニティの萌芽期の研究として，1890年代にブラウン［Browne 1891；1894；1895；1896；1898；1900］による西部アイルランドにおけるエスノグラフィがロイヤル・アイルランド・アカデミーの会報に相次いで掲載されたのであるが，それがアイルランドにおける家族とコミュニティ研究の開始であるといえよう。そこではメイヨー州・ゴールウェイ州を中心にアラン島，コネマラなどの調査が行なわれているが，そのエスノグラフィには身体的特徴，人口，土地所有，共有地，姓，慣習，信仰などの項目が見られ，とくに社会学の項目として挙げられている職業，家族生活と慣習（縁組婚との関連），衣・食・住の情報は有用である。

　しかし，アイルランドを対象とした本格的な研究が，アイルランドのクレア州を調査したアメリカの文化人類学者であるアレンスバーグ（写真1-1）[1]による『アイルランドのカントリーマン』と，アレンスバーグとキンボール（写真1-2）[2]による『アイルランドにおける家族とコミュニティ』であることはすでに周知のことである[3]。だが，彼らの研究がハーヴァード大学のアーネスト・フートン（E. A. Hooton）を研究代表者とする，文化人類学プロジェクト，考古学プロジェクト，自然人類学プロジェクトから構成された「ハーヴァード・アイルランド調査」の一プロジェクトであったことはあまり知られていない［Byrne, Edmondson

写真1-1 コンラッド・アレンスバーグ

写真1-2 ソロン・キンボール

and Varley 2001:17]。

　それではハーヴァードの研究者がなぜアイルランドを調査国に選択したのかという点を見ておくと，まず，1930年代にウォーナーのヤンキーシティ調査が，マサチューセッツ州ニューベリーポートで行なわれたが，すでにその産業都市に，アイルランド移民コミュニティが認められたことにあった［Smyth 2008:589］。そして，アイルランドが非常に均質な社会であり［Arensberg and Kimball 2001］，ヨーロッパにおける未発展の辺境地であるという認識にもとづくものであった。彼らの研究は「ハーヴァード・グループ」が行なった「ヤンキーシティ」研究が発端となり，ヤンキーシティ調査の理論的パラダイムを西洋の近代・市民社会に適用するものであった。

　そのことは，たとえば，ウォーナーが，クレア州で，近代経済，社会調査，市場システム，土地制度，政治制度，家族，社会階級などを調査し，この調査がニューイングランドでの調査と類似していることがアメリカの1932年11月12日のレジスター（Register）紙に報道されていたことからも理解されるであろう［Horton Papers, Irish Survey, 995-1, Box21-1］。

　それでは，なぜ彼らはクレア州（County Clare）を選定したのか。彼らはケルト文化の残存している地域であるドニゴール州（County Donegal），メイヨー州

（County Mayo），ゴールウェイ州（County Galway）などではなく，また都市部のダブリン（Dublin），コーク（Cork）でもなかったが，ケルト文化を基底にした伝統アイルランドのコミュニティを調査地として選定したのである。そして1931年の夏に，文化人類学プロジェクトでは「ヤンキーシティ」の研究で有名なウォーナーとアレンスバーグが，アイルランドの各地でのヒアリングによる予備調査の結果，クレア州を調査地としたのであり，その時点で彼らはクレア州がアイルランド全体の小宇宙という認識を持っていたのである[Byrne, Edmondson and Varley 2002:44]。

その結果，そのクレア州のなかでルオック（Lough）・リナモナ（Rynamona）・アイナー（Inagh）の3地区がフィールド・ワークの調査地として選定された。そのような調査地選定が，アイルランド各地でのヒアリングを重ねた結果であることは，彼らにより残されたマニュスクリプトでたどることができる。

その後，ウォーナーは帰国したが，すぐにキンボールが共同研究者として参加し，最終的にはアレンスバーグとキンボールがアイルランドのコミュニティ研究を担当することになったのであり，彼らの調査は1934年に終了している[Byrne, Edmondson and Varley 2001:22]。

ところで地域によって相違するものの，アイルランドでは，フォックスがドニゴール州のトーリィー島で明らかにしているように，19世紀以前には「開放耕地制にもとづく親族集団」にもとづくランディール制度（Rundale System）[フォックス 1987:10]があった。そして，それにもとづいてクラハン（clachan）という密集した家屋集団が形成される[松尾太郎 1973:132]。それは，農家の集合と公式な計画なく建てられた附属建造物から形成され[Proudfoot 1959:110]，各農家が家屋の周りに耕地および共有地を保有していたのであった。彼らは，耕作地と燃料である泥炭採掘の共同権利を持ちながら，オープンフィールドの低地土壌で耕作してきた。そのオープンフィールドあるいは，個々のクラハンに関連する耕地が定期的に再分配され，散在した細条の土地や小区画を保有することができた[Proudfoot 1959:111]。このようなランディール制度は，肥沃な自然放牧地を前提にした夏作穀物の連作の技術的基礎の上に成立したものであったが，ノルマン人による三圃性の定着後，2年作物を耕作すれば，その後の2年間は休閑地にするというローテーションが認められた。

そのようなランディール制度の特徴は，つぎの4つに集約できるであろう。第1に，家屋や農用小屋が，集落の核を形成する。これには，居住用，小屋，狭い庭が含まれる。しかし，教会，商店，学校は，それらの集落に含まれない。第2

図1-1　メイヨー州におけるランディール制度

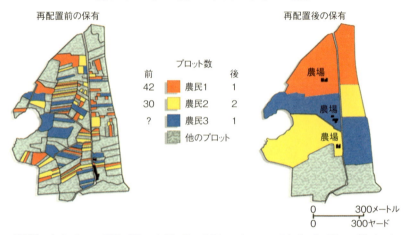

（出所）　A. O. Orme, 1970, 169 and The Rural Dimension - rundale in the West of Ireland, http://www.open.edu/openlearn/openlearn-ireland/ireland-places-culture-heritage/the-rural-dimension-rundale-the-west-ireland

に集落は生活，生産する多くの家族と結びつく複雑な親族結合が認められる共同体である。クラハンの周辺の土地が，そこで生活する家族により耕作される。これは，インフィールドとして知られ，それぞれの家族保有が囲い込まれず，良い，中間，悪い性質の土地が分散されていた。耕作地条が区切られていないが，種々な方法でわかるしるしがあった。第3に，インフィールドの周囲の大きな面積が放牧，時折耕作に利用され，それがアウトフィールドとして知られていた。第4に，集落の内外の山間や周辺地は，家畜の生育期に放牧地として利用されるが，インフィールドで囲い込まれていない地条での収穫が家畜を迷わせる可能性があった。この共有地への家畜の季節移動が移牧であった［Bell 2008:25］。このような特徴を持つランディール制度であったが，ナポレオン戦争後の農業不安，とくに大飢饉以降の新農法の導入により，この制度およびクラハン集落が解体されることになった［松尾 1973:150-151］。このランディール制度は，広範にアイルランド全体で認められたものの，アルスター地方・コナハト地方に強く顕在化しており，それがメイヨー州あたりでは遅くまで残存していたと見られる[7]。

　図1-1は，メイヨー州におけるランディール制度による耕地保有を示した模式図である。それによれば，ランディール制度における耕地に関して，飢饉前には3人の農民が，30～40に分散した細条耕地の借地を保有していた。同時に，

彼らは、いわゆる共同保有権の土地である共有地（commonage）を保有していた。そのようなランディール制度における割り替えられる土地は、異質な土壌にもとづいて、いくつかに区分されたものであり、その土地割り替えは、土地保有の実質的平等の性格を持っていた。そこでは、作物が栽培される土地であるインフィールドと、家から離れた放牧用の土地であるアウトフィールドに区分がなされていた。ランディール制度が、十分に運営されているときには、それは生態学的システムに適応したシステムであったが、生産性を求める要求には効果的に機能しなかったと考えられる。そして、これらの要求は、つぎの2つの要因から生じたといえよう。すなわち、第1に地主と政府には、生産性と借地料を増加させるために、農業の経営を改善したいという要求があった。第2に、貧困層の人々は、食料としてジャガイモを栄養食にすることで、人口増加が発生した。しかし、大飢饉で経験したようにジャガイモは周期的に収穫の不作が起こる可能性があった。つまり、それをより広い社会的コンテキストから見れば、そのような制度が経済的、社会的要求に効果的でなかったと見られた［Pat, et al., The Rural Dimention, Open Learn, 2016］。

地図1−1はマッコートによりマッピングされた1840年代におけるクラハンの分布を示したものである。それを見れば、クラハンが、アイルランドの中心部を流れるシャノン川の西部、とくにコナハト地方に集中していることが明確であるものの、大西洋の南沿岸、つまり南部レンスター地方にも濃く分布している。このレンスター地方のクラスター居住は中世における農場村落までさかのぼるものと考えられている［Aalen et al. 1997:79］。

したがって、クラハンの分布は西部アイルランドと東部アイルランドの違いを大きく示すものといえる。そして、第6章で取り上げるメイヨー州あたりでは、それが、20世紀初期まで残存していた。

地図1−2は、典型的と思われるドニゴール州マリンベグの1840年のクラハン集落を示したものである。それは、家屋が集中している密居形態のクラハン集落であることがわかる。クラハンは良質な土壌、いわゆるインフィールドに位置していたのであるが、その周りはアウトフィールドといわれる質の悪い山地、放牧地に囲まれていた［Jordan 1994:56］。その集落形態は写真によっても明確に確認することができる。

このようにランディール制度によるクラハンは、以下で取り上げる最貧困地域であるメイヨー州と類似しているドニゴール州マリンベグ村のクラハンを示した地図1−2と、ドニゴール州ファナード西区バリーホールスカイ村のクラハンの

地図1-1　アイルランドにおける1840年代のクラハン

（出所）　Aalen et al. [1997:79]

　写真1-3から，密集した家屋集落を形成していたことが明確に理解できる。そのクラハンは，土地保有がタウンランド単位で，そこは家族を含む親族結合に基礎づけられた集団であった [Whelan 2012:453]。そして，一般的には，19世紀前半に，そのような制度が崩壊して密集していた家が拡散され，家と庭の周囲に耕作地が保有されるようになる。

地図1-2 ドニゴール州マリンベグ村のクラハン（1835年）

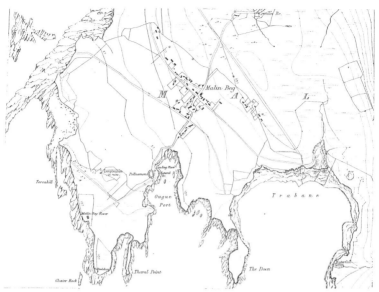

（出所） Ordnance Survey map, 1835, in Tucker [1999:106]

写真1-3 ドニゴール州ファナード西区バリーホールスカイ村のクラハン（1840年代）

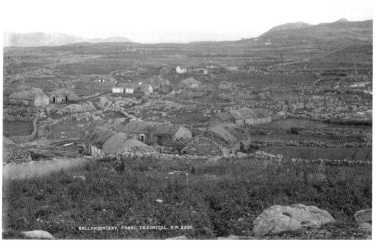

（出所） Permission from National Museums Northern Ireland

第1章 アイルランド家族史の先行研究　9

地図1-3　ドニゴール州マリンベグ村のクラハン解体後の集落（1906年）

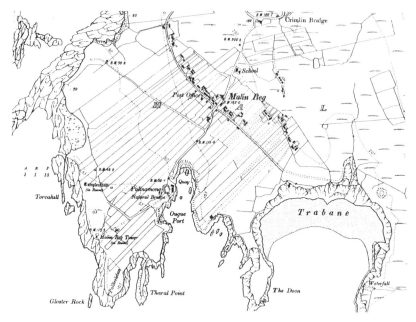

（出所）　Ordnance Survey 6 inch map C, 1906, in Tucker [1999:100]

　しかし，1906年の地図（地図1-3）を見れば，それは家屋の集中した集落ではなく，それが道路路沿いに分散し，家屋の周辺に細長い耕地の地条が認められる散在集落であることがわかる。それを，マリンベグ村の近くであるテーリン村の写真1-4で見れば，ほぼ道路沿いに家屋が散在している様子が，写真1-3と比較すれば明確に認めることができる。

　また，メイヨー州のバリークロイを調査したブラウンによれば，ランディール制度によるクラハンが見られる地域では，土地分割が認められ，その保有面積が平均4〜4.5エーカーで，15エーカーであればよい方であるといわれた。それらのクラハンでは同姓が多く，バリークロイでは，49姓のなかで，コンウェイ姓が31頻度にのぼり，最多であった［Browne 1889-1901:97］。

　つまり，ランディール制度の崩壊とともに密集していた家の拡散は，村落形態が，密居集落から散在集落に変化したことを意味する。そして，その解体が遅く，貧困であったメイヨー州のタウンランドでは同姓率が高かったが，逆に早く解体したと見られるミーズ州では，同姓率の低さが認められることになる［松尾

写真1-4　ドニゴール州テーリン村の19世紀末の住居風景

(出所)　Rinnakilla, Teelin, County Donegal, late nineteenth Century (Lawrence Collection, National Library of Ireland)

1998：262-263]。

　図1-1のように，ランディール制度の崩壊後，土地保有が再配置され，3農民が3か所に集合した土地を保有することになり，家屋も保有地に移動し，それによりクラハンも解体されることなった。その結果，農民は家の周辺にある土地と家の空間的単位の中で労働と生活を遂行することになる。したがって，この範域の中で人間関係を特徴づける多くの活動が家族集団単位で行なわれていったといえよう。しかし，アウトフィールドに共有地が長く残存し，それが家畜の放牧，ボッグの採取に利用されていた。

　つぎに，そのようなクラハン崩壊後における農村をアレンスバーグとキンボールは，クレア州ルオックで詳細に調査したのであるが，彼らは，1930年代における，多目的土地農場を図1-2のように図式化している。しかし，この図は，ひとつの農場を示すものではなく，クレア州における多くの観察にもとづいて作成されたモデルである。その図を見れば，土地は，耕地の特徴と農業の利用によ

第1章　アイルランド家族史の先行研究　　11

図1-2 クレア州ルオック村の小農場（20エーカー）

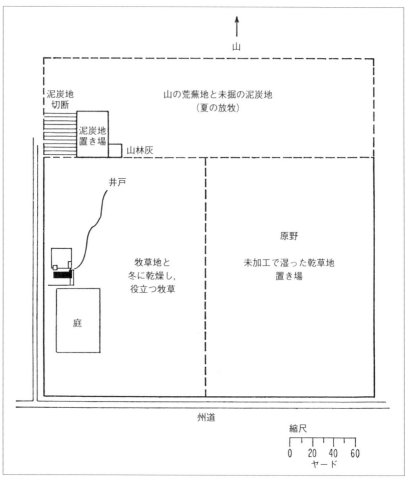

（出所） Arensberg and Kimball [2001:33]

り耕地，牧草地，菜園，ボッグ，山地に区分される。これらの区分により，小規模農業経済で生産的活動がなされる。土地の小区画は，家畜放牧地，乾草地，人間，動物に必要な消費用の農産物耕作地，燃料用の泥炭（ボッグ），夏の粗放な放牧地として利用される。家に近い庭（ハガード）が，乾草や切り取られたターフ置き場，家庭と農場利用のためのジャガイモやわらの保存のために利用された[Arensberg and Kimball 2001:32]。

また，図1-3は，クレア州ルオックで典型的と思われる家と屋敷地を図式化

図1-3 クレア州ルオック村の典型的な農家と庭

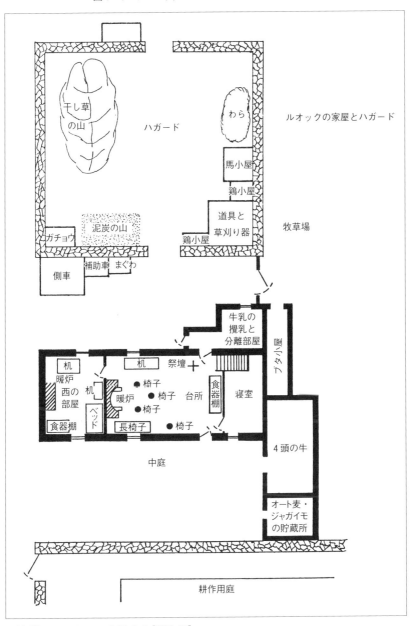

(出所) Arensberg and Kimball [2001:34]

第1章 アイルランド家族史の先行研究 13

したものである。家の構造を見れば中央に台所と呼ばれるテーブル，椅子，暖炉（hob）のある日常生活の部屋，右に寝室，左にベッド，暖炉（grate），テーブルがある「西の部屋」という3つに区画された空間がそこに認められる。それ以外に牛小屋，ブタ小屋，オート麦・ジャガイモの貯蔵庫が隣接している。家の背後に庭を意味するハガード（haggard）があり，そこには干し草置き場，藁置き場，馬小屋，鶏小屋，農機具小屋などがあり，家とハガードが農民家族の日常活動や労働の場になっていたのである。

　そのような農村において，アレンスバーグとキンボールは，クレア州の農村を調査したのであるが，そこでの理論的枠組みが，それ以降のアイルランドにおける家族・コミュニティ研究にかなりの影響を与えていることは否定できない。アレンスバーグとキンボールの理論的仮説は，シカゴ学派のウォーナーが主催したヤンキーシティ調査で用いられた機能主義理論にもとづくものであり，そこでは社会を，機能的に相互連関する諸部分の統合された均衡体系と見る。そして研究の目的は，コミュニティ自体を捉えることではなく，コミュニティにおける人間の社会行動を検討することに求められている [Arensberg and Kimball 2001:xxix]。そのような理論的立場から，アレンスバーグとキンボールは，アイルランドのコミュニティの形式やその成員の生活が親族，結婚による結合から理解されるとみなし，家族構造と親族関係を中心テーマとしたのである。とくに彼らは家族的秩序，年齢階層（家長と後継者の世代関係），性別組織，労働の地域的分化，市場と定期市における経済的交換と分配，という5つの下位体系を用意し，アイルランドの農村生活の主要体系は，家族，農村コミュニティという特徴ある形式をもつ制度が，5つの下位体系をとおして組織化されて形成されるとみなされている。たとえば家族的秩序では家族生活と存続パターン，親族の算定方式・義務・協力が含まれるが，それは直系家族と結びつく縁組婚，移民による離家，農場相続パターンにより再組織化されることになる [Arensberg and Kimball 2001:301-303]。最後に彼らは1930年代のアイルランドにおける農村社会は，よく統合され比較的安定した社会であると結論づけている。それは機能主義理論にもとづく当然の帰結といえよう。しかし後述するように1960年代後半以降，そのような理論が変動や階層性の視角の欠如から批判されるようになる。

　すなわち，彼らの研究方法や理論に対するギボンによる批判は，機能主義理論では社会変動が説明できないという歴史方法論的批判である [Gibbon 1973:49]。また，ブロディによる，伝統的農場生活や農村コミュニティ的価値観は，西部アイルランドにおける近代化に直面して崩壊しているという批判も挙げられるであ

14

ろう［Brody 1974:70］。しかし，このような批判にもかかわらず，戦後，多くの
アイルランドの人類学的研究が彼らの研究をベースラインにしてきたことも確か
なことである［Wilson and Donnan 2006:22］。そして，現代でも彼らのアイルラン
ド研究は十分価値ある研究と判断されている。

　このようにアレンスバーグとキンボールの研究には変動や階層性の欠如が批判
されるようになるものの，それ以降の研究も基本的には彼らの研究を基礎にしな
がら批判的検討を加えられた理論的枠組みで展開されていると見てよい。

　前述したように，彼らの調査の枠組みはウォーナーによるヤンキーシティ研究
での枠組みをそのまま適用しているが，それは個人の生活や出来事より個人間の
人間関係に焦点をおき，その社会関係の相互依存を社会システムと捉える機能主
義理論に立脚しているところに特徴が認められた。そこでアレンスバーグとキン
ボールの研究に則して直系家族の特徴を見れば，それは持参金システム，縁組婚，
相続システム，西の部屋という4つのキーワードから明らかにすることができる。

　アレンスバーグとキンボールによる直系家族は以下のように規定されている。
直系家族は理念的には親夫婦と子供夫婦の同居により形成されるが，それを形成
させる契機が縁組婚（matchmaking）である［Arensberg 1951:72-80］。しかし，
その縁組婚には家長が指名した息子への家長権の継承と土地の一子相続システム
が前提であり，それは家長権の移譲と子供（boy）から大人への承認を意味して
いたのである［Arensberg 1959:58-59］。そして親子間の相続を契機に縁組婚が行
なわれることになる。この縁組婚には仲人（matchmaker）が介在し，婿方と嫁
方の間で持参金の交渉が行なわれるのであるが，それは両家にとって重大事なの
であった［Arensberg 1951:72-80; Arensberg and Kimball 2001:135-139］。

　ここでアレンスバーグとキンボールが重視した持参金を内包させる縁組婚のメ
カニズムを詳細に見ておこう。縁組婚は，両親や婚姻する一団によって行なわれ
る婚姻の契約と財産の配分を含む。一般的に，それは，農場を相続する息子1人
のために，適任である女性を探し求めることで始まる。農場を継承する息子の選
択は，親にゆだねられているが，長男の場合がこれまでに多かった。継承者の決
定後，彼の父親が土地を継承させる時期に，持参金を用意できる娘を持つ人々に
知らせるか，あるいは，娘の父親が娘の持参金を用意していることを知らせる。
そのどちらの場合でも適任の息子，娘がいるときに農民は，使者をどちらかに送
る。その場合，両者が同じような規模の農民であることを前提としていた。その
使者は，その地方で成功した交渉人であり，仲人と呼ばれていた。それ以降，両
方の父親が会い，似合いかどうかを審理する。またそれは同時にお互いの土地，

第1章　アイルランド家族史の先行研究　　15

図1-4 縁組婚による家族の再形成プロセス

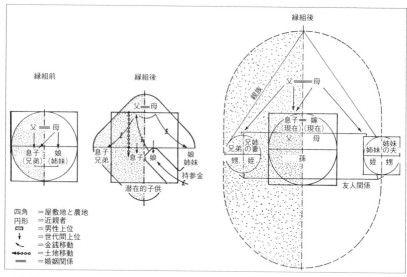

(出所) Arensberg and Kimball [2001:104]

財産, 家族関係などを審議し, 縁組交渉は財産と農場に関する魅力ある調整で, 両者がお互いの主張により, 持参金額の調整を図るための努力であった。たとえば, 500ポンドの持参金で同意されたとしても, 娘の父親が400ポンドしか提供しなかった場合, それに対して, 息子が彼の将来見込まれる農場利益を示すことで600ポンドを要求することもある。最後に, 仲介者のオフィスで, 両者の譲歩により合意され, その額が決定される [Arensberg and Kimball 2001:107-108]。

ところで, アレンスバーグとキンボールは, 図1-3のような持参金モデルを示している。そこでの持参金の動きは, 縁組前の家族, その持参金のプロセス, 縁組後の家族の再編成の段階に対応したものであった。それによると, 縁組前の家族では, 父方に土地財産権があり, そこに父系優位性が認められ, その後, 縁組婚による持参金が, 父親, 息子の兄弟と姉妹への方向に認められる。そして, 縁組婚後では, 父母は, 上位の位置を占めるが, 息子夫婦を中心家族にして再編成および親族の再組織化がなされる。しかし, 依然父系性が維持され, しかもそれは直系家族の存在を示したものと判断できる。後継者が財産を継承した後, 親夫婦は「西の部屋 (west room)」へ移動することになる。つまり, 持参金は女性が婚家での社会的地位を獲得するための支払いであり [Arensberg 1959:77],

持参金を獲得する婚の親は，それを自分の娘の持参金，養老金，借金の支払い，家の改築費用などに充てることになる［Breen 1980:255-272］。したがって持参金システムが縁組婚の確立の保証を意味しているのである。そのような縁組婚システムは，さらに相続システム，つまり不分割相続と結合することになる。

このような持参金システムにもとづく縁組婚により後継者が結婚し，その後で両親が，本来これまで使用してきた部屋から「西の部屋」へ移動することになる。ここでいう「西の部屋」は伝統的には死者の場所を意味しており，それは西の方角が古代の太陽崇拝における神聖な死者の住居を意味していたことによるという。またケルトの古代神話では生命の終焉の聖なる場を意味していたといわれている［Arensberg 1959:25-26］。その場所は後継者の婚姻後に家長夫婦が使用するために予約されていた部屋であったと解釈されており，後継者の婚姻を契機に家長夫婦が「西の部屋」へ移動することになる［Arensberg 1959:27］。しかしその部屋には元の家長の承認なしに入室することはできない厳しいルールが存在しているのである。したがって家長夫婦が「西の部屋」に移動するということは，彼らが新しい地位を獲得することにより人間関係における行動や態度に変化が生じ［Arensberg 1959:28］，その変化に対応して家族システムが逸脱することなく，直系家族システムを形成し，均衡していくものと認識されているのであり，そこにも彼らが用いた機能主義的方法論が認められるのである。

以上のような縁組婚，持参金システム，相続システム，西の部屋という変数の結合により直系家族が編成されるとみなされるが，それがアレンスバーグとキンボールにより構築された直系家族の理念型なのである[(9)]。

2　アレンスバーグとキンボールのモデルに対する批判

前節で，アレンスバーグとキンボールが依拠した機能主義モデルに対する批判を少し試みたが，ここでは，それを詳細に検討しておこう。1970年代以降アレンスバーグとキンボールの研究に対する批判が活発に展開されるようになる。まずブロディの批判的検討は，アイルランドの農村社会の研究における転機であるとみなせよう。彼はアレンスバーグとキンボールの研究に挑戦するために同じクレア州を調査地として選定している。そして彼は1930年代における伝統的社会の安定性，統合性というアレンスバーグとキンボールの結論を受け入れているものの，それ以降のアイルランドの伝統体系が機能的でなくなり不統合な社会になったと捉える。つまり彼は機能主義モデルから関係を絶ち，伝統的社会に固有

な矛盾や緊張に焦点を置く。ここではたとえば女性の地位におけるコンフリクトや父親の権威に対する息子の反発，若者による土地や農業からの離脱などにより，伝統的な権威，役割，価値構造が侵食されていると捉えられている。つまり，それが彼の変動論的アプローチである。彼は，人々の社会的，経済的環境の変化だけでなく，相互扶助や近隣の協同における衰退に顕現しているように，伝統的社会における価値観が，ドラスティックに変化していくものと見ている。また人口のアンバランスや高い移民割合がコミュニティに大きなインパクトを与えるともみなす。したがって，このような要素すべてが伝統的コミュニティの状況を悪化させ，崩壊の過程を促進させるものと捉えている［Brody 1973:5-13］。以上のように，ブロディはコンフリクト・アプローチから伝統的社会構造にある緊張をとおして農村社会の崩壊を理解する立場であった。

　つぎに，ギボンは，そのようなブロディによる研究を基礎に，書評論文の形でアレンスバーグとキンボールの批判的検討を行なっている。アレンスバーグとキンボールは，クレア州の小さな農民のコミュニティを支え，農村と都市とを縛る親族網を調査した。とくに，彼らの研究は小農民とその家族に集中された。農場労働，家庭内サイクル，結婚，相続，任意的集団，小売り経営者，迷信が，すべて伝統的な社会秩序をサポートするように見られた。しかし，1930年代におけるアレンスバーグとキンボールによる研究は，新しく，興奮させる理論的立場であったが，彼らは，歴史，社会変化，社会摩擦の分析を避ける傾向にあった。民族学者は，伝統的，静態的な農民の秩序を仮定してコミュニティを分析してきたが，国家の役割，帝国主義，階級闘争，教会，資本主義が，ほとんどアイルランドコミュニティ研究で見出されず，それらが伝統的アイルランド文化から表面上欠如していたと見る［Gibbon 1973:496］。つまり，彼は，アレンスバーグとキンボールがアイルランド農村コミュニティを調和的，統合的，安定的に捉えすぎていると批判し，雇用労働力や資本主義的の交換・価値の優位性が農村社会変動に必要であるとみなすアプローチの必要性を強調したのである［Gibbon 1973:496］。

　1970年代から80年代にわたりハナン（D. Hannan）は，アレンスバーグとキンボールの研究を「小農社会論（peasant society）」の枠組みから整理し，それが1920年代と1930年代における西部アイルランドの小農場コミュニティを記述する理論的枠組みとみなしている。その小農社会は自足的文化であると規定される。ハナンによるとアレンスバーグとキンボールが調査した1920～30年代の西部アイルランドにおける社会構造は，小農社会モデルの経済的，社会的，文化的特徴を示しており，経済的にはアイルランド西部の小農場体系は小規模で，土地

も痩せ，労働力の雇用のない家族経営による農業であった。そこでは生存のための生産が支配的形態で小資本蓄積しか存在しない。その地域社会は，階層性が最小限である閉鎖された相互体系を形成し，そこでは直系家族が支配的であった。そのことはつまり，生計が家族所有の資源の効果的利用に依存し，この世襲財産が，ある世代から次世代にひとつの単位として伝えられ，それと同時に後継者が結婚し，非相続人が移住をとおして排出されるというメカニズムから明らかにされている。したがってアレンスバーグとキンボールのモデルがアイルランド西部における農業と共同体分析の基礎となりうるとみなした。しかし，ハナンは，そのようなアレンスバーグとキンボールの分析枠組みの限界性を認識し，アレンスバーグとキンボールにおける社会変動論の欠如を批判していた。そして，1940年代以降，小農社会体系の解体による変化に対して，彼は小農社会論の変動枠組みを，つぎの3つの側面から検討している［Hannan 1982:154］。

　すなわち，第1に交換経済や現金経済の重要性が挙げられる。すなわち，たとえばアイルランドでは，「クーリング」[(10)]，「フレンド」[(11)]といわれる相互の労働交換の社会関係が純粋な経済関係に移行することを意味する。

　第2に資本蓄積や企業家的活動の重要性における増加の結果，所得，生活チャンス，再生産率において大農民と小農民に格差が生じ，階級分化，資本，技術革新が拡大されることになる。

　第3に，これらの経済的，階級的変化に付随するか先行して，広く近代化で表現される文化的変化が生じていることを挙げる。すなわち，小農社会の変動の枠組みとして一方の極に伝統的自給農業経済，安定した親族社会，近隣と伝統的共同体体系があり，他方の極に農業が商品化され，地域的親族集団や近隣集団が崩壊し，地域的小規模農場コミュニティの社会的・文化的自律性が解体されるという二極がそこに措定されている。

　そのような小農社会の変動論との対応関係において農民家族の変動論も展開されている。すなわち家族変動の枠組みとして一方の極に小農社会家族（伝統的家族）を，他方の極に近代的都市中間階級家族を措定させるが，小農社会家族の理念型は年齢と性による役割分業，家父長的権威パターン，非表出的で厳格な感情的秩序と情緒的支持の役割を持つ母親の専門化を特質としている。他方，近代的都市中間階級家族は，家事や子供の養育における配偶者間の分離が最小限か欠如していること，配偶者間および親子間の権威や権力の最小限化しているという特質をもつものとみなしている［Hannan 1977:8-10］。つまりハナンの図式化は，二分法的類型化にもとづく社会変動および家族変動論とみなされてよい。

第1章　アイルランド家族史の先行研究　　19

ブリーンは，ケリー州バァフォート（Beaufort）の農村モノグラフで，第二次大戦以前におけるひとつのアイルランド農村コミュニティを再構成し，それ以降にこのコミュニティがどのように発展し変容したのかを追求している。すなわち，戦前のアイルランド農村社会の構図として，アレンスバーグとキンボールのモデルが浸透しているものと判断され，伝統的農村生活の多くの記述を受け入れている。つまり，ブリーンは，ギボンによりアイルランドの農村生活がアレンスバーグとキンボールによりロマンチックに描かれていると批判しているが，第二次大戦までの伝統的農村生活に関してアレンスバーグとキンボールの記述が多くの真実を含んでいることを認めている。しかし，ブリーンがそれをケリー農村調査時点の1970年からアレンスバーグとキンボールの研究時点の1930年にさかのぼって検討するときに，アレンスバーグとキンボールの農村モデルでは説明できないと見る。すなわち，彼はアレンスバーグとキンボールが，戦前のアイルランド農村の社会的，経済的階層化に失敗していることを挙げる。つまり彼らは大農民，小農民という階層的対立を認知しているものの，それは国全体レヴェルにとどまり，クレア農村研究では小農民に対象を集中させていた。つまり，ブリーンは，第1に，彼らが階層化の認識にもかかわらず大農民をその視野に入れなかったことを批判している。第2に，アレンスバーグとキンボールは，均質的で安定した社会の構図がアイルランド農村に妥当するという印象をたびたび与えているが，いまやアイルランド農村には地域的，階層的な多様性における認識の必要があるとみなした［Breen 1980:1-2］。

　すなわちアレンスバーグとキンボールは，家族と地域社会が5つのサブシステムから構成されている主要な体系から成り立つと見ているが，その主要体系を独立変数として扱い，家族とコミュニティが長く持続性のある静態的な均衡体系であり，それがアイルランド農村に一般的であると拡大解釈したことを批判する。そして，ひとつの特定の農村コミュニティ内部においても階層的ヴァリエーションが存在し，しかも外的な経済的変化に対応して家族，コミュニティの変容プロセスが追求される必要があると考える［Breen 1980:250］。つまり，家族，コミュニティを従属変数として位置付けるという彼の分析視角がそこに認められる。

　オコナーとデイリーはアレンスバーグとキンボール以降の研究を社会変動の視角からつぎの3つのモデルに整理している。すなわち，彼らは，アイルランドの農村社会の変動を捉える枠組みとして，①政治的経済モデル，②中心－周辺モデル，③農民体系モデルを用意している。政治的経済モデルは経済体系における資本主義の出現とそれが社会，経済，政治関係に及ぼす変化に焦点を置く見方，中

心-周辺モデルは集団間，地域間，国家間の変換により発展を見るモデルである
[O'Connor and Daly 1983:29-38]。

　たとえばこの視角からすれば，現在までのアイルランドが，グレート・ブリテ
ンとの経済的，政治的関係で把握される。農民体系モデルから見れば，アイルラ
ンド農村が，生存のための農業経済で，しかも伝統的な社会構造から変容した社
会であると捉えられるのである。このモデルは，前述したハナンの農民社会論と
一致する性格を持つ。彼らはそのようなモデルからアレンスバーグとキンボール
以降の研究を整理し，アイルランドの社会的，経済的変化を踏まえて，西リム
リック社会を，社会経済的変数，人口学的変数，労働状況，ライフタイル・価
値・態度，家族と親族パターンの項目から分析しているが，とくに1950年と調
査時点の1980年における各項目の変化に注目している。たとえば，西リムリッ
クの生活は家族を中心に組織化され，その形態が核家族であるものの，家族間の
強い親族結合，近隣や友人の重要性が，そこで認識されている。そのような西リ
ムリックでも産業化に対応して農業よりも雇用労働化が選択され，農業人口も老
齢化するというように，産業化による変化が見られる地域を彼らは検証したので
ある [O'Connor and Daly 1983:40]。

　以上のようにアイルランドにおける農村家族・農村コミュニティの変動への視
点を中心にフォローしてきたのであるが，とくにハナンの理論的枠組みが，アイ
ルランドの農村家族と農村社会変動の理論的枠組みを構築するときに示唆的であ
るし，ブリーンの指摘のように農民社会に階層性を組み込んだ理論的枠組みの再
構築が必要であるといえる。しかし，アレンスバーグとキンボールは，1930年
代におけるアイルランドにおける小宇宙の家族とコミュニティを，彼らの枠組み
から記述することが目的であったのであり，その意味では彼らの研究は成功して
いたと見るべきである。したがって，アレンスバーグとキンボールの理論に対す
る批判に見られるように，1930年以降の家族，コミュニティを捉えるときには
社会変動論的アプローチが当然必要であると考えられる。しかし，本書は，1911
年センサスまでの時期を対象としているので，その批判に同意するとしても，こ
れらの社会変動論的枠組みを取り込む必要がないと考える。

　ただし，レンスター地方では，後で分析するように先進地農村であるミーズ州
の場合には，松尾がすでに示唆しているように，飢饉後にはすでに，耕作農業か
ら牧畜農業の転換に伴い，100エーカー以上層で資本家的農業生産，とりわけ肉
牛肥育での資本家的経営が支配的地位を確立していたといえよう [松尾 1998:310]。
しかし，そのような経済的構造があったとしても，いまだ社会構造においては，

第1章　アイルランド家族史の先行研究　　21

ゲマインシャフト的連帯が20世紀初期にも存続し，農作業において隣人間の相互扶助の継続，さらに，その意識が地主－借地農関係，農家－農業労働者関係に残存していたことも事実である［松尾 1998:311］。したがって，とくに1911年以降には，先述したアレンスバーグとキンボールに提起された変動論的パースペクティブが必要であることは，すでに著者も認識しているが，この段階までは，やはりアレンスバーグとキンボールの理論的枠組みが有効であると考えている。

　つぎに，以上のような，アレンスバーグとキンボールの研究に対する批判と並行して，新しい研究が開始された。それは，センサス個票をデータとしたアイルランド家族研究であり，以下では，アイルランドの家族史研究に焦点を置き，それを大飢饉以前とそれ以降に研究区分して検討する。

3　アイルランドにおける直系家族研究

(1) 飢饉前の家族研究

　最初にセンサス個票を資料としたアイルランド家族研究は，カーニーによるつぎの2つの研究であろう。それは，1821年と1911年センサス個票を利用した，「飢饉以前のアイルランドにおける世帯規模の諸側面」と「アイルランドの二地域における世帯規模と構造―― 1821年と1911年」の2論文（以下前者を第一論文，後者を第二論文という）である。第一論文は，1821年のキャヴァン州，ミーズ州，ファーマナー州，キングズ州，ゴールウェイ州における6分の1のセンサス個票から抽出した2663世帯の分析であった。彼は，家族の分析には，共住集団規模（houseful size），世帯規模（household size），家族規模（family size）に3区分し，とくにアイルランドの家族を，平均世帯規模と平均家族規模を指標として世帯の特徴を明らかにした。そして，1821年における平均世帯規模が5.5人，平均家族規模が5.0人で，その数値をイギリスの同時期（4.45人，3.82人）と比較して，アイルランドの世帯規模がイギリスより大きいとみなされた。また，州別の平均世帯規模では，ゴールウェイ州が一番多く，5.6人で，以下キャヴァン州（5.54人）とファーマナー州（5.49人）のグループ，キングズ州（5.34人）とミーズ州（5.26人）のグループという3つのグループに区分することができる。そのように世帯規模が地域性を持ちながらも，それが世帯主の45～54歳でピークを迎え，その規模が世帯主年齢と相関していることを明らかにした［Carney 1977:35-40］。つまり，アイルランドの世帯規模の地域性，家族のライフサイクルと世帯規模の相関性を提起した功績は認められるものの，彼

の研究には世帯構成分析の欠如が問題点として挙げられる。

　第二論文は，ミーズ州とゴールウェイ州における1821年と1911年のセンサス個票にもとづく，世帯規模，世帯構成の両年度の比較が特徴である。利用されたデータは，1821年と1911年の6分の1サンプルであり，ゴールウェイ州とミーズ州の2つの州から528世帯と506世帯の総計1034世帯が分析されている。まず，世帯規模が1821年（5.95人）から1851年（6.62人）に増加し，それ以降減少し1911年に5.09人であったことを明らかにした。さらにその世帯規模の変化は，家族規模の変化，世帯内の婚姻カップルの変化，世帯内の大人の変化と対応していたと見る。

　そして，ハメル＝ラスレットによる世帯分類にもとづいて，1821年と1911年の世帯形成の変化が検討され，1821年では，世帯タイプには単純家族世帯（65.8％）が多いものの，複合家族世帯（拡大家族世帯・多核家族世帯）が27％を占めていた。しかし1911年には，単純家族世帯が58.1％と複合家族世帯が21.5％に減少したのに対して，独居世帯，非家族世帯が7.2％から20.4％に増加していたことが顕著な特徴であったことも明らかにされた。

　単純家族世帯に関して，1821年には，世帯主年齢が，35～44歳と45～54歳で一番多く，拡大家族世帯では40歳代以降，多核家族世帯では55歳以上であり，それらは家族のライフサイクルから説明できるとする。つまり，カーニーは，家族のライフサイクルを世帯主年齢コーホートで測定した結果と1911年の世帯形成とに相関が認められたと見ている［Carney 1980:157］。このようなカーニーの研究は，共住集団，世帯，家族の規模，世帯主年齢とそれらの規模の相関関係，単純家族世帯とともに複合家族世帯が1821年と1911年に共存している点を明らかにしたことに特徴がある。しかし，そこでは複合家族世帯が存在する理由を明確に提示していない点が問題点として挙げられる。すなわち，カーニーによる世帯構造の分析枠組みは，核家族システムに基礎づけられたもので，1821年の世帯がその視角から説明できたとしても，1911年の世帯構造の把握が不可能であり，そこに直系家族システムの視角が必要であったといえる。

　つぎにグレイ（J. Gray）の研究を見よう。彼女には，ファーマナー州におけるセンサス個票サンプルによる「19世紀アイルランドにおける世帯形成，相続，階層形成」とキャヴァン州のセンサス個票サンプルによる「飢饉前のアイルランドにおけるジェンダーと世帯員労働の戦略」の2論文がある。しかし，後者の論文はキャヴァン州における農民世帯とジェンダーの関係をテーマにしたもので，ここでは前者の論文のみ検討しておく。

グレイは，本論文では，1821 ～ 1862 年のファーマナー州の 2 教区における詳細な世帯と土地保有パターンの分析により，アイルランド家族研究に寄与するという目的意識が認められる［Gray 2012:153］。そして，前半部で，19 世紀における土地保有パターンの概略と飢饉前後における婚姻，世帯形成，相続システム研究の現状を踏まえ，19 世紀前半におけるファーマナー州の社会経済的背景を明らかにしたうえで，2 つの教区で家族と世帯構造の詳細な分析がなされている。後半部で，19 世紀にアイルランドで生じた結婚や世帯形成は，ひとつのシステムから他のシステムへの変質の結果というよりも，相続の動的システムにおける適応として理解することが，より実りある結論に導くものと提起したことに注目されるであろう［Gray 2012:154］。つまり，彼女は，19 世紀におけるアイルランドの家族構造が，アレンスバーグとキンボール［Arensberg and Kimball 2001］やコネル［Connell 1950］による伝統的研究，つまり早婚と分割相続に伴う核家族システムから，大飢饉後に晩婚と不分割相続に伴う直系家族システムに変化するという段階論に疑問を呈した。

　グレイの研究と本書で関連する興味深い点は，以下のところである。ファーマナー州の世帯タイプに関して，単純家族世帯はアグハルーハー（Aghalurcher）教区（82.1 ％）ではデリーヴァラン（Derryvallan）教区（69.3 ％）より多いが，反対に複合家族世帯は，デリーヴァラン教区（21.6 ％）ではアグハルーハー教区（10.9 ％）より多いというコントラストが明らかにされたことである。アグハルーハー教区が中規模保有農階層と土地なしの紡糸工と労働者階層から構成され，農民世帯では息子や同居者により麻の織布工が認められた。織布工は世帯収入の多様化の役割を持ち，その就業は子供の世帯からの離家を遅らせる戦略になりえたとみなす。そのような家族戦略により，拡大家族世帯の顕在化が理解される［Gray 2012:165-168］。

　他方，デリーヴァラン教区で優勢な社会経済的パターンが小規模保有農であり，彼らは農業と農村工業に家族労働を従事させる戦略を採用した。主に小規模農の世帯主が織布工に就業し，彼らは他の土地保有者より若い年齢層に属していた。彼らの世帯構造は，相続戦略の不明確さを持ちながら，単純家族世帯の形成の性格を内包させていた［Gray 2012:165-168］。つまり，グレイは，同じファーマナー州で，2 つの教区で農業規模により，世帯構造に相違が認められたことを指摘したのである。

　以上のグレイの論稿から，19 世紀初頭における世帯形成は，核家族システムの家族規範を持つとしても，世帯形成が家族状況的要因により大きく影響された

表1-1　オニールによるキラシャンドラ教区の世帯構成

	農民	労働者
独居世帯	3.2	2.7
核家族	65.4	76.5
垂直的拡大家族世帯	9.6	6.8
水平的拡大家族世帯	18.5	12.1
複合的拡大家族世帯	3.3	1.9
計	100.0	100.0
総数	815	588

（出所）　O'Neill［1984：129］

　という知見，および19世紀前半に核家族システムが優位であったが，大飢饉以降直系家族システムに段階的に変化すると捉えるのではなく，すでに，直系家族システムが大飢饉以前において存在したという認識から，核家族から直系家族への連続的変化を捉えたことに注目しておくべきであろう。

　さらにオニールの1980年代の『飢饉前のアイルランドにおける家族と農場研究』を検討しておこう。彼は1841年のキャヴァン州キラシャンドラ教区におけるセンサス個票（2273世帯，1万2529人）をデータとして人口，家族構造を家族周期の視角から明らかにしている。家族周期は子供の養育，子供のサポート，世帯経済への子供の貢献が考慮されて，つぎの6段階が設定される。すなわちそれは①開始時期（50歳以下の妻を持つカップルで，子供がいない段階），②出産第1期（世帯主の子供が7歳以下である段階），③出産第2期（世帯主の子供が7歳以上と以下の両方にいる段階），④出産終了期（世帯主の末子が7歳以上で，20歳以下である段階），⑤成人した子供がいる段階（末子が20歳以上である段階），⑥夫婦だけの段階（世帯主の妻が50歳かそれ以上で，子供が家に残っていない段階）という6段階である［O'Neill 1984：127-128］。そして，その各ステージにより農民家族と労働者家族の特徴が析出される。彼は，キラシャンドラ教区の世帯構成の分析にラスレットの世帯区分を踏襲しているが，拡大家族世帯と多核家族世帯の上向的と下向的拡大を含めた垂直的拡大と水平的拡大に再区分している。

　表1-1によれば，農民家族では核家族が65.4％，垂直的拡大家族世帯が9.6％，水平的拡大家族世帯が18.5％であるのに対して，労働者家族では76.5％，6.8％，12.1％をそれぞれ示す。その結果，単純家族世帯が支配的で

第1章　アイルランド家族史の先行研究　　25

あり，垂直的拡大や水平的拡大も多く分布し，しかも農民家族が労働者家族より垂直的拡大と水平的拡大が多いことがわかる。オニールはそれを家族周期と関連させて説明しようとする。たとえば農民家族と労働者家族における既婚の男性の家族周期を見れば，核家族は第3ステージがピークである山型になるが，垂直的拡大家族は第3ステージが一番低く，第1ステージと第5ステージがピークを示す谷型，水平的拡大家族が少し第3ステージで窪んだ水平型になるところに各世帯構造の大きな相違点が認められる［O'Neill 1984:138-142］。とくに核家族と垂直的拡大が家族周期と相関しているものと捉えるところが特徴であるといえる。このようにオニールはキラシャンドラ教区世帯が核家族，拡大家族世帯，多核家族世帯が並存して構成されているというスタンスであるが，垂直的拡大や水平的拡大の家族には家族の状況要因，たとえば労働者家族では子供が独立して収入に対するリスクを持つよりも，親や兄弟姉妹と同居することにより経済的リスクの最小化を求めるという戦略がとられるという。

　以上のようなオニールのキラシャンドラ教区の家族研究に対して，著者はつぎの2つの疑問を持つ。第1に，著者も同じキラシャンドラ教区のセンサス個票をデータにして，ハメル＝ラスレットの世帯区分にもとづいて世帯主の世帯構成を農民家族，労働者家族に再区分した。それらから農民家族が単純家族世帯では70.9％，拡大家族世帯では21.4％，多核家族世帯では2.1％，労働者家族が78.2％，14.5％，1.3％という割合をそれぞれ示していた。それらの数字とオニールによる数値を比較すると，著者のデータでは単純家族世帯が多く，拡大家族世帯と多核家族世帯が少ないという結果が析出された。データ数に少し違いが見られるものの，その違いによる影響とは到底みなせないのであり，なぜこのような相違が出てくるのかが疑問である。

　第2に，彼は家族周期に核家族をモデルにした6段階を設定しているが，著者は，オニールが拡大家族世帯と多核家族世帯を核家族の家族周期で分析可能であると言う点に疑問を持つ。彼は第6ステージに孫，甥・姪の存在が多いことを示しているにすぎず，このステージでそれらの親族員の増加が十分説明できないのであり，それは彼の提起した家族周期段階の限界性を示すものといえよう。つまり，1841年のアイルランド家族の枠組みとして，核家族と直系家族の2つのシステムが必要であり，この段階からそのような変化が生起してきたと見るべきであろう。とはいえオニールは，1841年のキラシャンドラ教区におけるセンサス個票のデータを用いて，当時の家族が核家族を中核にしながらも拡大家族世帯，多核家族世帯が存在していたことを確認した点，およびそれを家族状況的要因

（経済的・人口学的要因，家族周期）と関連づけたことは評価されなければならない。

以上においてカーニー，グレイ，オニールの研究を検討したのであるが，そこにはそれぞれの研究意図に相違が見られるものの，1821 〜 1841 年におけるアイルランドにおける家族の特質をセンサス個票にもとづいて明らかにしたものと著者は判断する。

以上のこれまでの先行研究が，1821 〜 1841 年にすでに単純家族世帯以外に拡大家族世帯と多核家族世帯がイングランドより高い数値で存在していたことをセンサス個票にもとづいて明確化させたことは評価されるべきである。さらに家族形成の規範的要因が家族の状況的要因（経済的・社会的要因）と強く関連しているという知見も得ることができた。なお，グレイとオニールにより指摘された，飢饉以前における複合家族の存在，それにもとづく，核家族システムから直系家族システムへの継続的な変化の視点は，かなり重要な提言と見るべきであろう。

（2）飢饉後の家族研究

飢饉後のアイルランドの家族研究における本格的な研究は，1978 年のギボンとカーティンによる直系家族研究である。それが直系家族研究の発端になり，その時期からガブリエル［Gabriel 1977］，ブリーン［Breen 1980］，モーガンとマカフィーの研究［Morgan and Macafee 1984］，フィッツパトリック［Fitzpatrick 1983］，ヴァーレイ「Varley 1983］，コリガン［Corrigan 1989;1993］，バードウェル・フェザント［Birdwell-Phesant 1992;1999］，ギナーン［Guinnane 1992;1997］，などにより家族史研究が展開されることになる。そこにはイギリスで当時隆盛していたラスレットを代表とするケンブリッジ・グループによる家族史研究の影響も見逃せない。とくに，以下ではギボンとカーティン，コリガン，ギナーンによる研究を詳細に検討しておきたい。

①ギボンとカーティンの研究

まず，初めてセンサス個票にもとづいてなされた本格的研究は[12]，ギボンとカーティンによる研究である。ギボンとカーティンの研究は，これまでの歴史的文献，フィールド・ワークによる調査，とくにすでに閲覧できた 1911 年のセンサス個票の世帯サンプルをデータとして直系家族を追究している。そして，彼らが主に依拠するデータは，メイヨー州，リムリック州，クレア州，キルケニー州，コーク州，南テイペラリー州，ミーズ州という 7 州から 15 タウンランド（村落）が

第 1 章　アイルランド家族史の先行研究　　27

抽出され，サンプル数は 295 世帯の 1410 人である。

　彼らの研究の特徴は，直系家族を規範的要因と状況的要因と関連づけて捉えることにあり，直系家族の規範的要因が世代構造，相続，継承と他出の側面から明らかにされる。すなわち，表1−2に調査結果が要約されるように，サンプルデータが性差，婚姻の割合，平均世帯規模，世帯主婚姻の割合，世帯主平均年齢，子供のいる世帯割合，世帯の世代数，世帯構成という家族変数から分析され，その結果，直系家族を含む三世代世帯（12.2％）と拡大家族世帯（40％）の存在が確認されている。さらに彼らは直系家族の状況的要因として 1000 人単位の移民率・出生率・死亡率，1000 エーカー単位の穀物生産の土地割合，1000 エーカー単位の農場労働者数，1000 エーカー単位の家畜数，平均土地地方税評価額，平均土地保有規模を挙げ，7州の経済的条件と前述の家族変数とを関連づけ，直系家族が中規模農地域において家族規範として顕在化していることを明らかにしたのである［Gibbon and Curtin 1978］。

　アレンスバーグとキンボールの調査地（ルオック，リナモア，アイナーの3か所）に近いクレア州コロフィンとイニッシュモンでは三世代世帯が 26％と一番多く，拡大家族も 43.6％を占めていることがわかる。ここでいう拡大家族世帯は垂直的拡大（たとえば世帯主夫婦と子供と世帯主の親）と水平的拡大（たとえば兄弟，甥，姪などの傍系親を含む）の両タイプを含むが，拡大家族世帯の多さと直系家族の多さが正の相関ではないことに注意しておく必要がある。しかし，直系家族は西部地域の方が東部地域より強く確認されたのであり，その意味でアレンスバーグとキンボールの直系家族説が検証されたものといえる。

　そこで，以上のような彼らの分析結果によって明らかにされた直系家族を，以下のように詳細に，家族規範と家族状況的要因と関連付けて検討しておきたい。

　彼らが利用する比較地域サンプルは，バリンローブ（メイヨー州），スカリフ（リムリック州），コロフィン（クレア州），キャッスルコマー（キルケニー州），ミルストリート（コーク州），クロンメル（テイペラリー州），トリム（ミーズ州）という7州から抽出されたものであり，それらのデータには地域性の配慮が認められる（表1−2参照）。

　まず平均世帯規模（MHS）から見れば，一番低いのはメイヨー州で 3.6 人であり，他の4州（コーク，キルケニー，クレア，リムリック）では，5〜6人の分布が認められる。そこにおける顕著な相違は，既婚である世帯主の割合に見られ，それはメイヨー州で 44％，コーク州で 64％である。つまり，後述するようにメイヨー州では晩婚化が強く認められたことも関係しているといえよう。

28

表1-2　ギボンとカーティンによる調査結果一覧

救貧区	バリンローブ	スカリフ	コロフィン／エニスタイモン	キャッスルコマー	ミルストリート	クロンメル	トリム
州	メイヨー州	リムリック州	クレア州	キルケニー州	コーク州	南テイペラリー州	ミーズ州
1．性差	83.7	126.1	129.1	139.3	95.9	118.6	121.7
2．婚姻率	27.7	23.1	28.3	23.6	27.4	26.8	24.8
3．平均世帯規模	3.6	5.8	5.6	5.3	5.1	4.6	4.1
4．既婚者の世帯主率	44.0	59.3	63.6	49.2	63.8	61.1	57.1
5．平均世帯主年齢	62	58	60	58	57	59	59
6．子供のいる世帯率	72.0	77.8	78.2	55.6	66.0	63.9	66.7
7　世代数（％）							
1世代	28	22	18	22	17	31	29
2世代	60	71	56	66	72	56	69
3世代	12	7	26	12	11	11	2
8．世帯構成（％）							
独居世帯	16.0	7.4	5.5	4.0	6.3	13.8	7.2
非家族世帯					2.1		
単純家族世帯	60.0	59.3	50.9	48.0	42.5	50.0	57.1
拡大家族世帯	24.0	33.3	43.6	48.0	46.8	36.2	35.7
多核家族世帯					2.1		
9．1000人あたりの移民率	17.4	8.6	13.9	5.1	14.7	9.7	5.6
10．1000人あたりの出生率	24	24	20	21	23	21	20
11．1000人あたりの死亡率	14	18	15	18	17	17	17
12．1911年の耕作地率	7	8	5	15	12	10	6
13．1000エーカーあたりの農業労働者数	117	69	60	57	67	60	39
14．1000エーカーあたりの家畜数	152	230	365	281	254	295	390
15．1911年土地保有規模（最頻値）	5～10	30～50	50～100 30～50	30～50	50～100	50～100	1～5
16．10年間の世帯規模増減率（20～30ポンドの土地評価額の土地保有者）	−0.1	−0.4	−0.4 −0.2	−0.9	0	−1.4	0

（出所）　Gibbon and Curtin［1987:451-452］

世帯の世代深度に関して，その相違が顕著に認められる。つまり，三世代構成は，ミーズ州で 2 ％，リムリック州で 7 ％，クレア州で 26 ％を示しており，それはクレア州で直系家族を提起したアレンスバーグとキンボールの仮説が正しかったことを検証している。しかし世帯構成のヴァリエーションがそのまま世代深度と一致してはいない。すなわち，メイヨー州では，拡大家族世帯が一番低く，リムリック州，テイペラリー州，ミーズ州では，それが全サンプルよりも低いが，クレア州，キルケニー州，コーク州では高くなっているからである。

つぎに出生率，死亡率，移住率を見ておくと，出生率に関して，ミーズ州の 19.5 からメイヨー州の 24.5 までの範囲が見られる。サンプルのなかで，メイヨー州が，もっとも出生率の高い地域であるだけでなく，死亡率（13.5）がもっとも低くなっている。メイヨー州の低い平均世帯規模と拡大家族世帯の割合，高い平均世帯規模と三世代世帯と拡大家族世帯の多さは，人口の動態から十分説明できない。つまりそれは移民率から説明される必要があると見る。すなわちメイヨー州は移民率（17.4）がもっとも高い地域であった [Gibbon and Curtin 1978:441]（表1-2）。しかし，後述するように，1911 年におけるメイヨー州の世帯規模の多さが確認されており，それは，彼らの数値と反する結果であった。

そして，経済変数である労働投下率，資本主義度，保有の評価と規模からその地域性を検討する。まず労働投下率は 1000 人に対する農場労働者数により示されるが，その数値がメイヨー州では一番高い 117，ミーズ州が一番低い 39 である。資本主義度は，1000 エーカーに対する家畜数による変数であるが，それはメイヨー州が一番低い 152 であり，ミーズ州が一番高い 390 であり，労働集約度とは対照的である。それ以外の地域は 230 から 365 の数字を占めている。この数字は，農業における技術の適用度を示すものといえる（表1-2）。つまり，それらの数値は，メイヨー州における小規模な耕作と牧畜の混合農業に対するミーズ州における大規模牧畜農のコントラストであると理解できる。

土地保有モードに関して，ミーズ州とメイヨー州が 10 エーカー以下という小農場保有地域，リムリック州とキルケニー州とクレア州の一部が 10 ～ 50 エーカーという中規模保有地域であり，コーク州とテイペラリー州が，50 ～ 100 エーカーという大規模保有地域であることを示している。しかし，後述するようにミーズ州が大規模農地域なのである。1 年間のエーカーあたりの土地評価額に関して，メイヨー州，リムリック州，クレア州の一部，コーク州，テイペラリー州が 4 ポンド以下の低い地域であるが，クレア州の一部，ミーズ州，キルケニー州は，4 ～ 15 ポンドで，それは土地評価の高い地域であることを示している [Gibbon and Curtin 1978:441-442]。アレンスバーグとキンボールが提起した小農場と大農場の境界が 200 エーカーであるという説は，この地域性の違いの分類基準にはなり得ないことを明確にする。

　以上の地域比較から直系家族の地域的特徴を整理すればつぎのように要約することができる。それは比較的多い世帯員数を持つ，人口に占める既婚夫婦率が高い（子供を持つ世帯の多さも付随してくる），平均出生率が高く，平均死亡率が低いこと，移動率が高いこと，低い耕作率であること，平均労働集約度，比較的高い資本主義度，中規模保有という性質が直系家族形成要因と判断される［Gibbon and Curtin 1978:441]。

　そのような地域的農業の相違は，飢饉後の適応の時期にもっとも顕著に発現したと見られ，とくにその相違は西部アイルランドと東部アイルランドで強く認められた。

　東部アイルランドでは，飢饉後に成功した農民が直面した問題は，労働力供給，農産物取引の減少，資本投資のための市場問題であった。彼らの危機は家畜生産を有利にするために農産物生産を中止する方向に導いた。それは労働力供給の問題を克服するだけでなく，逆に労働力余剰や不完全就業を作り出すことになった。西部アイルランドからの労働力移動（季節的人口移動）は 1851 ～ 1881 年にもっとも多く認められた。この時期以降，飢饉以前にもっとも農産物生産をしていた地域がもっとも多く放牧する地域に変化していった。それらの地域のなかでもっとも繁栄したのがミーズ州であった。そして，これらの地域は資本主義的農業への道として家畜を育成させる方向へと向かったのである［Gibbon and Curtin 1978:442]。

　それに対して，西部アイルランドのゴールウェイ州やメイヨー州の地域は，ミーズ州と対照的であった。これらの地域では，飢饉前の状況が飢饉後も 30 年間持続したのである。すなわちこの時期には，耕作規模や人口に変化が生じなかった。農産物取引の減少に伴って，不完全就業者が東部アイルランドよりも西部アイルランドに増大した結果，西部アイルランドの悲惨な貧困が，イングランドやスコットランドへの季節出稼ぎ労働によって緩和されることになった。しかし 1870 年代後半に生じた農業不況は飢饉の再現であり，政治的，人口的な激変を生み，これまでの季節出稼ぎ型から永久移住型の移民を創出させる結果になる［Gibbon and Curtin 1978:444]。とくに，メイヨー州では経済的状況が劣悪であったので，生活水準維持の戦略として婚姻延期よりも永久未婚者が卓越した戦略であるとみなされた。

第 1 章　アイルランド家族史の先行研究　　31

飢饉後で，両者の中間地域がコーク州，テイペラリー州，リムリック州，クレア州の地域であった。危機的時期は東部アイルランドが1845 ～ 1849年，西部アイルランドが1878年，中間地域が1859 ～ 1863年であった。これらの中間地域は，中規模農と小規模農産物生産が支配的であった。このような地域は，家畜経営が増加した地域でもある。中規模農の標準的な世帯は，家族労働を必要としたものの，そこでは原則として労働力を雇用することができなかったので，それは，「相互扶助的労働の提供（cooring）」の制度を利用し，相続を延期させることにより，三世代家族の慣習が規範として存在していた。つまり中規模農家族は，小規模農家と違って必要であれば，三世代を住まわせるだけの居住空間を充分に持っていたのである［Gibbon and Curtin 1978:444］。

　以上のようにギボンとカーティンの直系家族研究を詳細に紹介してきたのであるが，ギボンとカーティンは，直系家族が農村人口の非常に多くの割合でアイルランドの規範であったと結論づける。とくにアレンスバーグとキンボールが調査したクレア州の地域は中規模農地域であり，人口の大部分はこの方法で社会化されており，その存在の基礎として小規模商品経済があったと考えられている。

　このようなギボンとカーティンによる分析は，それまでのモノグラフ的家族研究と比較すれば数量的であり，しかも，人口学的，社会的，経済的変数と関連づけて検討されているところに特徴が認められる。しかし，彼らが使用しているデータが1911年のセンサス個票の分析という単年度に限定されていることとデータの少なさ（295世帯）に限界性を持つものといってよい。たとえば，本書で検討されたように，拡大家族世帯数が，著者の数値より極めて高いことが挙げられる。もし，そこに多核家族世帯が含まれていたとしても過大な数値であるといえる。さらに，本書で後述するような家族ダイナミックスの視角の欠如が指摘できる。したがって，それらのバイアスは，サンプルデータの少なさに起因しているように思われる。

　しかしながらそのような問題点があるものの，彼らの研究が当時利用可能になった国立公文書館に所蔵されている1911年センサス個票という一次資料を利用して，新しい研究進路を開拓した点は高く評価されねばならない。そして，著者は，彼らによる多くの分析手法が本書で有効であると認識している。

②コリガンによる家族研究
　コリガン論文の目的は，親族組織の直系パターンやそれに付随する複合家族世帯が20世紀初頭にアイルランドで支配的だったかどうかということの問題提起

であった。アレンスバーグとキンボールの研究と，それ以降の民族誌的研究は，アイルランドセンサス分析にもとづけば，少なくとも特定の地域の農業世帯では，それらの構造が存在したと見る立場であった。つまり20世紀初頭には，西部アイルランドではこの世帯構造が一般的であったが，彼女の研究は，直系家族のみを主要テーマとするのではなく，ハメル＝ラスレットにより提起された世帯タイプにもとづいて，20世紀初頭のアイルランドの家族を明らかにするという目標を持ち，直系家族もそのタイプの一形態として位置づけられている［Corrigan 1993:56-57］。

　そのような視角から，彼女は世帯や共住集団（coresident group）の構成や構造の厳密な定義が必要であるという認識を持ち，ラスレットの世帯概念の詳細な検討を行なっている［Corrigan 1993:59-60］。多くの研究者は，共住を直系家族の構成要件とはみなしておらず，直系家族を財産の維持という社会的，経済的過程において捉えるならば，重要なのは居住集団の構造ではなくて，直系家族のなかで固有である社会的，経済的役割や義務，それを遂行する機能であると考える。そうすれば，直系家族は不分割相続によって特徴づけられる。つまり通常息子である1人の跡継ぎだけが家族の家や財産を相続し，他の子供は，仕事や婚姻のために排出されて，独立した世帯を形成することになる［Corrigan 1993:60-61］。

　アレンスバーグとキンボールは，1930年代におけるクレア州の小農場地域の研究で人々が占める経済的，社会的体系と役割を記述しているし，ハナンは直系家族世帯の構造については触れていないが直系家族の配置に伴う社会的，経済的条件を検討している。つまり，それは家族農場における高い父‐息子の交代の程度，跡継ぎ以外である子供の排出の効率や跡継ぎの婚姻と再生産の機会をとおして形成されるという［Corrigan 1993:58-59］。

　以上のようなスタンスから世帯構造の明確な特徴が，成員間に存在する関係によって規定される構造であると捉えられており，とくに直系世帯との関連では世帯が遂行する機能が検討されている。

　そして，彼女は，1911年センサス個票から抽出された，サンプル数2495世帯，人口1万1794人のデータにより，アイルランドの世帯構造を明らかにしようとした。

　まずアイルランドでは単純家族世帯が支配的形態であり，アイルランドの共住パターンが20世紀初頭において，産業革命期以前における西ヨーロッパ家族と類似するものとみなしている。38.9％を占める農民では単純家族世帯が59.7％，拡大・多核家族世帯が22.5％であり，ここでは単純家族世帯が優位なタイプと

見る。しかし，農民世帯がそれ以外の職業集団より拡大・多核家族世帯が多いことも認めている。農民世帯に地域的相違が影響すると考えられるが，都市，農村，およびレンスター，アルスター，マンスター，コナハトという地方における農民世帯において拡大・多核世帯の分布に大きな相違が見られなかったと結論づけている [Corrigan 1993:71-75]。

　つまり，コリガンは職業カテゴリー（農民，農業労働者，工業労働者，その他）と農村・都市カテゴリー，地域カテゴリー（レンスター地方・アルスター地方・マンスター地方・コナハト地方）をとおして，単純家族世帯が，その時点での支配的な形態であったと見る。しかし，拡大家族世帯と多核家族世帯がアイルランド社会で無視できないが，それが，アイルランド家族を特徴づけるものとみなしていない。すなわち，このようなセンサスデータ分析から，アレンスバーグとキンボールによって記述された共住パターン・モデル（直系家族）が，検証できなかったと見る。しかしながら，彼らのアイルランドにおける共住パターンの解釈は完全に間違っていたといえないのであり，拡大，多核家族世帯はたしかにアイルランド社会のある領域で重要な側面であったが，アレンスバーグとキンボールや，その後の研究者は，その重要性や優位性を過大視していたように見えると位置づけている [Corrigan 1993:66-67]。

　以上の分析からコリガンによれば，アイルランドの家族では単純家族世帯が優位であると判断され，それ以外に直系家族の存在が西部農村地域で認められたが，それがひとつの世帯タイプであるという認識であった。

　著者は，コリガンがそのような結論に至った原因として，第1に，単年度である1911年のセンサス個票のみがデータとして利用されたこと，第2に，また彼女は，アイルランド家族が基本的に核家族システムにより構造化され，形態的にも単純家族世帯の割合が多いという理由で，その形態が支配的形態と見たところにあると考える。しかし，著者のデータでは，アイルランド全体で，拡大家族世帯が12％，多核家族世帯が4％であり，彼女は単純家族世帯を重視し，複合家族世帯の存在を軽視しすぎているといえる。第3に，職業，農村－都市，地域性カテゴリーの視点から家族分析をしているが，社会（人口など），経済的変数（農業など）と関係づけていないという弱点もそこに認めることができよう。第4に，コリガンは留保付きで直系家族の存在を認めながら，単純家族世帯が優位であると判断しているが，そこにはなぜ拡大，多核家族世帯が存在するのかという問題に対する十分な説明がなされていないことに注目すべきである。著者は直系家族形成には直系家族システム規範の存在を重視しており，それが持参金を含

34

む縁組婚と不分割相続の原理から説明される必要があると考える。

　以上のような問題点があるものの，彼女が1911年センサス個票のサンプルをとおしてマクロな家族研究を展開させたことは評価されるべきあろう。

③ギナーンによる直系家族研究

　ギナーンはアイルランド農村世帯構造が飢饉以降の異常的人口行動を説明する中心的要因であること，20世紀初頭におけるアイルランド世帯がラスレットらの仕上げた核家族モデルに適合するものではなく，直系家族モデルから説明される必要性を強調する［Guinnane 1992:459-462］。そして，彼は共住と世帯継承から直系家族モデルを把握しようとしている。とくに直系家族モデルが直系家族の発達周期をとおして理解されるところに彼の特徴が認められる。

　彼の利用したデータは，クレア州・メイヨー州・ミーズ州・ウイクロウ州の4州から抽出された選挙区（DED）の1901年と1911年のセンサス個票である。彼のデータ操作の特徴は1901年と1911年の個票をリンケージさせたことである［Guinnane 1992:465］。表1-3はギナーン自身とバードウェル・フェザントによるデータを示したものである。それによると，単純家族世帯が50～60％であり，拡大家族世帯が20～30％，独居世帯が10％前後であることがわかる。多核家族世帯を見れば，バードウェル・フェザントによるケリー州のバリィダフでは

表1-3　世帯タイプの分布

	独居世帯	非家族世帯	単純家族世帯	拡大家族世帯	多核家族世帯	計	総数
バリィダフ，1901	3.5	4.5	63.7	21.8	6.6	100.0	239
バリィダフ，1911	4.7	5.4	54.4	27.7	7.8	100.0	296
クレア，1901	7.3	3.3	56.4	32.2	0.7	100.0	273
クレア，1911	9.5	0.7	54.7	32.5	2.6	100.0	274
ミーズ，1901	12.6	1.5	57.1	28.4	0.4	100.0	261
ミーズ，1911	11.3	1.2	51.4	34.8	1.2	100.0	247
ウイクロウ，1901	9.2	3.4	58.0	29.0	0.4	100.0	262
ウイクロウ，1911	9.4	1.8	62.3	24.3	2.2	100.0	276
メイヨー，1901	3.3	7.0	63.3	25.6	0.9	100.0	215
メイヨー，1911	2.3	3.3	64.3	26.8	3.3	100.0	213

（出所）　Guinnane［1997:141］

表1-4　職業別世帯構成

	農民	労働者	その他
独居世帯	4.6	6.9	17.1
非家族世帯	1.5	2.3	1.5
単純家族世帯	57.7	60.6	56.5
拡大家族世帯	32.5	29.4	24.2
多核家族世帯	3.7	0.9	0.7
計	100.0	100.0	100.0
総数	520	221	269

（出所）　Guinnane［1992:462］

7％前後で多く，ギナーンのデータでは低いという違いが見られるようである。[13]

表1-4により農民と労働者に区分した職業別世帯タイプの分布を見れば，拡大家族世帯は農民で32.5％であるのに対して労働者が29.4％で低く，他方では単純家族世帯が労働者で60.6％と高いのに対して，農民では57.5％と低いという非対称性が認められるのである。そこから農民における拡大家族の出現度の高さが読み取れる。

ギナーンは拡大家族世帯の内容に立ち入って見ており，それを垂直タイプと水平タイプに区分している。それによると，全体では水平タイプが58.5％，垂直タイプ32.4％を占めており，それは水平タイプ，つまり傍系親族を含む拡大家族が多いことを示している。しかし，地域的には，メイヨー州が垂直タイプで一番高く72％を占め，以下クレア州の65.2％，ウイクロウ州の52.2％，ミーズ州の47.6％という順序であり，それは西部アイルランドでは直系家族が支配的タイプであることを検証しているものと見てよい。

表1-5は1901年と1911年のセンサス個票により世帯単位のダイナミックスを示したものである。それを見れば，持続性が一番高いタイプは単純家族タイプで74.1％を占め，以下拡大家族の58.3％，独居世帯の47.2％であり，逆に移

表1-5　1901年と1911年の世帯タイプのダイナミックス

	1	2	3	4	5	計	総数
1．独居世帯	47.2	2.8	13.9	33.3	2.8	100.0	36
2．非家族世帯	9.4	6.3	50.0	34.3	0.0	100.0	32
3．単純家族世帯	3.1	1.2	74.1	18.3	3.1	100.0	487
4．拡大家族世帯	5.4	2.5	31.8	58.3	2.1	100.0	242
5．多核家族世帯	0.0	0.0	50.0	16.7	33.3	100.0	6

（注）　縦が1901年の世帯タイプ，横が1911年の世帯タイプを示す
（出所）　Guinnane［1997:145］

動が高いタイプは非家族世帯と多核家族世帯である。すなわち拡大家族世帯の
10 年間における持続性の高さ，および，単純家族世帯の拡大家族と多核家族世
帯へのダイナミックス（21.4％）から判断すれば，そこには直系家族システム
規範が明らかに認知されるものといえる。

　このようにギナーンによる家族研究の特徴は，1901 年と 1911 年のセンサス個
票をリンケージさせることにより，10 年間における世帯タイプのダイナミック
スが明らかにされているところに求められる。それにより直系家族システム規範
が 20 世紀初頭のアイルランドに存在したことを検証したものと判断され，それ
はギナーンの功績であったといえる。つまり，これまで検討してきた直系家族研
究ではセンサス個票が資料として利用されているものの，1901 年か 1911 年のセ
ンサスの単年度データが利用されるか，あるいは両年度データを利用した場合で
も集計が単年度単位であった。しかし，ギナーンは 1901 年と 1911 年の連続性に
着目したのであり，その期間が 10 年であったとしても，その分析が，直系家族
の縦断分析には不可欠であるといえる。しかし，彼の結果に大きな誤りがあるこ
とも事実である。つまり，以下の章で明らかにされるように，彼の拡大家族の数
値があまりにも高すぎるのであり，そこに大きな問題点を認めざるをえない。

　以上において主要なアイルランドにおける家族研究をフォローしたのであるが，
それらから，大きく言えば，大飢饉以降から 20 世期初頭に直系家族の存在を認
める研究とそれより前の大飢饉以前にすでに直系家族の萌芽があったという知見
を得ることができた。そして，20 世紀初頭に直系家族がどの程度の割合であ
れば，[14]それが存在したと認められるのかという問題と直系家族が形態的に存在し
ていてもそれが直系家族システム規範によるものと判断されるかどうかという問
題があるように思われる。すでに，バードウェル・フェザントにより直系家族の
割合に関して，三世代拡大家族世帯が 23 〜 25 ％，そのうち典型的な直系家族が
13 〜 14 ％であると提起されているが，その数値は，ひとつの基準になりうるだ
ろう。

　第 2 にセンサス個票を単年度で分析するだけでは直系家族を充分に把握できな
いことである。つまり少なくとも 1901 年と 1911 年のリンケージデータにより両
年度間における直系家族の連続性が把握される必要がある。そうすれば，婚姻，
子供数，寿命などの人口学的変数と家族周期，土地相続，農場規模，階層性，地
域性などの社会・経済的変数と関連づけることにより，直系家族がよりダイナ
ミックに追究できるのではないかと考える。

第 1 章　アイルランド家族史の先行研究　　37

第2章
アイルランドにおける家族の理論的枠組み

　本章では，これまでの先行研究をとおして，著者が研究対象とする直系家族の理論的枠組みを検討しておく。斎藤は，ヨーロッパと日本における直系家族の比較史的立場から，ミッテラウワー，バークナー，ヘイナル，ヴァードンの諸説を検討して，直系家族アプローチをつぎの2つに区分している。すなわち，第1はヨーロッパの直系家族を捉えるアプローチであり，それは基本的には核家族システムを持つが，家族周期により家族形態が直系家族を形成する可能性を持ち，直系家族が核家族システムの一変種であるとみなし，さらにその成立条件も追求しようとするものである。第2は日本の直系家族を捉えるアプローチであり，それは本来直系家族システムを持つという考え方である［斎藤修 2002:19-22］。ドイツ家族史研究のミッテラウワーは，前者の立場であり，彼によるとヨーロッパの三世代家族の大部分が本来の直系家族ではなく，それは「隠居家族」と呼ばれるものであり，アイルランドからノルウェー，さらにアルプス地方，中欧や西欧にまで分布しているという［ミッテラウワー／ジーダー 1993:37-38］。その隠居家族では後継者が婚姻の前後に農家を相続し（家長権移譲や財産を意味している），息子が世帯主となる直系家族がそこに形成されると見る。しかし，日本やアイルランドの直系家族では基本的に家長権移譲や財産相続が後継者の婚姻直後に実施されないのであり，その段階では家長権は親世代にあり，そこに直系家族の形成時期の大きな相違が認められる。したがって著者はミッテラウワーらと違いアイルランドの直系家族と日本の直系家族を後者の立場，すなわち直系家族が直系家族システムにより形成されるという立場から検討したい。

ところで，トッド（E. Todd）は『新ヨーロッパ大全』において直系家族を定義した(1)後で，アイルランド家族が直系家族に一応該当するとみなしながらも，つぎのような疑問を2か所で提起していた。すなわち，「アイルランドは全体として権威主義的性格が強いことは民族学者の間では周知の事実だが，このことも確認された。しかし，無視できない微妙な差異が明らかになった。つまり，縦型の家族構造は特に島の周辺部において明瞭であり，内陸部にはより核家族的な自由主義的形態が存続しているということである」〔トッド 1992：56〕，と「もう1つの修正はアイルランド内陸部に関わる。この地方は地図4〔相続慣習と複合家族の地図――清水補足〕の上では，非平等主義的で，核的となっていたが，絶対核家族の第一地帯の中には加えられていない。研究の現状からするなら，この地方が絶対核家族地方なのか，それとも単にこの島で支配的な直系家族が，周辺部に比べて縦方向においてやや明確さと強さを欠いているだけなのか，いずれとも決めがたい」という疑問を呈し，「この問題を本当に解決してくれるような詳細な地方モノグラフがなかったため，私としては，家族型の最終地図の上に疑問符を残す方が良いと判断したのである」〔トッド 1992：61〕という結論にいたっている。

図2-1　トッドによる直系家族分布図

（出所）　トッド〔1992：65〕

つまり，トッドは，図2-1に示されているように，アイルランドの家族に対し，権威主義的家族（直系家族）という位置づけを示しながらも，アイルランドの家族に関して，直系家族が全国的に支配的な形態であるという結論に対して，上記のような疑問をすでに持っていたのである。つまり，アイルランドにおける

第2章　アイルランドにおける家族の理論的枠組み　　39

直系家族の地図化を示す資料が，アレンスバーグとキンボールの研究とオニール
の研究［O'Neill 1984］のみであり，当時すでに，著者も取り上げたギボンとカー
ティンの研究もあったものの，その意味で大胆であったが，それがある程度成功
していたといえる。とくに，東部と中部アイルランドの研究成果が皆無であり，
そこに限界があったことも確かであろう。それゆえ，上記で述べた疑問を提起し
ていたのである。

　しかし，トッドの研究で興味ある点は，彼が，複合家族世帯と農民の比率の相
関係数を示しており，そのなかでアイルランドは＋0.40で，高い相関係数の0.7
より低くなっていることを示していることである。そして，「複合世帯の比率の
地理的視点は，労働力人口中の比率の偏差と第一義的に連動するわけではなく，
したがってかなり大まかに，それぞれ異なる家族的価値を表現するものと考え
る」［トッド 1992:53］と述べ，複合家族世帯が多い場合には，家族的価値が権威
主義的で，その逆では，家族的価値が自由主義的であることを明らかにしている。
つまり，それは，アイルランドにおいて直系家族が多く認められる地域では，家
族が直系家族システム規範を持つが，反対の場合には，それが弱いことを意味し
ている。換言すれば，それはアイルランドの直系家族形成が地域性を持つことを
示唆したものと見てよい。アイルランドの家族を直系家族であるとする判断は正
当であるとしても，そこに時間的・空間的差異の存在の認識が必要であり，それ
は，以下で分析する西部アイルランドと東部アイルランドの家族の議論で検討さ
れるであろう。

　そこでまずアイルランドにおける直系家族の概念規定をしておこう。一般的に，
直系家族は家族システム規範と家族システム状況という2つの要因から構成され，
それら2つの要因の相互規定的な関係によって構造化されているものと捉えてお
く。たとえば，日本の直系家族であるイエの場合には，イエの規範は，成員の長
子残留による父方同居，跡継ぎ以外の排出，家産，家業，伝統の単独相続，役割
では，直系傍系・世代別・性別分業や権威の序列化が規範的要求である。それに
対して，状況的要因は，そのようなイエの規範的要求に即して構造化されるもの
と理解できる［光吉利之 1981:84］。

　そうすれば，直系家族システム規範は，つぎのような成員，相続，役割の3つ
の要因から規定できる。まず成員に関して，それは直系家族と核家族の発達周期
において顕著に現われてくる。直系家族の発達周期は，既婚の夫婦と子供で開始
し（AとB），第2段階では父親から継承者として指名された子供（C），それは
通常息子で長男に限定されていないものの，長男が優位であるが，その息子の結

婚とその配偶者の婚入によって2つの既婚夫婦の同居（CとG）によって形態的に成立し，父方同居形態をとる。その段階において，非相続人の兄弟姉妹が継承者の婚姻の前後に親の世帯から婚出や他出の形態で排出される。しかし彼らは他出せずに家に残留することもありうるのである（D）。

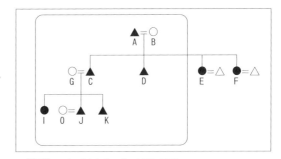

図2-2　アイルランドの農民家族の直系家族モデル

（出所）　The Irish Family:1850-1950

そして，娘（EとF）は，婚姻するときには持参金をもって離家する（図2-2参照）。

　そのような直系家族の成員の移動に対して直系家族には，所有に関して土地保有の不分割の規範，つまり農場，家，財産は父から息子へ父系的に継承されるという継承者による一括相続が見られ，財産とくに土地に対して家族の名前を残したいという父系継承観念が強く認められる。さらに家族役割に関して，二世代夫婦のあいだで親夫婦の土地保有，農業経営などの統制活動に関わる役割移譲が行なわれるが，その移譲がかなり延期される可能性を強く持つ。また，家族内部では家父長権の行使とそれにもとづく性別役割分業が強く認められるのである。以上のような家族システム規範の要因によって規定される家族をアイルランドの直系家族と考えておきたい。

　それでは，つぎにアイルランドの直系家族はどのように形成されるのかというメカニズムを，①家族の役割配置，②婚姻，③継承・相続という3つのキイコンセプトから明らかにしておきたい。まず，家族役割配置に関しては，家族役割は，継承の実行を決定する家族地位体系によって配置される。すなわち，農場労働は，大部分父親である家長によって行なわれるのであり，息子が思春期以降農場労働に参加するが，それは家父長制支配のなかで行なわれる。女性には，家に関する義務が配置されており，それらの多くは，彼女らの夫や息子に対する奉仕である。父方の祖父母は，生存中，家の特定場所（西の部屋）に住むことになる。祖父は，彼の息子にできる限りの助力をするし，祖母は，妻のために援助を提供している。つぎに，婚姻を見れば，婚姻は，家族線を連続させるために，家父長制下で指名される息子に準備される縁組婚によって行なわれる。娘たちは，持参金と夫を提

第2章　アイルランドにおける家族の理論的枠組み　　41

供するように配置される。

　アイルランドの縁組婚（matchmaking）は，父系的に譲渡される資源を補完するのに充分な経済的資源を伴った花嫁の発見を含んでいる。縁組みは両親の死亡や隠居と一致するので，継承者の配偶者は，中年になる傾向にあった。その主な原因は，家長の財政的条件や移民による相応しい花嫁の欠乏から生じてくるのである。以上のような縁組婚は，世帯員排出のための装置を用意している。排出時期は，指名された父系的継承者の結婚式と一致するのではなく，一般的に指名が行なわれた時期である。その選択とタイミングは家父長制的判断によるものであり，その選択は無制限に延期され，息子たちは何年間も未決定の状態に置かれることもあるという。このように排出が実行されると，つぎは継承の段階である。それは，新しい家長と妻の確定，前任者の処遇，新しい世代の創出の手続きが含まれている。したがって継承は，前任の家長と妻の扶養と福祉を彼らの死亡まで提供する配置をも含んでいる。その段階で，花嫁の持参金が老齢者の将来設計とその娘の持参金に有効に活用されるのである。老齢者たちは，「西の部屋」へ移動し，三世代世帯が最終的に形成されることになる。そして，後継者の相続が，家長の死亡まで延期されることもそこに示唆されている。

　著者は研究当初，直系家族の形成時期が19世紀の中頃，つまり大飢饉の前後であると想定していた。その基礎には，フィッツパトリックによる1852年の分割相続廃止と1870年以降の農場外での雇用機会増大に関係づける仮説[2]，ケネディによる1870年の土地法改正による土地意識の変革説[3]，コネルによる親の取り決め婚の成立と後継ぎの晩婚化にもとづく1870年以降説[4]による影響による判断にもとづいて，19世紀中期説を提起した。つまり，その段階では19世紀初期には核家族システムにもとづく核家族から，19世紀中頃に直系家族システムにもとづく直系家族が形成されるという段階モデルに立脚していた。しかし，オニールによる1841年の分割相続の消滅＝不分割相続の開始説，グレイによるファーマナー州の分析結果から，直系家族形成の要因と見られる縁組婚が1830年代に認められていること，また不分割相続も東部アイルランドで認知される地域もあるという言説からすれば，アイルランドで全国一律に，核家族から直系家族に形成されたと判断されるのではなく，地域により早い段階で直系家族が成立していたという解釈，つまり，時間差，地域性を重視した仮説が有効であると考えるにいたった[5]。すなわち，ミーズ州のような大規模農地域においては，19世紀前半において，他の州より早い時期に，縁組婚，大農民における不分割相続が認められる地域があり，逆に，メイヨー州のように，分割相続が長期にわたり行

なわれ，不分割相続に変化後，直系家族が優位になるという地域もあるので，直系家族形成には時間差と地域性の存在を強く認識しておく必要がある。その結果，19世紀後半から20世紀にかけて直系家族形成がアイルランドで浸透していったとみなすべきであろう。

　上記のようなメカニズムをもつアイルランドの直系家族システムは，日本のそれと比較すると，直系家族システム規範的要素が弱く，逆に状況的要素に規定されているものと見てよさそうである。つまり，ケリー州の村落を調査したバードウェル・フェザントによれば，アイルランドの家族は，タイトな直系家族システム規範によるモデルよりも，直系家族システム状況要因によって受容可能であるルースな直系家族システモデルが妥当であると見られているからである［Birdwell-Phesant 1992:224］。

　つまり，アイルランドの直系家族形成メカニズムが，直系家族システム規範とそれを支持する家族状況的要素の相互補完的関係で形成されることはすでに述べた。直系家族システム規範が認識される状況においても，家族，家族員が置かれた家族状況的要素のなかで，彼らはウェルビーイングになるかどうかという家族戦略により世帯を形成することになる。その結果，世態形態は直系家族形態，あるいは単純家族世帯，それ以外の多様な形態を採用することになる。

　ところがアイルランドの直系家族は，東部アイルランドの大規模農よりも西部アイルランドの中小規模農に多いという地域的ヴァリエーションがあった。すでに1930年代に初めてアイルランド農村を調査したアレンスバーグとキンボールは，クレア州の中規農地域で直系家族を確認していたが，アイルランドにおける直系家族の地域的ヴァリエーションは，直系家族システム規範を支持する直系家族の状況的要因の違いに求めることができると考えられる。

　ここでは西部アイルランド農村家族を農民社会論と関連づけて検討してみよう。農民社会の特徴として，つぎの3点が挙げられる。すなわち，第1に，農地が自作地，あるいは借地で，家族をサポートするには十分であっても，労働を雇用するほどの十分な面積を持たない家族経営である。第2に，農業生産が市場生産を支配的目的としない生存経済である。第3に，不分割相続が相続規範であり，直系家族の配置が社会構造を特徴づけるという3点であった［Hannan 1982:142-143］。

　そのような農民社会では，小規模農が農業のみで生活できないので副業，出稼ぎを必要とし，中規模農が自家労働力のみによる経営が可能な農家であった。それらの農家は農民社会では賃金労働者を必要としなかった。すなわち西部アイル

ランドにおける農民社会の伝統的農民家族では後継者候補が離家して就業するよりも親からの土地継承を家族戦略とみなした。そして，彼らは直系家族を形成する可能性が高かった。後継者以外の男子は自家に残留するか，早い時期におけるアメリカへの移民の選択が家族適応的戦略（family adaptive strategies）であると考えた。なお，待機する継承者や残留する子供は晩婚あるいは未婚になる可能性が強かった。

　他方，東部アイルランドの大規模農は農民社会と相違して自家労働力のみでは経営ができず，農業労働者（agricultural laborer），農業サーヴァント（agricultural servant）を必要とする商業的農業社会であった。東部アイルランドの農民の場合，選ばれた男子が後継者となり，直系家族のみでなく，単純家族世帯，非家族世帯を形成する可能性もあった。また，そこでは後継者以外の子供は，未婚のまま残留して労働力になるか，首都機能（capital function），商業機能を持つダブリンや，すでに工業化していたベルファストで就業するか，財産の一部譲渡によるアメリカ移民を彼らの家族適応の戦略とみなした。また大農業経営で雇用される農業労働者は土地なし労働者で，彼らは経済条件が満たせば婚姻可能であるが，そうでなければ未婚のままであった。したがってそれらの労働者が婚姻すれば単純家族世帯（simple family household），それが不可能であれば独居世帯，非家族世帯（no family）が適応的戦略とみなされた。

　以上のように小・中農と大農の経営規模という家族状況的要因の相違が直系家族形成の家族戦略と因果関係を持つ。それゆえ家族状況要因の相違が，直系家族形成に強く作用したと考える。つまり西部アイルランドでは直系家族システム規範が家族状況的要因により支持されて直系家族が形成されたが，東部アイルランドでは直系家族規範が弱く，家族状況的要因に規定された単純家族世帯が優位になるという地域的ヴァリエーションの仮説を提起しておく。

　図2−1は，経済的変数，人口学的変数と世帯形成との関係モデルを示したものである。すなわち，土地規模，農業経営が独立変数で，土地の継承システムと婚姻システムとが媒介変数になり，世帯形成が従属変数と見られることを示している。つまり，アイルランドの農民家族形成には，直系家族システム規範が存在し，それに直系家族システムの状況要因として土地保有規模，農業経営，人口学的変数（未婚者，婚姻率，出生率，死亡率，婚姻年齢）と世帯主年齢，世帯規模，世帯形成，親族数が重要な変数であると見られる。そして，アイルランド家族には，直系家族システムの支持要因として家族経営による小・中規模農業経営という経済的変数，つまり東部と西部における農業経営の地域性，移民率，生涯未婚

図2-3 アイルランドの農民家族の世帯形成モデル

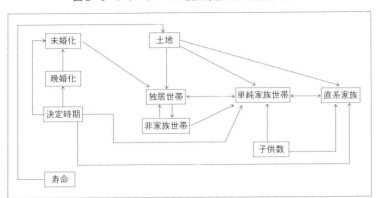

者率，高出生率という人口学的要因などが関連してくるものと見られる。さらに，貧困地域での家族形成に親族成員（たとえば老齢の兄弟姉妹，小さい甥，姪，孫など）の集合化（危機的状況における相互扶助的要素に規定される）が家族戦略とみなされているという社会的変数も重要であるといえる。つまり世帯主の永続的未婚化は生活基盤の維持装置であったと考えられるし，また世帯主の未婚の傍系親族の滞留や他の親族の加入が，家族の福祉追求集団とみなされていた。そのような社会的状況変数に規制されて直系家族システム規範を含む複合家族世帯形態が維持されているものと考えておきたい。

第3章
アイルランドの家族研究史料

1　アイルランドの人口センサスの歴史

　まずアイルランドの家族史を検討する上で一番重要な史料であるといえる人口センサス（国勢調査）を取り上げよう。1790年のアメリカのセンサスが，近代センサスのなかで一番早く実施されたものであるが，ヨーロッパでは，イギリスが1801年で一番早く，アイルランドの人口センサスも宗主国のイギリスに続いて1813年に開始された。イギリスでは，1800年の「センサス実施法」で，大ブリテン島の人口とその増減に関する調査を実施する予算化がなされた。イギリスの第1回センサス実施要領の詳細は，安元稔の研究にゆだねたい［安元稔2007:110-120］。そのセンサス実施は，イングランド，ウェールズおよびスコットランドが対象であり，アイルランドは，いまだ連合王国には含まれていなかったという理由と，ブリテンと地方行政組織が相違していたという理由で，実施対象から除外されていた。その後，アイルランドのセンサス調査予算は，1806年の英国議会下院で請求されたが，すぐに認められず，1811年までアイルランドのセンサス調査議論が続けられることになった。そして，1812年に，「センサス実施法」が承認され，1813年に第1回センサスが実施されることになる。

　1813年のセンサスは，イギリスのセンサスをモデルにしたもので，政府役人であったウイリアム・メーソンによりイギリスと同じ組織と社会調査を用いた調査が実施された。実施方法は，調査票に調査対象者が直接記入する方法ではなく，

カトリックの住民により敵意を持たれているプロテスタント系の地主から推薦された人々，地主の息子，警官，教区役員がセンサス調査員になり，口頭で世帯主に必要な項目を伝え，それを記述する方法が採用された [Crawford 2003:13]。その質問内容として，以下の6項目が用意された。それは，①教区，タウンランドに非居住の家数，居住する家族数，②保有されている家数，③非保有の家数，④家族の職業，⑤各家族の子供を含む男女別人数，⑥調査に対する備考欄である [For taking an Account of Population of Ireland, and of the Increase or Dimonution thereof, 1812:5-6]。

しかし，そのような宗教的軋轢の上に行なわれたメーソンの調査は，1815年に完全な失敗であるという評価がなされた。その調査は，本来32州と8都市が対象であったが，その結果は，24州の不完全な調査と6州（ラウズ州，ウェストミーズ州，ウェックスフォード州，キャヴァン州，ドニゴール州，スライゴー州）の未調査，2市（キルケニー市，リムリック市）の未調査で終了した。1813年センサス・データは，未調査分を除外して1821年のセンサス報告書に2ページのみ記載されているにすぎない [M. Woollard, Census of Ireland, 1813, Abstruct of the Answers and Returns, 1823:18-19]。

したがって，アイルランドのセンサスは，1821年が実質的に最初の全国的調査であると見るべきである。1821年センサスには，最初に成功したセンサス調査であると評価する意見と，その結果の信頼性の欠如という両方の意見が対立している。そこで，その内容を見よう。1815年に「センサス実施法」が1821年実施で承認された。すなわち，今回の調査は，前回の問題点を踏まえて実施まで6年間かけて，前回の調査より効率的で，安定した方法が追求されたのである。その最終責任者が大陪審判事のベンチ（Bench）で，実施責任者が，前回と同じメーソンであるが，センサス調査員も収税吏から任命された人々で，調査方法が調査員に各個人に調査項目を詳細にノートに記述する方法で，それが1821年5月28日に実施された。しかし，教区，タウンランドのリストとそれらの境界を示す地図の障害も存在した [Crawford 2003:14]。すなわち，その時期までには郡，教区，タウンランドの境界を示す地図が存在せず，アイルランドの地図の作製が，1824年にアイルランド陸地測量部（Ordnance Survey Ireland）の設立以降であり，完全な地図の完成は1833～1846年であった。とはいえ，調査された項目として，図3-1のキャヴァン州におけるサンプルで見られるように，郡（Barony），教区，タウンランド，家番号，名前，世帯主との関係，年齢，職業，土地保有面積が含まれていたが，性別の項目が欠如していた [M. Woollard, Census of Ireland,

図 3-1　キャヴァン州キラシャンドラ教区の 1821 年センサス個票

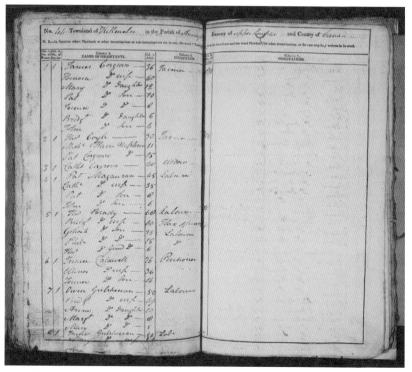

（出所）　1821 Census Returns, National Archives of Ireland

1821]。

　1821 年報告書には，最初にメーソンによる概説，つまり 1821 年のセンサスの法律制定から実施にいたるプロセスが 13 ページにわたって詳細に記述されている。その後，396 ページにわたり，州，郡，教区別に在住家屋数，家族数，不在家屋数，男女別人口，職業，男女別生徒数の単純集計，調査者の観察が記述されている［Abstract of the Answer and Returns, 1823］。しかし，センサス報告書では，資料の図表化や，クロス集計がまったく認められなかった。ただ，1 回目のセンサスと比較すれば，全国で調査されたこと，これまでアイルランド人口が推定で算出されていたが，1821 年センサスにより初めて 1821 年人口（680 万 1826 人）が確定されたことに大きな意義があるといえる。さらに，現在 1821 年センサスの原簿（census schedule）は，後述するように 5 州にのみに残存するにすぎないが，このセンサスでの土地保有の項目は，それ以降のセンサスに含まれていな

いので，とくに重要な変数であるといえる。

1841 年センサスを見れば，1840 年 8 月 10 日の「センサス法」により，委員会のチーフとして法律家のハミルトン（W. Hamilton），それ以外に王室アイルランド警察警部出身のブラウンリッグ（H. Brownrigg），職業軍人で，英国政府陸地測量部出身のラーコム（T. Larcom）の 3 人が委員に委嘱された。さらにこの委員会にワイルド（W. Wilde）が加わっていた。彼は，統計学，民俗学，言語学，慣習（mores），歴史に関心を強く持ち，センサス分析には最適の人物であった［Crawford 2003:16-17］。

そして，1840 年代までに，大部分のアイルランド地図が陸地測量部で作成されることにより，郡，選挙区，タウンランドの境界が明確になり，調査対象地区のリストも容易に作成された。センサス調査員もこれまでの調査とは相違し，その時期に作られた王室アイルランド警察とダブリン・メトロポリタン警察署のメンバーが，センサス調査員になったのである［Crawford 2003:19］。また，調査方法もこれまでと大きく変わり，調査日の 1841 年 6 月 6 日以前に調査票 A が配布され，世帯主が直接記入する自記式により実施され，その後回収するという配票調査になった。また，調査員に対しても手引書によるインストラクションが行なわれた［Linehan 1991:94-95］。

まず，調査 B 票をもとに，家屋調査がなされた。その調査票には，建造物に関して，泥・石・煉瓦の壁，屋根のスレート・藁葺，建造物の性格（私的住居，公共の建物，工場，ホテル，公共住宅，下宿，店舗，学校など），居住・無居住の家の状況，地下を含む建物の階数，部屋数という調査項目がある。また，農場に関して，耕地，牧草地のエーカー数，家畜数（馬・牛・ヒツジ・ヤギ・ブタ・家禽）の項目がある。家屋内の家族に関して，家屋での家族数，各家族の世帯主名が項目になっている。

そのようなセンサスで使用されている家族の用語は，「個人が家屋に自分の生活費により独立して住居の一部に居住しているか，あるいは家屋で親と子供，それに兄弟姉妹と共住している人々」と定義されている。また，農場に住む人のために，追加の質問があり，それは何人の人びとが，男女別で農場に働いているかを示す項目である。

つぎに図 3-2 のように A 票では，名前，年齢，性，世帯主との関係，婚姻状況，職業，教育（読み書き），アイルランド言語，出世地，死亡原因，死亡年が項目になっている。また，図 3-3 のように A 票の裏には，調査日の 1841 年 6 月 6 日に不在であった家族員の属性（名前，年齢，性，世帯主との関係，職業，

図3-2 キャヴァン州キラシャンドラ教区の1841年センサスA票（表側）

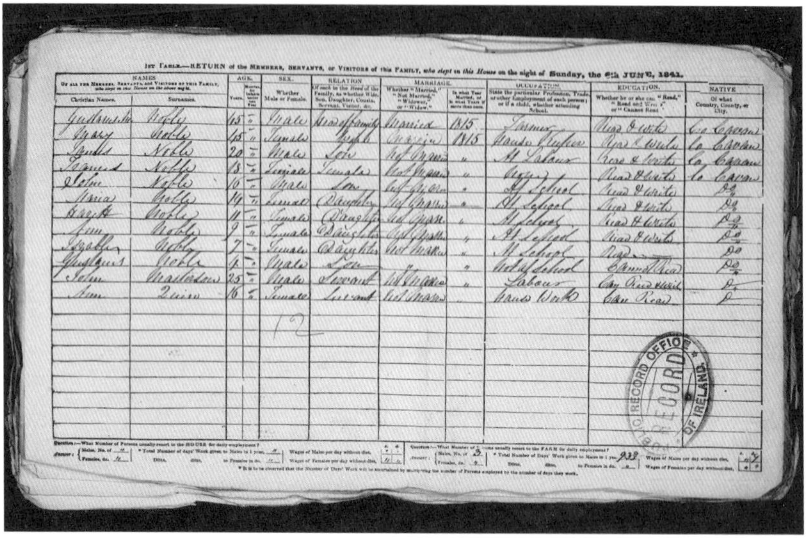

（出所）1841 Census Returns, National Archives of Ireland

図3-3 キャヴァン州キラシャンドラ教区の1841年センサスA票（裏側）

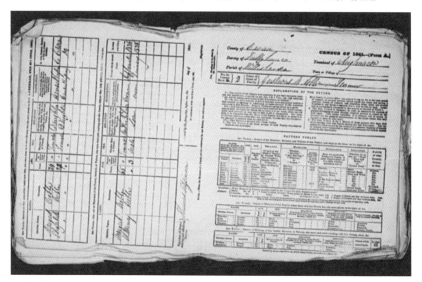

（出所）1841 Census Returns, National Archives of Ireland

現住所）と1831年から1841年の10年間に死亡した家族員の属性（名前，年齢，性，関係，職業，死亡原因，死亡年）の項目が用意されていた。このような，一時他出者，死亡者のデータも重要であるといえよう。

調査方法として，配票による自記式の調査方法は，1840年にロンドン統計協会の委員会から推薦されたものであった。そして，このようなA票がセンサス調査日の翌日に回収されるが，その時に必要であれば修正されることもある。

したがって，このような1841年センサスは，それ以前の形式と違い，近代的な人口センサスの成立を示したもので，それ以降のセンサスも基本的に，このセンサス形式を踏襲していると見てよい。1841年センサス報告書では，まず，家族，職業，国内移動，国際移動，農村経済，教育，婚姻・出生・死亡の概略が92ページにわたって解説され，それらの項目に関する地方別統計が38ページの付表として添付されている。つぎに，各項目に関する州別統計表が489ページにわたって記載されているが，それは，郡，教区別に，人口，家屋，家族，職業，教育，家族などの項目毎で提示されている。また死亡統計が州別に213ページにわたって記載されている。

1851年センサスは，「1850年センサス法」が1850年7月に可決され，イギリスのセンサスと同じ1851年3月31日に実施されることになった。しかし，所管の行政組織は「婚姻登録本所」になり，その局長であったドネリー（W. Donnelly）が代表で，1841年調査に参加したワイルドが補佐，センサス調査事務局長にシングルトン（E. Shingleton）がそれぞれ任命された。調査員は主に収税吏員であったが，できるだけ警察も協力することになった。

1851年センサス項目では，主要形式のA票は3部分から構成されている。1部は1841年とほぼ同じで，名前，年齢，性，世帯主との関係，婚姻状況，職業，教育，生誕地，死亡原因，死亡年であった。2部はセンサス日の夜に在宅していなかった家族員の情報，第3部には1841～1851年の10年間に死亡した家族員の情報を収集する項目であった。

したがって，これらの項目は，すべて1841年の調査票A票（表と裏）と同一であった。B票は，船舶の住民，C票は，調査日に病気や事故にあった人を対象にしたもの，D～O票は，病院，学校，刑務所，移民の乗客などに所属する人々に用意された調査票であった（図3-4，図3-5参照）。

1851年センサス報告書は，1852年から刊行され始め，第1部は，カーロウ州の郡，選挙区，タウンランド単位での面積，人口，家屋数の統計から，最後のスライゴー州まで，1346ページに及ぶ統計である。第2部は農業統計であるが，

第3章　アイルランドの家族研究史料　　51

図3-4　1851年アントリム州センサス個票事例（表側）

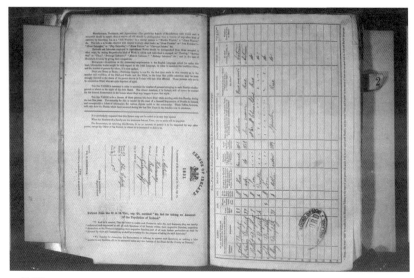

（出所）　1851 Census Retiurns, National Archives of Ireland

図3-5　1851年アントリム州センサス個票事例（裏側）

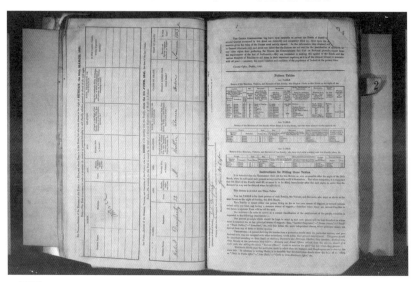

（出所）　1851 Census Returns, National Archives of Ireland

この統計は，アイルランドで農業統計が1865年から開始されるまでの農業を知るうえで最初の農業統計といってよい。この統計から，郡，救貧区による土地保有，穀作地面積，家畜数などのデータを得ることができる。第3部は病気に関する統計（150ページ）で，センサス当日における病気に関する疾患の状態を見ることができる。第4部は，年齢（州，郡別の男女別年齢構成）と教育（州，郡別生徒数など）の統計書（560ページ），第5部は死亡（州別，年齢別）の統計書（686ページ）である。最後の1856年に第6部として，一般報告書（670ページ）が刊行されている。

それ以降アイルランドの人口センサスは原則として10年毎に行なわれ，19世紀には1861年，1871年，1881年，1891年に実施されている。

本書で利用するデータである1901年と1911年のセンサスを見ておこう。これまで1881年，1891年のセンサスを担当していたグリムショーが死亡して，マテソン（Robert Matheson）が担当することになるが，彼は1863年に婚姻登録本所で事務官に就任し，1900年にその登録本所長になり，センサスのチーフであった。それ以外にブレディ（B. Brady）と，新しくブリュー（R. Brew）が委員として就任した［Crawford 2003:31］。センサスは1901年3月31日に実施されたが，それまでの調査方法と調査項目がそのまま踏襲された（図3-6参照）。

1911年センサスは，トンプソン（W. Thompson），ドイル（D. Doyle），オーファレル（E. O'Farrell）の3委員という新しいチームで，1911年4月2日（日曜日）夜に，世帯主に記入させている。調査方法は配票による自記式であり，前回の1901年と同様であるが，それに1911年では，出生子数，生存子数の項目が付け加わった（図3-7参照）。

そして，翌日の4月3日朝，調査員により，形式A票が回収され，農村部ではタウンランド毎，都市部ではストリート毎に整理された。やがて，これらは，大きな地域を監督するセンサス事務所に，送致され［Thompson 1913:47］，その後，センサス報告書が作成されたのである。

なお，アイルランドのセンサス個票のうち，1861年，1871年，1881年，1891年のセンサスは，早い段階で処分された。1821年，1831年，1841年，1851年の個票は，1922年の国立公文書館の火災で，その多くを焼失し，1821年，1841年，1851年の一部が残存するに過ぎない。だが，1901年と1911年の個票は，ほぼ100％保存されている。それらのセンサス報告書に関して，1821年から1911年のセンサス報告書のリストが補遺に掲載されているので，参照願いたい。

図3−6　1901年クレア州北ルオックのセンサス個票事例

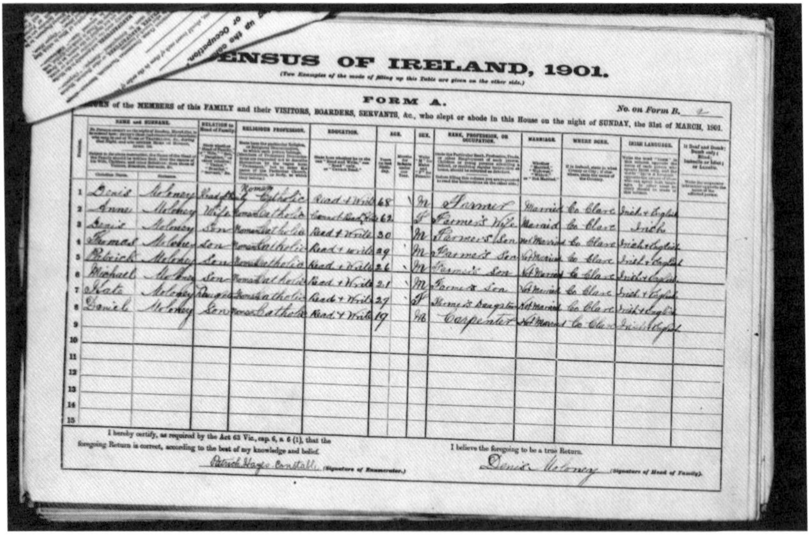

CENSUS OF IRELAND, 1901.

(Two Examples of the mode of filling up this Table are given on the other side.)

FORM A.

No. on Form B. 2

RETURN of the MEMBERS of this FAMILY and their VISITORS, BOARDERS, SERVANTS, &c., who slept or abode in this House on the night of SUNDAY, the 31st of MARCH, 1901.

Number	Christian Name	Surname	Relation to Head of Family	Religious Profession	Education	Age	Sex	Rank, Profession, or Occupation	Marriage	Where Born	Irish Language	If Deaf and Dumb; Dumb only; Blind; Imbecile or Idiot; or Lunatic
1	Denis	Moloney	Head of Family	Roman Catholic	Read + Write	68	M	Farmer	Married	Co Clare	Irish + English	
2	Anne	Moloney	Wife	Roman Catholic	Cannot Read + Write	62	F	Farmer's Wife	Married	Co Clare	Irish	
3	Denis	Moloney	Son	Roman Catholic	Read + Write	30	M	Farmer's Son	Not Married	Co Clare	Irish + English	
4	Thomas	Moloney	Son	Roman Catholic	Read + Write	29	M	Farmer's Son	Not Married	Co Clare	Irish + English	
5	Patrick	Moloney	Son	Roman Catholic	Read + Write	26	M	Farmer's Son	Not Married	Co Clare	Irish + English	
6	Michael	Moloney	Son	Roman Catholic	Read + Write	21	M	Farmer's Son	Not Married	Co Clare	Irish + English	
7	Kate	Moloney	Daughter	Roman Catholic	Read + Write	27	F	Farmer's Daughter	Not Married	Co Clare	Irish + English	
8	Daniel	Moloney	Son	Roman Catholic	Read + Write	19	M	Carpenter	Not Married	Co Clare	Irish + English	

I hereby certify, as required by the Act 63 Vic., cap. 6, s. 6 (1), that the foregoing Return is correct, according to the best of my knowledge and belief.

Patrick Hayes Constable (Signature of Enumerator.)

I believe the foregoing to be a true Return.

Denis Moloney (Signature of Head of Family.)

（出所） 1901 Census Returns, National Archives of Ireland

図3−7　1911年クレア州南ルオックのセンサス個票事例

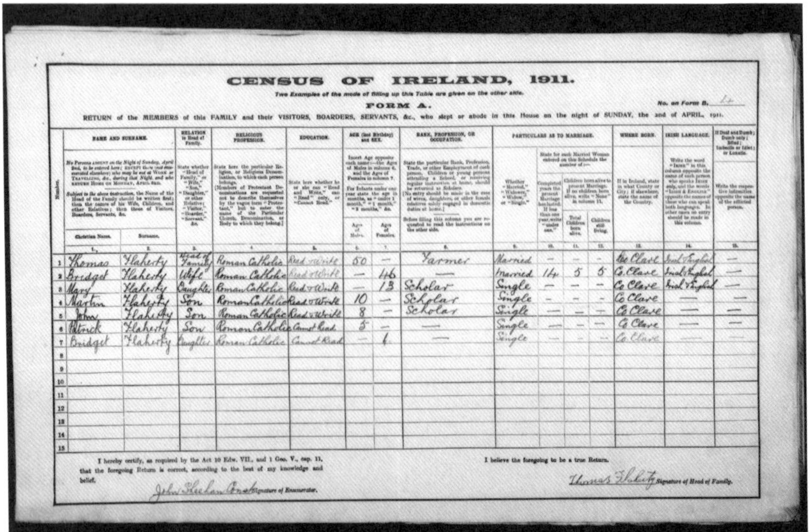

CENSUS OF IRELAND, 1911.

Two Examples of the mode of filling up this Table are given on the other side.

FORM A.

RETURN of the MEMBERS of this FAMILY and their VISITORS, BOARDERS, SERVANTS, &c., who slept or abode in this House on the night of SUNDAY, the 2nd of APRIL, 1911.

Number	Christian Name	Surname	Relation to Head of Family	Religious Profession	Education	Age of Males	Age of Females	Rank, Profession, or Occupation	Marriage	Completed years the present Marriage has lasted	Total Children born alive	Children still living	Where Born	Irish Language	If Deaf and Dumb; Dumb only; Blind; Imbecile or Idiot; or Lunatic
1	Thomas	Flaherty	Head of Family	Roman Catholic	Read & Write	50	—	Farmer	Married	—	—	—	Co Clare	Irish English	—
2	Bridget	Flaherty	Wife	Roman Catholic	Read & Write	—	46	—	Married	14	5	5	Co. Clare	Irish English	—
3	Mary	Flaherty	Daughter	Roman Catholic	Read & Write	—	13	Scholar	Single	—	—	—	Co Clare	Irish English	—
4	Martin	Flaherty	Son	Roman Catholic	Read & Write	10	—	Scholar	Single	—	—	—	Co Clare	—	—
5	John	Flaherty	Son	Roman Catholic	Read & Write	8	—	Scholar	Single	—	—	—	Co Clare	—	—
6	Patrick	Flaherty	Son	Roman Catholic	Cannot Read	5	—	—	Single	—	—	—	Co Clare	—	—
7	Bridget	Flaherty	Daughter	Roman Catholic	Cannot Read	—	1	—	Single	—	—	—	Co Clare	—	—

I hereby certify, as required by the Act 10 Edw. VII., and 1 Geo. V., cap. 11, that the foregoing Return is correct, according to the best of my knowledge and belief.

John Sheehan Const. Signature of Enumerator.

I believe the foregoing to be a true Return.

Thomas Flaherty Signature of Head of Family.

（出所） 1911 Census Returns, National Archives of Ireland

2 教会記録

　アイルランドにおける教会記録は，ローマカトリック教会，プロテスタントの
アイルランド教会記録，長老派教会記録，メソジスト派教会記録，クエーカー派
教会記録に分類されるが，ここではカトリックとアイルランド教会の2種類の記
録に限定して検討しておきたい。アイルランドの場合にはカトリックが大部分を
占めるが，ひとつのタウンランドあるいは選挙区を調査対象にする場合には両教
会が混在している場合があり，そのときには両方の記録を資料とする必要がある。

　まずカトリック教会の記録で一番古いものとしては，ウォーターフォード州や
ゴールウェイ州で1671年から記録があるものの，地域において相違しており，
著者の調査したドニゴール州グレンコロンブキル教区では1879年以降の記録，
テイペラリー州クロヒーン教区では1814年以降の記録の原簿が教会に保存され
ている。カトリックのレジスターは主に洗礼と婚姻記録であるが，埋葬の記録も
見られる場合もある。それらの洗礼と婚姻記録はラテン語か英語で記録されてい
るが，ゲール語地域ではラテン語が用いられている場合がある。

　洗礼のレジスターから子供の出生日および洗礼日，子供の名前，父親の名前，
母親の旧姓，名付け親の名前，両親の住所，神父名などの情報を得ることができ
る。また婚姻記録から婚姻日，婚姻した人の名前，立会い人，居住地住所，各人
の年齢，職業，父親の名前などの情報が得られるのである。

　アイルランド教会（Church of Ireland）の教会記録はカトリックのそれより
も古く1634年にさかのぼることができる。しかし，大部分の開始時期は1770年
から1820年ぐらいであると見られており，ドニゴール州グレンコロンブキルの
場合には1827年が一番古い記録である。アイルランド教会の記録は洗礼，婚姻，
埋葬の記録から構成されている。まず洗礼の記録には子供の名前，父親の名前，
母のクリスチャン名，司った聖職者の名前が明記されている。婚姻記録の場合に
は法律婚のみが記載され，それは基本的に婚姻したカップルの名前，司った牧師
名が主な項目で，当事者が同じ教区であれば住所もわかる。そしてその記録には
婚姻予告（marriage banns）の記録も含まれている。なお1845年以降職業，住
所，父親の名前も明らかになってくる。

　以上の19世紀までの教会記録は国立図書館，各地の先祖調査機関で閲覧でき
るが，それ以降から現在にいたる記録はほとんど直接各教会により原簿が保管さ
れているので，われわれはその原簿を直接教会で閲覧する必要がある。

3 英国議会資料

　英国議会資料（House of Commons Parliamentary Papers）は，アイルランド史を研究する場合には第一級の史料といえるが，アイルランドの家族史を検討する場合にはまず人口センサス報告書がそこに含まれていることは周知のところである。しかし，それ以外の家族史関連の資料では貧困調査と家族の状況的側面を検討する時に必要な土地関係，農業統計関係に限定されてくる。そこでここでは貧困調査委員会による貧困調査報告，農業関係統計，人口動態統計に限定して検討しておきたい。

(1) 貧困調査報告

　『アイルランドにおける貧困階級調査（Reports from His Majesty's Commissioners for Inquiring into the Condition of the Poorer Classes in Ireland）』（以下『貧困調査』と呼ぶ）は，イギリスで有名であるブースの『ロンドンにおける民衆の生活と労働』(1889-1902) より早く，しかもアイルランドの大飢饉より以前の調査であり，その点で当時の家族生活を明らかにしてくれる貴重な資料といえる。すでに社会学では米村によりこの資料が利用されて，大飢饉以前における農民家族の婚姻に関する唯一の研究が行なわれている［米村 1981］。この『貧困調査』は膨大な報告書であるので，ここでは資料の簡単な紹介にとどめざるをえない。

　まず『貧困調査』の構成を見れば，それは大きく３つの原則で編成されている。すなわちそれは第１に貧困階級の状態と原因，第２に貧困に影響する法律と慈善制度，第３に救済措置の示唆という３つの原則であり，それに沿って３つの報告書から構成されている。とくに第１次報告書は膨大であり，それは第１次報告書の概説（９ページ）と，793 ページに及ぶ資料編である付録（Appendix A）と，それ以外に分冊になっている（B）から（H）の付録により構成されている。しかし，その付録とそれに付属している補遺（Supplement）の資料は主に質問に対する回答により構成されており，それはわれわれにとって貴重な生の証言録なのである。

　付録（A）には１．見捨てられた子供や孤児，２．非嫡出子と母親，３．若い子供を持つ未亡人，４．生まれつきの疾患あるいは無能力者，５．自分たちの財産を病気で稼げない貧困者，６．仕事にあぶれた人々，７．救済の対象としての

浮浪者，という項目が含まれており，それぞれの項目が州別，教区別に記述されている。その付録（A）と同じような項目の補遺（315ページ）があり，それは質問による回答の証言録を一覧表の形式で記載したものである。

付録（B）には医療的救済が主に取り上げられている。それには，まず一般報告が取り上げられ，つぎに各論として1．薬局の状況，2．熱病の病院の状況，3．州の病院の状況，4．精神病院の項目が挙げられ，それぞれの項目ごとに州，教区別の記述が行なわれている。

付録（C）は2部構成になっているが，第1部ではベルファスト，コーク，ドロヘダ，ロンドンデリー，バンドン，リムリック，ウォーターフォードという都市部を各項目別に記述する方法がとられている（122ページの付録と63ページの付表）。その項目に関してベルファストを例に見れば，それには1．人口・貿易・製造業，2．貧困の状態（非嫡出子，捨て子など），3．雇用状態，4．慈善団体の状態，5．移民，6．質屋業，7．アルコールの消費量を挙げることができる。他の諸都市もほぼ同じ項目が見られる。第2部ではダブリンが第1部と同じ項目で記述されており，それに政府の援助を受けていない種々の慈善団体の活動が取り上げられている（119ページの付録と63ページの統計）。

付録（D）では郡単位で1．雇用者の所得，2．零細借地農（cottier）の土地保有の特徴や小作料の支払い形態など，3．女性と子供の雇用，4．労働者の支出の項目にしたがって記述が見られ（113ページ），それに393ページの補遺がある。

付録（E）では（109ページ），1．食物，2．コテージや小屋，3．衣服や家具，4．質屋や貯蓄銀行という生活状況が特定の郡，教区，タウンランド毎に記述されている。また付録Eの補遺（393ページ）に農業労働者の生活状況が取り上げられているが，それは質問に対する回答という証言録の一覧表で示されている。

付録（F）には，1．コネイカ（conacre，11か月借地農），2．小保有の小作人，3．農場の統合と小作人の追い出し，4．移民，5．地主と小作人，6．農業の特徴と状態，7．税金，8．道路の状態，9．農業の特徴と現状についての9項目にわたる観察に沿って，郡，教区の記述が行なわれているが（423ページ），それに393ページの補遺が見られる。

付録（G）の前に付録（D），（E），（F）に関する357ページに及ぶ補遺がある。付録（G）は移民問題に集中しており（168ページ），それは主にグレート・ブリテンへのアイルランド移民の特徴，アイルランド移住者によるグレート・ブリテ

第3章　アイルランドの家族研究史料　　57

ンへの移民の影響，イギリス人の生活条件に対するアイルランド居住者の影響などが取り上げられている。

　付録（H）は2部構成であるが，第1部（24ページ）には貧民救済がボランティア組織により推進された内容及び費用が記載されている。第2部を見れば（42ページ），付録（D），（E），（F）に含まれている項目に関する証言録が掲載されている。そして，そこには農村人口の分布，小作農民の生活，零細借地農，コネイカ，土地の区画割，小保有の統合，農場規模，小作料，地主とミドルマン，在村地主と不在地主，移民などの証言録が含まれている。

　つぎに第2次報告書を見れば（18ページ），これは医療制度，捨て子の収容病院，医療担当の官庁および見捨てられた子供のサポートなどが取り上げられている。第3次報告書（31ページ）ではグレート・ブリテンとアイルランド農業労働者の比較，アイルランドに適合しないイングランドのワークハウス制度，施設外での強制労働プランの導入，貧困のための救済，アイルランドの改良および現時点での貧困の救済というテーマが取り上げられている。

　以上において『貧困調査』の輪郭を描写したものの，それらは膨大な資料から構成されているが，『1835-1839年のアイルランド救貧法委員会報告の索引』（631ページ）が1巻にまとめられており，その索引により膨大な資料が利用しやすくなっている。とはいえそこから何を引き出すことができるかという問題に対してここでは簡単に答えられそうにない。そこで付録（H）の第2部から婚姻年齢を例として検討してみたい。たとえば労働者の婚姻年齢の記述を見れば，それは西部地域であるゴールウェイ州では18〜21歳で，リートリム州では16〜22歳，メイヨー州とスライゴー州では通常20歳以下，ケリー州では18〜22歳で婚姻するようであり，それらの地域ではかなり早婚であることがわかる。他方，東部地域であるダブリン州では26歳，キルケニー州とミーズ州では20〜25歳，ラウズ州では25〜30歳，ウイクロウ州では23〜28歳という遅い婚姻年齢が認められる［Poor Inquiry, Appendix（H）-PartⅡ, 13-14］。この婚姻年齢の差異には地域性が顕著に認められるのであり，それは本書の第4章の資料となりうる。このように家族史に関連する資料は，付録（A），（D），（E），（F），（H）とそれに付属する補遺における家族，農業関係の生の証言録資料である。

（2）農業統計
　農業統計自体は家族史研究と直接関連しない。しかし特定のコミュニティの家族史を検討する場合には，そのコミュニティの資料として重要である。

アイルランドにおける『農業生産調査報告書（Returns of Agricultural Produce in Ireland）』は 1847 年が最初であったと考えられている。しかし大飢饉以前における唯一の農業統計が，意外にも 1841 年のセンサスに含まれている［Bourke 1965:376］。その統計には，階層別土地保有規模，家畜数，土地利用などのデータが含まれていた。そして，1847 年統計には，救貧区単位での農業土地保有規模，収穫物の内容と生産量，家畜の数量が記載されている。そのような農業生産統計が 1847 ～ 1856 年まで存在するが，1857 年以降，英国議会資料に含まれている『アイルランドの農業統計（Agricultural Statistics of Ireland）』が 1920 年まで公刊されることになる。

　ところで，1851 年の農業統計書は，同年の人口センサスと一緒に実施された本格的な報告書である。その 1851 年の農業統計には，州別土地保有面積，州別耕作地面積，農産物生産量（州，救貧区単位）および販売額，家畜の保有量，畜産物の販売額の説明とそれに関連する詳細な州別，救貧区，選挙区単位の 728 ページにわたった統計表が掲載されており，それらのデータとそれ以降の農業統計を連結させることができる。たとえば 1857 年の農業統計を見れば，第 1 部は農産物の概況であり，そこには全国の農作物の年度別耕作面積，州別農作物面積，家畜数，州別保有規模別農家数などが見られる。第 2 部は家畜の概況であり，そこには馬，ラバ，牛（2 歳以上，2 ～ 1 歳，1 歳以下），ヒツジ，ブタ，山羊，家禽の数量（それぞれ年次別），地方別および州別家畜数，保有している家畜の価値（州別）が取り上げられている。第 3 部は製粉機による脱穀（州別），それに必要な雇用労働力が取り上げられている。それらの概説に対して詳細な 200 ページの表が添付されている。

　以上の英国議会資料に含まれる農業統計には同じような指標による統計が見られるのであり，それらからわれわれはアイルランド独立以前の農業統計を時系列的に把握することができる。これらの農業統計の別冊版形式で 1880 年以降，毎年公刊される『季節移民農業労働統計（Agricultural Statistics, Ireland, Report and Tables relationg to Migratory Agricultural Labourers）』は 20 ページ程度の小冊子であるものの，これはコナハト地方からグレート・ブリテンへの季節労働者の分析に重要な資料である。

　アイルランド独立後には，1928 年に『農業統計 1847 - 1926 年』が作成され，それらから 80 年間にわたる農業統計が時系列的に把握できるのであり，それは非常に便利な統計といえる。それ以降 1935 年に『農業統計 1927 - 1933 年版』，1960 年に『農業統計 1934 - 1956 年版』，1962 年に『農業統計 1960 年版』がそれ

ぞれ政府から刊行されており，それらにより 1960 年までの時系列的な統計を利用することができる。また 1960 年以降は 1930 年代から刊行されている『統計概要（Statistical Abstract）』各年版の農業・林業・漁業・土地購入項目における統計を利用することができる。さらに 1994 年には『農業センサス 1991 年版』の2 分冊（総括結果と農村地域結果）が刊行され，1997 年には『飢饉以降の農業』が刊行されているが，とくに後者はアイルランド農業の飢饉以降の 1847 年から1996 年までのアイルランド農業統計であり，それはアイルランド農業の時系列を把握しうる重要な資料といえる。

　以上で『貧困調査』と『農業統計』の特徴を検討したのであるが，それら以外の英国議会資料には農業関係として有名な 1845 年の『デボン・コミッション（Occupation of Land: Reports from Her Majesty's Commissioners of Inquiry into the State of the Law and Practice in respect to the Occupation of Land in Ireland）』の資料がある。デボン委員会（正式には「土地の占有に関する委員会」）は，1843 年 11 月 20 日にロバート・ピール卿が土地賃貸借の問題を研究するために委員会に任命され，1845 年 2 月 14 日に報告書が女王布告により作成されたものである。デボン委員会は伯爵デボン 10 世のウィリアム・コートニー（William Courtney）が率いたゆえ，いわゆる『デボン報告書』と称され，1845年にはアイルランドの人口が 600 万人から 800 万人にまで拡大したと報告された。同様に彼らは，土地リースが不公平であり，土地所有者（通常アングロアイルランド人であった）に有利であると結論づけた。これは，アイルランド人に改革がすぐ後に来ると信じさせたように政府にとって積極的なステップだったのである[3]。この報告書は 4 巻から構成され，第 1 巻では，まず，この委員会の趣旨が述べられている。すなわち，その委員会は，「アイルランドの土地占有に関する法律と慣行の状態に問うべき問題があると考え，また，郡庁の負担および地主と占有するテナントに関連する費用，ならびに財産の正当な権利を考慮して栽培を促進できるように既存の法律の改正および，土地所有者とテナントとの間の関係を改善するために，より良い農業システムを提供すること[4]」が目的とされて設立されたのであった。この委員会で取り上げる具体的問題として，土地保有，土地改良，農場の強化，地主のエージェント，農業改良，移民，荒撫地問題，コネイカなどの農業労働者問題，州の土地税，土地の不法行為などの項目が説明されている。また，地方別，州別の農業の特徴が簡潔に記載されている。その後で，ダブリン，ベルファストを含む北部の 20 地区での証言者の詳細な記録が 1011 ページにわたり掲載されている[5]。第 2 巻には，ほぼ中部を中心とした 48 地区での証言者の詳[6]

細な記録が1167ページに記載されている。また，第3巻にも同じく南部に属する29地区での証言者の記録が1005ページにわたって掲載されている。第4巻は1～3巻の証言録を要約したものであり，731ページにわたっている。これらの記録の詳細をここで述べることは困難であるが，この報告書は，19世紀初期から1845年の大飢饉までのアイルランド史，アイルランド農業史研究にとって一級の資料であることがわかる。

さらに，1906年以降に膨大な資料として刊行された『アイルランドにおける貧困蝟集地域に関する王立委員会報告書（Royal Commission on Congestion in Ireland, Report of the Commissioners)』があるが，ここでは紙幅の関係で割愛せざるをえなかった。そして，この報告書もアイルランド歴史研究および家族史研究には貴重な資料といえよう。

(3) 人口動態統計（婚姻・出生・死亡統計）

家族史を研究する場合，人口動態統計が重要なデータになる。イギリスでは，婚姻・出生・死亡統計は1837年以降であり，それはイングランドとウェールズにおいて民事登録制が開始されたことによる。それまでは，婚姻登録については，英国国教会に権限が与えられていたが，それ以外の婚姻が市民登録になっていた。アイルランドでは，この後者の婚姻の市民登録に対して，結婚式の宗教的な性質を損なうかもしれないとローマカトリック教会は心配していた。したがって，教会以外での婚姻は，市民の契約によって挙げるもので，そのために1845年にドネリー（W. Donnelly）を長官とした登録本所（Registrar General Office）が設立され，そこで婚姻登録制度が実施されることになった。その後，婚姻記録を管理することだけではなく，出生と死亡に関して，出生と死亡の登録制度の特別委員会による起草にもとづいて提案され，1863年に完全なアイルランド市民登録制度が成立し，それらも婚姻と同じ登録本所で登録されることになった。

第1回の『アイルランドにおける婚姻，出生，死亡に関する報告書（Annual Report of the Registrar General of Marriages, Births and Deaths in Ireland)』は1864年であり，それ以降もほぼ同じ形式で1952年まで毎年公刊されている。それらのすべての統計書は，現在，中央統計局（Central Statistics Office）のサイトで閲覧できる。そこで，第1回の報告書の内容を見ておくと，まず，この報告書が作成されるにいたる経緯が明らかにされ，婚姻，出生，死亡，移住の概略が示されている。そして，婚姻統計が8つの地区別，登録区別の数値表，地方別，州別，登録区別の詳細な数値表として掲載されている（77ページ）。さらに，出

生，死亡に関する統計があり，出生では，地区別，州別，登録区別で男女別の出生統計表，死亡では地区別，州別，登録区別死亡統計表が，死亡統計では死亡原因と死亡年齢のクロス集計表がそれぞれ認められる。このような人口統計から，われわれは，婚姻率，出生率，死亡率の継時的データを作成することができるのであり，それは家族史研究にとって，重要なデータであるといえる。さらに，『移民統計（Emigration Statistics of Ireland）』が1876年から毎年公刊されているが，それには，移民数（男女別，年齢別），土地保有規模別人数，移民先人数，移民到着港別人数が記載され，移民統計として重要である。

4　アイルランド政府関係資料

(1) 地方税課税評価簿

　土地・家屋を税金の側面から評価した資料として『十分の一税課税簿（Tithe Applotment Books）』と『地方税課税評価原簿（Griffith's Valuation Books）』とがある。十分の一税課税簿はアイルランド教会による税金としての土地評価であり，それは1823年に開始され1838年に廃止されるまで実施されたのである。現在それはホームページで利用可能である。その資料からその時期のタウンランド名，土地保有者，土地面積，課税額，エーカー単位評価額の情報，場合によっては地主，土地生産性，1823年の小麦・オート麦の平均価格などの情報も得られる。その評価は農村部における農地に対してのみ実施され，都市部や町部では行なわれていない。この税金の評価は，マンスター地方では税金がジャガイモ畑には課せられたが，牧草地には課税されなかったという免除対象に違いが認められるなどの理由から，はなはだしい不平等を生み出している。したがってそれらの情報には限界が認められるのである［Grenham 1999:38］。

　現在土地税評価局（Valuation Office）には3種類の地方税課税評価原簿が保管されている。それは『土地査定覚書帳（Field Book）』，『巡回査定員評価原簿（Perambulation Book）』，『グリフィスの地方税課税評価原簿（Griffith's Valuation）』である。まず土地査定覚書帳を見れば，それは1838年に作成された最初の土地課税評価簿であり，それ以外の『居住家屋覚書帳（House Notebook）』，『土地保有覚書帳（Tenure Book）』とセットであったものである。『土地査定覚書帳』にはタウンランド毎に土地区画番号，区画の特徴，土地の規模の事項が記載されている。とくに査定員により各土地区画に「緑の良い牧草地」，「ボックのある牧草地，池もある」といった土地の特徴が記載されており，それは重要な土

地に関する情報であるといえる。

『巡回査定員評価原簿（1853年）』は，つぎのグリフィス地方税課税評価を編纂する過程で作成されたものである。それは巡回査定員が地方税課税評価額を土地や居住家屋について査定するときに，タウンランド単位で農地や家屋の収益力に関係する事項を記載したものであるいわれている［松尾 1998:78］。そこには土地占有者，地主名，保有財産（土地・家屋など），土地・家屋評価，小作料，査定員の観察記録が記載されている。とくにこの巡回査定員の観察記録が参考になる資料といえよう。

グリフィスの地方税課税評価は地方税を算定する目的で1842年の保有財産法（Tenement Act）にもとづいてアイルランドにおけるすべての土地と建物である財産に対する統一した評価をするために実施されたのである。その地方税課税委員会の委員に指名されたのがグリフィス（Richard Griffith）であった。そして，彼による大規模な調査結果は1853年から1865年にかけて公刊されることになるのだが，それは，『グリフィス地方税課税評価（G., Griffith, General Valuation of Rateable Property in Ireland)』と言われている。その評価結果は州単位，郡単位，救貧区単位，教区単位，タウンランド単位に配列されており，土地保有者と家屋保有者毎にリストされている［Grenham 1999:40］。

表3-1はアントリム州バリーマネ教区フォートタウンのグリフィス地方税評価額を示したものである。そこにはタウンランド，家屋保有者名，土地を貸している貸主名，財産の種類（居住家屋，土地，小屋），面積（エーカー），土地と建物のそれぞれの評価額，全体の評価額の事項が記載されている。そしてそのリストにはそれぞれ参照番号があり，その番号と測量地図（Ordnance Survey Map）をもとにした1859年の評価額地図（Valuation Map）が対応している。その地図3-1は，その地方税評価額に記載された土地保有者の地番と対応したものである。それによれば，ボイトが地番1の土地75エーカーを保有し，4人の家屋のみが認められるが，おそらく彼らはそこで働く農業労働者であったと見られる。同じくフォーサイスが地番4の60エーカーの保有者で，3人の家屋が見られ，ピンカートンが地番5の65エーカーの保有者で，2人の家屋が認められる。さらに，ホワイトが地番3A～Dと2ccの5区画に区分された39エーカーを保有していることも分かる。そして，土地の保有に対する土地と家屋の評価額は，それぞれ60ポンド，34ポンド，45ポンド，18ポンドであったことが読み取れる。

このようなグリフィス地方税課税評価の原簿が土地評価局に現在保管されているが，その原簿には土地保有者の変更，貸主の変更，保有面積の変更，評価の変

表3-1 グリフィス地方税課税評価額の事例(アントリム州バリーマネ教区フォートタウン村)

PARISH OF BALLYMONEY.

No. and Letters of Reference to Map.		Names.		Description of Tenement.	Area.			Rateable Annual Valuation.						Total Annual Valuation of Rateable Property.		
		Townlands and Occupiers.	Immediate Lessors.					Land.			Buildings.					
					A.	R.	P.	£	s.	d.	£	s.	d.	£	s.	d.
		FORT-TOWN. (Ord. S. 11 & 12.)														
1	a	James Boyd,	John Cromie,	House, offices, and land,	75	1	0	56	10	0	3	10	0	60	0	0
—	b	James Fullerton,	James Boyd,	House,	—			—			1	0	0	1	0	0
—	c	Andrew M'Loughlin,	Same,	House,	—			—			0	10	0	0	10	0
—	d	James M'Neese,	Same,	House,	—			—			0	15	0	0	15	0
—	e	Unoccupied,	Same,	House,	—			—			0	10	0	0	10	0
—	f	Marian M'Bride,	Same,	House,	—			—			0	10	0	0	10	0
2 A					4	0	32	3	15	0	—					
— B		Samuel Elder,	John Cromie,	House, offices, & land,	6	1	2	5	15	0	—			14	0	0
— C	a				1	0	35	0	15	0	1	10	0			
— D					7	2	25	2	5	0	—					
—	b	Margaret Elder,	Samuel Elder,	House & small garden,	—			—			0	15	0	0	15	0
3 A					2	2	20	2	0	0	—					
— B					9	0	0	9	0	0	—					
— C		Robert White,	John Cromie,	House, offices, & land,	9	2	0	2	5	0	—			18	0	0
— D					19	1	30	2	5	0	—					
2 c c					0	1	20	0	5	0	2	5	0			
4	a	Robert Forsythe,	John Cromie,	House, offices, and land,	60	0	0	31	10	0	2	10	0	34	0	0
—	b	Robert Fullerton,	Robert Forsythe,	House,	—			—			0	15	0	0	15	0
—	c	Samuel Moore,	Same,	House,	—			—			0	15	0	0	15	0
—	d	Patrick Kelly,	Same,	House,	—			—			0	10	0	0	10	0
5	a	Samuel Pinkerton,	John Cromie,	House, offices, and land,	65	3	30	41	15	0	3	5	0	45	0	0
—	b	William M'Neill,	Samuel Pinkerton,	House,	—			—			1	0	0	1	0	0
—	c	Thomas M'Cready,	Same,	House,	—			—			0	10	0	0	10	0
6		John Cromie,	In fee,	Bog, Turbary,	43	1	10	0	5	0	—			0	5	0
														2	10	0
				Total,	304	3	4	158	5	0	20	10	0	181	5	0

(出所) W. H. Crawford and R. H. Foy [1998:46]

地図3-1 アントリム州フォートタウン村の土地図

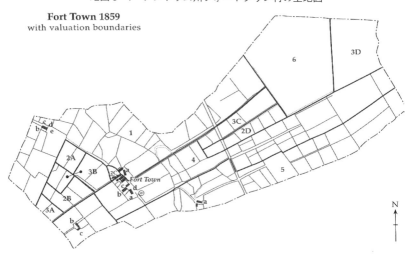

(出所) W. H. Crawford and R. H. Foy [1998:47]

更が時代毎に色分けし記載されているのである。また，ある段階で新しい原簿が作成され，そこにまた色分けした変更が加えられており，それらは『キャンセル土地評価簿（Cancelled Land Book)』といわれている。これはたとえばテイペラリー州クロヒーン教区シャンラハン村では 1856 年のグリフィスの地方税土地評価簿以降新しく 9 冊の評価簿が現在まで作成されており，各評価簿にそれぞれ色分けして変更が記載されている。そして，それらの新しい評価簿の作成時期にある程度対応して評価地図が作成されている。しかし，それらの変更の追跡には色分けの変化をたどる苦労がいるものの，それが追跡できれば，そのタウンランドの土地に関係する人間関係が明らかになる。その資料自体はわれわれの目的とする家族史研究に対して直接の資料とはなりにくいが，先述したセンサス個票と照らしあわせれば家族装置の側面をかなり明らかにすることができるといえよう。またタウンランドでの共同保有状況（アイルランド農村で重要な問題とされている共有地（commonage）の資料になる）や地主と小作人との関係という側面も明らかにすることができるのである。

(2) 土地登記簿

　アイルランドでは 1891 年の土地登記法（Land Registration of Title Act）にもとづき 1892 年以降に土地登記の広範囲で確実な体系が提供されるようになった。土地所有権は土地登記簿に登記され，登記証書は登記局にファイルされており，土地財産やその所有権に関するあらゆる事項は土地登記局で登記簿に記録されるが，それがフォーリオ版（Folio）として保存されている。そしてその登記簿と連動する土地登記簿地図で土地を確認することができる。フォーリオ版の形式を見ておけば，それは第 1 部である土地所有にはタウンランド，土地面積，郡名，測量地図の番号と土地区画番号，第 2 部である所有権には財産の相続人への移転，第 3 部である先行所有権には，その通知がそれぞれ記載されている。たとえばテイペラリー州クロヒーン教区シャンラハン村の事例を見ておこう。そのフォーリオ版にはまずシャンラハン村の 1 区画とキャリッジモア村の 1 区画の記載が見られ，シャンラハン村の土地は地図 87 番の区画番号 10 番にある面積 92.27 エーカーの土地，他方キャリッジモア村の土地は，地図 87 番の区画番号 2 番にある 29.323 エーカーの土地である。そして，1937 年に農民ウイリアム・ドイルが完全な所有者になり，1953 年にメアリー・ドイルが相続し，1965 年にはジェームズ・ドイルが相続しているが，そのデータから世帯主→妻→息子という相続が明らかになる。またこの土地は 1923 年時点では土地委員会（Land Commission）の所有，土地の価格が1494ポンドであり，それは71ポンドの年賦で支払うことによりウイリアム・ドイルの土地になったことが明らかにされている。これら2区画の土地の所在地を地図で見れば，所在地のタウンランドが違うものの，実際には隣接した土地であることが確認でき，その土地の総面積は121.5エーカーの広い土地で，しかも住居の背後にある条件の良い土地であることがわかる。

　以上のような土地登記局のフォーリオ版は，1920年以降における家族の相続状況を捉える資料になり，それは家族規範の所有項目を明らかにさせるものである。また，アイルランドの農地改革時における土地委員会からの土地買収状況を把握する資料にもなりうる。

　これまで，この資料は松尾により指摘されているように，あまりアイルランドの歴史研究には利用されてこなかったといえよう。

(3) 貧民蝟集地域開発局関連資料

　貧民蝟集地域（Congested District）は，コーク州，ドニゴール州，ゴールウェイ州，ケリー州，リートリム州，メイヨー州，ロスコモン州，スライゴー州というアイルランド西部地域にある土地条件の悪くしかも密集して居住している地域を指している。そして貧民蝟集地域開発局が1891年に設立され1923年まで継続される。それ以降，後述するようにそれはアイルランド土地委員会に統合されることになる。その開発局は1892年に『貧民蝟集地域開発局基礎報告書（Congested Districts Board For Ireland, Baseline Report）』を作成したのである。

　その報告書は各州からいくつか選定された84地区の詳細な報告書である。たとえば，ドニゴール州では，北イニュシュオーウェン（North Inishowen），クロンマニー（Clonmany），デザーテグニー（Desertegney），ファナード（Fanad），ロスギル（Rosguill），ガルタン（Gartan），ブロッカー（Brockagh），ダンファナイー（Dunfanaghy），クロウアネリ（Cloghaneely），トーリィー島（Tory Island），グウィドー（Gweedore），ザ・ロス（The Rosses），アランモア（Arranmore），グレンティス（Glenties），グレンコロンブキル（Glencolumbkill），テーリン（Teelin），キリーベグス（Killybegs），インバー（Inver），ラフ・エスク（Lough Eask），バリシャノン（Ballyshannon）という20の地区が取り上げられ，それらのドニゴール州の記述が200ページに及んでいる。グレンコロンブキル教区の場合には，まずその周辺地域の教区単位の統計が見られる。調査事項として面積，救貧法における評価，1891年の人口および家族数，2ポン

ド以上4ポンド以下の保有地を持つ家族数，2ポンド以下の保有地を持つ家族数，貧困家族数，平均家族員数などである。そしてタウンランドの自然的条件，家畜を中心とした経済的状況，漁業従事者や漁業の状況，6人家族の収入と支出，貧困家族の収入と支出，食事，衣服，住居，家庭生活などが詳細に記録されており，それらから19世紀末における家族の生活状況の情報をかなり得ることができる。

　　たとえば，男は夏に6時30分か7時に起き，ミルクを搾りとった後，牛を外へ出し，家畜の世話をする。朝食を8時にとり，彼等の農場に仕事に行く。女性はそれらの仕事に援助をし，家で糸を紡ぎ織ったりする仕事をする。2時ごろに食事を1時間ぐらいかけてとり，その後再び仕事をする。夕方7時か8時に牛を入れ，ミルクを搾るが，夏であれば再度外へ出すが，冬であれば中に入れる。冬には火は何時も燃やされているが，夏には食事毎につける。冬には彼等は8時ごろまで寝ており，仕事をあまりせずに過ごすと言う。
　　また食事の内容を見れば，一日3回の食事をとるが，朝食は8時ごろで自家製のパン，トウモロコシのひき割り，バター，ティー，時折ポテトやオートミールのかゆであるという。昼食は午後2時でありポテト，少量の魚，自家製のパン，ティーであり，夕食は8時ごろで内容が朝食と同じであるという。[Congested Districts Board For Ireland, County of Donegal, Glencolumbkille, 10-11]

　以上のような農民の生活が描写されている。またその報告には視察官による将来この地域の人々の生活をどのように改善すればよいかという提言が認められる。

(4) アイルランド土地委員会関連資料
　アイルランドでは1870年の土地法，1881年の土地法，1903年の土地法（ウィンダム法），1909年の土地法（バーレル法）などを経過して農地改革が実施されることになるが，そのときにアイルランド土地委員会（Irish Land Commission）が設置され，それをとおして自作農創設事業が行なわれた。その事業は1891～1923年までは貧民蝟集地域開発局でも行なわれたが，最終的には，アイルランド自由国成立後，土地委員会に引き継がれることになる。そして農地改革実施段階に地主から土地委員会が一時的に土地を購入するのであるが，その時点において土地委員会で作成された資料が存在している。
　土地委員会では地主所領地単位で，土地に関連する資料が保管されている。表

3-2から表3-4は，土地委員会がロンドンデリーの商人であったヘンリーとエドガー・マスグレーブの所領地（Estate of Henry and Edgar Musgrave）であったドニゴール州グレンコロンブキル選挙区で作成した農地調査簿（Schedule of Areas）である。このような所領地単位で作成された農地調査簿が土地委員会で現在保管されている。それを見れば43のタウンランドの所領地における面積が，売却地と未売却地とに区別されて記載され，それらから売却地が1万9448エーカー，未売却地が1319エーカーであったことがわかり，94％の土地が売却されたことを示している。

　さらに，その資料にはタウンランド毎に登録番号，地図番号，保有者の名前および面積が記入されており，土地保有規模別保有者，共同保有である共有地の存在も明らかになる。表3-5，表3-6のマスグレーブの農地調査簿から，クラハンで見たドニゴール州マリンベグ村の土地保有を見ることができる。表3-5では登録番号1の61エーカーの大保有農から，登録番号12の2エーカーという小保有農までの範囲の保有規模が明らかになる。また，B表では，土地番号31と32において，95エーカーと90エーカーの共有地が見られ，そこには，前者には11人の名前，後者には13人の名前がそれぞれ記載されていた。したがって，この時期までは，共有地が残存していたと見られる。また1916年におけるマスグレーブと土地委員会との売買予定スケジュールに関する資料（Surveyor's Schedule of Areas）およびそれに関連する土地地図も見られるが，そこには共有地も示されていた。

　松尾は1922～1923年に貧民蝟集地域開発局と旧借地人との間で交わされた「保有地交換契約（Agreement for Exchange of Holding）」，「保有地付加地片売却契約（Agreement in respect of a parcel of land to be sold as 'Additional land' with a holding），「所有権付与証書（Vesting Order）」，自作農創設にあたっての土地委員会と地主との売買契約書である「保有地売却契約書（Agreement between the Irish Land Commission and a Tenant for Sale of a Holding）」などの資料を土地委員会で見つけたようである［松尾 1998］。以上からこれらの資料は土地保有の流れが追跡できる重要なデータになりうる。

(5) 遺 言 書

　アイルランドにおける相続制度は，19世紀の中頃に分割相続から不分割相続に変化したと見られるが，それがいつであるかについての明確な結論が現在まで出されていない。しかも，その相続がアイルランドにおける家族システムの規範

表3-2 マスグレーブ所領地(ドニゴール州グレンコロンブキル教区)①

(出所) アイルランド土地委員会

表3-3　マスグレーブ所領地（ドニゴール州グレンコロンブキル教区）②

（出所）　アイルランド土地委員会

表3-4　マスグレーブ所領地（ドニゴール州グレンコロンブキル教区）③

Congested Districts Board for Ireland.

Form F.

Surveyor's Summary of areas of lands in each Townland proposed to be sold (as classified in Schedule 1) and referred to in the accompanying Schedules of Areas and Maps.

Reference to Maps prepared under Rule 7 (v.)

DENOMINATION. COUNTY, BARONY, AND TOWNLANDS. Cº DONEGAL. BARONY OF BANAGH.	CLASS I. Total area of lands in each townland held under tenancies,—the boundaries of each holding edged GREEN on Map, and the particulars of each holding given in accompanying Schedule of Areas (Form G) and Map			CLASS II. Total area of lands in each townland held under agistment or other Temporary Contracts,—the boundaries of each Contract edged BROWN on Map, and particulars of each Contract given in accompanying Schedule of Areas (Form H) and Map			CLASS III. Total Area of Demesne and parcels of land in each townland which Vendor desires to sell and NOT repurchase, coloured LIGHT BLUE on Map.			CLASS IV. Total area of Demesne and other lands in each townland which Vendor desires to sell and repurchase, coloured YELLOW on Map.			Particulars of Ancient Monuments (if any).
	AC.	R.	P.	AC.	R.	P.	AC.	R.	P.	AC.	R.	P.	
Forward	13,061	2	36				1,228	3	26				
Braade Lower	864	3	26				16	0	8				
Braade Upper	697	1	12				27	3	34				
Straleel North	869	2	32										
Meenavean (pt.)	438	0	23				1	1	11				
Clontycro	332	2	28				1	3	35				
Gannew & Curreen	329	0	4				0	0	30				
Cashel (pt.)	1,207	0	32				23	1	14				
Croaghacullion	445	0	10				8	3	8				
Straboy	17,102	3	17				5	0	0				
Total	19,448	2	20				1,319	2	6				

Certified correct
R. Dorcton
Supt Surveyor
C. D. Bd
19/8/15

AFFIDAVIT.

of

I, hereby make oath and say that the particulars set forth in the Schedules of Areas, Forms F, G, and H, signed by me, are correct in every particular, according to the best of my knowledge, information, and belief; and that as required by said Rule, I have surveyed the lands mentioned in said Schedules, and prepared the Maps therein referred to, and the boundaries of the said lands, and the holdings thereon, are correctly defined on the ground and marked on the said maps, and that the classification of the lands as set out on said Schedules is correctly shown on said Maps. I beg to refer to the said Maps, upon which, marked _____ I have signed my name before swearing this Affidavit.

Sworn at _____ in the County of

（出所）　アイルランド土地委員会

表３−５　マスグレーブ所領地におけるマリンベグ村の土地保有の例①

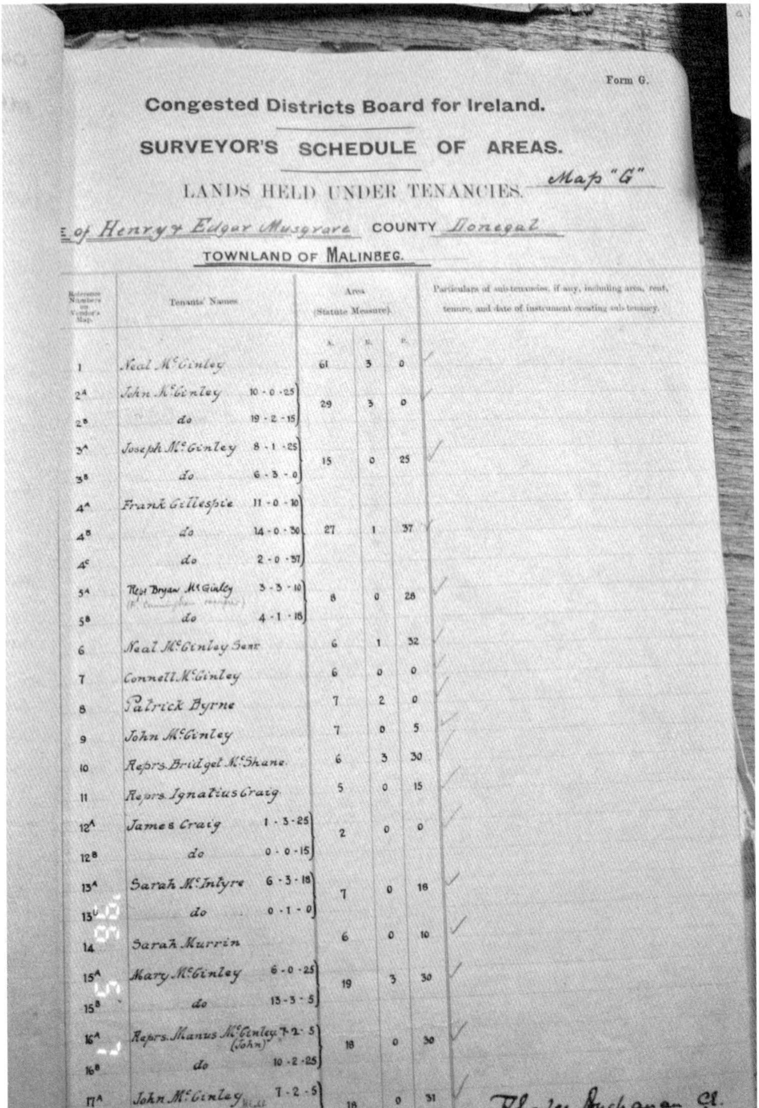

Form G.

Congested Districts Board for Ireland.

SURVEYOR'S SCHEDULE OF AREAS.

LANDS HELD UNDER TENANCIES. Map "G"

…of Henry & Edgar Musgrave COUNTY Donegal

TOWNLAND OF MALINBEG.

Reference Numbers on Vendor's Map.	Tenants' Names		Area (Statute Measure). A.	R.	P.	Particulars of sub-tenancies, if any, including area, rent, tenure, and date of instrument creating sub-tenancy.
1	Neal McGinley		61	3	0	
2A	John McGinley	10-0-25	29	3	0	
2B	do	19-2-15				
3A	Joseph McGinley	8-1-25	15	0	25	
3B	do	6-3-0				
4A	Frank Gillespie	11-0-10	27	1	37	
4B	do	14-0-30				
4C	do	2-0-37				
5A	Reps Bryan McGinley	3-3-10	8	0	28	
5B	do	4-1-18				
6	Neal McGinley Senr		6	1	32	
7	Connell McGinley		6	0	0	
8	Patrick Byrne		7	2	0	
9	John McGinley		7	0	5	
10	Reprs. Bridget McShane		6	3	30	
11	Reprs. Ignatius Craig		5	0	15	
12A	James Craig	1-3-25	2	0	0	
12B	do	0-0-15				
13A	Sarah McIntyre	6-3-18	7	0	18	
13B	do	0-1-0				
14	Sarah Murrin		6	0	10	
15A	Mary McGinley	6-0-25	19	3	30	
15B	do	13-3-5				
16A	Reprs. Manus McGinley (John)	7-2-5	18	0	30	
16B	do	10-2-25				
17A	John McGinley	7-2-5	18	0	31	
17B	do	10-2-26				

（出所）　アイルランド土地委員会

表3-6　マスグレーブ所領地におけるマリンベグ村の土地保有の例②

（出所）　アイルランド土地委員会

第3章　アイルランドの家族研究史料　　73

的側面を明らかにする重要な要素とみなされる。イギリスでは，高橋基泰により16世紀から17世紀におけるケンブリッジの1教区の詳細な遺言書分析が行なわれている［高橋 1999］。しかしアイルランドでは初めてカレンによって遺言書自体が資料的に位置づけられ，さらに1865年における地域別に分類された大規模農民の遺言書をひとつの資料とした相続研究が行なわれている［Cullen 2012:73-87］。それ以外では，アイルランドではこの遺言書を資料とした研究はほとんど行なわれていない。なおアイルランド農村の相続に関しても現在までオグローダ［O'Grada 1980;1988］，ケネディの相続研究［Kennedy 1991］が見られる程度である。

　1900年までの遺言書の原本は1922年時点で焼失しているが，アイルランド公文書館には遺言書と遺産管理執行（Wills and Administrations）のアルファベット順のリストが年度毎に保管されている。たとえばテイローン州の1871年4月29日付けの遺言書を見ると，それは遺言者で未亡人であるイザベラ・ホーンが1871年4月13日に死亡し，100ポンド以下の個人財産をアーマー州にいる彼女に一番近い親族で農民の息子であるジェームズ・ホーンに譲渡するというものである［Grenham 1999:49］。それから遺言者の名前・住所・職業，相続人の名前および関係，遺言執行者の名前，遺言の執行日，検認済み遺言書の日付などの情報が得られる。

　しかしそれらのリストは膨大なものであり，自分の祖先を探求する目的で探すのであれば可能であるが，それらから州単位，あるいは教区単位でサンプルをとることは容易ではない。しかし公文書館にはウォーターフォード州，ウェックスフォード州，テイペラリー州の3州の遺言書を収録した遺言記録本（Willbooks, Waterford District Registry Copy-Willbooks, 1858-1902）が保管されている。それは1858年以来，地区登記所（District Registry）で検認された遺言書の写しであり，各巻の最後に名前のリストがアルファベット順に作成されており，この資料は利用しやすいものといえる。たとえば，テイペラリー州のみ抽出し，つぎの段階では職業（農民，商人，ジェントリーなど）別にサンプルを抽出することができる。そして，それらのサンプルを時系列に並べるならば相続状況の変化の一側面を捉えることができるのである。そこで遺言記録本（1894-1902）からテイペラリー州クロヒーン教区（Clogheen）シャンラハン（Shanrahan）村に住む農民マイケル・カーシンの遺言書の事例を見ておこう。それは1895年7月20日に作成された遺言書であり，クロヒーンにある彼のすべての財産である農場，家畜および動産を妻ジョアンナ・カーシンに譲るというものである。その立会人に神父の名前と同教区のキルカローンの農民であるウォルター・ブラジルの名前が

記載されている。したがってこの相続形態が妻による一括相続であることを示していた。

　以上のような遺言書を資料とすることにより，著者は家族に重要な相続制度を明らかにできるのではないかと思う。

5　結びにかえて

　これまでアイルランドの人口センサス，教会記録，英国議会資料，アイルランド政府関係の史料の特徴を検討してきたのであるが，それらは主に著者の関心のある家族史に関係する史料に限定したものであった。しかし，これらの資料以外にもダブリン大学（University College Dublin）の民俗学部（Department of Irish Folklore）の資料室には 1935 年に設立されたアイルランド民俗委員会（Irish Folklore Commission）によって行なわれた質問紙による 1940 年，1941 年，1958 年の民俗慣行調査（相互扶助慣行や縁組婚など）の原簿が保管されている。そこにはアイルランドの家族史に関連する重要な資料があり，その資料による成果はオドウドによるアイルランド農村における共同労働研究やアイルランドの移民農業労働者研究 [O'Dowd 1981；1991] の成果に表われている。また，その民俗慣行調査には，1956 年の「縁組婚」調査があるが，それらはいくつかの州で，項目毎のインタビューを記録した調査であり，全体で 1300 ページになるが，それらのデータは婚姻調査，家族調査に重要なデータであるといえる。

　またアイルランドの新聞の重要性も忘れられてはならない。アイルランドでは現在アイリッシュ・タイムズ（Irish Times）とアイリッシュ・インデペンデント（Irish Independent）という全国紙があるが，それ以外に多くの地方紙が発刊されている。さらに歴史的な価値を持つフリーマンズ・ジャーナル（Freeman's Journal）のような新聞もある。著者の調査地のひとつであるドニゴール州では，1919 年に創刊されたドニゴール・デモクラット（Donegal Democrat）が資料として重要である。しかし，このような新聞について触れることができなかった。

第4章

19世紀初頭におけるアイルランドの世帯構造

1 はじめに

これまで，著者は，19世紀初頭におけるアイルランドの家族は核家族システムによる構造であったが，19世紀中頃より，持参金を内包する縁組婚システムと不分割相続システムの統合により直系家族システムに変化したという仮説を提起した。そうすれば，19世紀初期から中期にかけては核家族システムにもとづく核家族が優位な家族タイプといえる。しかし，グレイが指摘したように，そのような段階的な変動モデルでは19世紀初頭におけるアイルランドの家族を検証できないことが理解された。そこで，本章では，後で述べる3つの地域に区分することにより，当時の家族形成を明らかにすることが課題である。したがって，本章では，主に1821年の残存しているセンサス個票にもとづいて，当時のアイルランドの経済的状況と関連づけて世帯構造[1]を明らかにすることが目的である。

19世紀初頭の研究は，主にヤングの旅行見聞録 [Young 1892]，メイスンの研究 [Mason 1819]，ウェイクフィールドの研究 [Wakefield 1821]，1836年の『貧困調査』を史料にしたものが多い。つまり信頼のおけるセンサス統計が1841年以降，婚姻・出生，死亡統計が1864年以降，農業統計が1841年以降から利用可能であるが，それ以前の統計が欠落していたからである。したがって，資料の制約から，18世紀末から19世紀初頭における社会，経済史研究に明確な定説が見られない。たとえば，大飢饉前の人口増加に関するコネル [Connel 1850]，ドレー

76

ク［Drake 1963］，リー［Lee 1968］による論争(2)がその典型的な例として挙げられる。つまり，大飢饉以降の研究と比較して，この時期は統計的資料による分析が不可能なのであった。しかし，本章は，完全なセンサス資料によるものではないが，残存したすべてのセンサス個票にもとづく分析であり，それを資料として，19世紀初頭におけるアイルランドの世帯構造の解明が可能である。

　ところでこれまでの先行研究から，19世紀の世帯構造を把握するには，その時期における社会階層と地域性を軸に検討する必要がある。まず，カレンは，1841年のセンサスにもとづいて，社会階層をつぎの3カテゴリーに分類している。すなわち，第1カテゴリーが土地保有者で，50エーカー以上の農民，第2カテゴリーが熟練労働者と5〜50エーカーの農民，第3カテゴリーが労働者と5エーカー以下の小保有農である。そして，この基準にもとづいて，地域を3地域に区分している［Cullen 1972:111］。

　すなわち第1地域はレンスター地方，アルスター地方の東部（ドニゴール州，ファーマナー州を除く）である。第1と第2のカテゴリーの人口が34％で，ラウズ州とミーズ州が32％を占めるが，麻家内工業の低下により貧困になったことを示していた。つまり，麻工業は1820年後半に湿式紡績法の導入により，家内工業が麻紡績業の機械化によりベルファスト以外の周辺地域から衰退していった。

　第2地域はレンスター地方の西部諸州，マンスター地方（クレア州，南西コーク，ケリー半島を除く），ゴールウェイ州西部，ロスコモン州，リートリム州，スライゴー州の一部を含んでいる。この地域では，第1と第2のカテゴリーの人口が，リムリック州で35％，テイペラリー州で33％，コーク州で28％であったが，第1の地域より全体として貧困であった。

　第3地域は，ドニゴール州，スライゴー州，リートリム州，ロスコモン州，メイヨー州，ゴールウェイ州，クレア州が含まれる。この地域では第1と第2の2つのカテゴリーに属する割合が低く，23％以下であり，とくに各川では沿岸部が貧困地区，内陸部が富裕地区というコントラストが認められる［Cullen 1972:111-112］。

　以上の地域区分を基本的に踏襲し，それと残存するセンサスとを関連づければ，ミーズ州，キングズ州が第1地域，キャヴァン州とファーマナー州が第2地域，ゴールウェイ州が第3地域に属するものと判断されるが，地域性と階層性を考慮すれば，以下のような世帯構造の特徴を提起することができる。

　まず，第1地域のミーズ州とキングズ州は，平均土地保有が他の2地域よりも

多く，しかも大規模農といえる 20 エーカー以上層が多い地域であった。なお，ミーズ州では 100 エーカー以上層が 4.3 ％を占め，しかも 500 エーカー以上層が 1.7 ％であった。そのような大規模農では，農民の自家労働力のみでは経営が不可能であり，雇用労働者・農業サーヴァントを必要とした。この地域は，麻家内工業が早く衰退したものの，それがミーズ州北部に残存しており，それに農村地域における耕作地から放牧地に転換しつつある大規模農と労働者，ケルズのようなマーケットタウンの存在というコントラストが認められる地域であった。

　この地域に則して家族を見れば，大規模農民は，相続を延期させる傾向にあり，その結果，農民の息子は労働者のように早婚ではなく，持参金にもとづく縁組婚が，1830 年代の『貧困調査』時期にすでに顕在化していた［米村昭二 1981:141-145］。そして，子供は相続が将来期待できない場合に，家族内での残留，国内での就業，あるいは多くがアメリカへの移民を適応戦略としたのであり，この時期に移民が多く認められた。それに対して，労働者あるいは小規模保有農の場合，司祭への支払金のみで婚姻が可能であり，経済的状況に応じた婚姻が彼らの家族戦略になりえた。したがって，世帯形態は，労働者には単純家族世帯が多く，農民には拡大家族世帯，多核家族世帯が優位であるという性格を内包させていた。

　第 2 の地域は小規模保有農，中規模保有農が多い地域であり，これにはキャヴァン州，ファーマナー州が属し，ランディール制度にもとづいた分割による相続システムが浸透していた。たとえば，センサス個票から，キャヴァン州クロスアーロ（Crooserlough）教区キラニュア（Killanure）村でクックの 5 兄弟が 12 エーカーをそれぞれ保有しており，それは兄弟の分割を明確に示したものである。小農，労働者の場合に，東アルスター地方の麻家内工業の拡大化に対応して，男性の織布工，女性の紡糸工による収入を容易に得る可能性があった。それゆえ，早い段階での分割相続による農業経営，小農と麻家内労働のマッチングが家族戦略とみなされ，そのような家族状況的要素が核家族システムを支持し，その結果，単純家族世帯が家族形態として優位になったものと見られる。

　第 3 の地域は，土地なし労働者，小規模保有農が支配的な地域であり，これにゴールウェイ州が属するが，そこは第 2，第 3 のカテゴリーが 80 ％を占める貧困地域であった。そして，小規模農が中核であるが，それ以外で，家内工業としての麻の織布工，紡糸工の就業，農業，道路などの臨時雇用労働者，沿岸部あるいは島嶼部での漁業の就業などの多様な就業形態が認められ，世帯員全員で就業する家族戦略が認められた。この地域では，ランディール制度に影響された分割相続が見られるものの，相続時期は，親が老後の世話を子供に期待するに伴い，

遅い相続，子供の婚姻の延期あるいは婚姻後の同居形態が家族戦略とみなされ，そのような家族的状況要因により複合家族世帯形成（拡大家族世帯＋多核家族世帯）が顕在化したものと見られる。しかし，その複合家族世帯形態が直系家族システム規範によるものではなく，核家族システム規範により構造化されたもので，それに家族状況的要因が大きく影響を受けた結果であると判断される。したがって，複合家族世帯形成と世帯主の年齢が正の相関を示しているが，それは核家族システムにおけるライフサイクルによるものであると理解できよう。

以下では，このような3つの地域に区分して，1821年のセンサス個票をデータとして家族分析を中心に行なうが，そこにキャヴァン州に唯一残存する1841年センサスデータを含めることにより，1821年と1841年との比較をとおして，家族構造における変化の一端を把握することができるであろう。

2　データの属性

ここで利用するデータは，1821年と1841年の残存するデータである。それらはキャヴァン州・ファーマナー州・ゴールウェイ州・キングズ州・ミーズ州の5州のデータであり，それを州別に示した属性が表4-1である。データをC項目の人口割合とF項目の世帯数割合で見ると，1821年では，キャヴァン州が人口，世帯割合で一番多く，44％であったが，他の州が7％～13％台である。それゆえ，これらのデータがキャヴァン州に偏向しているというバイアスを認識しておく必要がある。なお，本データは，G項目のようにキャヴァン州が全データの60％で一番多いが，ファーマナー州が6.9％で一番低かった。1841年データはキャヴァン州のキラシャンドラ教区のみであるが，C項目で，3.6％，F項目で5.5％である。しかし，それは，1821年のゴールウェイ州のデータの割合と類似していること，キャヴァン州では，データの教区は違うものの，同じキャヴァン州で両年度での比較が可能であるというメリットを持つものといえる。

1821年のセンサスの項目には，郡・教区・タウンランド・家番号・居住者名・年齢・職業・土地保有面積という8項目の基本変数があった。そして，本章で利用する1821年センサスのデータベースは，センサス個票には性，婚姻状況の項目が欠落していたので，名前と家族関係から判定して，それら2つの構築変数が付加されて作成されたものである。そのように作成されたデータベースに限界性があるものの，本章の分析に十分なものと判断され，以下でこのデータを利用する。なお，土地保有の変数は，1841年以降のセンサスから除外されたが，この

表 4－1　各州のセンサス個票の属性（1821 年，1841 年）

	キャヴァン州	ファーマナー州	ゴールウェイ州	キングズ州	ミーズ州	キャヴァン州（1841）
A．人口総数	195,076	130,997	397,374	131,088	159,183	343,158
B．センサスサンプル人口	85,791	9,930	12,188	17,124	18,840	12,438
C．B÷Aのパーセント	44.0	7.6	3.6	13.1	11.8	3.6
D．世帯総数	34,148	22,585	54,180	22,564	27,942	42,592
E．サンプルの世帯数	15,076	1,699	2,128	2,115	3,363	2,327
F．E÷Dのパーセント	44.1	7.5	3.9	13.8	12.8	5.5
G．サンプルのパーセント	59.6	6.9	8.5	11.9	13.1	

（注）　サンプルから病院，学校，教会などの人口は除外した

変数は経済的変数として重要なものといえる。なお，1841 年センサスには，婚姻年齢，1831 ～ 1841 年の期間における死亡者数，調査時点での不在者の情報も重要な変数と考えられる。

3　経済構造

　まず，平均土地保有規模を見れば，ミーズ州が一番大きく，17 エーカーで，以下キングズ州の 14.7 エーカー，キャヴァン州の 9.2 エーカー，ファーマナー州の 8.4 エーカー，ゴールウェイ州の 5.8 エーカーという順序であった。図 4－1 は，保有規模を土地なしの 1 エーカー以下，小規模保有農の 1 ～ 9 エーカー，中規模保有農の 10 ～ 19 エーカー，大規模保有農の 20 エーカー以上という 4 つのカテゴリーに分類して示したものである。そうすれば，小規模保有農と中規模保有農が多いキャヴァン州とファーマナー州の地域，小規模保有農も見られるが大規模保有農が優位と認められるキングズ州とミーズ州の地域，土地なしと小規模保有農が多いゴールウェイ州という 3 つの地域に区分することができる。

　その内訳にたちいって見れば，ミーズ州では，1 ～ 9 エーカーの小規模保有農が一番多く，63 ％を占め，以下 10 ～ 19 エーカーの中規模保有農の 14.8 ％，20 エーカー以上の大規模保有農が 22 ％という順序であるが，50 エーカー以上層の

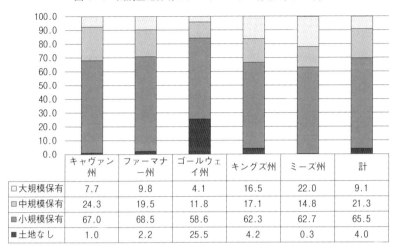

図4-1 州別土地保有カテゴリーによる分布（1821年）

	キャヴァン州	ファーマナー州	ゴールウェイ州	キングズ州	ミーズ州	計
□大規模保有	7.7	9.8	4.1	16.5	22.0	9.1
▨中規模保有	24.3	19.5	11.8	17.1	14.8	21.3
▨小規模保有	67.0	68.5	58.6	62.3	62.7	65.5
■土地なし	1.0	2.2	25.5	4.2	0.3	4.0

8.2％の多さが注目される。それらから、ミーズ州が大規模保有農地域であると判断できる。1830年にロワーケルズ（Lower Kells）で3～14エーカー保有する20家族が追放され、家屋、建物が取り壊された。彼らの土地が800エーカーの大保有農に貸され、それらの土地が牧草地に転換された。また、同じ郡で、5人の小農と14～15人の労働者を含む18～20家族が追放され、家屋が取り壊され、それらの土地は、ひとつの農場に統合された。そして、そこでの小借地農が労働者になった［Poor Inquiry, Appendix (F), 97］。このように小保有農の生産が質・量ともに大保有農より劣位であったので、地主から追放されることになった。それ以降、ミーズ州では、そのような小作農追放による大規模農の形成、さらに耕作から牧畜への転換がなされたのであった。

　ナヴァン救貧区のリスカートン・キャッスルの農民は以下のような陳述をしている。そこでは、牧畜農の規模が100～1000エーカーであり、その数値や保有数はあまり変化がなく、彼らは、牛とヒツジの放牧をしているが、それらの飼育用土地利用よりも、牧草地として農場を利用し、酪農はほとんどしていない。本人は、466エーカー（アイルランド）[3]と270エーカーの2つの区画の土地を保有しているが、それを自分のみで占有するのではなく、息子にも占有させているという。ここで行なわれている農場の細分化が荒廃化させるシステムであり、細分化された土地保有者が何らかの改善手段を持たないし、土地は現状のままであった［Land Commission Vol.2, 2, 59］。このような記述から、大飢饉前に、土地の分割

化は，地主が不動産管理においてルースである地域では一般的であったが，豊かな地域であるレンスターと北マンスターあたりの低地では，商業的大規模農が細分化に抵抗し，そのような地域での分割化が辺境の丘陵地域に限定されていた[Bell and Watson 2008:24]。したがって，ミーズ州の大規模農では，この時期にあまり土地分割されずに，すでに不分割相続がなされていたようであり，それが世帯構成とも結びつき，すでに直系家族システム規範があったものと判断される。しかし，中小規模農では，いまだ土地の分割が実施されていたようである。

　キングズ州では，1 ～ 9 エーカーの小規模保有農が 62.3 ％を占め，以下 10 ～19 エーカーの中規模農の 17.1 ％，20 エーカー以上の大規模保有農の 16.5 ％であった。これは，ほぼミーズ州と同じ特徴を持つが，50 エーカー以上層（5.8 ％）がミーズ州より低い。『貧困調査』によれば，平均保有規模が 15 エーカーで，一般的に農場規模が分割相続により減少しているが，少数であるが拡大させている農家もあった。地主は小農民に借地させるより安全な大農民への借地を希望した。それにより，耕作中心の小規模農が減少し，大規模農が耕作から牧畜へ転換されている状況が読み取れる [Poor Inquiry, Appendix（F）, 93]。

　つまり，ミーズ州とキングズ州では，地主が不合理な小規模保有農を追放し，大規模保有農に借地を貸し付けることにより，経営の合理化をはかったものと思われる。そして，大規模保有農が，ナポレオン戦争後の 1815 年以降，耕作から牧畜へ移行させていった。それはイギリスにおける食料市場拡大に対応したアイルランドの食料輸出の増大によるものであった [Hynes 1988:164]。その結果，ミーズ州，キングズ州では，土地保有の分割よりも，地主の意向に対応して，土地の一括相続の方向へ傾斜していったと判断すべきであろう。

　キャヴァン州では，1 ～ 9 エーカーが 67 ％を占め，10 ～ 19 エーカーが 24 ％，20 エーカー以上が 8 ％であり，それは小・中規模保有農地域であることを示す。南東部に位置するラフテー郡（Barony of Loughtee）では，平均 8 エーカーで，人口増加により，保有規模が減少した。農民が子供たちに土地の小地片のみしか与えることができず，高い地代を払うが，地主はいかなる土地拡大の努力もしなかった，と報告されている [Poor Inquiry, Appendix（F）, 125]。そして，子供がコティエ（cottier）労働者になった。また，多くの土地分割が行なわれ，その結果人口が増加した。家畜飼育の土地がなく，牧畜農が少なかった。したがって，小規模農は貧困で，多くのジャガイモや穀物を栽培し，それらの生産量が以前より増加したと見られる。また，耕作にジャガイモの作付けを中心に小麦，亜麻，大麦，オート麦が組み込まれたローテーションが認められた [Poor Inquiry, Appendix（F），310］。また，牧畜用地が少ないため，羊や若い牛が山間地で放牧されていたにすぎない［Poor Inquiry, Appendix（F），126］。また，キラシャンドラ教区に近いラフルトン（Rahulton）の農民の証言によれば，彼は，ファーンハム領主の代理人から 60 エーカーを借地し，耕作と牧畜の両方を経営していた。この地域では，平均農場規模が 20 エーカーと思われるが，5 ～ 60 エーカーまで認められるものの，一般的には 20 エーカー以下が多く，農民が一般的に耕作と牧畜の混合経営であったと述べている。彼らは，一般的にジャガイモとオート麦の栽培が中心で，オート麦（3 回），ジャガイモ（2 回）のローテーションであるが，オート麦の作付け後休閑し，その代わり草の種子をまき，羊用のクローブにすることもあったという。そして，その地区には大きな放牧農場がなく，牛などの肥育ではなく，単に家畜の飼育が目的であったようである。さらに，その地区にはランディール制度による共有地が多く，この時期にも残っており，それは古い細分化された借農地で，共有地であったものの，もし期限が来れば，それらがすぐに分割されることも証言している［Devon Commission, 1845, Vol.2, 107］。

　以上から，キャヴァン州は，すでに 1840 年までにランディール制度が崩壊し，各農家が地主から直接土地を借り，土地規模に対応した地代を支払い，オート麦，ジャガイモのローテーションによる栽培と家畜の飼育などのペザント的経営をしていたと見られる。そして，土地分割が認められた小・中規模保有農が中心であった。しかし，東部アルスターにおける麻家内工業の成長の影響を受け，キャヴァン州で，小規模農が亜麻の栽培と亜麻糸の販売，世帯主，息子による織布工，妻，娘，雇用者による紡糸工として，家族全員で麻家内工業に従事する形態も見られた。そこでは麻家内工業と人口増加の関連が顕著であり，それが早婚，高出生率に結びつくことになった［Clarkson 1989:266］。

　ファーマナー州では，1 ～ 9 エーカーが 68.5 ％，10 ～ 19 エーカーが 19.5 ％，20 エーカー以上が 10 ％であり，それは，キャヴァン州と同じく小・中規模保有農地域を示している。『貧困調査』には，農場規模が 5 ～ 50 エーカー，平均が 10 ～ 12 エーカーで，農民の子供への土地分割により，保有規模が減少していたことがわかる。しかし，地主は農場統合の意思がなく，借地人が地代を払える限り追放しなかった。ある郡での農民が，小保有地で，大規模農より生産額が低いが，支出費用も少なく，それを家族労働で賄うことができた。彼らは自分たちで生産したものを消費し，労働者より良い生活をしていたわけではなかった。なお地代は 1 エーカーあたり 2 ポンドであった［Poor Inquiry, Appendix（F），129–130］。この郡ではコティエの零細農が小屋と耕地の小片を地主や借地農から借り，ジャ

ガイモを栽培することにより，生活が可能であったようである［Poor Inquiry, Appendix（F），33］。農業労働者は，雇用されることにより，夏には 10 ペンス，冬でも 8 ペンス得ることができ，小規模農よりも良い生活をしていたようである［Devon Commission, vol.2, 138］。このようにキャヴァン州とファーマナー州の経済的特徴として，分割相続による小・中規模農が中核を担い，小規模保有農，土地なし労働者が麻家内工業で織布工，紡糸工として従事することにより生計を立てる家族戦略が認められたのである。

　ゴールウェイ州に関して，他の 2 つの地域と比較して，1 エーカー以下の土地なし農民が 4 分の 1 であり，それを含めた 9 エーカー以下が 84 ％を占め，それ以外では 10 〜 19 エーカーの 12 ％，20 エーカー以上の 4.1 ％であり，それらはかなり小規模な農業経営が特徴であったといえる。ゴールウェイ州が貧困地域であることは知られているが，このデータにアラン島のような最貧地区が含まれていることも注目すべきである。多くの土地が分割されることにより，フェンスや溝に，土地を無駄にしていた。小農は肥料を使用しない少ない耕作地で，穀物やジャガイモを耕作していた。ただ，海藻を悪い土壌の肥料に使用していたのは確かである。このような土地保有の分割は地主の所領で適用されていた。しかし，土地保有の分割化が，当時貧困調査担当官による悪い慣習という評価，カトリック司祭による分割防止の努力で確認されるし，それが貧困に結びつくという事実も認識されていた［Poor Inquiry, Appendix（F），80-81］。この地域でコネイカ（地主，借地人から労働の代わりに土地の小片を借り，ジャガイモを作付けするシステム）がかなりの範囲で認められ，多くの労働者が商人，小農からの短期借地，高い労働力による代償でジャガイモを栽培していた［Poor inquiry, Appendix（F），1］。このようにゴールウェイ州は，ランディール制度にもとづく土地保有の零細性，その原因である分割の浸透により貧困地域であった。ゴールウェイの町から 2 マイルにあるキリアカンティ（Kileacounty）に住む農民のシャフネシーが，113 アイルランドエーカーを保有していた。そして，この地区の人口は 700 〜 800 人で，120 家族により 2 〜 20 エーカーを保有する農民と 1 エーカー以下のコネイカがおり，いまだ分割相続がこの時期にも行なわれ，人口が増加していることを挙げている。さらに，ゴートに住むベル（グレゴリという地主の管理人）は，多くの農場が共同借地契約によりジャガイモ，小麦が耕作されていることを証言していた［Devon Commission 1845, Vol.2, 465-483］。

　このように，ゴールウェイ州では，いまだ保有地が分割され，しかもランディール制度が残存しており，それによる貧困な小規模農地域であったことが理

解された。しかし，ゴールウェイ州でも麻家内工業で織布工，紡糸工に従事，農業，道路などでの雇用労働従事，漁業従事という多様な就業形態が認められるが，そのような家族員全員での就業が家族戦略であったと見られる。

　以上から，土地保有に関してミーズ州・キングズ州が大規模保有地域，キャヴァン州・ファーマナー州が中規模保有地域，ゴールウェイ州が小規模保有地域であることが明確になった。以下では，このような地域的，経済的相違に着目することにより家族の特徴を明らかにしよう。

4　1821 年の世帯構造の分析

(1) 世帯主の属性

　まず世帯主年齢を示した表4−2を見れば，平均世帯主年齢が全体で 44.9 歳であり，州別ではファーマナー州（46.6 歳）とゴールウェイ州（45.6 歳）が高く，キングズ州（44 歳）が一番低く，キャヴァン州（44.8 歳），ミーズ州（44.9 歳）が中間であった。年齢コーホート別では，ピークが 30 〜 39 歳の州と 40 〜 49 歳の州で相違が認められるものの，どちらかといえば，ミーズ州・キングズ州がキャヴァン州・ファーマナー州・ゴールウェイ州より年齢コーホートで低い傾向を読み取れる。なお，平均世帯主年齢に関して，1821 年全体と 1841 年では，ほぼ同じであり，キャヴァン州とも類似した数値の 45 歳であった。

表4−2　州別世帯主年齢（1821 年，1841 年）

	キャヴァン州	ファーマナー州	ゴールウェイ州	キングズ州	ミーズ州	計	キャヴァン州（1841）
〜29	10.6	12.0	11.1	11.9	10.9	10.9	12.1
30〜39	26.2	21.8	23.3	26.9	24.3	25.5	23.0
40〜49	23.6	24.2	24.9	26.1	25.2	24.3	25.8
50〜59	20.9	20.4	20.4	18.6	20.4	20.5	20.2
60〜69	13.8	15.0	14.2	11.9	14.4	13.8	13.2
70〜79	4.0	4.7	4.7	3.6	3.4	4.0	4.2
80〜	0.9	1.9	1.5	0.9	1.3	1.1	1.6
計	100.0	100.0	100.0	100.0	100.0	100.0	100.0
総数	15,065	1,698	2,128	3,106	3,556	25,553	2,326
平均年齢	44.8	46.6	45.6	44.0	44.9	44.9	45.0

表4-3　州別・職業別世帯主年齢構成（1821年，1841年）

州	職業	～24	25～34	35～44	45～54	55～64	65～	計	総数	平均
キャヴァン州	農民	2.8	22.1	25.8	22.4	18.8	8.1	100.0	9,054	45.0
	労働者	3.9	26.3	27.0	21.7	15.4	5.6	100.0	3,171	42.9
	その他	3.2	20.1	26.1	22.0	18.6	9.9	100.0	2,840	45.9
ファーマナー州	農民	2.0	20.4	22.0	23.8	20.6	11.1	100.0	1,027	47.1
	労働者	5.6	21.2	30.5	19.7	14.5	8.6	100.0	269	43.7
	その他	4.0	19.9	25.6	16.9	17.4	16.2	100.0	402	47.2
ゴールウェイ州	農民	2.4	18.5	27.1	23.2	20.2	8.6	100.0	1,169	46.1
	労働者	4.2	23.9	29.4	20.7	13.7	8.0	100.0	401	43.4
	その他	4.3	17.9	26.0	20.6	20.3	10.9	100.0	558	45.6
キングズ州	農民	2.4	23.3	24.3	21.9	18.8	9.4	100.0	832	45.2
	労働者	4.0	28.2	28.5	22.9	12.1	4.2	100.0	947	41.7
	その他	3.0	21.6	28.1	23.4	15.0	8.9	100.0	1,327	44.9
ミーズ州	農民	1.5	16.0	22.8	22.8	24.2	12.8	100.0	658	48.2
	労働者	4.9	23.1	27.5	20.8	16.2	7.5	100.0	1,267	43.3
	その他	4.0	20.6	25.8	22.9	18.6	8.0	100.0	1,631	44.8
キャヴァン州（1841年）	農民	3.0	19.0	27.5	24.1	18.2	8.1	100.0	789	45.4
	労働者	7.5	26.8	31.0	15.6	13.1	5.9	100.0	596	41.3
	その他	3.8	15.9	25.8	25.8	16.8	11.9	100.0	941	47.1

　表4-3は世帯主の3つの職業カテゴリー（農民，労働者，その他），年齢，州
をクロスさせたものである。それによると，1821年では，まず職業カテゴリーで，
世帯主の平均年齢は，前述の世帯主年齢と比べて，各州とも年齢で労働者が農民
より低いことを示していた。農民の年齢の範囲が45～47歳の範囲であるが，労
働者が43～44歳に集中した分布を示し，そこにコントラストが認められる。そ
の内訳を見れば，労働者が24歳以下で4～5％を占めるのに対して，農民が
キャヴァン州で2.8％，ミーズ州で1.5％であった。それが25～34歳で，16
～28％の範囲に拡大するが，農民が16～23％，労働者が21～26％を占め，
それは労働者が農民より早い世帯形成であったことを明確に示していた。そして，
1841年では，キャヴァン州において，平均世帯主年齢が，農民では1821年より
0.4歳の上昇，労働者では1.6歳の下降が認められた。したがって，1821年より
1841年の期間に，農民と労働者における世帯主年齢差の拡大が読み取れたので
ある。

これらのコントラストは，1821 年段階では，労働者が農民より早婚であった
ことを示すものと理解できる。さらに，1841 年では，農民の晩婚化，労働者の
早婚化が進行しているものと認められよう[(4)]。

　『貧困調査』による男子の初婚年齢を見れば，ファーマナー州が 18 ～ 25 歳，
ミーズ州が 20 ～ 25 歳，キングズ州が 17 ～ 20 歳，ゴールウェイ州が 18 ～ 21 歳
という数値は [Poor Inquiry, Appendix (H), 1836]，労働者に，ある程度妥当するも
のと判断される。また，ゴールウェイ州で，労働者が婚姻する場合には，彼らが
1 ポンド 1 シリングを準備し，そこから，司祭に 5 シリング，書記に 10 セント
を支払うことにより婚姻が成立し，それゆえ婚姻が容易であったことがわかる
[Poor Inquiry, Appendix (D), 93]。しかし，農民では，小農の場合に早婚の可能性
があったものの，労働者より晩婚であったと見てよい。すなわち，『貧困調査』
によれば，労働者，サーヴァントは早い婚姻を選択することが彼らの家族戦略で，
農民の子供は親からの相続を期待して，生家で各種の労働に従事しながら待機し，
相続後婚姻することが家族全体の戦略であった。また，キャヴァン州，ファーマ
ナー州のように，麻の織布工，紡糸工の従事者も早婚になる可能性を内包させて
いた。そして，キャヴァン州，ファーマナー州，ゴールウェイ州では分割相続が
浸透していたが，ミーズ州，キングズ州では子供の雇用労働，移民という形態で
離家する可能性が認められ，相続待機の子供もいた。

　つぎに，世帯主職業を示した表 4 - 4 を見れば，それは，1821 年では職業分類
の 414 のうち 0.3 ％以上の職業が 27 種類であることを示し，それらにより全体
の 83 ～ 95 ％を占めており，その数値は，キャヴァン州が一番多く，ミーズ州が
一番少ないことを示している。しかし，1841 年では，その数値は 78 ％に減少し，
職業の拡散化が認められた。その 1821 年の内訳を見れば，キャヴァン州とファー
マナー州，ゴールウェイ州では，農民が一番多く，58 ～ 65 ％を占め，以下労働
者が 12 ～ 21 ％，繊維関係が 4 ％という分布を示す。なお，ゴールウェイ州では
漁民が 2.8 ％占めることも注目される。たとえば，イニシュモア島の中央に位置
するキラーニ村では，土地なしが全体の 76.5 ％の 78 世帯あるが，そのうち 56
世帯が漁民であった [Royle 1983:45]。それに対して，キングズ州とミーズ州では，
労働者が一番多く，35 ％と 43 ％を占め，以下農民が 32.7 ％と 23.4 ％，農業労
働者（2.0 ％と 1.7 ％），織布工（2.2 ％，1.9 ％），靴職人（2.2 ％，1.3 ％）と
いう順序であった。1841 年のキャヴァン州では，農民が急減し，反対に，織布工，
工場織物工，一般労働者の増加という変化が認められた。

　したがって，キャヴァン州とファーマナー州，ゴールウェイ州が多就業パター

表 4 - 4 世帯主職業の割合 (1821 年, 1841 年)

職業コード	職業	キャヴァン州	ファーマナー州	ゴールウェイ州	キングズ州	ミーズ州	キャヴァン州 (1841)
33	教員	0.3	0.5	0.4	0.8	0.6	0.9
56	家内サーヴァント	0.2	0.2	0.1	0.5	0.5	0.5
60	その他の番人	0.0	0.4	0.0	0.0	0.1	0.0
85	荷馬車屋	0.1	0.3	0.2	0.4	0.4	0.2
89	運送人	0.0	0.0	0.3	0.0	0.0	0.0
100	農民	64.5	62.8	58.4	32.7	23.4	33.8
102	農耕従事者	0.0	0.1	0.1	0.7	0.6	0.1
103	農業労働者	0.5	1.2	1.7	2.0	1.7	0.1
104	牧羊者	0.1	0.0	1.2	0.0	0.0	0.0
112	庭師	0.1	0.1	0.4	0.7	0.6	0.3
121	漁民	0.0	0.0	2.8	0.0	0.0	0.0
168	大工	0.5	0.6	0.7	1.5	1.9	0.9
170	石工職人	0.3	0.6	0.4	1.0	1.0	0.3
171	スレート・タイル職人	0.0	0.0	0.1	0.3	0.2	0.0
197	馬具職人	0.0	0.1	0.0	0.3	0.2	0.1
214	ホテル・パブ経営者	0.1	0.1	0.1	1.7	0.4	0.3
225	肉屋	0.1	0.2	0.3	1.2	0.9	0.5
269	織工	1.5	4.0	3.1	2.2	1.9	4.6
271	工場織物労働者	3.3	0.0	0.6	0.2	0.0	3.8
280	帽子製造	0.1	0.1	0.1	0.3	0.1	0.1
282	洋服仕立て	0.8	1.0	1.0	1.6	1.4	1.1
290	靴製造・販売	0.6	0.7	0.7	2.2	1.3	1.6
325	桶, 金輪製造ベンダー	0.2	0.2	0.3	0.4	0.5	0.7
377	鍛冶屋	0.4	0.4	0.8	1.1	1.3	0.7
399	一般商人, 卸売業	0.3	0.0	0.2	1.6	1.2	1.4
404	一般労働者	20.9	12.3	17.8	34.6	42.6	25.5
406	技能工	0.2	0.2	0.2	0.6	0.4	0.1
	計	95.1	86.1	92.0	88.6	83.2	77.6
	総数	14,051	1,637	1,911	2,539	2,822	2,327

(注) 職業分類はエセックス方式による

ン，キングズ州とミーズ州が，土地保有規模でも見たように大規模農と農業労働
者の結合パターンであるとみなしてよいだろう。つまり，キャヴァン州とファー
マナー州，ゴールウェイ州とキングズ州とミーズ州との経済的な地域性の相違が
職業に強く顕現しているものと判断される。また，キャヴァン州では，分割相続
も認められるものの，不分割相続による世帯形成の萌芽が見られ，そこには非継
承者が他の職業を選択する方向性もあったものと見られるようである。

(2) 世帯規模

　世帯規模を示した表4−5から1821年の平均世帯規模を全体で見れば，5.58
人であるが，キャヴァン州（5.66人），ファーマナー州（5.8人），ゴールウェイ
州（5.67人）が多く，逆にキングズ州（5.44人），ミーズ州（5.24人）が少な
いというコントラストをそこに認められる。その内訳を見ておくと，世帯規模の
ピークは，すべての州で5人であるものの，5人以上の割合がキャヴァン州では
65.8%，ファーマナー州では66.3%，ゴールウェイ州では67.3%であるのに
対して，キングズ州では60.9%，ミーズ州では58.6%であり，5人を境界にし
て，2つのグループに区分することができる。すなわち，キャヴァン州，ファー

表4−5　州別世帯規模の割合（1821年，1841年）

人数	キャヴァン州	ファーマナー州	ゴールウェイ州	キングズ州	ミーズ州	計	キャヴァン州（1841）
1	1.6	1.9	1.7	2.6	2.9	1.9	2.3
2	6.6	6.1	6.2	8.3	9.3	7.1	7.6
3	11.4	11.7	10.3	13.3	13.6	11.9	11.2
4	14.7	14.0	14.5	14.9	15.5	14.8	13.8
5	16.0	14.2	17.0	14.9	16.5	15.9	13.4
6	15.0	13.9	13.8	14.3	14.5	14.9	12.1
7	13.0	12.3	12.6	12.1	10.5	12.5	12.1
8	8.5	10.8	9.9	7.2	7.4	8.5	9.8
9	6.3	7.9	5.9	5.5	3.6	5.9	7.5
10	3.6	3.6	2.8	3.0	2.8	3.3	4.9
11〜	3.4	3.6	3.3	3.9	3.3	3.4	5.2
計	100.0	100.0	100.0	100.0	100.0	100.0	100.0
総数	15,076	1,698	2,128	3,115	3,563	25,580	2,327
平均	5.66	5.80	5.67	5.44	5.24	5.58	5.88

第4章　19世紀初頭におけるアイルランドの世帯構造　　89

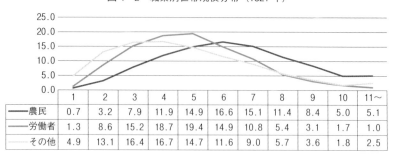

図 4-2 職業別世帯規模分布 (1821 年)

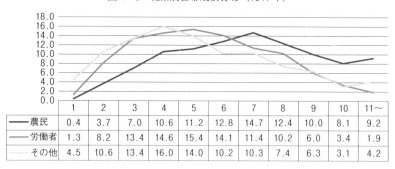

図 4-3 職業別世帯規模分布 (1841 年)

マナー州, ゴールウェイ州では5人以上の世帯が多いが, キングズ州, ミーズ州では5人以下の世帯が多いという明確な特徴が認められた。1841年に関して, キャヴァン州の平均世帯規模が, 5.66人から5.88人に増加していた。その内訳を見れば, 1821年では, 5人をピークに4～7人に集中した分布が見られる。それに対して, 1841年では, 世帯規模のピークが4人の13.4％であり, 4～7人にほぼ集中した分布を示すものの, 8人以上で1821年より多い数値が認められ, それが平均世帯規模の大きさに影響したものと判断できる。これらの変化は, 1821年から1841年にかけての人口増加に対応したものと見てよい。

そのような1821年の世帯規模の相違は, 家族規模にも同じように発現していた。つまり, 平均家族規模が, キャヴァン州では5.13人, ファーマナー州では5.0人, ゴールウェイ州では5.23人であるがキングズ州では4.95人, ミーズ州では5.07人であり, その数値が世帯規模に対応しているものと判断される。ただし, 1841年では, 平均家族規模が4.83人であり, それは, 1821年の数値より少ない。しかし, 世帯規模の増加は, 後述するように家族規模との相関よりも,

表4-6　世帯主年齢による平均世帯規模（1821年，1841年）

年齢	キャヴァン州	ファーマナー州	ゴールウェイ州	キングズ州	ミーズ州	計	キャヴァン州 (1841)
～24	3.88	3.75	3.57	3.36	3.58	3.73	3.62
25～34	4.82	5.09	4.85	4.92	4.74	4.84	4.84
35～44	6.06	6.48	5.97	6.08	5.66	6.03	6.29
45～54	6.49	6.61	6.26	5.92	5.84	6.32	6.77
54～64	5.80	5.83	6.09	5.42	5.20	5.70	6.27
65～	5.19	5.04	5.58	5.03	5.02	5.17	5.06
平均	5.69	5.85	5.73	5.50	5.29	5.63	5.88

家族以外の親族数，非親族の増加と関連しているものと見られる。

　さらに，1821年の平均世帯規模を世帯主の職業で見ておくと，農民が6.3人，労働者が5人，その他が4.8人で，全体では5.1人であり，1841年では，6.5人，5.5人，5.3人であり，そこには農民の世帯規模の多さ，および1841年の各職業における世帯規模の増加が認められた。

　つまり，それは農民世帯が大規模で，労働者世帯が小規模であることを明確に示す。1821年の世帯規模を図4-2で内容にたちいって見れば，農民世帯では，6人がピークで，緩やかな山の形を示すが，労働者世帯では，5人がピークで，5人までが急上昇，それ以上が急降下という形態を示している。別言すれば，労働者では，5人規模までが63%であるのに対して，農民では6人までが55.2%を占めているが，そこに農民の世帯規模の多さが顕著に認められた。図4-3の1841年の場合を見れば，農民世帯では，7人がピークで，それ以降ではなだらかな下降が認められる。労働者世帯では，5人がピークで，それ以降下降が続く。1821年と1841年の比較では，農民世帯においてピーク時の違いとピーク後の傾斜が相違していることが明らかになる。すなわち，1821年の農民世帯における6人のピークが1841年には7人に変化しているが，これは，この期間における出生率の増加に影響されているものと見られる。

　つぎに，表4-6で1821年における世帯主年齢別の平均世帯規模を見れば，5州ともに世帯規模は25～34歳で増加し始め，45～54歳でピークになり，それ以降減少に転じるという特徴が認められる。また，1841年においても1821年と同じ傾向であると見てよい。それらの結果は，カーニーにより提起された仮説[Carney 1980:162]のように世帯のライフサイクルよるものであることを示して

表4-7　土地保有規模別平均世帯規模（1821年）

州	極小規模保有	小規模保有	中規模保有	大規模保有	計
キャヴァン州	5.44	5.80	7.01	8.45	6.30
ファーマナー州	4.83	6.14	7.35	7.18	6.55
ゴールウェイ州	6.16	5.88	6.94	8.74	6.19
キングズ州	5.50	6.01	6.76	8.15	6.46
ミーズ州	6.00	5.57	7.28	7.89	6.54
平均	5.91	5.85	7.02	8.43	6.33

いた。以上から，世帯構造は農民と労働者のグループにおいて明白なコントラストを示しながらも，そこに核家族のライフサイクルが内包されていたと見られる。

　なお，表4-7により，地域別，保有規模カテゴリー別の平均世帯規模を見ておくと，各州で，4つの土地保有規模と世帯規模は正の相関関係を持つことが確認される。つまり，それは極小規模保有・小規模保有，中規模保有，大規模保有の世帯規模に対応して世帯の規模拡大化が見られ，そのような土地保有規模に対応して家族が形成されたものといえる。ソルトー（L. Soltow）が，1821年のセンサスによるキングズ州の分析で，土地保有が25歳以降増加し始め（5.8エーカー），50歳代で7.6エーカー，60歳以上が一番多く，12.7エーカー，平均保有規模が5.4エーカーであること，そこにライフサイクルが作用してことを明らかにしている［Soltow 1981:396］。その指摘は，ここでも確認することができよう。

　このような世帯規模は子供数と関連するものと思われるので，つぎに，子供数を検討しておこう。

(3) 子 供 数

　子供数を示した表4-8を見れば，1821年の平均子供数に関して，キャヴァン州が一番多く，3.59人で，以下ではキングズ州（3.5人），ファーマナー州（3.45人），ゴールウェイ州（3.37人），ミーズ州（3.24人）という順序を示す。それゆえ3人までの子供が各州で全体の54％から60％を占めており，ミーズ州が一番多いものの，そこでは大きな相違が見られない。ただ，6人以上の子供数でキャヴァン州とファーマナー州が少し多い分布を示していた。職業カテゴリー別の平均子供数を見れば，農民が3.9人，労働者が3.1人であり，農民世帯では子供が多く認められた。つまり貧困と見られる労働者世帯では，早く子供を就業させていたといえようか。

表4-8 州別子供数（1821年，1841年）

人数	キャヴァン州	ファーマナー州	ゴールウェイ州	キングズ州	ミーズ州	キャヴァン州 (1841)
1	16.1	18.8	15.8	16.2	18.6	16.0
2	19.2	20.3	22.5	20.5	21.2	16.8
3	18.2	15.7	18.6	19.1	20.5	16.2
4	15.8	16.8	17.4	15.6	17.2	14.7
5	12.8	11.0	12.6	12.6	10.1	11.9
6	8.6	9.3	7.3	7.6	6.6	10.9
7	5.2	4.8	3.5	4.5	3.3	7.0
8	2.5	2.4	1.8	2.2	1.8	3.7
9	1.1	0.6	0.2	1.2	0.3	1.9
10～	0.5	0.2	0.3	0.6	0.2	0.9
計	100.0	100.0	100.0	100.0	100.0	100.0
総数	12,961	1,432	1,796	2,508	2,881	1,926
平均	3.59	3.45	3.37	3.50	3.24	3.86

表4-9 州別・年齢別子供数（1821年，1841年）

年齢	キャヴァン州		ファーマナー州		ゴールウェイ州		キングズ州		ミーズ州		キャヴァン州 (1841)	
	男子	女子	男子	女子	男子	女子	男子	女子	男子	女子	男子	女子
0～14	65.7	69.2	63.3	63.9	63.6	67.7	69.2	70.3	66.9	69.0	62.3	63.4
15～24	27.1	26.6	28.1	27.9	25.8	26.1	23.8	25.5	24.9	25.2	27.2	28.7
25～34	6.5	3.6	7.5	6.8	9.1	5.1	6.4	3.6	7.1	4.9	8.9	6.3
35～	0.8	0.5	1.2	1.4	1.6	1.1	0.5	0.6	1.1	0.9	1.7	1.5
計	100.0	100.0	100.0	100.0	100.0	100.0	100.0	100.0	100.0	100.0	100.0	100.0
総数	23,771	22,171	2,496	2,397	3,157	2,739	4,465	4,255	4,816	4,405	3,884	3,554
平均	11.8	10.9	12.2	12.1	12.4	11.3	11.2	10.6	11.6	11.2	12.8	12.3

そして，1841年の子供数に関して，1821年より多く，3.86人であり，1821年における5州よりも多く，それは，同じキャヴァン州の1821年より，0.27人多かったのであり，それが世帯規模の増加と連動するものと理解できよう。

　子供の年齢別分布を示した表4-9で見れば，1821年において14歳以下の子供では，キングズ州とミーズ州が，キャヴァン州，ファーマナー州，ゴールウェイ州より多く，15～24歳で，その逆の分布が認められる。また男女別では，24

第4章　19世紀初頭におけるアイルランドの世帯構造　　93

歳以下で男女の割合が各州別でも同じ分布であったが，25歳以上で，男性が女性より多かった。なお，25～34歳と35歳以上で，ゴールウェイ州の男性の割合が他の州より多いことも判明した。これはキングズ州とミーズ州で，子供の早い離家，女性による男性より早い離家を意味し，それらが影響することにより単純家族世帯を形成させることになる。しかし，ゴールウェイ州は，子供が滞留することにより後述するような複合家族世帯になる可能性が内包されていたのである。1841年に関して，キャヴァン州では男女ともに1821年より25～34歳と35歳以上が多くなっている。1841年の分布は，ゴールウェイ州と類似した性格を内包させていたと認められる。すなわち，1841年にはキャヴァン州において，不分割相続による継承者の待期が顕在化してきたと見てよいのではないか。そして，全体的には農民世帯よりも労働者世帯の方が，子供を早く離家させていた傾向を読み取れる。

　以上から世帯規模と子供数に対応関係が強く存在し，世帯主の職業による相違が認められたこと，および子供の年齢において3つの地域での相違が確認されたこと，1841年の子供数と年齢別分布において，子供の増加と子供の年齢上昇分布に特徴が強く認められたことが明確になった。また，継承者による継承待期の特徴も認められるようになったとみなされる。

(4) 世帯類型

　表4-10のハメル=ラスレットによる世帯分類によれば，1821年では，単純家族世帯がキャヴァン州では一番多く，82.2％を占め，以下ファーマナー州（77.7％），キングズ州（75.7％），ミーズ州（70.4％），ゴールウェイ州

表4-10　州別世帯構成（1821年，1841年）

世帯分類	キャヴァン州	ファーマナー州	ゴールウェイ州	キングズ州	ミーズ州	計	キャヴァン州（1841）
独居世帯	2.6	3.7	2.4	4.5	4.2	3.1	3.5
非家族世帯	3.0	3.7	3.9	4.2	5.3	3.6	5.2
単純家族世帯	82.2	77.7	65.2	75.7	70.4	78.0	73.7
拡大家族世帯	8.6	10.9	17.4	11.5	14.5	10.7	14.1
多核家族世帯	3.5	4.0	11.2	4.0	5.6	4.6	3.4
計	100.0	100.0	100.0	100.0	100.0	100.0	100.0
総数	15,011	1,687	2,118	3,094	3,545	25,455	2,327

（65.2％）という順序であった。それに対して，拡大家族世帯が，ゴールウェイ州では一番多く，11.2％を示し，以下ミーズ州（14.5％），キングズ州（11.5％），ファーマナー州（10.9％），キャヴァン州（8.6％）という順序であった。また，多核家族世帯が，ゴールウェイ州では突出して高く11.2％を占め，他の州では4～5％であった。つまり，キャヴァン州とファーマナー州には単純家族世帯が優位で，ゴールウェイ州で複合家族世帯（拡大家族世帯＋多核家族世帯）の割合が顕著で，ミーズ州・キングズ州も複合家族世帯の多さに特徴があった。1841年では，単純家族世帯の割合が5州全体より低下しているのに対し，拡大家族世帯の増加が顕著に認められた。キャヴァン州内での比較では，拡大家族が8.6％から14.1％へ急増していた。したがって，どちらかといえば，1841年のキャヴァン州の拡大家族世帯割合は，1821年段階のゴールウェイ州とミーズ州に近い特徴を持っていたといえよう。しかし，1841年の段階において，キャヴァン州では分割相続から不分割相続への変化とそれに伴う直系家族の顕在化であると判断されてよい。

　そこで表4−11により世帯類型を下位分類で検討しよう。1821年には，単純家族世帯では核家族形態が中核であるが，夫，妻の死亡による寡夫世帯（3c）と寡婦世帯（3d）の分布も認められる。拡大家族世帯では，一番多かったゴールウェイ州の場合に垂直拡大家族世帯（4aと4b）が9.5％を占めるものの，水平的拡大家族世帯（4c）が6.5％であり，拡大家族世帯内部で4a＋4bが55％，4cが37％であることを意味する。そこにかなり水平的拡大の優位性が認められる。同じ傾向がミーズ州でも認められ，それらは拡大家族世帯において水平的拡大の割合の高さを示していた。それらは後述する親族数で兄弟姉妹の多い分布で再確認される。他方，キャヴァン州・ファーマナー州・キングズ州は，垂直的拡大家族世帯が水平的拡大家族世帯より優位であると見てよい。

　つぎに多核家族世帯を見れば，それは典型的な直系家族を示すものであるが，ゴールウェイ州以外の州では，上向的多核家族世帯（5a）と下向的多核家族世帯（5b）とに大きな差が認められない。そして多核家族世帯を世帯主年齢と関係づければ，上向的多核家族世帯が25～34歳，下向的多核家族世帯が55～64歳と65歳以上に集中し，多核家族世帯にはこれら2つのサブタイプが併存していた。つまり，ゴールウェイ州における複合家族世帯は，核家族システムにおけるライフサイクルに対応したものと見られる。しかし，ゴールウェイ州では，このタイプの家族が11％と極めて多い分布を示していたが，下向的多核家族世帯が6.5％，上向的多核家族世帯が3.8％であり，そこに大きな分布の相違がある。さらに，

表4-11　州別世帯構成（下位分類，1821年，1841年）

	下位分類	キャヴァン州	ファーマナー州	ゴールウェイ州	キングズ州	ミーズ州	計	キャヴァン州(1841)
1．独居世帯	1a 寡婦，寡夫	2.6	3.6	2.4	4.5	4.1	3.1	1.4
	1b 未婚	0.0	0.1	0.0	0.0	0.0	0.0	2.1
2．非家族世帯	2a 兄弟の同居	2.2	2.5	3.4	2.9	4.0	2.7	3.3
	2b その他の親族同居	0.7	1.2	0.4	1.2	1.4	0.8	1.9
	2c 親族関係が明らかでない者の同居	0.1	0.0	0.0	0.2	0.0	0.1	0.0
3．単純家族世帯	3a 夫婦のみ	5.5	5.2	4.3	6.7	5.1	5.5	5.9
	3b 夫婦と子供	61.6	56.3	47.1	55.7	48.8	57.6	54.8
	3c 寡夫と子供	5.5	6.2	5.3	4.2	5.5	5.4	4.3
	3d 寡婦と子供	9.6	10.0	8.4	9.0	11.1	9.7	8.7
4．拡大家族世帯	4a 上向的拡大	3.3	3.3	4.9	3.9	4.1	3.6	3.4
	4b 下向的拡大	2.1	3.0	4.6	3.4	4.3	2.8	2.7
	4c 水平的拡大	3.0	4.3	6.5	3.9	5.8	3.9	5.1
	4d 4a-4cの組み合わせ	0.2	0.4	1.4	0.4	0.3	0.4	3.0
5．多核家族世帯	5a 上向的副次核を含む	1.6	1.4	3.8	1.8	2.8	2.0	1.4
	5b 下向的副次核を含む	1.8	2.2	6.5	1.9	2.4	2.3	1.8
	5c 水平的副次核を含む	0.1	0.5	0.8	0.3	0.4	0.3	0.0
	5d 兄弟家族	0.0	0.0	0.0	0.0	0.0	0.0	0.3
	5e その他の多核家族世帯	0.0	0.0	0.0	0.0	0.0	0.0	0.0
計		100.0	100.0	100.0	100.0	100.0	100.0	100.0
総数		15,011	1,687	2,118	3,094	3,544	25,454	2,327

それら11％の多核家族世帯の世帯主年齢は，下向的多核家族世帯で65歳以上の41.6％，55〜64歳の38.7％，上向的多核家族世帯で，25〜34歳の53％，35〜44歳の24.7％であった。つまり，世帯主の高齢化に対応した世代交代よりも，世帯主の年令にもとづく，家族ライフサイクルによる世代交代であると判断できよう。

　1841年のキャヴァン州の場合には，単純家族世帯に関して，1821年の全体と大きな相違が認められない。そして，キャヴァン州において，拡大家族世帯では，

表 4 - 12　職業別世帯構成（1821 年，1841 年）

類型	キャヴァン州		ファーマナー州		ゴールウェイ州		キングズ州		ミーズ州		計		キャヴァン州 (1841)	
	農民	労働者	農民	労働者	農民	労働者	農民	労働者	農民	労働者	農民	労働者	農民	労働者
独居世帯	1.5	1.6	1.1	3.0	0.8	1.8	1.4	1.6	2.0	1.9	1.4	1.8	1.3	1.8
非家族世帯	2.7	2.8	3.1	1.9	3.4	3.8	4.9	3.3	4.6	4.7	3.0	3.3	4.3	4.2
単純家族世帯	82.6	84.5	79.3	82.2	64.0	71.3	71.6	80.7	64.1	75.4	78.9	81.0	72.4	78.4
拡大家族世帯	9.1	8.6	11.2	11.2	18.0	15.8	15.4	11.3	18.7	14.1	11.0	10.7	17.9	12.9
多核家族世帯	4.2	2.4	5.3	1.9	13.9	7.5	6.6	3.2	10.7	3.9	5.7	3.2	4.2	2.7
計	100.0	100.0	100.0	100.0	100.0	100.0	100.0	100.0	100.0	100.0	100.0	100.0	100.0	100.0
総数	9,027	3,171	1,021	269	1,164	400	830	946	657	1,266	12,699	6,052	789	596

1821 年から 1841 年の間に上向的拡大と下向的拡大では相違が見られないが，水平的拡大と垂直的拡大＋水平的拡大の混合が，3 ％から 5 ％，0.2 ％から 3 ％へそれぞれ増加していることが認められた。つまり，この増大は，後述するように，継承者と同居する兄弟姉妹，その配偶者などの親族との同居によるものと見られる。したがって，それは，1821 年では，核家族システムによる単純家世帯が優位であり，家族員が排出されたのであるが，1841 年では，漸次，不分割相続による継承者以外の親族が残留することが家族戦略になっていったと見られるのではないかといえよう。

　そこで世帯主職業（農民と労働者）と世帯類型をクロスさせた表 4 - 12 を見れば，それは，すべての州において，労働者が単純家族世帯の優位なタイプ，農民が，拡大家族世帯と多核家族世帯の優位なタイプであることを明確に示している。とくに，キングズ州とミーズ州が大規模農＋労働者パターンの地域を強く反映しているが，それは，大規模農では複合家族世帯が 22 ％と 29.4 ％であるのに対して，逆に労働者では単純家族世帯が 80.7 ％と 75.4 ％という優位なタイプであることにコントラストが認められる。そして，1841 年では，キャヴァン州において，農民では，複合家族世帯が 13.3 ％から 22.1 ％に増加しているのに対して，労働者では，依然単純家族世帯が優位であるが，複合家族世帯も 11 ％から 15.6 ％へ増加していることも特徴といえよう。つまり，ミーズ州あたりでは，複合家族世帯が 1821 年において優位性を示していたが，キャヴァン州では，それが 1841 年あたりで増加するという時間差が顕著に認められることになった。

第 4 章　19 世紀初頭におけるアイルランドの世帯構造　　97

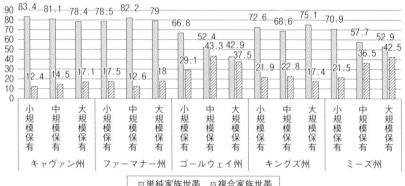

図4-4 土地保有規模別世帯構成（1821年）

　つぎに，図4-4は世帯類型を単純家族世帯と複合家族世帯（拡大家族世帯＋多核家族世帯）に区分して，それに3つの土地保有規模カテゴリーをクロスさせたものである。それによると，全体では，単純家族世帯が小規模農で多く，反対に複合家族世帯が大規模農で多いという分布が認められる。それは土地保有規模と2つの世帯タイプが相関しているように見られる。

　しかし，その内容にたちいって見れば，そこに各州の地域性が発現していた。キャヴァン州では，単純家族世帯が3つの土地保有カテゴリーすべてにおいて多く分布するが，複合家族世帯の割合は保有規模と正の相関を示し，大規模農で複合家族世帯が多い。ファーマナー州では，単純家族世帯がすべての土地カテゴリーで多く分布し，複合家族世帯が小規模農と大規模農で同じ割合であるものの，中規模農で少ない傾向が認められる。ゴールウェイ州では，単純家族世帯が，負の相関を示し，小規模農が大規模農より多く分布するが，複合家族世帯が正の相関で，中規模農，大規模農で多いという，明確なコントラストが認められた。キングズ州は，単純家族世帯が3つの土地保有カテゴリーで多いが，その割合がキャヴァン州，ファーマナー州より低く，他方複合家族世帯が大規模農で小規模農，中規模農より少ない割合である。したがって，キングズ州の場合，土地保有規模に相関が認められない。ミーズ州は単純家族世帯が負の相関を示し，小規模農が多く，大規模農が少ないことを示す。反対に複合家族世帯が正の相関を示し，土地保有規模の大きさによる増加が認められた。

　つまり，1821年においては，キャヴァン州・ファーマナー州・キングズ州あたりでは，いまだ分割相続にもとづく単純家族世帯が優位であったが，ミーズ州

図 4-5 世帯主年齢コーホートによる世帯形成（アイルランド，1821 年）

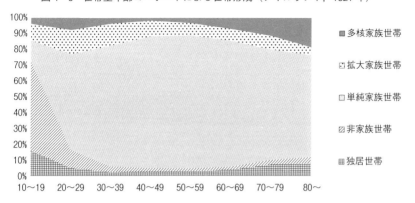

図 4-6 世帯主年齢コーホートによる世帯形成（キャヴァン州，1821 年）

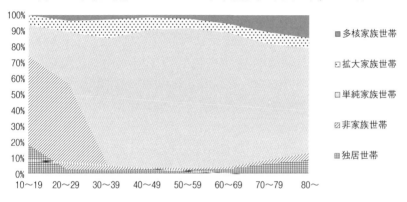

では，すでに保有規模において不分割相続への変化が見られ，それに対応して複合家族世帯が優位になり始めていたと解釈できるのではないだろうか。

そこで，世帯主年齢を 8 つの年齢コーホートに区分して，それらのコーホートと世帯類型を関係づけたのが図 4-5 〜 4-11 である。サンプル全体で見れば，独居世帯と非家族世帯が 29 歳まで多いが，それ以降減少していた。単純家族世帯が，29 歳以降増大し始め，40 〜 59 歳コーホートでピークを迎え，それ以降減少していた。拡大家族世帯が 20 〜 29 歳コーホートが一番多く，それ以降減少しながら，持続した分布を示している。それは，上向的と下向的拡大の両極に分化していることを意味する。多核家族世帯が，50 〜 59 歳コーホートから増加し始めるが，単純家族世帯の減少と対応しながら，それ以降増大していることが認められた。しかし，このタイプが上向的と下向的の両極に分化していることも明ら

図4-7 世帯主年齢コーホートによる世帯形成（ファーマナー州，1821年）

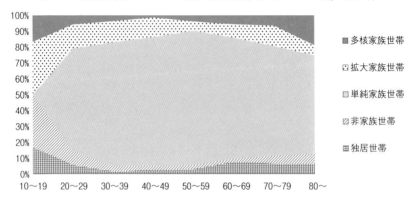

図4-8 世帯主年齢コーホートによる世帯形成（ゴールウェイ州，1821年）

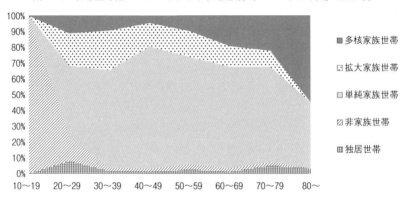

図4-9 世帯主年齢コーホートによる世帯形成（キングズ州，1821年）

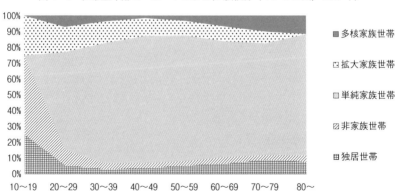

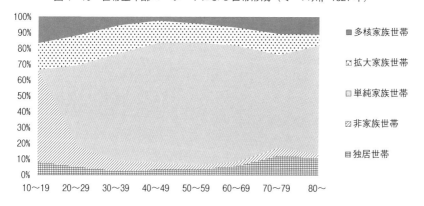

図4-10 世帯主年齢コーホートによる世帯形成（ミーズ州，1821年）

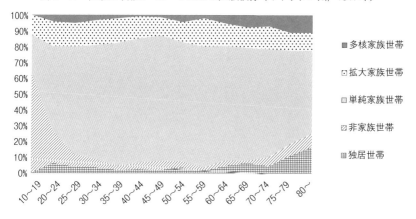

図4-11 世帯主年齢コーホートによる世帯形成（キャヴァン州，1841年）

かである。

　キャヴァン州に関して，サンプル全体と比較すれば，非家族世帯以外では，全体的にはほぼ類似した性格を持つが，非家族世帯が多く分布し，とくに29歳以下の割合が顕著に認められた。おそらく，労働者あたりがその可能性を強く持つように思われる。

　ファーマナー州の場合には，拡大家族世帯が10代から増加し始め，50〜59歳コーホートで，一時単純家族世帯の増加に対応して，減少するが，それ以降再び増加に転じている。

　ゴールウェイ州の場合には，他の州と大きく相違する特徴が認められた。すなわち，拡大家族世帯が，20〜39歳コーホートで一番多く，それ以降少し減少し

第4章　19世紀初頭におけるアイルランドの世帯構造　　101

ながらも，継続した分布を示すが，多核家族世帯が50歳以降大きく増加するという傾向が顕著であった。それは，おそらく，親世代のどちらかの死亡後，この時代には，初婚年齢も低かったので，婚姻して拡大家族世帯を形成する可能性があったのではなかろうか。

　キングズ州とミーズ州の場合には，ほぼ同じ傾向を示すものと見てよい。すなわち，29歳までは非家族世帯が多いものの，それ以降の年齢コーホートでは，一貫して単純家族世帯が継続して分布していた。また，拡大家族世帯がキングズ州では29歳以下に多いが，それ以降漸次減少しながら継続しており，ミーズ州ではそれが途中のコーホートであまり減少せずに40〜49歳コーホートを境界に左右に分化していた。

　つまり，キャヴァン州では，単純家族世帯が多いダイナミックスを示し，ゴールウェイ州の場合には世帯主年齢の45〜54歳コーホートまで，複合家族世帯が多く，それ以降単純家族世帯の増加，55歳以降，再度増大に転換するダイナミックスである。ミーズ州の場合には，世帯主年齢が45〜54歳コーホートで複合家族世帯が減少し，それ以降再度増加していたものと理解できた。したがって，これらのダイナミックスは45〜54歳コーホートで分岐した2つの局面を持つものといえる。

　1841年のキャヴァン州の場合には，各年齢コーホートで単純家族世帯が継続した分布を示しながらも，同じく拡大家族世帯も全部のコーホートで同じ程度の割合で認知され，多核家族世帯が60歳以降のコーホートでの増加が認められた。このキャヴァン州の分布は，1821年のキングズ州，ミーズ州に類似した性格を内包しているものと判断できる。

　以上の世態類型の分析から，全体として単純家族世帯が優位であり，複合家族世帯も州により相違しているものの12〜28％の範囲で分布しているのであるが，ゴールウェイ州あたりでの複合家族世帯が核家族システムにおけるライフサイクルの一局面によるものと見てよさそうである。しかし，ミーズ州あたりでは，すでに直系家族形成の萌芽が認められるのであり，1841年のキャヴァン州では，1821年よりも複合家族世帯の増加が示すように，1845年以前にすでに直系家族システムによる家族形成が，漸次進行していたと解釈しておきたい。つまり，そこに，ミーズ州とキャヴァン州での直系家族形成の時間差が認められるといえよう。

(5) 親 族 数

　表4-13はウォール（R. Wall）が1983年に提起した算出方式で，同居親族集団の世帯主に対する関係構成と親族関係の規模を100世帯あたりで示した数値で

ある。1821 年の親族総数では，ゴールウェイ州が一番多く，70.7 人を占め，以下ミーズ州の 52.5 人，キングズ州の 41.1 人，ファーマナー州の 40.7 人，キャヴァン州の 31.6 人という順序である。これは，単純家族世帯が多いキャヴァン州とファーマナー州で少なく，複合家族世帯が多いゴールウェイ州とミーズ州で多いというコントラストを反映したものといえる。そこで，その 1821 年の内訳を見ておけば，ゴールウェイ州では，兄弟姉妹が一番多く，20.1 人，孫の 17.9 人，義理の子供の 6.9 人，両親＋義理の両親の 9.2 人が中核を構成するが，それらは傍系親族がかなり多く，それに直系親族が参画するという特徴を持つ。つまり，それは水平的拡大家族世帯と水平的多核家族世帯の多さと結びついたものと見られる。一番親族数の少ないキャヴァン州を見れば，兄弟姉妹の 10.6 人と孫の 8.3 人で 60 ％を占めており，それが単純家族世帯の発現と連動するものと見てよい。ファーマナー州とキングズ州はキャヴァン州と比較すれば兄弟姉妹と孫が多い数値を示しているものの，同じ特徴を持つものと判断される。ミーズ州は，ゴールウェイ州とキャヴァン州の中間的位置を持つが，兄弟姉妹，甥・姪という傍系的親族の多さが特徴といえる。その性格が 20 世紀初頭まで継続していくものと見てよい。なお，ファーマナー州では，サーヴァント（40.8 人）と同居人

表 4 - 13　世帯主と居住する親族数（1821 年，1841 年）

	キャヴァン州	ファーマナー州	ゴールウェイ州	キングズ州	ミーズ州	キャヴァン州（1841）
父母	4.1	4.2	6.1	5.3	6.3	3.0
義理の父母	1.2	1.1	3.1	1.2	1.5	1.8
兄弟姉妹	10.6	10.3	20.1	12.0	17.3	13.5
兄弟姉妹の配偶者	1.1	2.3	4.6	1.9	3.3	3.1
子供の配偶者	2.0	2.5	6.9	2.0	2.6	1.9
甥・姪	3.7	5.5	7.7	7.0	10.4	5.6
孫	8.3	13.7	17.9	10.7	9.8	9.8
その他の親族	0.6	1.1	4.3	1.0	1.3	6.6
親族数	31.6	40.7	70.7	41.1	52.5	45.3
サーヴァント	36.9	40.8	27.1	29.3	31.2	32.5
同居人	15.9	41.3	19.3	23.7	17.9	4.3
訪問者	0.7	1.5	1.8	0.8	0.1	11.0

（注）　数値は人数を示す

(41.8人)が極めて多いことも注目されるが,それは麻家内工業に従事する織布工,紡糸工という同居人の多さによるものと推察される。

1841年のキャヴァン州では,親族総数が,1821年の31.4人から45.3人に14人増加していた。その数値の違いをその内訳から見れば,兄弟姉妹,その配偶者,甥・姪,その他の親族の増加が特徴といえる。すなわち,それは,1821年より1841年における拡大家族世帯の増加と相関するものであり,1841年の世帯形成時における兄弟姉妹の残留を意味していたのである。

以上から,単純家族世帯が優位なキャヴァン州とファーマナー州では親族数が少なく,複合世帯家族の多いキングズ州,ミーズ州では親族数が多く,複合家族世帯化が進行していたと見られる。また,1841年のキャヴァン州では,親族数が,1821年のキングズ州,ミーズ州に類似しており,そこに複合家族世帯が,時間差で認知されていると判断される。

(6) ライフコース

図4-12は5州データ全体のライフコースを示したものである。子供はサーヴァント,雇用労働者として15歳までの早い段階で離家していた。その後子供が30歳ぐらいまで継続しているが,それまでの段階で結婚する可能性が強いと見られる。世帯主は,20歳後半から出現し,50～60歳コーホートでピークを迎

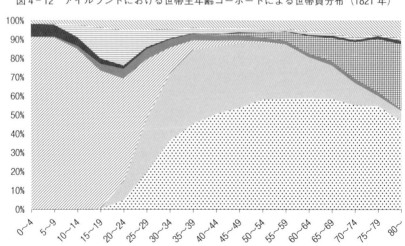

図4-12 アイルランドにおける世帯主年齢コーホートによる世帯員分布(1821年)

えるが，そのような世帯主に対応して，配偶者が，20歳前半より出現し，30～40歳コーホートでピークを迎える。親は世帯主のピークあたりから出現し始め，それ以降増加傾向が持続していた。それらの結果，1821年では早い段階において世帯主の交代や独立世帯の形成の可能性が強いことを意味した。サーヴァントは，10代から出現し始め，20～24歳にそのピークを迎え，それ以降減少するという若い世帯に限定されたライフサイクル・サーヴァントの性格を持つものと理解できる。

　しかし，これらのセンサス全体は，すでに1821年のセンサス属性で見たように，キャヴァン州の割合が多く，それによるバイアスの可能性を内包させていると思われるので，以下では，キャヴァン州，ゴールウェイ州，ミーズ州におけるライフコースを見ておきたい。

　そこで，そのような全体的傾向に対して，キャヴァン州，ゴールウェイ州，ミーズ州の地域性を検討しておこう。キャヴァン州は，前述した特徴と全体の特徴と同じものと判断できる。ゴールウェイ州に関して，前述の親族数でも見たように，親の出現が50歳代後半であり，70歳以降拡大分布と，子供が19歳以降減少し始めるが30歳代まで強い持続性を示している。また。これらから判断すれば拡大家族世帯・多核家族世帯の多さと結合した特徴を示したものと理解できる。

　他方，ミーズ州では，親族（兄弟姉妹，甥・姪）とサーヴァントの継続したゴールウェイ州とほぼ相似したライフコースが認められる。しかし，子供に関して，ゴールウェイ州と同じく子供が15歳以降減少しているが，ゴールウェイ州より子供の離家が現出しており，それが複合家族世帯と結びつく構図と認められるであろう（図4-13，図4-14，図4-15参照）。

　そのような1821年の特徴に対して，1841年のキャヴァン州では，子供の1821年より長い滞留と親の減少が読み取れる。それ以外では，1821年と大きな相違が見いだせなかった。しかし，そのようなキャヴァン州における1821年と1841年の20年間にわたるライフコースの相違，とくに子供の長期滞在が，複合家族世帯の顕在化と結合するものといえよう。

　なお，表4-14（108頁）は世帯員の平均年齢を州別に示したものである。それによれば，1821年の世帯主平均年齢が，44～47歳，配偶者が39～40歳，子供が12歳，両親が64～69歳，21～24歳という傾向を読み取ることができ，それはライフサイクルによるものであることを端的に示し，それに対応したものと判断される。

図 4-13 キャヴァン州における世帯主年齢コーホートによる世帯員分布 (1821 年)

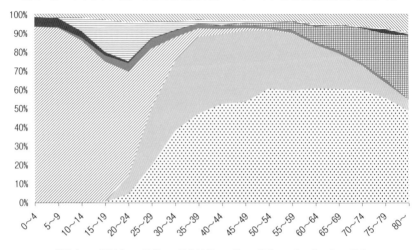

図 4-14 ゴールウェイ州における世帯主年齢コーホートによる世帯員分布 (1821 年)

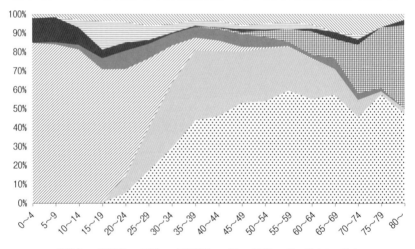

　1841年のキャヴァン州に関して，世帯主，配偶者，親の平均年齢が，1821年とほぼ同じ数値を示していたが，図4-16で見られたように，子供の平均年齢の上昇が認められた。そのように早い離家よりも，長く残留することは，それが一子による継承後，継承者以外の兄弟姉妹の滞留によるものとみなされるのであり，

図4-15　ミーズ州における世帯主年齢コーホートによる世帯員分布（1821年）

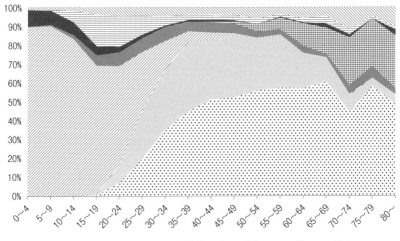

図4-16　キャヴァン州における世帯主年齢コーホートによる世帯員分布（1841年）

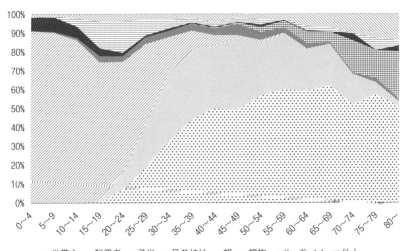

それにより拡大家族世帯の増加を促進させることになったものとみなせよう。

表4-14　世帯員の州別平均年齢（1821年，1841年）

	キャヴァン州	ファーマナー州	ゴールウェイ州	キングズ州	ミーズ州	計	キャヴァン州（1841）
世帯主	44.7	46.6	45.6	44.0	44.9	44.9	45.0
配偶者	38.7	40.3	38.7	37.7	39.0	38.7	39.0
子供	11.5	12.3	12.2	11.0	11.6	11.6	12.5
親	65.3	68.5	66.0	66.8	63.5	65.4	65.4
親族	17.5	19.3	18.5	18.6	20.5	18.5	20.2
サーヴァント	20.5	23.5	23.8	24.3	23.1	21.7	22.4
その他	28.5	28.8	30.5	29.8	32.0	29.4	30.7

5　結　　論

　著者は，ミーズ州とキングズ州を第1地域，キャヴァン州とファーマナー州を第2地域，ゴールウェイ州を第3地域であるとみなし，最初に提起した特徴を1821年のセンサス個票データにより明らかにする作業をしてきた。第2章で提起した分析枠組みからすれば，19世初頭のアイルランドの家族は，核家族システムにもとづく核家族形態が優位であった。しかし，現実には直系家族システム規範もミーズ州，時間差で1841年のキャヴァン州あたりで発現していた可能性があり，1821年段階で，すでに2つの家族システムが地域性を持ちながら併存していたと考えられる。しかし，核家族システム規範を持つ地域では，直系家族形態が存在したとしてもそれは核家族システムにおけるライフサイクルから説明することができる。そのような家族状況的要因の相違が地域性，職業（農業，労働者）のカテゴリーにより発現するものと判断した。1821年センサスにもとづく分析結果は以下のようになる。

　まず，ミーズ州とキングズ州で，大規模保有農が地主による功利的経営に対応して，耕作から牧畜化の農業経営に漸次傾斜していった。そして，相続が分割ではなく，継承者以外の子供たちは一部不動産あるいは動産を取得し，早い段階で離家あるいは移民した。すなわち，彼らは周辺都市で商店や大工（carpenter），石工（mason），樽製造人（cooper），などの職業に従事するか，外国への移民として他出した。後継予定者は農業に従事しながら，相続を待機し，相続後に親の取り決めによる婚姻を未来の幸運と考えていた［Connolly 1985:80］。それに対して，労働者

は，大規模保有農で就業するか，他の職業に従事した。その結果，彼らは特定の収入があれば婚姻することができたが，その婚姻による将来性を夢見たのではなく，それが当面彼らの家族戦略であるとみなされたのであった。その結果，大土保有規模農の場合，複合家族世帯が，労働者の場合に単純家族世帯形成が優位であるが，そこに，それぞれの家族戦略にもとづく性格が内包されていたものと判断できる。

　キャヴァン州とファーマナー州では，ランディール制度にもとづく分割により，保有規模が少ない，小・中規模保有の農民が優位な形態と見られた。農民が中規模農以上であれば生活できるが，小規模農の場合，彼らには農業と麻家内工業の混合形態が認められた。つまり，彼らは麻家内工業である織布工・紡糸工に従事するという家族戦略を採用した。彼らは，早い段階で土地保有の分割に対応して，婚姻も早くすることが戦略に組み込まれており，彼らの世帯は単純家族世帯が優位な形態であった。

　ゴールウェイ州は，やはり分割相続が支配的形態であったが，小保有農のため，農業のみでの生計が不可能で，麻家内工業，漁業，農業・道路労働者などの多様な職業に就労していた。そのような貧困地域での世帯主は，老後の扶養のために，早く相続させるよりは，子供の相続を待機させ，子供もそれに対応した行動をしていた。その結果，予想と反して，複合家族世帯が多く認められたのである。すなわち，貧困であるがゆえに，零細土地保有，漁業などにより，移民もせずに共同家族生活が幸福を得る家族戦略であると考えられたのである。しかし，その場合複合家族世帯形成が，直系家族システム規範とみなされるのではなく，基本的には核家族システム規範にもとづくもので，その形態が世帯のライフサイクルに対応したものと理解される。とはいえ，ゴールウェイ州の場合，別の要因にも注目しておく必要があろう。

　先述したように，19世紀初期にはランディール制度にもとづくクラハンで農民は生活していた。クラハンは，アイルランド古法によれば，集落居住者がセプト（氏族）を形成し，同一祖先から出た親族による血縁的集団であった。18～19世紀には，それが家父長的家族を生み出すことになった［松尾太郎 1973：132］。そこでは，一般的に家屋の集住を特徴としており，血族集団であれば，同じ姓を持つ可能性が大きい。ここでは，クラハンを示す資料がないが，使用するセンサスの範囲で，おそらく，ゴールウェイ州のセンサスのなかで典型的と思われるアラン島のケースを見ておこう。アラン島は一番大きいイニシュモア島（Inishmore）と2つの小さな島であるイニシィア島（Innisheer）とイニシュマーン島（Inishmaan）から構成される。イニシュモア島には4つのタウンランドがあ

り，それはキラーニ，キルムルヴェイ，オノート，コッヒルである。1821年セ
ンサスによれば，キラーニが，186戸で一番多く，そのなかでフラハティ姓が30
戸，コニリー姓が23戸，フォーラン姓とジョイス姓が9戸，マクドナー姓が7
戸，バーク姓が6戸，ドノヒュー姓とギル姓が5戸で，それ以外では同じ姓を持
つ4頻度姓が5戸，3頻度姓が6戸，2頻度姓が8戸であり，それ以外が1頻度
姓であった。つまり，8姓による頻度割合がタウンランドの50％を占め，2姓以
上の頻度割合が77％を占めていた。同じように，イニシュマーン島は64戸から
なるが，フェハティ姓が17戸，フォーラン姓が9戸，コニリー姓が7戸で，そ
れ以外は4頻度姓以下であった。また，イニシィア島（54戸）もイニシュマー
ン島とほぼ同じ割合であった(7)。したがって，このような同姓集団は血縁集団とみ
なされるのであり，それらは，アラン島では複合家族世帯になりやすい性格を内
包させていたものといえる。おそらく，ゴールウェイ州では，そのような特徴を基
層構造に持つゆえに複合家族世帯を形成する可能性が強かったものと推察される。

　1841年のキャヴァン州は，基本的に1821年の就業形態を踏襲しながら，家族
に関して，拡大家族世帯が増加しており，それは継承者以外の兄弟姉妹の残留に
よるものと理解された。そして，徐々にキャヴァン州でも，直系家族システムに
よる家族形態に変化する萌芽が認められるようになったといえよう。

　以上から，20世紀初頭における世帯構造は，基本的に農業の経済的相違にも
とづく地域性と農業と労働者の職業カテゴリーに規制されたものと判断された。
つまり全体的に土地分割にもとづく小規模保有農，中規模保有農では，単純家族
世帯が優位であるが，大規模保有農の場合に複合家族世帯が優位になり，労働者
も早婚による単純家族世帯を形成したが，それらの構造は核家族システムによる
ものと判断される。しかし，家族状況の要因により，それが核家族形態ではなく，
直系家族形態になる可能性も認められた。ミーズ州のような大規模保有農で商業
志向の強い地域では，すでに土地相続の分割から不分割相続システムへの変化が
飢饉前に認められ，それに持参金システムが結びつくことにより，直系家族シス
テムに転換する状況が準備されていたと見るべきであろう。つまり，飢饉前の不分
割相続の存在は，『貧困調査』において，コナハト地方よりレンスター地方で一番
分割相続が低かったという証拠から，逆に証明することができる［Poor Inquiry:
Appendix (D), 1836］(8)。そのように解釈することにより，核家族システムから直系
家族システムにスムーズな転換プロセスが行なわれたものと判断される。なお，
ゴールウェイ州のような小規模保有農地域であっても，複合家族世帯が形成され
ているが，その構造は核家族システムにもとづくものであると解釈できるだろう。

第5章

20世紀初頭におけるアイルランドの世帯構造の地域性

1　はじめに

　第2章で提起したように，基本的に核家族システムから直系家族システムへの変化が存在したことを理解したうえで，アイルランドの家族が，持参金と縁組婚システムおよび不分割相続システムが形成される1840年前後から大飢饉前後にかけて大きく変化し，20世紀初頭にはそれまでの核家族システムにもとづく核家族ではなく直系家族システムにもとづいた直系家族が一番顕著に認められたのである。ところがアイルランドの直系家族は，東部アイルランドの大規模農よりも西部アイルランドの中小規模農に多いという地域的ヴァリエーションがあった。すでに1930年代に初めてアイルランド農村を調査したアレンスバーグとキンボールは，クレア州の中規模農地域で直系家族を提起していたが，アイルランドにおける直系家族の地域的ヴァリエーションの存在は直系家族システム規範を支持する直系家族の状況的要因の違いに求めることができる。そして，アイルランド農民が，直系家族システム規範と家族的状況要因への対応のプロセスにおいて，彼らの幸福を追求できる家族戦略を採用したのであった。

　ここでは西部アイルランド農村家族は，つぎのような3つの特徴を持つと考えられる。すなわち，第1に，農地が自作地，あるいは借地で，家族をサポートするには十分であっても，労働を雇用するほどの十分な面積を持たない家族経営である。第2に，農業生産が市場生産を支配的目的としない生存経済である。第3

111

点に，不分割相続が相続規範であり，それらにもとづく直系家族が社会構造を特徴づけるという 3 点であった [Hannan 1982:142-143]。

　そのような農民社会では，小規模保有農が農業のみで生活できないので副業，出稼ぎを必要とし，中規模保有農が自家労働力のみによる経営可能な農家であった。それらの農家は，農民社会では賃金労働者を必要としなかった。すなわち西部アイルランドにおける農民社会の伝統的農民家族は，後継者候補が離家して就業するよりも親からの土地継承を家族戦略とみなした。後継者以外の男子は，生家に残留するか，早い時期での移民が適応的戦略（adaptive strategies）と考えた。なお，待機する継承者や残留する子供は晩婚あるいは未婚になる可能性が強かった。

　他方，東部アイルランドの大規模保有農は農民社会と相違して自家労働力のみで経営できず，農業労働者，農業サーヴァントを必要とする商業的農業社会であった。東部アイルランドの農民の場合，選ばれた男子が後継者となり，家族の形成をすることになる。そして，後継者以外の子供が，生家に残留し家族労働力になるか，あるいは首都機能・商業機能を持つダブリンや，すでに工業化していたベルファストで就業するか，財産の一部譲渡によるアメリカ移民を彼らの適応的戦略とみなした。しかし，後継者と残留する兄弟は，後述するように生涯未婚者になる可能性も強く，独居世帯，非家族世帯を選択した。つまり一般的に東部アイルランドでは，家族形成度が低いといわれている。

　また大規模保有農に雇用される農業労働者は土地なし労働者で，彼らは経済条件が満たせば結婚可能であるが，そうでなければ未婚のままであった。したがってそれらの労働者が結婚すれば単純家族世帯，それが不可能であれば独居世帯，非家族世帯が適応的戦略とみなしたのである。

　以上のように小・中農と大農の経営規模という家族状況的要因の相違が直系家族形成の家族戦略と因果関係を持つ。それゆえ家族状況要因の相違が，直系家族形成に強く作用したと考えられる。つまり西部アイルランドでは，直系家族システム規範が家族状況的要因に支持されて直系家族が形成されたが，東部アイルランドでは，直系家族システム規範が弱く，家族状況的要因に規定されて，後継者の婚姻により直系家族あるいは単純家族世帯が形成されるか，結婚せずに独居世帯，非家族世帯が優位になるという地域的ヴァリエーションが存在していたという仮説をここで提起しておく。

　このような視点からアイルランドの 1901 年と 1911 年の 100 ％センサス個票のデータによる GIS（Geographic information system）とリンケージ手法（Record linkage) を活用することによりアイルランドにおける直系家族形成の地域的ヴァリエーションを検証することができる。以下で地域的ヴァリエーションは，土地保有規模，農業経営，人口学的変数（婚姻率，初婚年齢，生涯未婚率，出生率，死亡率），世帯主の年齢，世帯規模，子供数，世帯形成，親族数の変数から検討する。そして，本章はアイルランドの 1901 年と 1911 年の 100 ％センサス・データの分析から読み取れる事実に焦点を置いたものである。

　なお，本章で用いるデータは，1901 年と 1911 年の 100 ％センサス個票であるが，1901 年が 442 万 9861 人，87 万 4045 世帯，1911 年が 437 万 5691 人と 90 万8881 世帯である。なおリンケージ・データ（linkage data）は，1901 年と 1911年の 10 年間における 4 地方からアルスター地方のアントリム州，コナハト地方のメイヨー州，マンスター地方のクレア州，レンスター地方のミーズ州の 4 州が任意で抽出されたもので，ヒット数が 33.8 ％の 8 万 780 世帯であった。なお，リンケージ作成変数に名前，性，年齢が用いられた。

2　アイルランドの農業構造

　トッドの西洋の伝統的農業システムによれば，アイルランド農業は，西部アイルランドが小規模保有農，東部アイルランドが大規模借地農であることを示しており，それはほぼ妥当な分布である（地図 5-1 参照）。以下でわれわれはその成果に詳細な検討を加える。

　1851 〜 1911 年の土地保有者数は，1851 年が 6 万 800 人，1881 年が 5 万 7800人，1911 年が 6 万 800 人で，1879 年の小飢饉で 1881 年に一時減少したものの，1911 年には 1851 年の数値に回復していた。その期間の農民層分解を 4 区分（1エーカー以下層，1 〜 30 エーカー層，30 〜 100 エーカー層，100 エーカー以上層）から見れば，ダンドーク湾（Dundalk Bay）とゴールウェイ湾（GalwayBay）を境界ラインにして東部と西部に違いが認められる。

　1851 年，1881 年，1911 年の平均土地保有規模を示した地図 5-2［Turner1993:90］を見れば，それは 3 時期ともに 4 地方で大きな相違が認められた。

　そこで，以下では土地保有規模を 4 階層に区分した割合を示した地図にもとづいて，それぞれの階層の特徴を明らかにしよう。まず，1 エーカー以下層を示す地図 5-3 によれば，ダウン州とコーク州を境界にして，それは東部アイルランドで多く，西部アイルランドで少ない小規模農地域の分布を明らかにしている。とくに，大規模農保有の多いミーズ州，ウイクロウ州，カーロウ州，ウォーター

地図 5-1　トッドによる伝統的ヨーロッパ農業システム

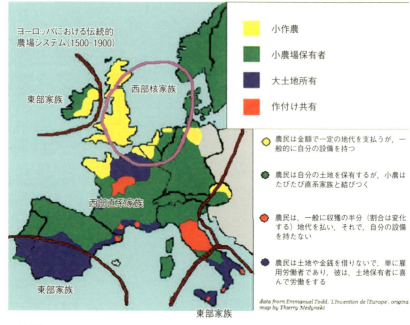

（出所）　E. Todd, L'Invension de L'Europe, 1990

地図 5-2　アイルランドの平均土地保有（1851 年，1881 年，1911 年）

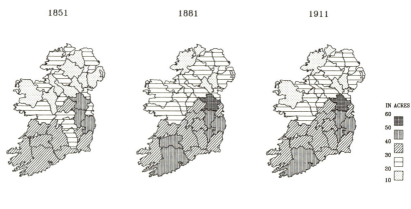

（注）　1 エーカー以下は除外
（出所）　Michael Turner [1993:307]

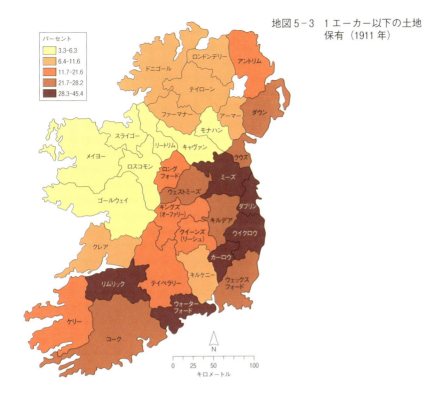

地図 5-3　1 エーカー以下の土地保有 (1911 年)

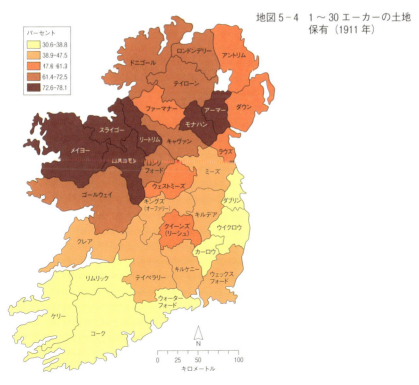

地図 5-4　1〜30 エーカーの土地保有 (1911 年)

フォード州，リムリック州では，逆に土地なし労働者が必要な地域であった。

　1〜30エーカー層（地図5-4）では，アーマー州とゴールウェイ州を境界として，東西アイルランドで大きな違いが見られた。すなわち，とくに，メイヨー州，スライゴー州，ロスコモン州，リートリム州という，主にコナハトに集中した分布が見られるが，そこはもっとも貧困で，兼業の必要な地域であった。

　地図5-5の30〜100エーカー層は，中規模農地域であり，自家労働力で経営が可能な階層である。それは，クレア州とキルケニー州を境界にした，どちらかといえば，南北アイルランドの相違と読み取れる。それらには，クレア州，リムリック州，ケリー州，コーク州，テイペラリー州，キルケニー州が一番多く占める地域である。

　さらに地図5-6の100エーカー以上層を見ると，ミーズ州とケリー州を境界にした，南北アイルランドの相違が明確に認められる。それは，大規模農を意味し，キルデア州，ウイクロウ州，ウォーターフォード州，コーク州，ケリー州が中核を占めている。この階層においてミーズ州が，8.3〜10.4エーカー層に属するが，それは，1エーカー層の割合に影響された数値であり，当然大規模農地域であった。

　以上から，西部アイルランドでは1エーカー以下層が少ないものの，30エーカー以下層が70％以上を占め，小・中規模農地帯であった。他方，東部アイルランドでは1エーカー以下の土地なし層が，西部アイルランドより多いものの，100エーカー以上層の多い大規模農地帯であった。これは大規模農層で，とくにミーズ州（ミーズ州が低い割合になっているのは，1エーカー以下の保有が多いことにもとづく），ウォーターフォード州，コーク州あたりが該当しており，農業労働者の雇用による商業的牧畜地域であった。したがって，それらは東部アイルランドにおいて1エーカー層以下の土地なし労働者が大規模農で雇用されていたことを明確に示すものである。

　それに対して，1〜30エーカー層が東部アイルランドより西部アイルランドで明確に認知され，西部アイルランドが小規模農中心で，兼業が必要な地域であった。とくにメイヨー州，スライゴー州，ロスコモン州，リートリム州では，この階層が多く，彼らは，その土地保有のみでは生活ができず，イングランド，スコットランドへの季節的移民（seasonal emigrants）としての兼業が見られることになった。したがって，次章で取り上げるメイヨー州はこの階層に属している。中間階層である30〜100エーカー層が西南部アイルランドに分布しているが，彼らは中規模農層で，家族労働力により農業経営が可能な地域であった。そ

116

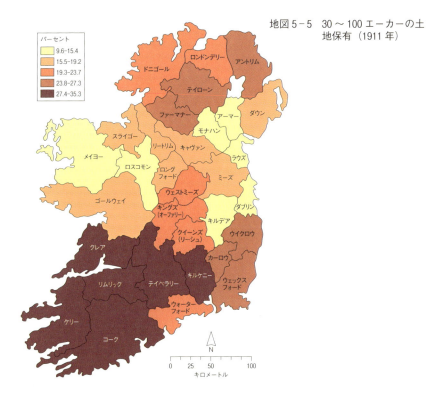

地図 5-5　30～100エーカーの土地保有 (1911年)

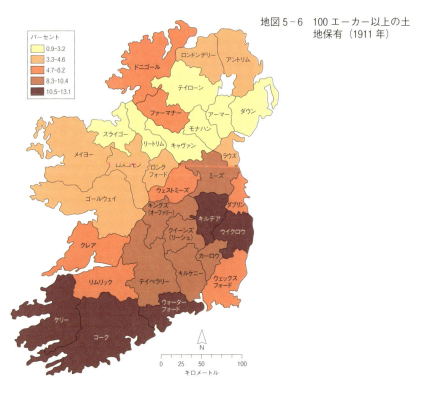

地図 5-6　100エーカー以上の土地保有 (1911年)

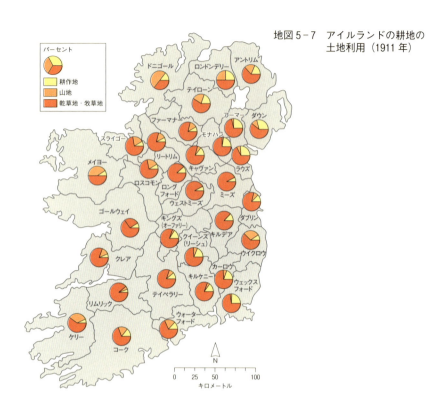

地図5-7 アイルランドの耕地の土地利用（1911年）

して，本書で取り上げるクレア州もこの階層であった。

したがって，大きくアイルランドの土地保有規模に関して，コナハト地方とアルスター地方の中小規模農層とマンスター地方とレンスター地方の大規模農層の違いが明白になった。

ここでアイルランドの土地利用を地図5-7で見れば，ベルファスト市とコーク市を境界線にして，西部アイルランドでは山地が多く，それがとくにドニゴール州，メイヨー州，ケリー州で半分程度の割合を占め，それ以外で乾草地，牧草地の土地利用が認められるが，そこは耕作地面積が少ない。それに対して，東部アイルランドでは山地面積が少なく，乾草地・牧草地の面積が圧倒的に多く，それ以外に耕作地面積も認められる。つまり，東部アイルランドの方が西部アイルランドより耕地としての条件がよく，豊穣な土地で商業的牧畜化の条件にも適合していた。なお，先述した1911年における地方税評価額と関係づければ，完全に北部アイルランド，東部アイルランドと西部アイルランドのコントラストが明

確であり，それは西部アイルランドは後掲の地図6-2，6-3（190-191頁）で見られる貧民蝟集地域とほぼ重なることを明らかにしている。すなわち，地図5-8の地方税評価額を見れば，西部アイルランドでは，10.1～18.1ポンドで一番低いが，東部アイルランドでは18.2ポンド以上であり，ミーズ州とキルデア州では，53.4～98.9ポンドの範囲であり，ダブリン以外では一番高い評価額であったことがわかる。つまり，東高西低の評価額であったことがわかった。

地図5-9によりアイルランドの作付耕作地面積を見れば，ロンドンデリー州とウォーターフォード州を境界にして，西部アイルランドより東部アイルランドに多いといえるが，東部アイルランドでも北部のアーマー州，ダウン州，ラウズ州と南部のカーロウ州，ウェックスフォード州に集中した分布が認められる。また，地図5-10の穀物耕作地面積（小麦，オート麦，バーレイ，ライ麦を含む）に関しても，それはほぼ耕作地面積と類似しているが，ドニゴール州とウォータフォード州がそこに加わっている。

そのような，穀物耕作地面積に対して，ジャガイモの栽培耕作地面積を示した地図5-11を見れば，西部アイルランドでは相変わらずジャガイモの面積が多く，とくに貧困地域といわれるドニゴール州，メイヨー州，ゴールウェイ州，コーク州，ケリー州とアルスター地方あたりでは顕著に認められ，それは主に自家消費が中心であったと思われる。

つぎに牧畜業者毎の平均畜牛頭数（畜牛数を保有者数で除した数字）を地図5-12で見れば，ダンドーク湾とゴールウェイ湾のラインを境界線として，それは東部アイルランドで多く，12頭以上がミーズ州，キルデア州，テイペラリー州，リムリック州，ウォーターフォード州，ケリー州で認められた。この牛の頭数が多くなる時期は，1861年以降であり，とくに1871年からの拡大化をケネディにより作成された地図で確認することができた［Kennedy at al. 1999:199, Map101］。

そこで，そのような平均畜牛頭数を，畜牛の年齢により見れば，より特徴が明確になる。まず，2歳以上の平均畜牛頭数を地図5-13で見ると，それは東部アイルランドに集中した分布で，とくに，ラウズ州，ミーズ州，ウェストミーズ州，キングズ州，キルデア州が顕著に認められた。

それらに対して，2～1歳の畜牛頭数（地図5-14）では，西部アイルランドとアルスター地方の一部に集中し，とくにロスコモン州，ゴールウェイ州，ロングフォード州，アーマー州，ダウン州，ウォーターフォード州が中核を占め，それ以外にクレア州あたりが含まれていた。また，1歳以下の畜牛頭数（地図5-15）では，北部アイルランドと南部アイルランドに集中し，ケリー州，コーク州，テ

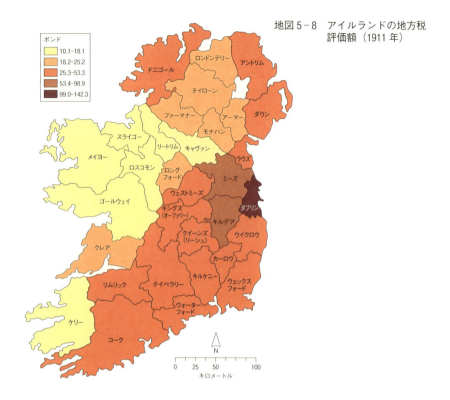

地図5-8 アイルランドの地方税評価額（1911年）

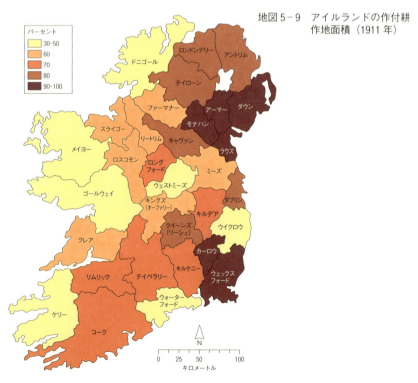

地図5-9 アイルランドの作付耕作地面積（1911年）

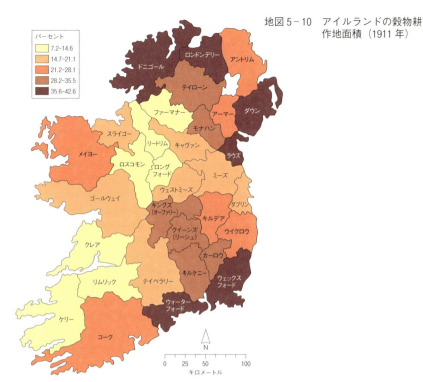

地図 5-10　アイルランドの穀物耕作地面積（1911年）

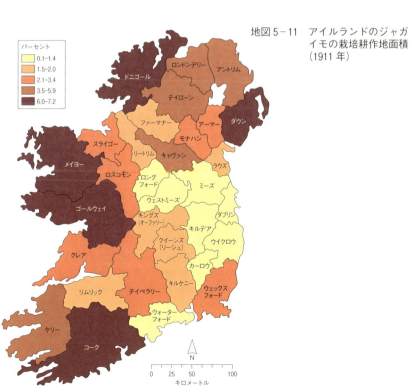

地図 5-11　アイルランドのジャガイモの栽培耕作地面積（1911年）

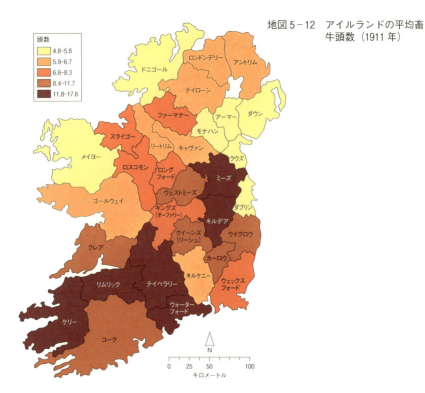

地図 5-12　アイルランドの平均畜牛頭数（1911 年）

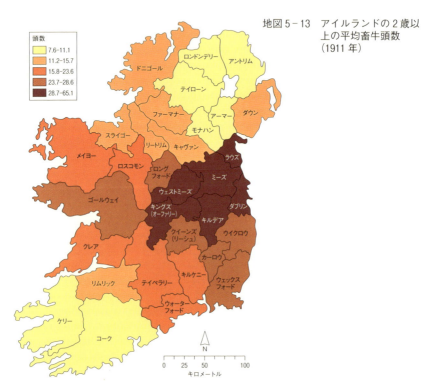

地図 5-13　アイルランドの 2 歳以上の平均畜牛頭数（1911 年）

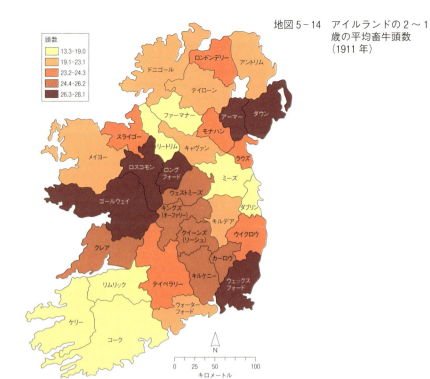

地図 5-14 アイルランドの 2〜1 歳の平均畜牛頭数 (1911 年)

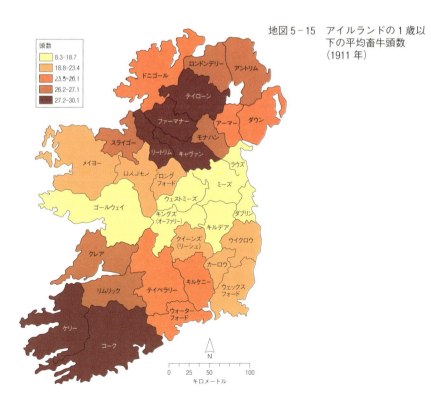

地図 5-15 アイルランドの 1 歳以下の平均畜牛頭数 (1911 年)

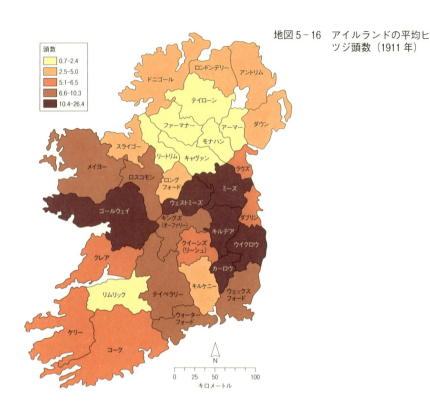

地図5-16 アイルランドの平均ヒツジ頭数（1911年）

イローン州，ファーマナー州，リートリム州，キャヴァン州が中核を占めていた。つまり，畜牛の年齢層分布には，明らかな地域的テリトリーが認められ，それには繁殖と6〜12か月の素牛地域，2〜1歳への肥育地域，2歳以上の成牛地域に区分される。つまり，牧畜農業において，西部アイルランドで子牛の肥育が盛んであったが，東部アイルランドで養育された肥育牛が購入され，販売可能な成牛にさせダブリンで販売するか，イングランド・ウェールズへ生牛で輸出していた図式を，明確に地図上において確認することができたのである。なお，地図5-16に示された平均ヒツジ頭数に関して，やはり東部アイルランドの牧畜地域と重なる傾向が認められるが，それ以外にも貧困地域であるコナハト地方においても多く分布していることもわかる。

ブタの頭数に関しては，飢饉前の1841年にほぼ1911年と同じ傾向を示していたが，飢饉後の1852年と1861年には一時ブタの必要度が減少した。しかし，1871年以降，少し見直され，アルスター地方と南部レンスター地方，マンスター

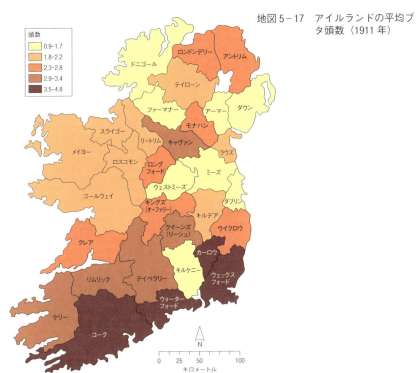

地図 5-17 アイルランドの平均ブタ頭数（1911 年）

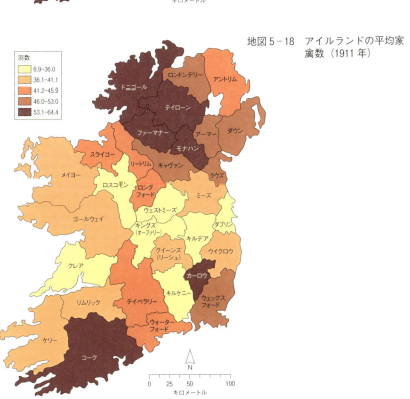

地図 5-18 アイルランドの平均家禽数（1911 年）

地図5-19 アイルランドの農業地域

(出所) Aalen et al. [1997:18]

地方で増加傾向が認められた。そして，1911年のブタ頭数は，地図5-17で見られるように，一番頭数の多い州がカーロウ州，ウェックスフォード州，ウォーターフォード州，コーク州の4州のみであり，そのつぎのレヴェルでは，ほぼマンスター地方に限定された分布を示している。それは1871年から継続した分布であり，アイルランドではブタがあまり重要な家畜とみなされていなかったと見てよい。

地図5-18で平均家禽数を見れば，一番多いランクがアルスター地方，とくに

126

ドニゴール州，ファーマナー州，テイローン州，モナハン州，南部アイルランド
では，コーク州とカーロウ州に限定されていた。したがって，とくに牧畜の盛ん
であるレンスター地方では低く，コーク州以外のマンスター地方とコナハト地方
が中間的地位を占めていた。しかし，後述するメイヨー州あたりでは，タマゴの
生産と販売が重要な家計収入になっていたのであるが，この地図にはそれが明確
に認められなかった。おそらくアイルランドでは，家禽類は，他の家畜に比較す
れば，ブタとともに重要度が低く見られていたのではないだろうか。

　以上から農業に関して，どちらかといえば大規模土地保有の東部アイルランド
は耕作農業より大規模牧畜業が中心で，中小規模土地保有の西部アイルランドは
耕作農業と中小規模牧畜業の混合農業であったという農業の地域的ヴァリエー
ションが確実に認められたのである。

　最後に，この章のまとめにふさわしい地図5-19は，アイルランド全体におけ
る農業地域を区分した非常に興味深い地図である。それによれば，メイヨー州で
は大部分が小農場周辺地帯であるが，西部ではヒツジ・肉牛放牧地帯，クレア州
では大部分が酪農・肉牛飼育地帯で，北部の一部で西部肉牛放牧地帯であり，
ミーズ州全体が中部放牧地帯であることを明確に示したものである。それらによ
り，以下の各章で取り上げるメイヨー州，クレア州，ミーズ州の農業構造が的確
に特徴づけられている。

3　アイルランドの人口構造

　アイルランドの人口は1845年に829万人のピークを迎えるが，その後1845年
の大飢饉による160万人の減少（-20％），1879年の小飢饉による1881～1891
年の10年間に47万人（-9.1％）の減少を経験し，その結果1911年に439万
人に減少していた。そして1821～1911年の期間の人口減少を地方別に見れば
（図5-1），マンスター地方（50％減）とコナハト地方（45％減），アルスター地
方（45％減）が高く，レンスター地方（33％）が少なかった。大飢饉後，4地
方で当然同じ程度の人口減少を経験していたが，レンスター地方とアルスター地
方が1871年まであまり人口が減少せずに現状維持であり，それ以降の小飢饉の
ときにも減少しなかった。しかし，マンスター地方では，大飢饉後の10年毎に
減少が認知され，コナハト地方も同じく人口減少を経験していたというコントラ
ストが，レンスター地方とアルスター地方とに見出せる特徴といえる。それはマ
ンスター地方とコナハト地方にプッシュ要因が強く，同地方や都市での就業機会

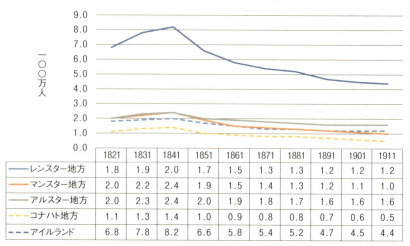

図5-1 アイルランドの人口変化

（出所） Vaughan and Fitzparick [1979:15-16]

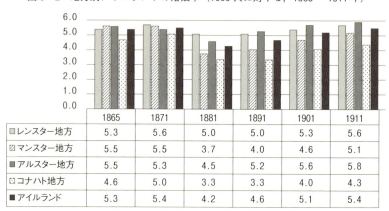

図5-2 地方別アイルランドの婚姻率（1000人に対する，1865〜1911年）

（出所） Annual Report of Registra-General of Marriages, Births and Deaths In Ireland, 1865, 1871, 1881, 1891, 1901, 1911

が少なく，小飢饉以降に，イギリス，アメリカへの移民があったことによるものと理解してよい。そして，われわれは，そのような人口減少と関連して，大飢饉後の人口動態に，つぎの6要因が影響していたとみなしている。すなわち，それは，変化する農村階級構造，婚姻率の低下，婚姻年齢の上昇（晩婚化），生涯未婚率の上昇，出生率の低下，変化の少ない死亡率と移民率であり，それらの要素

の結合がアイルランドの人口構造にユニークな役割を果たしたと判断できる［Lee 1973:1］。

　ここではアイルランドの人口を地方別の婚姻率，晩婚化，生涯未婚率，出生率，死亡率，移民の割合の6要素から検討しよう。まず婚姻率（人口1000人に対する割合）の変化を見れば（図5-2），それは大飢饉以前の7から1871年に5に，それ以降1879年の小飢饉による食料難の結果により4に減少し，1911年には再度5に回復した。地方別ではレンスター地方が減少していないものの，マンスター地方，アルスター地方，コナハト地方でそれぞれ減少が認められ，特にジャガイモなどを主食にしていたコナハト地方に大きな打撃を与え，その割合が1865年の5から1881年に3に急減していた。

　その結果，1911年における婚姻率は，ロンドンデリー州とケリー州を境界ラインにしてた東高西低であった（地図5-20参照）。とくに，メイヨー州，ゴールウェイ州，クレア州あたりが低いという特徴が見られる。

　つぎに，婚姻年齢に関して，それは1845〜1911年の期間に，男性が25〜33歳，女性が25〜28歳に上昇していたと見られている［Lee 1973:3］。そこで初婚年齢を男女別に時系列的に見ておこう。

　まず，大飢饉前の1841年の男性初婚年齢を見れば（地図5-21），キルケニー州とクイーンズ州が一番年齢で高い31歳以上層であった。そして，それを核として，レンスター地方が次のレヴェルの30〜31歳であり，他のコナハト地方，マンスター地方，アルスター地方が低く，レンスター地方のみ高いという特徴を示していた。つまり，19世紀初頭には，一般的に早婚といわれていたのが検証された。

　しかし，大飢饉後の1851年の男性初婚年齢を示した地図5-22を見れば，この時期には全体的に意外に高い傾向にあった。すなわち，初婚年齢が一番高い32歳以上層には，モナハン州，ミーズ州，ウェストミーズ州，ロングフォード州，キルデア州，キングズ州，クイーンズ州，カーロウ州，キルケニー州，テイペラリー州，クレア州が含まれ，それらはほぼレンスター地方に集中していたことがわかる。つぎの31〜32歳の年齢層は，一番年齢の高い州を中核と見れば，その周辺に拡大していた。さらに30〜31歳の年齢層は，ドニゴール州，メイヨー州，ロンドンデリー州，アーマー州であり，30歳以下層がアントリム州とダウン州のみであった。このように初婚年齢が，この時期に全国的に高いのは，やはり大飢饉による影響によるものと見てよい。つまり，1841年と1851年の分布図とを比較すれば，1841年には30歳以下層が，マンスター地方，コナハト地方，アル

第5章　20世紀初頭におけるアイルランドの世帯構造の地域性　　129

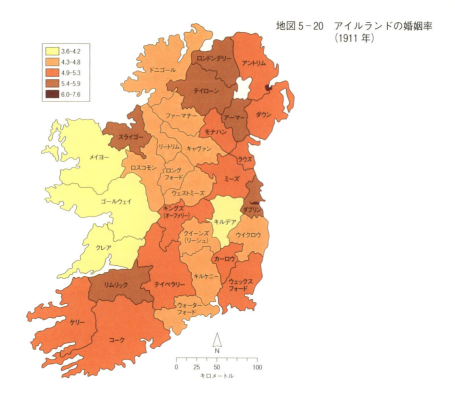

地図 5-20　アイルランドの婚姻率（1911 年）

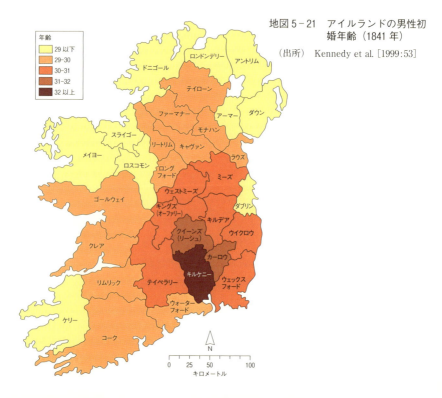

地図 5-21　アイルランドの男性初婚年齢（1841 年）

（出所）　Kennedy et al.［1999：53］

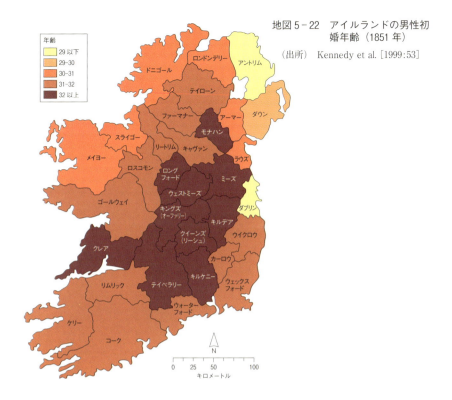

地図 5-22　アイルランドの男性初婚年齢（1851 年）

（出所）Kennedy et al. [1999:53]

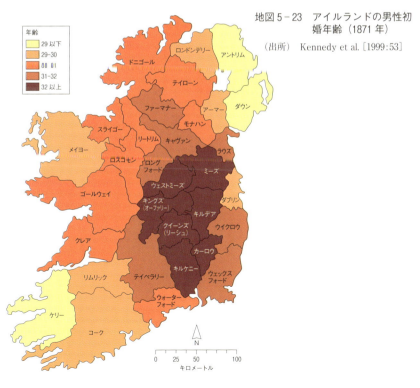

地図 5-23　アイルランドの男性初婚年齢（1871 年）

（出所）Kennedy et al. [1999:53]

スター地方に認められ，30歳以上層がレンスター地方であるという明確なコントラストを示していたからである。

つぎの1871年の初婚年齢を示した地図5-23によれば，一番高い32歳以上層が縮小して，ミーズ州，ウェストミーズ州，キルデア州，キングズ州，クイーンズ州，キルケニー州，カーロウ州であり，それはレンスター地方に集中した分布であるといえる。そして，その周辺部に31～32歳層が見られ，それ以外では，31～32歳層と30～31歳層であった州がワンランク下げて，それらは主にコナハト地方，マンスター地方，アルスター地方であった。アルスター地方のアントリム州とダウン州が低い数値である理由として，プロテスタントの影響があったものと推察される。したがって，1871年には大飢饉の影響も希薄になり，アントリム州とダウン州を除外すれば，ロンドンデリー州とコーク州を境界線にして，東高西低の傾向，つまり初婚年齢は東部アイルランドが高く，西部アイルランドが低いというコントラストを明らかに認めることができる。

さらに，地図5-24で1911年における男性の平均初婚年齢を見れば，それは1871年の年齢の区分と少し違うものの，そこには変化が現われていた。すなわち，一番初婚年齢の高い33歳層がモナハン州，ロスコモン州，クレア州，クイーンズ州であり，それらの州は，1871年の一番高い年齢に含まれていなかった。つぎのランクである32.1～32.5歳層には，1871年でのミーズ州とウェストミーズ州が継続しているものの，ドニゴール州，テイローン州，ファーマナー州，スライゴー州が含まれており，それらが新しい現象であるといえる。つまり，アイルランド全体で晩婚化が進行しているといってよいが，クレア州を除外すれば，クイーンズ州からから北部にかけての内陸部地帯が高く，逆にアイルランドの周辺地域が低いという傾向が認められる。とくにアルスター地方のロンドンデリー州，アントリム州とダウン州，アーマー州が低いのはプロテスタントによるものといえようか。しかし，後述するように，クレア州の高さは，家長による家長権の長期保持と後継者の待機という直系家族システム規範による可能性があるし，ミーズ州あたりでは後述する生涯未婚者の増加と関連性があるものと見られる。

他方，まず飢饉前の1841年における女性初婚年齢を地図5-25で見てみよう。それによると，28歳以上層は認められず，27～28歳層が一番高年齢であるが，それにはミーズ州，ウェックスフォード州，ウォーターフォード州，キルケニー州，クイーンズ州，キングズ州，キルデア州，カーロウ州の8州が含まれている。つぎの26～27歳層がそれを中核にした周辺であるコーク州，ドニゴール州を除くアルスター地方である。したがって，女性の初婚年齢がロンドンデリー州とケ

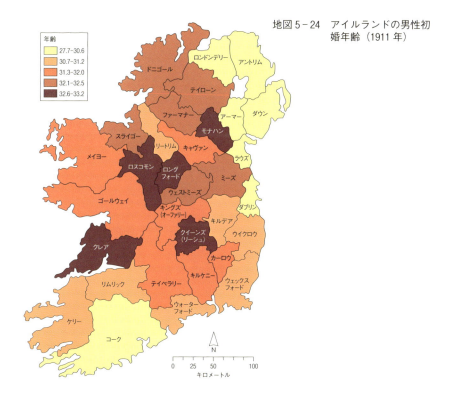

地図 5-24 アイルランドの男性初婚年齢（1911 年）

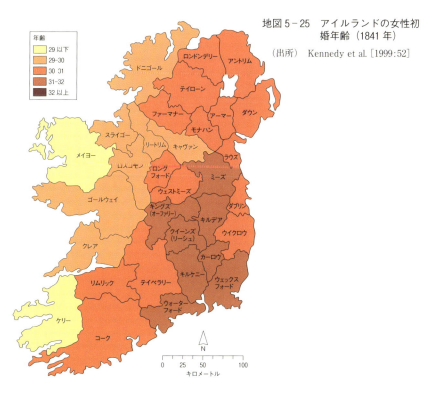

地図 5-25 アイルランドの女性初婚年齢（1841 年）

（出所）Kennedy et al.［1999：52］

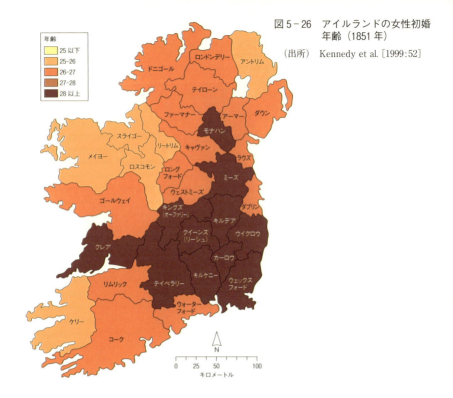

図 5-26 アイルランドの女性初婚年齢（1851 年）

（出所） Kennedy et al. [1999:52]

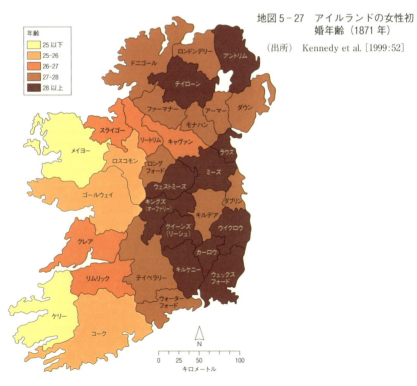

地図 5-27 アイルランドの女性初婚年齢（1871 年）

（出所） Kennedy et al. [1999:52]

リー州を境界線にして，東部アイルランドで高く，西部アイルランドで低いという東高西低の特徴がそこに認められた。とくに，メイヨー州とケリー州が低い数値であるが，それは分割相続が持続した地域であり，土地分割により，早婚で世帯形成がなされたものと考えられる。

　しかし，1851年の地図5−26で見れば，一番高い28歳以上の年齢層がウイクロウ州とウォーターフォード州以外では，ほぼ男性の初婚年齢層（32歳以上層）と完全に一致していた。つぎの27〜28歳層は，それらの高い年齢層を中核にすれば，アルスター地方，マンスター地方，コナハト地方にまで拡大していた。つまり，1851年における全国的晩婚化は，大飢饉による一時的なものといってよい。とはいえ，メイヨー州とケリー州あたりで地域的分化が進行していることも特徴といえる［Kennedy et al. 1999:50］。

　そして，そのような一時的な全国的晩婚化が，1861年の分布を見れば，1841年に近い分布に回帰していることが理解できる。1871年の初婚年齢を地図5−27で見れば，一番高い28歳以上層が，ウイクロウ州，ウェックスフォード州，キルケニー州，カーロウ州，ミーズ州，ウェストミーズ州，ラウズ州，キングズ州，クイーンズ州であり，それ以外にアントリム州，テイローン州が含まれている。つぎの27〜28歳層では，テイペラリー州とアントリム州とテイローン州以外のアルスター地方が含まれていた。つまり，そこにはアルスター地方とレンスター地方で高く，逆にマンスター地方とコナハト地方で低いという東西でのコントラストが明確に認められたのである。

　1911年の女性初婚年齢を地図5−28で見ると，一番高い年齢である28.3歳以上層には，スライゴー州，リートリム州，キャヴァン州が，つぎの段階ではメイヨー州，クレア州，ロスコモン州，モナハン州，クイーンズ州がそれぞれ含まれていた。ところが1871年で高かったレンスター地方が，どちらかといえば低下し，テイローン州とケリー州を境界線にして西部アイルランドで高く，東部アイルランドで低いという西高東低に大きく転換していたのである。これは，以下の世帯構造で取り上げるように，西部アイルランドでは，家長権を長く保持し，後継者を待機させる規範が強く，反対に，東部アイルランドでは，後述する高い生涯未婚率との対応を示唆するものと見てよい。

　以上のように，男性の初婚年齢が，どちらかといえば，飢饉前から西部より東部で高かったが，飢饉後にはアイルランド全体で晩婚化が一時的に見られたものの，その後それが回復基調に転じ，1871年では東高西低になったが，1871年から1911年の期間に晩婚化が進行しながら，西高東低に変化したものと判断する

第5章　20世紀初頭におけるアイルランドの世帯構造の地域性　　135

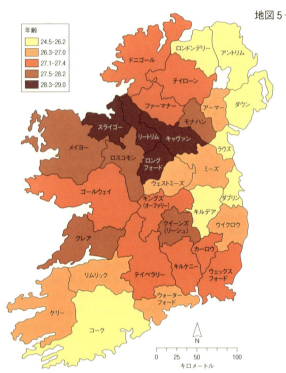

地図5-28 アイルランドの女性初婚年齢（1911年）

ことができる。他方、女性の場合には、飢饉前の1841年にはどちらかといえば、東高西低であったが、飢饉後の1851年には男性と同じくアイルランド全体が一時的晩婚化を経験した。しかし、それ以降、以前のような東高西低に回復し、1871年にはそれが持続していた。ところが、1911年には、1871年以降の男性のように晩婚化があまり進行せずに、その分布が、男性と同じく西高東低に大きく転換したと見ることができる。つまり、初婚年齢に関して、とくに東部と西部という地域性が強く顕在化していたといえる。

そして、そのような、1871年から1911年にかけての転換は、家族構造に大きなインパクトを与え、西部アイルランドが東部アイルランドより、複合家族世帯の優位性を持つことに連動しているものとみなされる。

そのような婚姻率の低下と晩婚化は、生涯未婚率と大きく関係すると見られるので、つぎに、45～54歳の年齢で測定される生涯未婚率（表5-1）を検討することにしたい。

表 5-1　地方別男女別生涯未婚率（45 ～ 54 歳）

年度	男性					女性				
	レンスター	マンスター	アルスター	コナハト	アイルランド	レンスター	マンスター	アルスター	コナハト	アイルランド
1841	13.3	9.4	10.4	6.7	10.2	14.2	11.2	14.5	8.4	12.5
1851	15.1	10.1	13.1	7.4	12.1	14.0	10.2	15.4	8.2	12.6
1861	18.7	12.4	15.6	9.6	14.7	17.3	11.7	16.1	9.6	14.3
1871	20.9	13.4	18.7	12.4	17.0	19.1	12.6	19.4	11.9	16.5
1881	21.8	13.6	18.7	10.9	17.1	20.5	13.3	20.4	9.5	17.1
1891	24.8	16.8	21.0	13.8	20.0	21.9	13.5	22.6	10.4	18.5
1901	28.0	20.5	24.4	19.1	23.8	24.6	17.2	26.0	13.8	21.9
1911	30.8	26.4	25.9	25.2	27.3	27.6	21.5	27.1	17.9	24.9

（出所）　Fitzpatrick [1985:129]

　生涯未婚者は飢饉後の 1851 年に男性が 10 ％，女性が 13 ％であったが，それ以降徐々に増加し，1891 年に 20 ％と 18.5 ％，1911 年に 27 ％と 25 ％に激増していた [O'Grada 1994:215]。また 25 ～ 34 歳の未婚率は飢饉以前に男性が 43 ％，女性が 28 ％であったが，それ以降増加し 1911 年に 75 ％と 55 ％であった [Kent 2002:530]。またその未婚率は，地方別では 1911 年にコナハト地方の数値が 81 ％で，それはマンスター地方（76 ％），レンスター地方（69 ％），アルスター地方（62 ％）より高かった [Kennedy and Clarkson 1993:168]。そして，その上昇は，後述するように家長権の長期化による後継者の晩婚化とも結びついていた。
　そこで，アイルランドで特徴とされる生涯未婚率を時系列的に詳細に検討しておこう。地図 5-29 を見れば，大飢饉後の 1851 年では，男性生涯未婚率が 17 ～ 21 ％という高い州は，ミーズ川，ヰルデア州，ウイクロウ州のみであり，それより低い 13 ～ 17 ％層が，アルスター地方とレンスター地方であり，西部のマンスター地方とコナハト地方では 10 ％以下層で低かった。つまり，そこには東高西低というコントラストが明確であったといえる。ところが，1861 年以降，その生涯未婚率が東部アイルランドでワンランク上昇（17 ～ 21 ％から 21 ％以上）しながら，西部アイルランドにも拡大し始める。1871 年の割合を示した地図 5-30 で見れば，東部アイルランドで，21 ％以上層の州が，先程の 3 州に加えて，ロンドンデリー州，アーマー州，ダブリン州，ウェストミーズ州，キングズ州，クイーンズ州，ウイクロウ州，ウェックスフォード州へ拡大し，つぎの 17 ～

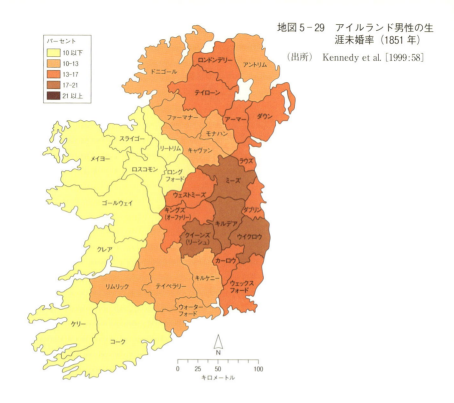

地図 5-29　アイルランド男性の生涯未婚率（1851 年）

（出所）　Kennedy et al. [1999:58]

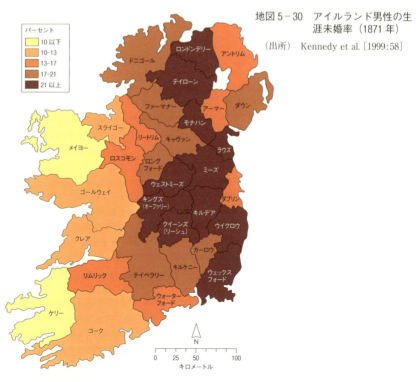

地図 5-30　アイルランド男性の生涯未婚率（1871 年）

（出所）　Kennedy et al. [1999:58]

21％層がアルスター地方とレンスター地方で増加していた。しかし，西部アイルランドでのマンスター地方とコナハト地方にはあまり拡大せず，10％以下層のメイヨー州とケリー州では低い数値であったことが理解されるであろう。

つぎに1911年の地図5-31で見れば，男性生涯未婚率が一番高い33〜41％を占める州は，1871年と少し変化していた。すなわち，それは，1871年と同じように高いミーズ州，ウェストミーズ州，キルデア州，キングズ州，クイーンズ州にモナハン州が加わり，ロンドンデリー州，テイローン州，アーマー州，ウイクロウ州，ウェックスフォード州がそこから外れていることを示す。しかし，つぎのレヴェルである33〜35％層では，ロンドンデリー州とダブリン州以外では，ほぼ1871年と同じ州が，先程の一番数値の高い周辺に分布していた。それらに対して，西部アイルランドのメイヨー州，ケリー州，コーク州とアルスター地方のアントリム州とダウン州がそれぞれ一番低い19〜26％層に属していた。

つまり，1851年から1911年までの期間に，男性生涯未婚率の割合がかなり増加しながら，中核地域とその周辺地域であまり変化なく継続性が顕著に認められたのである。そして，東部アイルランドは生涯未婚率が高く，逆に西部アイルランドが低い，東高西低であるという地域性を明確に認めることができたのである。

他方，1851年の女性生涯未婚率を地図5-32で見れば，17〜21％層がロンドンデリー州，ダウン州，ダブリン州，ウェックスフォード州の4州，13〜17％層がアルスター地方全州とレンスター地方の4州であった。10〜13％層には，マンスター地方のコーク州とテイペラリー州が含まれるものの，それ以外の州およびコナハト地方では，それが10％以下層であり，男性と同じく東高西低のコントラストがそこに明白に見られた。ところが1861年以降，生涯未婚率がアルスター地方とレンスター地方だけでなく，マンスター地方とコナハト地方へ拡大していった。それを1871年の地図5-33を見れば，先程のウェックスフォード州以外の3州が17〜19％層から21％以上層に，アルスター地方とレンスター地方がワンランク上の17〜21％層にそれぞれ増加させていた。また，メイヨー州とケリー州を除外したマンスター地方とコナハト地方が，ワンランク上昇させ，これまで，10〜13％層に所属する州が13〜17％層へ，10％以下層に属する州が10〜13％層へそれぞれ増加させていたのである。つまり，それは，1851年から1871年の20年間に，女性の生涯未婚率が漸次増加しながらも，依然東部アイルランドが西部アイルランドより優位であるコントラストな分布がそこに認められるのである。

1911年の女性生涯未婚率を地図5-34で見ると，30〜36％という一番高い割

第5章　20世紀初頭におけるアイルランドの世帯構造の地域性　　139

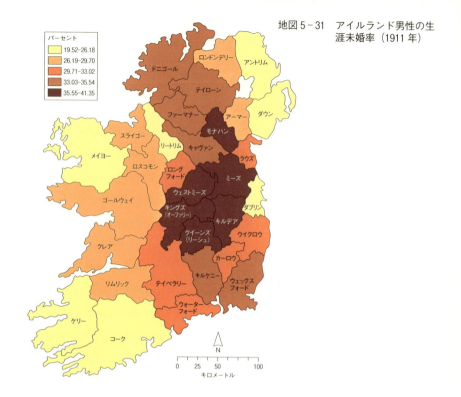

地図 5-31　アイルランド男性の生涯未婚率（1911 年）

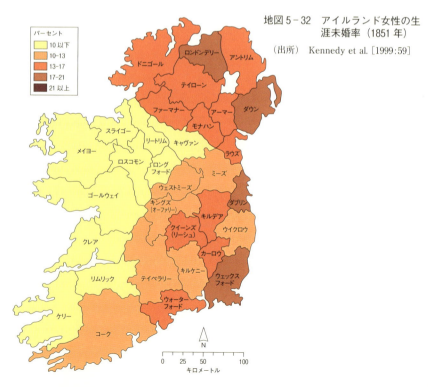

地図 5-32　アイルランド女性の生涯未婚率（1851 年）

（出所）　Kennedy et al. [1999:59]

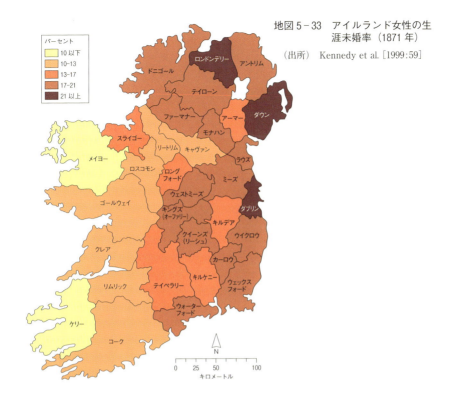

地図 5-33　アイルランド女性の生涯未婚率（1871 年）

（出所）　Kennedy et al. [1999:59]

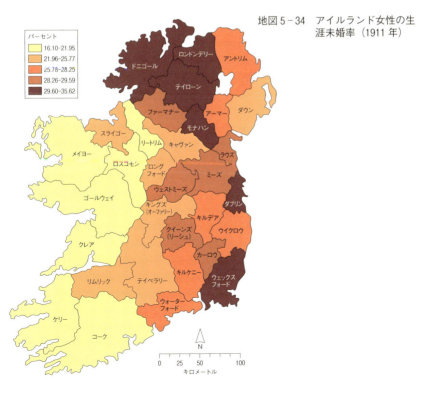

地図 5-34　アイルランド女性の生涯未婚率（1911 年）

合が，ロンドンデリー州とダブリン州では同じであるものの，それが，それ以外の州にまで拡大しており，それにはドニゴール州，テイローン州，モナハン州，ウェックスフォード州が含まれている。つぎの28～30％層では，ミーズ州，クイーンズ州，カーロウ州，ファーマナー州が含まれているが，一番上位から3位までの割合は，1871年と1911年の期間には，リムリック州以外には大きな相違が認められなかった。したがって，リートリム州とコーク州を境界線にして，西部アイルランドが低いものの，そこには1871年との相違が認められなかった。しかし，1851年から1911年の60年間に，女性生涯未婚率が漸次増加していたことは明らかに理解されよう。

　以上のような特徴を持つ男性と女性の生涯未婚率を[2]，男女の生涯未婚率で比較すれば，1851年段階ではあまり相違がなかったものの，1871年では，両性ともに全国的に拡大化しつつも，男性の割合が女性よりもより強く拡大していた。つまり，1871年までには，その男性数値の21％以上の割合が女性より多く，その割合がレンスター地方とアルスター地方に強く認められ，そこに大きな男女差を確認することができた。さらに，1911年では，男女ともに，生涯未婚率を高めながらも，男性の方が女性より地域的拡大度が強かったのである。すなわち，一言でいえば，それは，男性の方が女性より生涯未婚者が多いことを意味していたのである。つまり，両性ともにリートリム州とコーク州を境界線として，東西アイルランドの地域性が顕著に発現していたのである。したがって，1881年には，その割合はアルスター地方とレンスター地方では，15％であったが，そのパターンが全国的に拡大し，1911年には4地方で25％以上に達していたことになる[Kent 2002:527]。さらに，そのような生涯未婚者が，相続予定者の土地相続の遅れによる晩婚化，非相続者の婚姻難とも関係していたのである。

　このようなアイルランドで特異な人口構造における生涯未婚者増加に対する原因を追究する研究はあるものの[3]，いまだ十分に解明されたとは言い難い。ここでは，それを，以下の世帯構造と生活水準の2つの側面から説明することが可能であろう。

　まず，第1に，直系家族システムにおける相続の不分割相続の浸透と大きく関連している。アイルランドでは，不分割相続において後継者候補以外の兄弟姉妹が早い段階で都市へ移動するか，海外に移民する可能性が高かった。移民する場合には，若い年齢で移民する可能性が高く，結婚後に移民すれば，移民のリスクが大きくなると見られたことは，以下の移民の分析で明らかにされる。それに対して，アイルランドでの残留者，とくに継承者以外の兄弟は結婚意識を潜在化さ

142

せながらも生涯未婚を通していかければならなかった。また，持参金の用意でき
ない女性の場合も同様な状況に置かれていたのである。そして晩婚化と生涯未婚
者との関連性を見れば，未婚率が高い地域では婚姻年齢も高かった。このような
婚姻構造は，西部アイルランドの世帯構造に適合するものとみなされる。

　つまり，著者は，ケネディが指摘しているように，アイルランド農民の場合に
は世代間継承が重要なことを認める立場である。分割相続システムから不分割相
続システムへの土地保有システムの変化，つまり，後述するように，不分割相続
システムにおいて，家長が長く家長権を維持したいという意識とそれを待機する
後継者間の軋轢が存在した。すなわち，そこには，移民によるリスクよりもアイ
ルランドでの残留が，たとえ少しの土地保有だけであったとしても，不確実な経
済時代において安全の源泉であるという意識があり，そこに未婚という選択肢も
内包されていた。つまり，後継者の晩婚あるいは未婚化の選択と同時に，非継承
者の未婚残留による労働力化の要因が家族戦略とみなされていたといえる。また，
継承者が家長権の長期化により，継承の遅れで晩婚になり，男性の婚姻時には，
多くの女性がすでに都市への移動や移民により，その近隣で該当者を簡単に見出
せない可能性があった。そして，継承者以外の男子の場合には，なおさら，その
ような機会が減少するものと見られる。このような家族状況において，晩婚化や
生涯未婚者の増加は，西部アイルランドにおいて対応しうる家族戦略であった可
能性が強かったといえる。

　第2に，晩婚化や生涯未婚化の構造的要件や婚姻に対する計算合理的態度が存
在したと見られる。すなわち，アイルランド農民にも飢饉後には，以前より良い
生活水準に対する新しい願望が認識されるようになったことが挙げられる。それ
らの願望に対する情報源が明確ではないものの，おそらく海外に住む移住者から
の情報が，アイルランド人の態度に明確な影響を与えたといえよう。すなわち，
多くの移民がアイルランドの家族，友人に手紙を書き，彼らが移住した国の素晴
らしさや快適さを説明していた可能性はある。さらに，飢饉後，アイルランドへ
の商品導入化により，アイルランドの行商や小売店では，お金で買える商品が増
加してきたと考えられる。とくに，商業資本化が進んで，富裕である東部アイル
ランドでは，飢饉後のアイルランドにおける物質主義の普及が大きく貢献したと
いえる。1850年以降のアイルランド人の行動には，より良い生活水準と結婚し
ないという新たな希望とに関連性があることを示している。ギナーンが説明して
いるように，結婚は一連の費用と便益を伴う選択であると考えられる［Guinnane
1997:200-208]。

第5章　20世紀初頭におけるアイルランドの世帯構造の地域性　　　143

つまり，一方では，19世紀のアイルランドでの婚姻により，配偶者や子供による家族労働力が家族の経済的福利と安全保障に貢献する大きな経済的利点をもたらした。しかし，他方では，婚姻と子供の養育が高くつき，それが，生活水準を最大限に高めるという欲求を妨げるという近代合理主義思考も芽生えてきていた。そのためには，海外においてより良い生活を実現するためにリスキーな移民を選ぶよりも，単身でアイルランドに在留することにより，重要な願望を達成できるという認識がなされるようになった。このようにして，家族を支える責任がなく，単身であれば，より良い生活水準の達成のために収入全体を使用することができる可能性がそこにはあった。そして，未婚による経済的利益の損失補塡のためには，未婚の個人が，その安全を確保するための代替方法として，婚姻していない男性の世帯主，姉妹と一緒に暮らすという戦略であった。つまりそれは，未婚の兄弟，親戚との同居生活が家族戦略なのであった［K. Philip, History of Irish Depopulation: 1815-1913］。それが，後述するような非家族世帯の増加と結びつくことになる。

　このような2つの解釈には，婚姻によりウェルビーイングな生活の達成ができるという認識と未婚によりそれが可能であるという適応戦略が認められたのである。つまり，後者では，晩婚あるいは永久未婚化が結婚により生じる生活水準へのプレッシャーを回避する適応戦略とみなされる［Kennedy et al. 1999:55-57］。そして，このような解釈が，東部アイルランドに該当するように思われる。

　すなわち，とくに，モビリティの高いレンスター地方では，飢饉後の移民が多く，移民先の情報も多かったし，西部アイルランドと比べて，大規模農，中規模農，農業労働者において十分生活基盤があり，婚姻が唯一の適応戦略ではなく，彼らにとって婚姻以外にも多岐にわたる選択肢があったと見てよい。したがって，そのような生涯未婚化意識が，以下で見るように，ミーズ州あたりで展開されるように見られ，独居世帯と非家族世帯という世帯形成と結合する可能性に発展したのではないだろうか。ミーズ州を含むレンスター地方では，晩婚化に影響されても，本来25～35歳の年齢の期間に婚姻が期待されていたようであるが，前述したように，1860年以降生涯未婚者が増加し，1911年あたりが，そのピークであったと見られる。したがって，それらの戦略が，とくに東部アイルランドでは，家族形成度の弱体化と強く関係していたといえる。

　とくに，1911年のマンスター地方とコナハト地方における未婚者の増加は，婚姻率の低さと未婚志向だけに起因するのではなく，司祭によるカトリックの教義の強制に影響されるところがあったといわれる［McKenna 1978:239-240］。つま

図 5-3　地方別アイルランドの出生率（1000 人に対する，1865 ～ 1911 年）

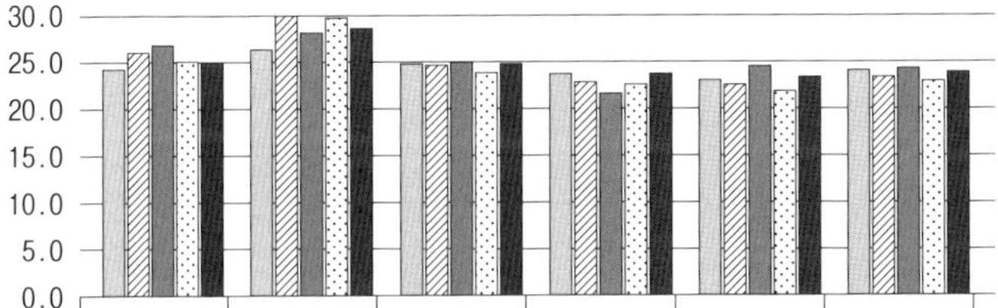

	1865	1871	1881	1891	1901	1911
□レンスター地方	23.6	25.7	24.5	23.0	22.4	23.5
▨マンスター地方	25.4	29.4	24.1	22.2	22.0	22.8
■アルスター地方	26.1	27.6	24.7	21.0	23.9	23.7
▣コナハト地方	24.5	29.8	23.5	22.0	21.2	22.3
■アイルランド	25.0	28.1	24.5	23.1	22.7	23.3

（出所）　Annual Report of Registra-General of Marriages, Births and Deaths In Ireland,
1865, 1871, 1881, 1891, 1901, 1911

り，生涯未婚者の増加が上述した婚姻率の低下に結びついていたのである。

　つぎにアイルランドの地方別出生率を見れば（図 5-3），それは 1865 年で 25,
1871 年で 28.1 と高かった。1870 年代の小飢饉以降急減し，1881 年には 24.5,
1891 年に 23.1, 1901 年に 22.7 に減少したが，1911 年には 23.3 に少し回復して
いた。地方別ではレンスター地方が 1871 年の 25.7 をピークに減少し，アルス
ター地方では，同じく 1871 年の 27.6 から減少していたが，それ以降 1891 年が
一番低く，その後回復していることがわかる。マンスター地方では，1871 年の
29.4 をピークにそれ以降漸次減少し 1911 年には 22.8 で，ピークより 7 近い減
少を経験していた。さらに，コナハト地方では，4 州で最高であった 1871 年の
29.8 のピークから，1881 年以降急減し，1911 年には 7.5 低い 22.3 であった。
以上から各地方で同じような出生率減少を経験しながらも，どちらかといえば，
20 世紀初頭には，出生率は東高西低を明確に示していた。

　ここで平均子供数を見ておけば，1841 年には 5.18, 1851 年には 5.04, 1861
年には 5.23, 1871 年には 6.53 に増加していたが，1881 年には，5.85 人に減少
し，1891 年に 6.03 に再度増加し，1901 年に 5.81, 1911 年には 5.85 であった
[FitzGerald 2017:20, Table 1.6]。アイルランドでは小飢饉以前に出生率が高かっ
たが，一時 1879 年の小飢饉により急減するという経験をしていた。そして，
1911 年の出生率は，西高東低を明確に示していた（地図 5-35）。すなわち，それ
は，メイヨー州とウォーターフォード州を境界ラインとして，西部アイルランド

第 5 章　20 世紀初頭におけるアイルランドの世帯構造の地域性　　145

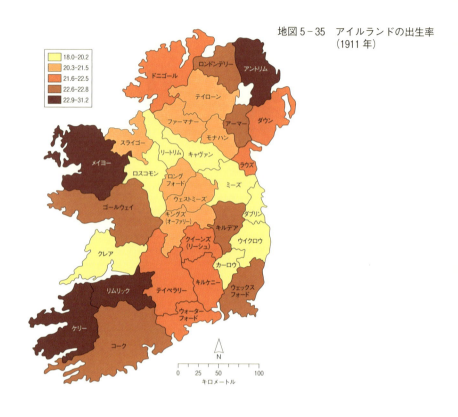

地図5-35　アイルランドの出生率（1911年）

が東部アイルランドより多産であったことを示している。とくに，それがメイヨー州，リムリック州，ケリー州で高かった。このような出生率の減少は晩婚と未婚化によるところが大きい。すなわち，出生率の低下は，妊産婦（15〜45歳）の既婚女子の減少という，婚姻率の低下と婚姻の年齢の上昇による晩婚化が原因であるといえよう。1911年における平均子供数は，コナハト地方が婚姻率で低いにもかかわらず一番多く5.9人で，以下マンスター地方の5.8人，レンスター地方とアルスター地方の5.1人であった。つまり，それは1911年の婚姻率がマンスター地方，コナハト地方がレンスター地方，アルスター地方より低く，しかも，出生率も同じく，マンスター地方とコナハト地方で低いにもかかわらず，コナハト地方とマンスター地方が多産であったことを意味していた。この地域では多産であり，しかも1926年の数字によれば，乳児死亡率が男子では0.89，女子では0.94で，それは都市部より低く，感染症が農村で少なかったことによるものといえる。

図5-4　地方別アイルランドの死亡率（1000人に対する，1865～1911年）

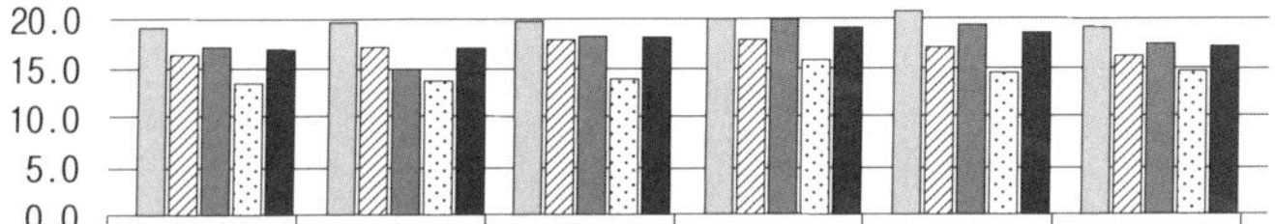

	1865	1871	1881	1891	1901	1911
□レンスター地方	18.5	19.0	20.2	19.8	20.0	18.5
▨マンスター地方	15.7	16.5	17.2	17.2	16.4	15.5
■アルスター地方	16.4	15.0	17.5	19.3	18.6	16.8
▨コナハト地方	12.8	13.0	13.3	15.2	13.8	14.0
■アイルランド	16.2	16.4	17.5	18.4	17.8	16.6

（出所）　Annual Report of Registra-General of Marriages, Births and Deaths In Ireland,
1865, 1871, 1881, 1891, 1901, 1911

　とくに1911年の平均子供数はコナハト地方でメイヨー州の6人，ゴールウェ
イ州の5.9人，ロスコモン州の5.8人，スライゴー州の5.5人，マンスター地方
であるケリー州の6.2人，クレア州の6.1人，リムリック州の5.7人，コーク州
の5.6人であり，それは2つの地方での多産を明確に示していたのである。一言
で言えば，貧困地域であるコナハト地方では，婚姻率と出生率の低さにもかかわ
らず，多産であったものと判断できる。
　さらに死亡率を見れば（図5-4），それは1865年に16.2，1881年に17.5，
1891年に18.4と増加していたが，それ以降減少し，1911年には16.6であった。
それは1870年代の小飢饉の影響で1881年と1891年において一時的に高くなっ
たものと判断される。地方別に見れば死亡率が1865～1911年の期間にレンス
ター地方が一番高く，18.5～20の範囲であったが，以下アルスター地方（16～
19の範囲），マンスター地方（15～17の範囲），コナハト地方（13～15の範
囲）という順序で，それらは東高西低という特徴が認められた。そして，1911
年における1000人当たりの死亡率の地図5-36を見れば，それは，ドニゴール
州とケリー州を境界ラインにして，西部アイルランドが東部アイルランドより低
いという東高西低という性格が明確に示されていた。とくに，貧困地域であった
コナハト地方のメイヨー州，ゴールウェイ州，マンスター地方のクレア州とケ
リー州において，極めて低い数値が認められたのである。そのようなアイルラン
ドの死亡率は他のヨーロッパと比較して一番低く，それは乳幼児死亡率の低さに
よるものだった[Lee 1973:6]。[7]
　以上の婚姻率・出生率・死亡率の分析から，アイルランドにおける婚姻率の低

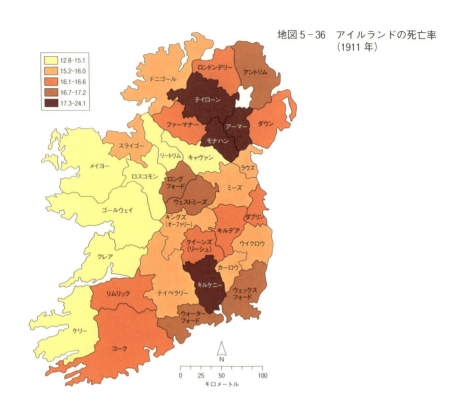

地図5-36 アイルランドの死亡率（1911年）

下にもかかわらず，高出生率・低死亡率により人口の自然増が認められた。すなわち，自然増は1861～1871年が1000人当たり8.3，1871～1881年が8.0，1881～1891年が5.3，1891～1901年が5.3，1910～1911年が5.6であった。しかし同時期の移民による人口減少が-15.2，-12.5，-16.5，-16.3，-11.9であった [O'Grada 1994:225]。したがって，アイルランドの人口は，人口の自然増にもかかわらず，高い移民率により，人口減少の人口構造を示していたといえる。

アイルランドの1851～1911年の移民数を示した図5-5によれば，1845年の大飢饉以降，すべての地方で多いものの，それ以降も一貫してマンスター地方が多く，アルスター地方が，マンスター地方に続いて同じ傾向を示していた。しかし，レンスター地方とコナハト地方が，1860～1870年にかけて低下していた。そして，コナハト地方は1870年末の飢饉により少し移民数の上昇が認められたが，一貫して，移民数が低いという顕著な特徴を示していた。

また『第1回婚姻，出生，死亡の年次登記報告書（First Annual Report of

図 5-5　地方別移民人口数の推移

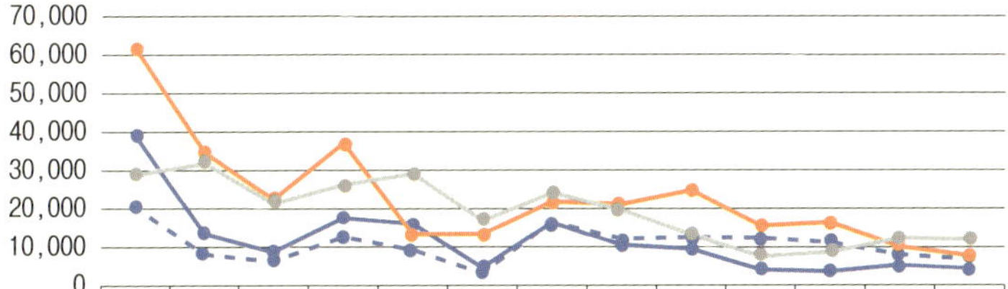

	1851	1856	1861	1866	1871	1876	1881	1886	1891	1896	1901	1906	1911
レンスター地方	38,719	13,280	8,576	17,379	15,850	4,427	16,232	10,350	9,276	3,842	3,400	5,079	4,195
マンスター地方	61,285	34,505	22,404	36,971	13,199	13,275	21,752	21,106	24,678	15,485	16,381	10,054	7,683
アルスター地方	28,884	31,822	21,323	26,259	29,066	16,870	24,101	19,637	13,264	7,434	8,740	12,331	12,032
コナハト地方	20,094	7,952	6,124	12,439	9,049	2,973	16,332	12,042	12,405	12,234	11,092	7,880	6,633

（出所）　各年度の Emigration Statistics of Ireland

Registrar-General of Marriages, Births and Deaths in Ireland)』によると，1864
年のアイルランドの移民が 11 万 4169 人，そのうち男性が 6 万 692 人，女性が 5
万 3477 人であった。それを地方別で見れば，レンスター地方の 42.4 ％，マンス
ター地方の 17.4 ％，アルスター地方の 15.9 ％，コナハト地方の 7 ％という内訳
を示していた。

　1881 年の『18 次報告書』には移民数が 7 万 8417 人で，その内訳は，男性が 4
万 106 人，女性が 3 万 8311 人であり，地方別では，アルスター地方が一番多く
（30.7 ％），以下マンスター地方（27.7 ％），コナハト地方（20.8 ％），レンス
ター地方（20.7 ％）という順序であった［Emigration Statistics of Ireland, 1881:3］。
1891 年には，移民数が 5 万 9623 人，男性が 3 万 46 人，女性が 2 万 9577 人で，
マンスター地方が一番多く（41.4 ％），以下アルスター地方（22.2 ％），コナハ
ト地方（20.8 ％），レンスター地方（15.6 ％）であった［Emigration Statistics of
Ireland, 1891:3］。1901 年には，移民数が，3 万 9613 人で，男性が 1 万 8127 人，
女性が 2 万 1486 人で，マンスター地方が一番多く（41.4 ％），以下コナハト地
方（28.0 ％），アルスター地方（22.1 ％），レンスター地方（8.6 ％）であった
［Emigration Statistics of Ireland, 1901:3］。以上のように，1864 年から 1901 年の期
間に移民数が減少していたと見られるが，その移民の地域性に大きな変化が認め
られた。すなわち，それは，1864 年段階ではレンスター地方が，40 ％台であっ
たが，それ以降レンスター地方が減少したのに対して，マンスター地方が急増し
た移民地域であり，アルスター地方が横ばいであり，コナハト地方が小飢饉以降
増加しているという特徴をそこに認めることができる。

第 5 章　20 世紀初頭におけるアイルランドの世帯構造の地域性　　　149

つまり飢饉後の移民は，アルスター地方，マンスター地方，レンスター地方で多かったが，小飢饉後，貧困地域であるコナハト地方が 1881 年以降アメリカへの移民を激増させた。小飢饉以前にはコナハト地方では遅くまで分割相続が残存し，その土地保有で最低限の生活が可能であった。しかし不分割相続への変化後，コナハト地方は 1879 年の小飢饉のインパクトを強く受け，コナハト地方の移民が 1881 年の 18.7，1891 年の 16.3，1901 年の 16.7，1911 年の 10.5 の数値を示し，それは他の地方より高かったといえる。

　以上からアイルランドの人口構造は 1845 年の大飢饉のみでなく，1879 年の小飢饉によっても大きなインパクトを受け，人口の自然増が移民の増加により相殺された結果，人口減少が顕著になったと見ることができる。また婚姻率の減少と生涯未婚者の浸透，農村での後継者の晩婚化が顕著な特徴であり，それらのアイルランド的と見られる人口学的構造が，つぎに分析する家族構造にかなり大きなインパクトを与えたものと予想されるのである。

4　アイルランドの世帯構造

(1) 世帯主年齢

　まず，地図 5-37 の農民世帯の割合を見れば，ドニゴール州からケリー州にいたる境界ラインにより，農民世帯は東部アイルランドより西部アイルランドで，圧倒的に多く，前者が 50 ％以上を占めていた。とくに，それは，コナハト地方のスライゴー州，メイヨー州，ロスコモン州，ゴールウェイ州を中核にして，それ以外にキャヴァン州，ドニゴール州，クレア州，ケリー州あたりで，農民世帯の多さを顕著に示していた。つまり，農民世帯が西高東低であった。

　そして平均世帯主年齢に関しても，地図 5-38 からドニゴール州からケリー州にいたる境界ラインにより，西部アイルランドで年齢が 57 歳以上で高く，東部アイルランドで 56 歳以下であるというコントラストが顕著に認められたのである。つまり，農民の多い西部アイルランドが世帯主の年齢も高かったといえる。とくに，一番年齢の高い州が，コナハト地方のメイヨー州，スライゴー州，ゴールウェイ州，ロスコモン州が中核になり，それらにドニゴール州，リートリム州，キャヴァン州，クレア州，ロングフォード州が加わっていたのである。つまり，1871 ～ 1911 年にかけて，アイルランドでは，平均寿命[8]がイングランドとウェールズより高いが，それは，感染症による病気が都市より農村で蔓延する可能性が低く，それゆえ農村部で寿命が長くなるためといわれている [FitzGerald 2017:15]。

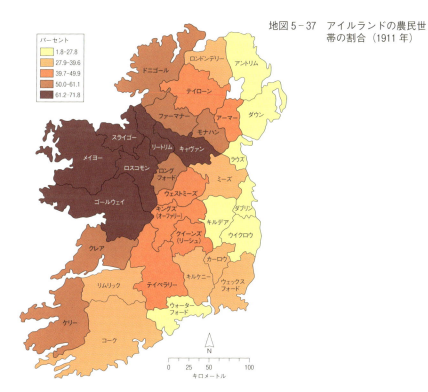

地図5-37 アイルランドの農民世帯の割合（1911年）

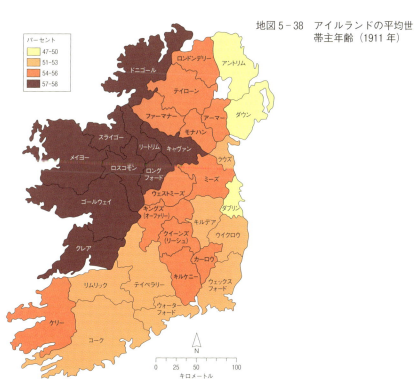

地図5-38 アイルランドの平均世帯主年齢（1911年）

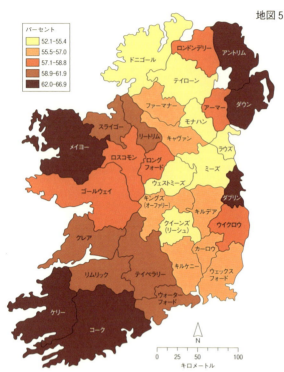

地図5-39 アイルランドの世帯主婚姻率（1911年）

そのような，農民地域では世帯主の高齢である地域で後述するような複合家族世帯が形成されることになる。

そこで，地図5-39により，世帯主の婚姻率を見れば，婚姻率が，北部アルスターのアントリム州，ダウン州，西部のメイヨー州，ケリー州，コーク州というアイルランドの周辺地域で一番高く，中部アイルランドにおける州が極めて低いというコントラストが明確である。しかし，このコナハト地方での高い世帯主婚姻率は，先述した婚姻率の1881年以降の低下と逆の現象のように見られるが，おそらく，全体の婚姻率と世帯主に限定された数値との違いと関係がありそうに思われる。つまり，世帯主の婚姻状況に関して，それはアルスター地方のアントリム州とダウン州以外ではコナハト地方とマンスター地方の割合が60％以上であると見られるが，東部アイルランドのアルスター地方とレンスター地方では55％以下である州も多く認められた。なお，そこにはアントリム州，ダブリン州は，ダブリン市，ベルファスト市という大都市を含み，雇用される労働者が多

表 5-2　4州の世帯主年齢構成（1901 年，1911 年）

州	年代	～29	30～39	40～49	50～59	60～69	70～79	80～89	90～	計	総数
アントリム州	1901	7.6	17.1	20.7	20.6	19.5	10.8	3.5	0.3	100.0	38,774
	1911	6.4	16.8	20.5	19.7	17.2	15.4	3.6	0.3	100.0	39,204
クレア州	1901	4.5	13.3	20.5	23.3	22.6	11.4	4.0	0.5	100.0	20,937
	1911	2.8	12.3	19.1	21.1	20.8	20.0	3.4	0.4	100.0	20,559
メイヨー州	1901	4.0	13.3	18.5	23.1	25.6	10.9	4.1	0.5	100.0	37,179
	1911	2.6	11.4	18.3	18.6	21.0	23.2	4.4	0.5	100.0	37,054
ミーズ州	1901	5.7	14.1	19.8	23.7	23.5	10.3	2.7	0.2	100.0	15,302
	1911	5.0	15.2	19.6	19.1	19.6	18.3	2.9	0.3	100.0	14,856

く，彼らは早婚の傾向が強かったことも関係しているものといえよう。とくにレンスター地方では，それが低い数値を示しているが，そのような世帯主の婚姻率の低さが家族形成度の低下と関連してくるものと見られる。

　なお，表 5-2 によれば，リンケージ作成のために選択したアントリム州の平均世帯主年齢が 1901 年では 47.0 歳，1911 年では 48.7 歳，ミーズ州では 52.3 歳と 54.3 歳，クレア州では 53.3 歳と 56.2 歳，メイヨー州では 53.5 歳と 57.5 歳であり，それは西部の方が東部より年齢が高いことにより再確認されよう。

　以上から，西部アイルランドでは世帯主職業では農業が主で，しかも世帯主年齢も高いことからすれば，家長権が長く維持された地域であり，それが後継者の晩婚化に結合する可能性の高さを示唆していたのである。それゆえ，それが後述する晩婚化と結びつく多核家族世帯の優位性に顕在化してきたものと判断される。

(2) 世帯規模

　ここでは，平均世帯規模が，1841 年，1851 年，1861 年，1911 年にわたって時系列的に検討される。地図 5-40 では，飢饉前の平均帯規模を見れば，それは，アイルランド全体的には 5.7 ～ 6.2 人がほとんどであり，一番高い 6.7 人層がダブリン州，ウォーターフォード州，リムリック州の 3 州のみであった。つぎに高い 6.2 ～ 6.7 人層が先程のウォーターフォード州とリムリック州の周辺であるマンスター地方に集中していた。5.2 ～ 5.7 人という一番低い層がメイヨー州，ダウン州，アーマー州のみであった。したがって，飢饉前の世帯規模には，大きな相違が認められなかったと見てよい。

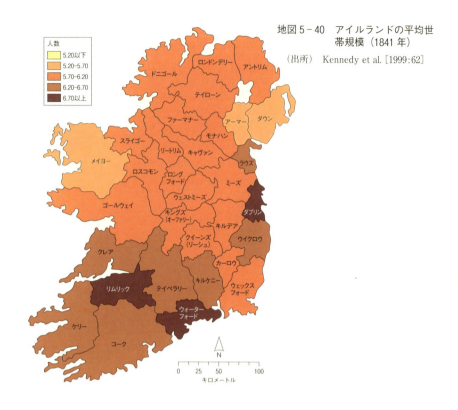

地図5-40 アイルランドの平均世帯規模（1841年）

（出所） Kennedy et al. [1999:62]

　飢饉後の1851年の平均世帯規模を地図5-41で見れば，1841年では6.2～6.7人であったマンスター地方が，6.7人にワンランク上昇していた。それ以外での変化は，ゴールウェイ州，メイヨー州がワンランク上昇させたのに対して，モナハン州とテイローン州がワンランク低下させていただけで，それ以外の州では変化が認められなかった。つまり，大飢饉が世帯規模に大きく影響していなかったことになる。

　地図5-42を見れば，1861年における平均世帯規模は，アイルランド全体で減少していた。すなわち，これまでの5.7～6.2人の範囲から5.2～5.7人にワンランク下がっていた。これまで優位であったマンスター地方も6.7人以上から6.2～6.7人に減少していたが，ダブリン州のみが依然同じ水準の6.7人以上を維持していた。つまり，大飢饉により減少したであろうという予想に反して，1861年までにアイルランドにおける平均世帯規模が，0.5人程度減少していたにすぎなかったのである。

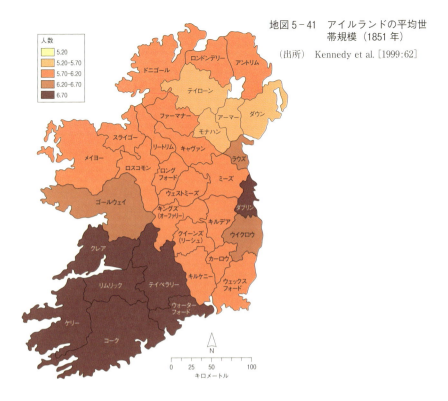

地図 5-41　アイルランドの平均世帯規模（1851 年）

（出所）Kennedy et al. [1999:62]

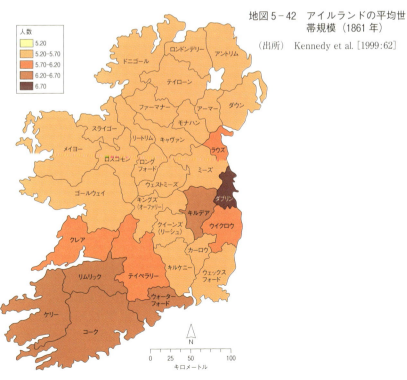

地図 5-42　アイルランドの平均世帯規模（1861 年）

（出所）Kennedy et al. [1999:62]

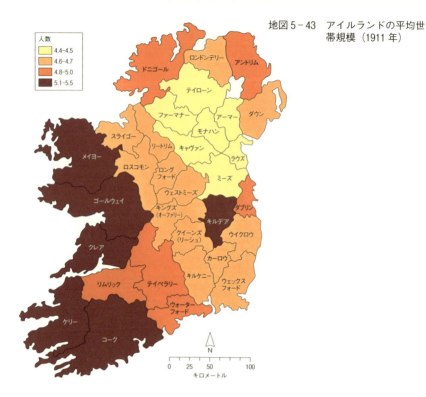

地図5-43　アイルランドの平均世帯規模（1911年）

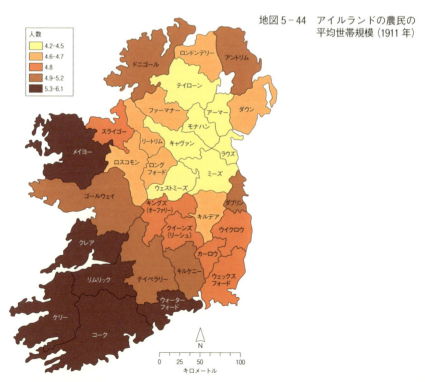

地図5-44　アイルランドの農民の平均世帯規模（1911年）

表5-3　4州の世帯規模（1901年，1911年）

州	年	1	2	3	4	5	6	7	8	9	10～	計	総数	平均
アントリム州	1901	6.4	13.5	16.8	16.8	15.2	11.8	8.1	5.2	3.2	4.0	100.0	38,843	4.8
	1911	8.6	15.5	15.1	14.8	13.2	10.4	8.0	5.7	3.6	4.1	100.0	39,336	4.6
クレア州	1901	5.9	11.9	13.0	14.2	13.3	11.4	9.5	7.4	5.5	8.0	100.0	20,965	5.4
	1911	6.4	12.5	14.7	15.2	13.8	11.3	8.9	6.5	4.5	6.3	100.0	20,662	5.3
メイヨー州	1901	4.7	10.8	13.3	14.9	14.1	12.4	10.0	7.7	5.2	6.9	100.0	37,241	5.3
	1911	5.4	11.6	13.6	14.8	14.1	12.0	10.1	7.4	5.0	6.0	100.0	37,164	5.2
ミーズ州	1901	10.3	16.2	16.4	14.4	12.2	9.9	7.0	5.1	3.6	4.9	100.0	15,325	4.6
	1911	10.9	17.7	16.2	15.0	12.5	9.3	6.9	4.6	3.0	4.0	100.0	14,930	4.8

　以上から1841年から1861年の期間に，移民が多かったマンスター地方で，それ以外の地方より世帯規模が大きかったのは意外であったが，その時期の婚姻と出生のデータが欠如しており，おそらく婚姻率と出生率の低下が世帯規模の減少と対応したと推察される。しかし，それは生涯未婚率で見たように，婚姻率を低下させる要因であったことは確かであろう。

　そこで，50年後の1911年における世帯規模を地図5-43で見れば，メイヨー州とウォーターフォード州を境界線にして，西部アイルランドで多く，東部アイルランドで少ないという世帯規模のコントラストが明確に認められた。東部アイルランドをさらにファーマナー州とミーズ州を境界ラインにして，東西に区分でき，東部の方がアイルランドの中間地帯より少ないことを示している。つまり西部，中部，東部の3地域に区分されることになる。したがって，50年前と比較すればそこに大きな違いが発現していたのである。どちらかといえば，西部アイルランドが大規模世帯，東部アイルランドが小規模世帯であり，中部がそれらの中間規模世帯であると判断される。つまり，メイヨー州，ゴールウェイ州，クレア州，ケリー州，コーク州は，一番大規模世帯で，反対に，テイローン州，ファーマナー州，モナハン州，キャヴァン州，ミーズ州が小規模世帯地帯であった。また，農民の平均世帯規模を示した地図5-44から見ても，それは平均世帯規模とほぼ類似した特徴を示していた。

　そこで，4州に限定して平均世帯規模を見れば（表5-3），アントリム州が1901年で4.8人，1911年で4.6人，ミーズ州が4.6人と4.8人，クレア州が5.4人と5.1人，メイヨー州が5.3人と5.2人であった。また，4州の世帯規模からミーズ州とアントリム州で2～3人がピーク，クレア州とメイヨー州が4人でピークを示し，この2州が，それ以降もミーズ州とアントリム州より多い分布

を顕著に示していた。したがって，それらの事実から，西部アイルランドが大規模世帯であることが再確認された。そのような世帯規模の相違は，子供数に起因するものと予測される。ただし，アントリム州の世帯規模の少なさは，プロテスタントとカトリックの違いによる相違と考えられる可能性があり，それは前述した生涯未婚率の少なさや，つぎに見る子供数の少なさと連動しているものといえる［Akenson 1988:28］。

(3) 子供数

　まず，平均子供数を地図5－45で見れば，子供数は，ドニゴール州とコーク州を境界ラインにして西部アイルランドが東部アイルランドより多いということが認められる。とくに，西部アイルランドにおける子供数の多い州として，ドニゴール州，メイヨー州，ゴールウェイ州，クレア州，ケリー州，コーク州が挙げられる。また，農民の子供数を地図5－46で見れば，先程の平均子供数と対応した分布が認められ，西部アイルランドの子供数の多さが，先述した婚姻率が低いものの多産であったことと対応していたのである。つまりその子供数が世帯規模に直接反映されたものと判断されてよい。

　つぎに，18歳以下の子供数の分布を示したのが，地図5－47である。それによれば，平均子供数の多かったドニゴール州，メイヨー州，ゴールウェイ州，ケリー州あたりが，逆に18歳以下の子供数が少ない地域であった。つまり，これらの地域では，継承者以外の男女の子供たちが18歳以下という早い段階で離家し，周辺地域やダブリンでの就業，あるいはアメリカ，イギリスへの移民という形態で生家から排出されたものと考えられる。

　そこで，4州の平均子供数を1901年，1911年で比較すれば（表5－4），クレア州とメイヨー州が，アントリム州とミーズ州よりも多い。また，1911年における18歳以上の子供数は，アントリム州が3037人，クレア州が6329人，メイヨー州が5978人，ミーズ州が5715人であり，クレア州とメイヨー州で年長の子供数が多かった。以上から，世帯規模は，子供数と相関関係にあることが理解された。つまり，低婚姻率や晩婚である西部アイルランドの世帯は，農民の多産による子供の多さにもとづいた大規模世帯を形成していた。また，クレア州，メイヨー州では，継承者になる男子は残留する可能性があったものの，それ以外の子供は早い段階で排出されるという家族戦略が認められたのであった。なお，アントリム州では，平均子供数と農民の平均子供数が低い原因として，カトリックがプロテスタントより多産であること，ベルファストの工業化による雇用の容易さ

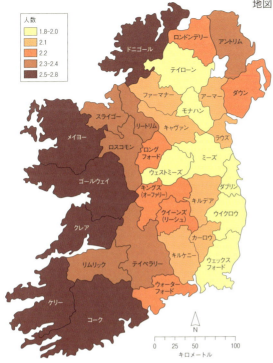

地図 5-45　アイルランドの平均子供数（1911 年）

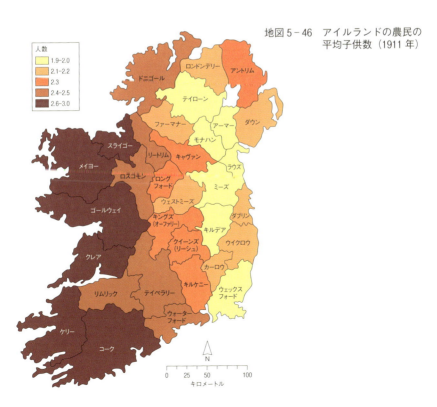

地図 5-46　アイルランドの農民の平均子供数（1911 年）

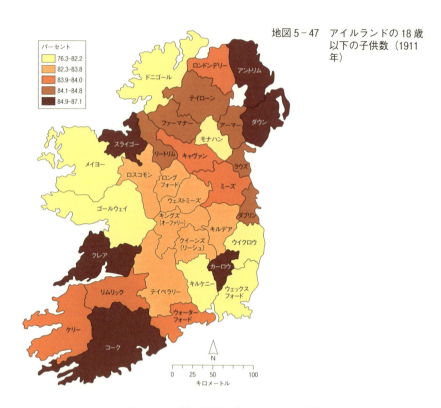

地図5-47 アイルランドの18歳以下の子供数（1911年）

表5-4 4州の子供数（1901年, 1911年）

州	年	1	2	3	4	5	6	7	8	9	10〜	計	総数	平均
アントリム州	1901	27.0	23.8	18.7	13.2	8.0	4.5	2.5	1.2	0.5	0.5	100.0	30,926	2.3
	1911	22.7	22.0	18.0	13.1	9.9	6.6	4.0	2.0	1.0	0.7	100.0	26,672	2.2
クレア州	1901	16.1	20.2	18.2	13.9	10.9	8.4	5.7	3.1	1.9	1.5	100.0	15,865	2.8
	1911	17.1	22.5	18.3	14.5	10.4	7.1	4.8	2.7	1.5	1.1	100.0	14,931	2.5
メイヨー州	1901	15.1	24.2	17.1	13.7	10.8	8.2	5.3	3.0	1.5	1.0	100.0	30,272	2.9
	1911	15.7	25.1	17.7	13.9	10.4	7.5	4.9	2.7	1.2	0.9	100.0	29,441	2.8
ミーズ州	1901	21.6	22.9	17.8	13.7	9.3	6.7	4.1	2.2	1.0	0.7	100.0	9,806	2.1
	1911	22.2	23.1	19.1	13.3	9.4	5.7	3.8	2.0	0.8	0.6	100.0	9,108	1.9

なども挙げることができよう。

(4) 世帯構成

ここではアイルランド全体の世帯構成をハメル＝ラスレットの世帯類型[9]にもと

づいて作成した1911年の地図から，アイルランドの世帯の特徴を明らかにしたい。

　まず，独居世帯数を示した地図5-48で見れば，独居世帯は，ロンドンデリー州からコーク州にいたる境界ラインにより，東部アイルランドと西部アイルランドで大きな違いが見て取れる。とくに独居世帯がラウズ州，ミーズ州，ウェストミーズ州で多く，つぎがその周辺のアルスター地方とレンスター地方である。それとは逆に，メイヨー州，リートリム州，ゴールウェイ州，ケリー州，コーク州が少ないことが読み取れる。つまり，そこに東高西低のパターンが強く認められた。農民の独居世帯数を示した地図5-49によれば，それは，ラウズ州，ミーズ州，ウェストミーズ州では依然高い水準を示しながら，アーマー州のアルスター地方，ダブリン州，キルデア州に拡大していた。また，つぎの数値もレンスター地方で多く認められた。

　非家族世帯数に関して，地図5-50で見れば，ドニゴール州とキルケニー州を境界ラインにして，東部アイルランドで多く，西部アイルランドで少ないというコントラストが認められた。それは，モナハン州で一番多く，つぎの数値（11.1～14.8％）はアントリム州とダウン州以外のアルスター地方とレンスター地方のすべての州が含まれていた。それとは反対に，コナハト地方とマンスター地方では，すべての州が11％以下であり，少なくなっていることが理解される。

　また，農民の独居世帯数と非家族世帯数を含めて示した地図5-51によれば，テイローン州からウェックスフォード州にいたる境界ラインにより，東部アイルランドと西部アイルランドが区分される。とくに，東部アイルランドでは，一番多いレベル（27％以上）がレンスター地方のラウズ州，ミーズ州，キルデア州，ウェックスフォード州，アルスター地方のテイローン州に分布していた。それらの州を中心にして，つぎのランク（23～27％）がその周辺を取り巻くように分布しており，それによりレンスター地方とアルスター地方における独居世帯と非家族世帯の特徴が明らかに認められる。つまり，これらの特徴から，世帯形成度が東部アイルランドでは低く，西部アイルランドでは高いという明白なコントラストを捉えることができるとともに，とくに農民世帯の場合には，より強固にそれが顕現していることも理解された。

　さらに，独居世帯と非家族世帯の農民平均世帯主年齢を示した地図5-52では，ドニゴール州とラウズ州にいたる境界ラインとゴールウェイ州とウォーターフォード州にいたる境界ラインにより，アイルランドが南北に3地域に区分される。アルスター地方では，本来独居世帯と非家族世帯が多い地域であるものの，

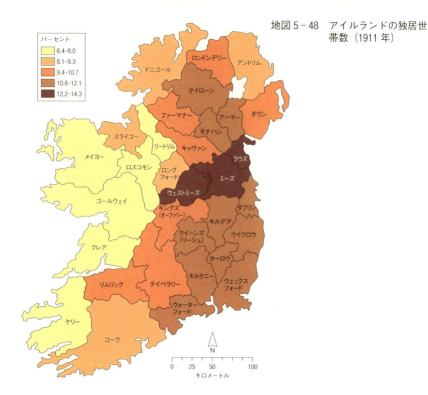

地図5-48 アイルランドの独居世帯数(1911年)

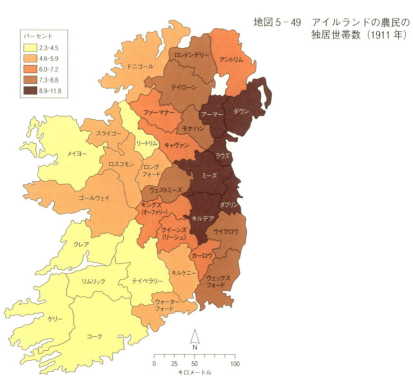

地図5-49 アイルランドの農民の独居世帯数(1911年)

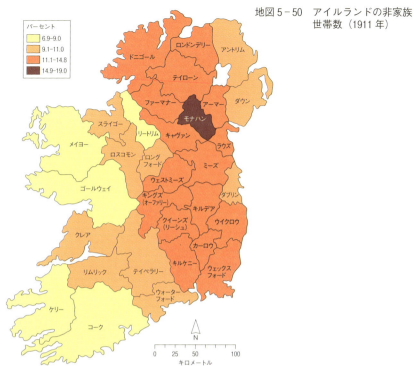

地図 5-50 アイルランドの非家族世帯数（1911年）

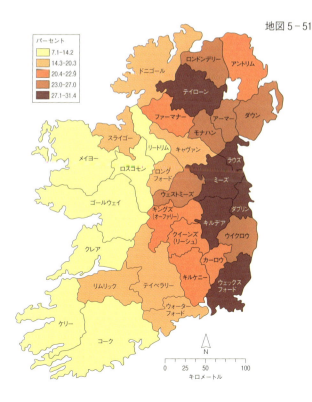

地図 5-51 アイルランドの農民の独居世帯数と非家族世帯数（1911年）

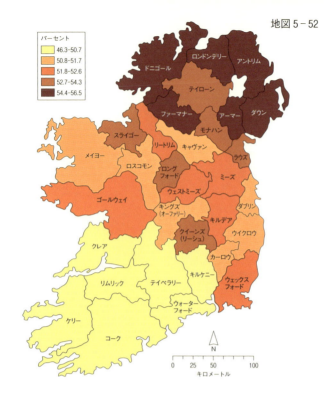

地図 5-52 アイルランドの農民の独居世帯と非家族世帯の平均世帯主年齢（1911年）

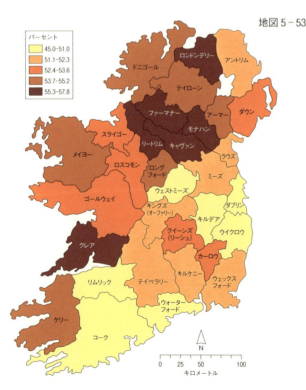

地図 5-53 アイルランドの労働者の独居世帯と非家族世帯の平均世帯主年齢（1911年）

生涯未婚率が高い地域ではなかったが，その地方でとくに高い平均年齢が認められた。つまり，そこには，アルスター地方では生涯未婚率があまり高くないのであるが，それと世帯主年齢の高さとの相関関係が認められなかった。それに対して，生涯未婚率の高い中間地帯が平均世帯年齢も高く，そこには，ある程度相関関係が認められた。

　その労働者の場合（地図5-53）を見れば，ロンドンデリー州からケリー州を境界ラインにして，西部アイルランドで高く，東部アイルランドで低いというコントラストが認められた。そこには，どちらかといえば，西部アイルランドでは，生涯未婚率が高い傾向があるが，それがある程度世帯主の高年齢化と相関しているものと見られる。貧困地域であるメイヨー州，クレア州あたりでは東部アイルランドと比較して，労働者の就業機会が少ないことも影響し，それが，生涯未婚者としての適応戦略とみなされていたと推察される。なお，東部アイルランドでは，就業機会が多いにもかかわらず，未婚による非家族化が浸透していと見ることができる。そして，アルスター地方では，依然農民と類似して，高い平均世帯主年齢の傾向があったといえよう。

　単純家族世帯数を地図5-54で見れば，それは，リートリム州からコーク州にいたる境界ラインにもとづく西部アイルランドと，アントリム州からダブリン州にいたる境界ラインの東部アイルランドと，さらにその中部アイルランドという3つに地域区分ができる。とくに，アントリム州，ダウン州，ダブリン州，リートリム州が一番多く，つぎのレベルが西部アイルランドのコナハト地方とマンスター地方の一部に多いが，レンスター地方では少ない傾向にある。すなわち，単純家族世帯は，プロテスタントの多い北部アルスター地方と大都市のダブリンに集中し，意外に複合家族世帯の多いコナハト地方とマンスター地方でも，単純家族世帯が多く認められたが，これは独居世帯と非家族世帯の割合の少なさに対応したものといえる。つまり，それは，コナハト地方とマンスター地方では家族形成度が高く，レンスター地方では低いという特徴のコントラストと関連性を強く持つものと見られよう。

　農民における単純家族世帯の世帯主平均年齢を見れば（地図5-55），そこにはドニゴール州からクレア州にいたる西部アイルランドとカーロウ州の東部アイルランドの一部が一番高い世帯主年齢が見られる地域であるが，全体的には，中部アイルランドにおいても，その高さが顕著に認められる。逆に，アルスター地方の一部とマンスター地方が低い年齢であることがわかる。とくに，西部アイルランドにおいてドニゴール州，スライゴー州，ロスコモン州，クレア州という地域

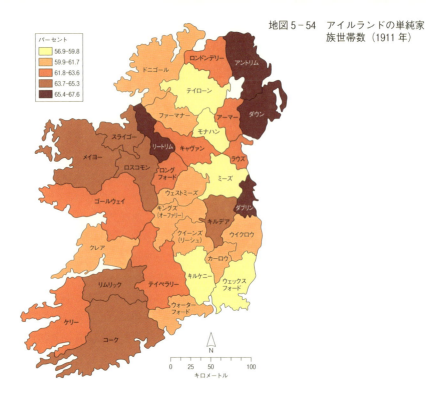

地図 5-54 アイルランドの単純家族世帯数（1911年）

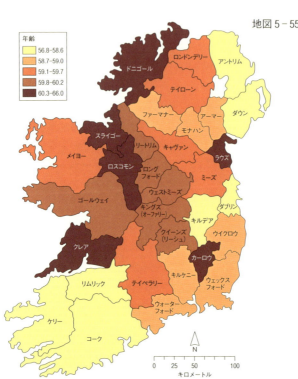

地図 5-55 アイルランドの農民の単純家族世帯の平均世帯主年齢（1911年）

が高く，それは初婚年齢で見たように（地図5-24，5-28），婚姻年齢が本来高い地域であった。それに対して，北西アルスター地方のアントリム州，ダウン州とレンスター地方のダブリン州，キルデア州，南マンスター地方のリムリック州，ケリー州，コーク州が低いという傾向が読み取れる。すなわち，アルスター地方では，土地が細分化されていたこと，それ以外にベルファスト周辺における就業の可能性にもとづく小農民の兼業化が容易であったことによる低い初婚年齢と相関していたのであり，その結果，早く家族形成が行なわれたことが単純家族世帯の世帯主年齢の低さとして発現したものと判断される。

　そして，単純家族世帯における労働者の平均世帯主年齢（地図5-56）は，スライゴー州とケリー州の境界ラインの西部アイルランドが高い世帯主年齢であったことがわかる。とくに，スライゴー州，メイヨー州，ロスコモン州，リートリム州，クレア州，ケリー州がそれに該当しているが，その高さと生涯未婚者の高さとが相関していると見てよい。農民と労働者のそれを比較すれば，西部アイルランドに関していえば，クレア州，ロスコモン州が双方で平均世帯年齢が高いが，それ以外の州では逆相関しており，農民では低く，労働者で高いという性格を示していた。

　拡大家族世帯数を地図5-57で見れば，メイヨー州からテイペラリー州，コーク州にいたるラインを境界線として，東西アイルランドでの相違が認められる。つまり，それは，クレア州とケリー州で一番多く，つぎにメイヨー州，リムリック州，コーク州，テイペラリー州というコナハト地方とマンスター地方に集中し，反対に，アルスター地方とレンスター地方で少ないというコントラストが明確に認められる。また，その分布を垂直拡大家族世帯数に限定して示した地図5-58から見れば，それは，スライゴー州からケリー州にいたるラインを境界線として，西部アイルランドが東部アイルランドより優位であることがわかる。アーマー州，リートリム州，スライゴー州，メイヨー州，クレア州，ケリー州が一番多く，つぎの低いレベルがファーマナー州，ロスコモン州，コーク州と北東部アルスター地方であった。そして，その2つの分布はほぼ拡大家族世帯の分布と類似したものとみなされ，それらが直系家族とみなされる地域である。

　さらに地図5-59の多核家族世帯数で見ると，それには，ドニゴール州とケリー州を境界ラインとして，メイヨー州，ゴールウェイ州，ケリー州が一番多く，つぎにドニゴール州，リートリム州，ロスコモン州，クレア州が続いているものの，アルスター地方とレンスター地方では，極めて少ないという特徴が明確に認められる。なお，農民の多核家族世帯数の場合にも（地図5-60）ドニゴール州と

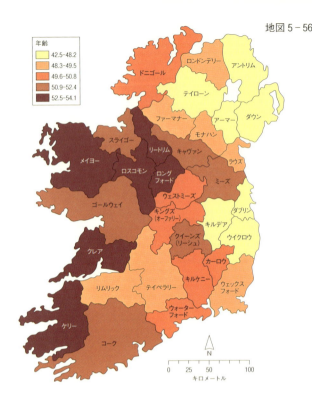

地図 5-56 アイルランドの労働者の単純家族世帯の平均世帯主年齢（1911年）

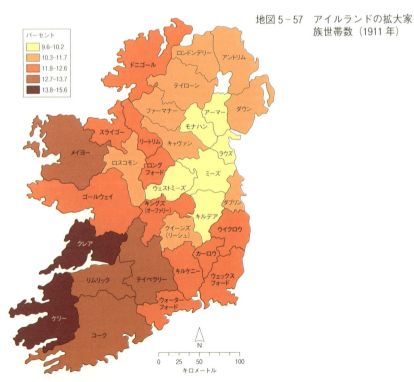

地図 5-57 アイルランドの拡大家族世帯数（1911年）

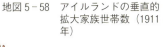

地図 5-58 アイルランドの垂直的拡大家族世帯数（1911年）

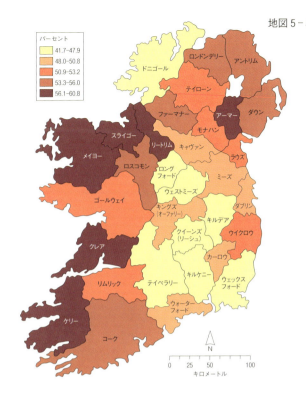

地図 5-59 アイルランドの多核家族世帯数（1911年）

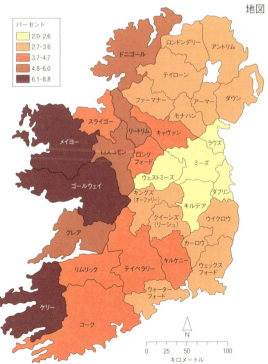

ケリー州を境界にして，西部と東部のコントラストが鮮明であった．地図 5-59
の多核家族世帯と地図 5-60 の農民の多核家族世帯の比較では，農民の多核家族
世帯の分布の違いにおいて，クレア州とコーク州が一番多い地域に加わったこと，
レンスター地方で，一番低い割合の 5 州から 8 州に拡大していることが指摘でき
る．したがって，西部アイルランドのコナハト地方とマンスター地方で直系家族
が顕在化していたものと判断された．

　さらに，拡大家族世帯と多核家族世帯を含めた複合家族世帯数の地図 5-61 を
見れば，それは全体の多核家族世帯，農民の多核家族世帯とほぼ同じ分布が認め
られるものの，そこにメイヨー州とコーク州を境界ラインにして，メイヨー州，
ゴールウェイ州，クレア州，ケリー州，コーク州，リートリム州が一番多いラン
クで，つぎのランクがドニゴール州，ロスコモン州，ロングフォード州，テイペ
ラリー州，キルケニー州，リムリック州であるが，それらは，すべて西部アイル
ランドであり，東部アイルランドと明確な相違がそこに認められていた．つまり
直系家族は，そのような西部アイルランドに典型的に見られる世帯タイプだった
のである．

　以上から，アイルランドの直系家族は，ドニゴール州とコーク州を境界線にし
て，西部アイルランドで優位な世帯タイプであり，東部アイルランドが劣位なタ
イプであることが明確であるが，そこにテイペラリー州，リムリック州，キルケ
ニー州が加わっているものの，西部アイルランドの優位性に変更が認められな
かった．

　また，複合家族世帯の平均世帯規模を示した地図 5-62 では，ドニゴール州か
らコーク州にいたるラインを境界線として，西部アイルランドと東部アイルラン
ドの相違が明確に見られ，西部アイルランドでは，農民の複合家族世帯の分布と
相関した分布を強く示すのが当然であるが，平均世帯規模の多さが複合家族世帯
と相関関係を強く持つことも示していた．すなわち，それは，ドニゴール州，メ
イヨー州，ゴールウェイ州，クレア州，ケリー州，コーク州では，複合家族世帯
と世帯規模の大きさが相関していることを明確に示したものである．つまり，以
下で取り上げるように，直系家族は，メイヨー州，クレア州で一番顕在化してい
たことが証明されたのである．

　複合家族世帯の農民平均世帯年齢を見れば（地図 5-63），ドニゴール州とキル
ケニー州を結ぶラインを境界にして北部アイルランドが，南部アイルランドより，
世帯主年齢が高かった．とくにドニゴール州，メイヨー州，ゴールウェイ州，
アーマー州が一番高かった．それ以外では，北部アイルランドで高い州が認めら

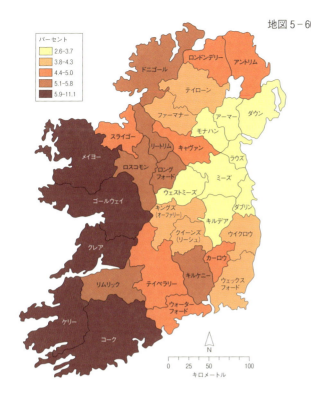

地図 5-60　アイルランドの農民の多核家族世帯数（1911年）

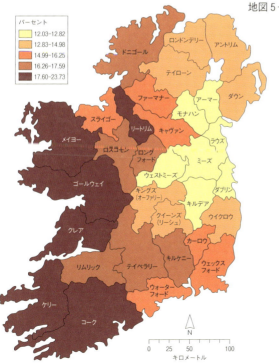

地図 5-61　アイルランドの複合家族世帯数（1911年）

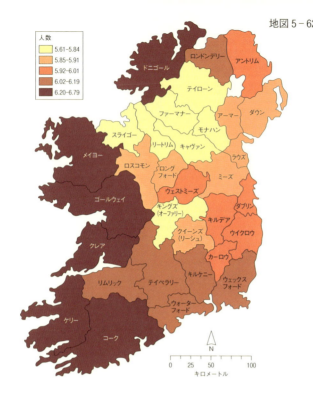

地図 5-62　アイルランドの複合家族世帯の平均世帯規模（1911 年）

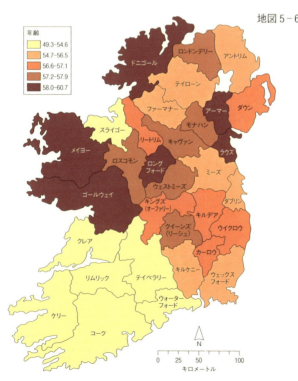

地図 5-63　アイルランドの農民複合家族世帯の平均世帯主年齢（1911 年）

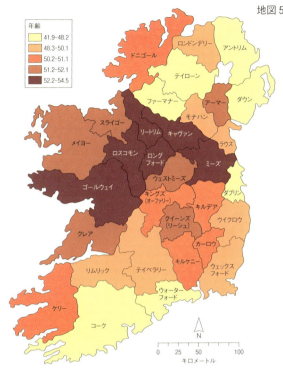

地図5-64 アイルランドの労働者複合家族世帯の平均世帯主年齢（1911年）

れるものの，南部アイルランドのマンスター地方で低いことがわかる。つまり，複合家族世帯では，家長が長く土地を保持する傾向にあるので，世帯主年齢が高くなる可能性も強く，それが，とくにメイヨー州，ゴールウェイ州，ドニゴール州あたりでは典型的に発現しているものと判断される。

　他方，労働者の平均世帯年齢に関しては（地図5-64），農民の場合とかなり相似した分布を示していた。つまり，世帯主年齢の高齢化については，ゴールウェイ州，メイヨー州，ロスコモン州，ロングフォード州あたりは複合家族世帯と重層した地域であるが，それらの州は基本的に複合家族世帯が優位な地域であり，農民だけでなく労働者の複合家族世帯分布にも相似した地域的アイデンティティが認められ，農民だけでなく，労働者にもその地域の家族戦略が同化したものとみなしてよい。また，この地域では，高い生涯未婚率と相関関係にあることも注目しておく必要がある。なお，アルスター地方では，高い婚姻率，低い生涯未婚率を反映して，世帯主年齢も低かったと見られる。

第5章　20世紀初頭におけるアイルランドの世帯構造の地域性　　173

以上の分析は，ハメル＝ラスレットによる世帯分類を GIS 手法により地図化することにより可能になったのであるが，それは以下のように要約することができよう。

　まず，独居世帯が東高西低型を示し，ラウズ州，ミーズ州，ウェストミーズ州という大規模農地域で多く，メイヨー州，ゴールウェイ州などのコナハト地域の小規模農地域で少なかった。それが，農民の場合には，さらにレンスター地方全体に拡大していた。つぎに非家族世帯では，その形態はやはり東高西低であり，アルスター地方とレンスター地方で多く，とくに農民の場合には，レンスター地方での拡大分布が明確であり，東高西低が強度に認められた。つまり，独居世帯と非家族世帯が，東部農村地域で顕著に顕在化していたといえる。それらから，先述したように，西部アイルランドより東部アイルランドでの世帯形成度が低かったと理解できる。それらの２つのタイプと世帯主年齢の相関を見たところ，その関係が農民の場合には複雑で３地域に区分されたが，生涯未婚率の高い中部アイルランドでのみ相関が認められた。しかし，労働者の場合には西高東低が明らかであり，生涯未婚率と世帯主の高齢化との相関が認められた。

　つぎに，単純家族世帯は，西部アイルランド・中部アイルランド・東部アイルランドの３地域に区分された。それは，意外にも西部アイルランドのコナハト地方とマンスター地方に多く，コナハト地方とマンスター地方で独居世帯と非家族世帯の割合に影響されたものと判断できよう。そして，世帯主年齢との関係では，一応農民が西高東低型であるものの，中部地域で世帯主年齢が高く，コナハト地方では，婚姻年齢の高さによる世帯主の高齢化が見られた。しかし，アルスター地方では，就業の容易さ，初婚年齢の低さにより，世帯主の低年齢化が認められる。

　拡大家族世帯は，西高東低であり，コナハト地方とマンスター地方で多かった。また，垂直拡大家族世帯においても，同じ性格を内包させていた。

　多核家族世帯は，西高東低であり，コナハト地方で多く，レンスター地方で少なかった。それは農民の多核家族世帯でも同じ性格が認められた。さらに，拡大家族世帯と多核家族世帯を含めた複合家族世帯から見れば，やはり西高東低型であり，その形態と世帯規模に相関関係が明らかに認められた。さらに，この形態と世帯主年齢との関係を見れば，農民の場合には，それは，どちらかといえば，南北アイルランドに区分され，北高南低の特徴を持っていた。しかし，貧困地帯であるコナハト地方と西部アルスターで，世帯主年齢が高かった。

　以上から，基本的に世帯形態とその規模の関連から見れば，農民の世帯構成は

表5-5　4州の世帯構成（1901年，1911年）

世帯分類	アントリム州		クレア州		メイヨー州		ミーズ州	
	1901	1911	1901	1911	1901	1911	1901	1911
独居世帯	7.3	10.8	6.0	6.1	4.7	5.0	10.3	10.9
非家族世帯	9.3	11.7	9.0	10.1	7.2	7.9	17.0	17.6
単純家族世帯	63.8	63.9	62.6	61.4	64.9	61.5	58.9	57.6
拡大家族世帯	16.8	10.5	18.5	18.7	18.4	20.3	12.6	12.3
多核家族世帯	2.9	3.1	3.7	3.8	4.7	5.4	1.1	1.5
計	100.0	100.0	100.0	100.0	100.0	100.0	100.0	100.0
総数	38,766	39,257	20,833	20,347	37,627	36,706	14,853	14,733

独居世帯，非家族世帯が東高西低，拡大家族世帯と多核家族世帯が西高東低であることが明確に理解され，直系家族が西部アイルランドで典型的形態であることが証明されたことになる。

　さらに世帯構成を4州に限定して表5-5で見れば，ミーズ州では独居世帯と非家族世帯が1901年と1911年で極めて多く，この2つのタイプで27％と29％を占めるのに対して，拡大家族世帯と多核家族世帯が合わせてほぼ13％で，しかも単純家族世帯も少なく，家族形成度が弱かったと考えられる。アントリム州もミーズ州に類似して，独居世帯と非家族世帯が多く，多核家族世帯が少ない。それに対して，メイヨー州では多核家族世帯が1901年で4.7％，1911年で5.3％，拡大家族世帯が18％と20％で，逆に独居世帯と非家族世帯の割合が低かった。またクレア州では拡大家族世帯と多核家族世帯が合わせて22％であるのに対して，独居世帯と非家族世帯の割合がメイヨー州とミーズ州の中間であった。アントリム州では，拡大家族世帯と多核家族世帯が1901年には合わせて19％，1911年には14％に減少し，独居世帯と非家族世帯が意外に高かった。したがって直系家族の割合がメイヨー州とクレア州で高く，アントリム州とミーズ州で低いというコントラストが明らかになった。

　以上から，直系家族は東部アイルランドより西部アイルランドで多く分布するという地域的ヴァリエーションが再度確認された。そのような世帯構成を下位区分レヴェル（表5-6）で見れば，独居世帯では，アントリム州とミーズ州がクレア州，メイヨー州より多く，非家族世帯では，1911年でいえば，兄弟姉妹の同居がアントリム州とミーズ州で多かった。これらの2つの特徴は，婚姻率よりも生涯未婚率の高さに対応しているものといってよい。

第5章　20世紀初頭におけるアイルランドの世帯構造の地域性　　175

表 5-6　4州の下位分類による世帯構成（1901年，1911年）

分類	下位分類	アントリム州		クレア州		メイヨー州		ミーズ州	
		1901	1911	1901	1911	1901	1911	1901	1911
1．独居世帯	1a 寡婦・寡夫	3.0	3.6	3.2	2.4	2.6	2.3	3.2	3.1
	1b 未婚・不明者	3.2	7.2	3.0	3.7	2.1	2.7	7.1	7.8
2．非家族世帯	2a 兄弟の同居	2.9	7.8	4.0	5.2	3.2	3.9	8.9	9.0
	2b その他の親族同居	4.3	3.1	2.7	2.6	2.6	2.6	4.5	4.7
	2c 親族関係のない者の同居	0.1	0.8	2.3	2.3	1.4	1.4	3.6	4.0
3．単純家族世帯	3a 夫婦のみ	6.2	7.4	5.9	6.0	5.1	5.1	6.8	7.6
	3b 夫婦と子供	46.6	43.3	38.6	37.9	42.5	40.5	34.1	33.7
	3c 寡夫と子供	3.9	4.4	5.1	4.9	4.7	4.4	5.2	4.7
	3d 寡婦と子供	9.5	8.8	13.0	12.6	12.6	11.5	12.7	11.7
4．拡大家族世帯	4a 上向的拡大	3.5	2.7	7.1	7.2	8.8	10.0	3.3	3.3
	4b 下向的拡大	3.8	3.4	5.8	5.6	5.5	5.5	5.1	5.0
	4c 水平的拡大	8.7	3.3	4.3	4.9	3.3	3.9	3.6	3.3
	4d 4a-4c の組合わせ	1.0	1.1	1.3	1.0	0.8	0.8	0.6	0.6
5．多核家族世帯	5a 上向的拡大	1.4	0.8	1.7	2.0	0.6	1.0	0.3	0.3
	5b 下向的拡大	1.4	2.1	2.0	1.8	3.9	4.2	1.0	1.1
	5c 水平的拡大	0.3	0.0	0.0	0.0	0.1	0.1	0.0	0.0
	5d 兄弟同居家族	0.0	0.0	0.0	0.0	0.0	0.0	0.0	0.0
	5e その他の多核家族世帯	0.0	0.0	0.0	0.0	0.1	0.1	0.1	0.1
計		100.0	100.0	100.0	100.0	100.0	100.0	100.0	100.0
総数		38,766	39,257	20,833	20,347	37,627	36,706	14,853	14,733

　単純家族世帯では，1911年のアントリム州とミーズ州の場合には，夫婦と子供という核家族形態が，クレア州とメイヨー州より低く，夫婦のみの形態が少し多かった。拡大家族世帯に関しては，1911年の垂直的拡大家族がクレア州で一番多く，以下，ミーズ州，メイヨー州，アントリム州という順序であった。多核家族世帯に関して，1911年の垂直的多核家族世帯がメイヨー州で一番高く，以下クレア州，アントリム州，ミーズ州という順序であった。つまり，直系家族が，メイヨー州とクレア州で多く，独居世帯と非家族世帯がアントリム州とミーズ州で多く，単純家族世帯でも，典型的な核家族タイプがアントリム州とミーズ州で

図5-6 直系家族のダイナミックスモデル

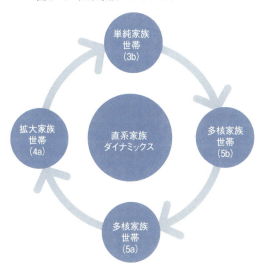

は少なかった。したがって，これまで見てきたように，ミーズ州あたりでは家族形成度が低く，それが家族戦略であったと考えられる。

ところで，理念的には直系家族は，図5-6に示されるように3b→5b→5a→4a→3bというダイナミックな転換を示すのであるが，アイルランドの世帯パターンは以下のような動態を顕現させていた。

以下では，その家族動態が，表5-7に示されている1901年と1911年の4州のリンケージ・データをとおして詳細に検討される。まずアントリム州とミーズ州では独居世帯（S）継続率が42.5％と47.8％，非家族世帯（NF）の継続率が42.5％と49.5％であった。それに対して，クレア州では35.4％と33.0％，メイヨー州では33.3％と29.7％であった。それらを比較すれば，クレア州とメイヨー州の方が，アントリム州とミーズ州より家族形成度が高いものと見てよい。直系家族の多いメイヨー州では，単純家族世帯（SFH）から拡大家族世帯（EFH）への移行率が9.2％，多核家族世帯（MFH）への移行率が7.5％であった。またクレア州ではSFH→EFHが10.1％，SFH→MFHが4.3％であった。反対に，直系家族の割合が低い地域であるアントリム州では，SFH→EFHが8.2％とSFH→MFHが3.6％で，ミーズ州では，SFH→EFHが7.4％とSFH→MFHが2.7％であった。つまり，西部アイルランドにおける単純家族世帯から直系家族への移行度が東部アイルランドよりも強いものと判断された。換

表5-7 4州の世帯ダイナミックス

1901	1911	1	2	3	4	5	計	総数
アントリム州	1. 独居世帯	42.5	13.2	34.9	7.5	1.9	100.0	106
	2. 非家族世帯	25.8	42.5	24.7	6.5	0.5	100.0	186
	3. 単純家族世帯	4.0	1.9	82.3	8.2	3.6	100.0	1,512
	4. 拡大家族世帯	4.7	17.5	56.1	18.5	3.3	100.0	428
	5. 多核家族世帯	7.0	9.3	57.0	19.8	7.0	100.0	86
クレア州	1. 独居世帯	35.4	6.3	45.7	9.4	3.1	100.0	127
	2. 非家族世帯	14.5	33.0	38.0	10.6	3.9	100.0	179
	3. 単純家族世帯	3.5	2.6	79.6	10.1	4.3	100.0	2,206
	4. 拡大家族世帯	1.7	3.6	61.4	29.5	3.8	100.0	634
	5. 多核家族世帯	2.0	5.4	46.9	32.0	13.6	100.0	147
メイヨー州	1. 独居世帯	33.7	7.2	44.6	3.6	10.8	100.0	83
	2. 非家族世帯	9.9	29.7	44.0	14.3	2.2	100.0	91
	3. 単純家族世帯	3.6	2.3	77.4	9.2	7.5	100.0	1,971
	4. 拡大家族世帯	1.4	2.5	66.6	24.8	4.7	100.0	359
	5. 多核家族世帯	3.4	1.7	53.8	12.0	29.1	100.0	117
ミーズ州	1. 独居世帯	47.8	11.0	30.9	8.4	1.8	100.0	391
	2. 非家族世帯	14.5	49.5	27.0	8.0	1.0	100.0	511
	3. 単純家族世帯	4.4	3.4	82.2	7.4	2.7	100.0	2,528
	4. 拡大家族世帯	3.5	7.0	57.9	27.7	3.9	100.0	458
	5. 多核家族世帯	8.6	9.9	44.4	13.6	23.5	100.0	81

（注）　1＝独居世帯，2＝非家族世帯，3＝単純家族世帯，4＝拡大家族世帯，5＝多核家族世帯を示す。縦軸が1901年，横軸が1911年を示す

言すれば，それは直系家族システム規範が東部アイルランドより西部アイルランドで強く維持されていることを示す。

　拡大家族世帯に関して，アントリム州ではEFHの継続率が弱く（18.5％），EFH→SFHが56.3％，EFH→NFが17.5％と多いが，EFH→MFHが3.3％で少なかった。クレア州では，EFHの継続率が29.5％，EFH→SFHが61.4％，EFH→MFHが3.8％であった。メイヨー州ではEFHの継続率が24.7％，EFH→SFHが66.4％，EFH→MFHが4.7％であった。ミーズ州ではEFHの継続率が強く（27.7％），EFH→SFHが57.9％，EFH→MFHが3.9％であった。つまりこの世帯タイプの継続期間が短期であり，SFHへの移行率が強いが，

MFH への移行率が弱かった。

　さらに多核家族世帯に関して，MFH の継続率が，メイヨー州（29.1％）と
ミーズ州（23.5％）で高く，クレア州（13.6％）とアントリム州（6.9％）が
低かった。MFH はすべての州で SFH への移行率が高いことに共通しているもの
の，クレア州では MFH→SFH が 46.9％，MFH→EFH が 32％，S と NF への
移行率が低かった。メイヨー州では，MFH が長期継続の結果，MFH→SFH が
53.8％，MFH→EFH が 12.0％という移行率であった。ミーズ州では MFH が
長期継続していたが，MFH→EFH が少なく，MFH→SFH が一番多く，MFH→S，
MHF→NF へという多様な移行が認められた。アントリム州では，MFH の継続
率が低く，MFH→SFH，MFH→EFH，MFH→S，MHF→NF という多様な移行
が見られた。しかし，アイルランドの世帯に複雑な転換が認知されたものの，単
純家族世帯から多核家族世帯への転換が検証され，それが直系家族システム規範
を顕現させたものと解釈できる。

　以上の 1901 年と 1991 年における世帯の動態分析から，単純家族世帯→拡大家
族世帯の移行ではミーズ州，アントリム州よりクレア州とメイヨー州が優位であ
ることはクレア州とメイヨー州が直系家族システム規範を強く持つものと理解さ
れる。その結果，直系家族システム規範は東部アイルランドより西部アイルラン
ドで強く持つものと判断された。

　さらに 1901 年と 1911 年のリンケージ・データをもとに世帯のクラスレベルか
ら見ると，クレア州では，3b→3c が 7.5％で一番多く，以下 3b→4a が 3.4％，
3b→5b が 3.2％，3b→4c が 2.8％，3b→4b が 2.6％であった。クラス 5 に関し
て，5b→3b が一番多く 32.1％，5b→5b が 25.0％，5b→3c が 14.3％，5a→3b
が 34.8％，5a→4a が 20％，5a→4c が 15.7％，5a→5a が 10.5％であった。す
なわちクレア州では単純家族世帯から多核家族世帯への転換が認められること，
多核家族世帯の 5b の形態に継続率の高さ，5a の継続率の低さと 5a，5b ともに
3b への転換が認められた。メイヨー州では，3b の継続率が極めて高く（66.1％），
3b→5b への転換（6.1％）が認められ，5b の形態の継続率（35.8％）が高いこ
とも特徴である。他方，ミーズ州では 3b の継続率が 70.8％で一番高いこと，
4a→3b の転換が高い（51.4％），4b→3b（31.0％）と 4b の継続率（20.7％）
が高いが，3b→5b の転換がほとんど存在しないこと，4b→5b の転換が低いこと
が読み取れる。

　以上から，西部アイルランドのクレア州とメイヨー州では単純家族世帯から多
核家族世帯への転換が認められたが，ミーズ州ではその転換が認知されなかった。

第 5 章　20 世紀初頭におけるアイルランドの世帯構造の地域性　　　179

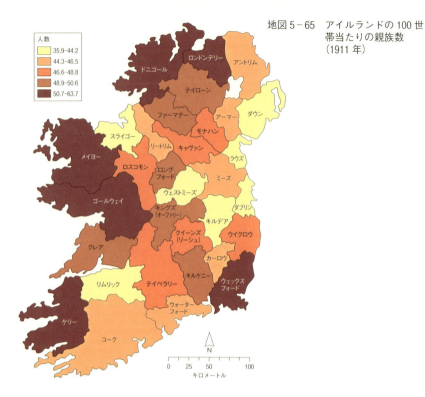

地図 5-65 アイルランドの 100 世帯当たりの親族数（1911 年）

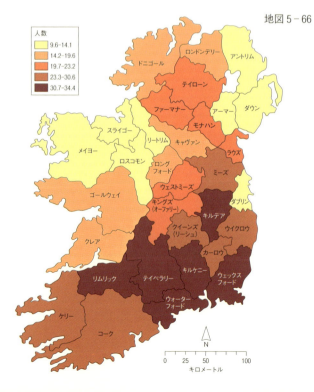

地図 5-66 アイルランドの 100 世帯当たりのサーヴァント数（1911 年）

その相違は直系家族システム規範が東部アイルランドより西部アイルランドで優位であることを示したものであった。

（5）親族数

100世帯当たりの親族数を見れば［Wall 1983:500］，それは東部アイルランドのウェックスフォード州と西部アイルランドのスライゴー州を除外すればほぼロンドンデリー州とケリー州にいたるラインを境界にしてとくに，西部アイルランドでは，ロンドンデリー州，ドニゴール州，メイヨー州，ゴールウェイ州，ケリー州の親族数が一番多く，それが，複合家族世帯の強い形成を意味していた。他方，東部アイルランドでは，ダウン州，ラウズ州，ウェストミーズ州，ダブリン州，キルデア州，ミーズ州あたりで親族数の少なさが独居世帯・非家族世帯の形成を意味し，逆にそれが複合家族世帯の低下と連動していたのであった（地図5-65）。

サーヴァント数に関して，サーヴァントはアイルランドの東南部に集中した分布が認められるが，この分布は商業的大規模農業地域と対応したものである。そして，この地域は家族労働力のみでは農業経営が不可能であり，サーヴァントや農業労働者の雇用を必要としたことによるものと判断される（地図5-66）。

表5-8　4州の親族数（1901年，1911年）

	アントリム州		メイヨー州		クレア州		ミーズ州	
	1901	1911	1901	1911	1901	1911	1901	1911
親	4.3	4.0	5.9	6.8	8.7	9.6	2.7	2.3
兄弟姉妹	15.4	16.2	10.5	12.2	14.2	16.8	21.6	20.9
兄弟姉妹の配偶者	1.6	1.8	1.6	1.8	2.0	2.1	1.8	1.8
子供の配偶者	2.3	2.5	7.8	8.6	3.5	3.4	1.2	2.5
甥・姪	9.6	9.3	6.6	6.2	7.4	6.5	9.1	8.4
孫	14.2	13.7	20.9	28.9	12.7	11.8	8.9	9.8
他の親族	2.8	3.2	2.0	2.9	2.8	3.7	1.6	3.3
親族数	50.2	50.7	65.3	67.2	51.3	53.9	46.9	49.0
サーヴァント	17.2	15.4	9.4	8.5	18.1	15.9	27.1	23.3
寄宿人	1.6	1.2	1.3	1.1	2.0	1.9	1.8	1.4
同居人	8.2	9.2	3.4	3.8	4.6	5.0	5.2	6.5
訪問者	3.4	2.9	2.5	2.1	4.2	3.3	3.2	3.1

（注）　単位＝人数

つぎに，4 州の親族数を比較すれば（表 5-8），メイヨー州が 1901 年の 65 人と 1911 年 67 人でともに一番多く，以下クレア州の 51 人と 54 人，アントリム州の 50 人と 51 人，ミーズ州の 47 人と 49 人という順序である。クレア州とメイヨー州は，親，義理の兄弟姉妹，孫という直系親族を多く含み，それは直系家族システム規範を強く顕現させたものと理解できる。それに対して，ミーズ州では兄弟姉妹，甥，姪という傍系親族を多く含むところに大きな相違があった。それが，先述した生涯未婚率と関係し，非家族世帯の割合の多さに発現し，家族形成度の低下を招いたのである。また，アントリム州の親族数はクレア州に近いが，そこでは両親が少なく，兄弟姉妹，甥，姪，孫が多く，それは多核家族世帯の形成度が弱いことを示していた。

5 　結　　論

本章では，アイルランドの家族が 19 世紀中頃までの核家族システムから，それ以降直系家族システムに変化し，直系家族が形成されたという仮説にもとづいてアイルランド全体での検証作業をしてきた。それは，1901 年と 1911 年の全センサス個票をデータとして，GIS による地図化とリンケージ手法を手掛かりにして検証する作業であった。その結果，一言でいえば，西部アイルランドと東部アイルランドで直系家族形成に地域的ヴァリエーションが存在したことを明らかにしたのである。それは以下のように要約できるであろう。

西部アイルランドは婚姻率が東部アイルランドより低いにもかかわらず，高出生率，低死亡率であった。1870 年代以降生涯未婚者がアイルランドで浸透し始め，それがレンスター地方，アルスター地方で顕著に認められ，その要因が世帯形成率の低下に導いた。コナハト地方とマンスター地方でも生涯未婚者が増加したものの，多産と低死亡率により，他の地方より世帯規模が大きかった。そして，コナハト地方とマンスター地方で人口の自然増が認められるものの，アメリカへの移民の多さによる人口減少という人口構造を示していた。

西部アイルランドで生涯未婚者年齢が 1901 年より 1911 年が高くなったが，それは世帯主が家長権を維持したことによる。世帯主は後継者に早い段階で継承させずに未婚のままで待機させたことが晩婚化や未婚化を導いた。とくに西部アイルランドの世帯がその性格を強く内包させていたが，それは後継者の継承の待機による晩婚化，さらに後継者以外の子供の，移民よりも残留することを幸福な生活状態（well-being）とみなす家族戦略であった。

他方東部アイルランドは後継者以外の子供がダブリン市，ベルファスト市の国内での就業やアメリカ，イギリスへの移民も容易であった。また東部アイルランドでは土地なし農業労働者，サーヴァントが多く，彼らは経済的要因により家族形成の可能性があったが，未婚の選択あるいは非家族世帯も存在した。そして彼らの世帯が単純家族世帯を形成し，それが直系家族形成の阻止要因でもあった。

　世帯形態が西部アイルランドのコナハト地方とマンスター地方で拡大家族世帯と多核家族世帯が1901年で18.2％と18.9％（農民20.4％と24％），1911年で19.4％と18.6％（農民21.7％と26.5％）であるのに対して，アルスター地方とレンスター地方を含む東部アイルランドでは1901年で17％と16.6％（農民19.5％と19％），1911年で14.4％と13.8％（農民17％と18.9％）であった。つまり，それは複合家族世帯が西高東低を示し，その数値が農民の世帯で4地方で共通して高く，しかも拡大家族世帯と多核家族世帯の割合が1901年より1911年の方が多かったものと理解された。しかも農民の割合は西部アイルランドで高かったのである。

　以上の分析から東部アイルランドよりも西部アイルランドに直系家族が強く顕在化し，それはペザントという自給的農業形態の小中規模農業地域で形成された。しかし，ここでいう西部アイルランドは厳密にいえばコナハト地方とマンスター地方の一部（クレア州とケリー州）を示している。他方，商業的農業社会である東部アイルランドで直系家族の形成が見られるものの，ダブリン市，ベルファスト市という労働市場に近接しており，離家が容易であるとともに，ダブリン港やダンドーク港からの移民が可能であったという家族状況的要因や，土地なし労働者が世帯形成時に単純家族世帯形成の可能性が高く，また，生涯未婚者の増加により家族形成の可能性が低いことにより，その結果，直系家族の形成度が低くなったものと理解することができる。

　さらにリンクージ・データから，西部アイルランドで単純家族世帯から典型的な直系家族である多核家族世帯へ転換が認知されたが，それが東部アイルランドで弱かった。つまり，西部アイルランドの家族は直系家族システム規範が強く，それを家族状況的要因により支持された構造であったが，東部アイルランドは，直系家族システム規範が認められるものの，それを支持する多様な家族状況的要因が優位に作用する構造であったと判断された。

　以上から西部アイルランドと東部アイルランドにおける直系家族の形成は地域的ヴァリエーションを持つことが証明された。そのような地域的ヴァリエーションに関して，アイルランド農業規模と地域性を考慮して農業世帯を類型化すれば，

つぎの3つの世帯類型に区分することができる。すなわち，生計するうえで賃金が不可欠である小規模農業経営世帯であるメイヨー州（第1類型），基本的に自家労働力により農業経営が可能である中規模農業経営世帯（第2類型），常雇い用労働力が必要である大規模農業経営地域であるミーズ州の世帯構造（第3類型）の3類型化である。これらの類型は松尾の提起した類型とほぼ同じものであり，以下の章では，それに対応した3地域を対象にして家族分析がなされる。

第6章

20世紀初頭におけるアイルランド・メイヨー州の世帯構造

1　はじめに

　チャヤーノフは『小農経済の原理』において，農民家族と経済活動に関して，家族の規模・構成と経済活動の規模の関連性を明らかにしている。すなわち家族の大きさと構成は，その経済活動の最大ならびに最少の規模により決定されるという前提に立脚し，それは賃労働者がいない経済で，労働力が現存の労働能力のある家族員によって規定される。したがって，経済活動に関して，この労働力が最大限に利用された場合に，供給される労働量により，得られるべき最大限の経済規模が決定されるというスタンスである。他方，家族の側面から見れば，家族の生存に必要とされる物財の量により，その許容される最小限の規模が決定されるが，両者の関係に大きな開きはないと考えられている［チャヤーノフ 1952:9-10］。このようなチャヤーノフ理論で重要な仮説は，小農家世帯が賃金労働力を雇用しないという非賃金労働力仮説である。

　以上のようにチャヤーノフは，非賃金労働力仮説により世帯規模を分析するとき，家族概念が純生物学的基礎を保持し，夫婦とその子孫ならびに前代の老いた家族員の生活共同体であると定義し，地域的に農民家族の多様性を指摘しているものの，家族の発達周期を重視した核家族システムが中核に措定されていることに特徴を持つ［チャヤーノフ 1952:11］。しかし，その重視が世帯構成あるいは家族構成自体との関連づけを弱くさせたという問題を残したといえる。それは，彼

185

が，家族を生物学的現象としてではなく，経済現象である消費単位・労働単位として捉えていることに起因しているものと見られ，家族社会史研究から見ればそこに不十分さが残るのである。

このようなチャヤーノフ理論における問題点は，前述したハナンの「農民社会論」と関連づければ，メイヨー州の家族に有効な分析枠組みを提供してくれる。西部アイルランドにおける社会構造は，小農社会モデルである経済的，社会的，文化的特徴を有している。すなわち経済的にはアイルランド西部の小農場体系は小規模であり，土地もやせており，労働力の雇用がなく，農業が家族経営である。そこでは生存のための生産が支配的形態で小資本蓄積しか存在しない。その地域社会は，階層性が最小限である閉鎖された相互体系を形成し，そこでは直系家族が支配的である。生計は家族所有の資源の効果的利用に依存し，この世襲財産がある世代から次世代にひとつの単位として伝えられ，それと同時に後継者が結婚し，非相続人が移住をとおして排出されるというメカニズムである。したがって，このようなチャヤーノフの理論的仮説やハナンの農民社会の枠組みは，メイヨー州とクレア州のような小中規模保有農に共通して適用しうる枠組みになりうるのである。

メイヨー州の農民は，小規模土地保有ゆえに農業のみでは生計が賄えず，主に男女によるイングランド，スコットランドへの季節的出稼ぎ労働で得た収入の補填により生計が維持されてきた地域であった。

そしてメイヨー州では，1845年の大飢饉以前には，分割相続が広範に実施されていた地域で，その影響が，1841年における人口増加の最大化に見られた。それに対して，他の地方では不分割相続が19世紀中期に浸透していたのであるが，メイヨー州では20世紀初頭まで残存したところもあるものの，ほぼ1880年頃まで分割相続が残存したと見てよい。それらの分割は土壌の質の良い土地も悪い土地でも行なわれていたが，それにより貧困が加速されることになった［Moran 1981:82-83］。

そして，メイヨー州では，20世紀初頭に，アイルランドでもっとも小規模農業経営が顕著に認められた。そのような貧困な生計の維持および人口増加は，栄養あるジャガイモを主食とした食生活が前提であり，そこに季節的出稼ぎ労働との組み合わせが，彼らの家族戦略であった。

以下では，メイヨー州の世帯構造に大きく影響する経済構造の分析，人口構造の分析，さらに1901年と1911年のセンサス個票のデータ分析によるメイヨー州における世帯構造の分析が本章の中核になる。

ところでメイヨー州に近いアルスター地方では17世紀後半から19世紀初頭にかけて，ベルファストを中心にアントリム州，アーマー州，ダウン州，ロンドンデリー州で，プロト工業化とみなされる麻工業とその輸出が興隆していた。麻の輸出拡大に伴いメイヨー州では，その周辺地でありながら家内工業として麻工業の紡糸工，織布工に多くの小農民が従事していた［Almquist 1977:20］。したがって，メイヨー州の家族では，麻家内工業に従事することにより，分割された小土地保有規模で，定位家族から早い段階で離家し，早婚による新しい新居制の生殖家族が形成され，それが核家族システムとして構造化されていた。

　しかし，1820年以降，アルスター地方で水力による力織機が導入され，周辺地であるメイヨー州では，家内工業としての麻工業が衰退していった[(1)]。さらに1845年の大飢饉は，これまでの家族戦略による核家族システムに大きな打撃を与えた。その結果，小保有の農民はイギリス，アメリカへの移民を余儀なくされ，移民が不可能な家族は，当然貧困化することになった。ところが意外に大飢饉後の移民がメイヨー州では低かった。それは移民費用が調達できないことも理由に挙げられる。そして，19世紀半ばからアイルランド全国で土地保有システムが，分割相続から不分割相続へ変化することになったが，後述するようにメイヨー州の土地保有は，分割相続が遅くまで継続したので，アイルランドでもっとも小規模保有で貧困な地域であった。

　そのような状況で，メイヨー州の世帯でも19世紀中頃以降，一子相続が相続システムに組み込まれ，家長が継承者を指名し，相続システムと持参金と結合した縁組婚システムの統合により，直系家族システムが20世紀初頭で一番優位になったと考えられる。そのようなメイヨー州の直系家族システム規範に対して，季節的出稼ぎ労働，主婦による副業のタマゴとバターの生産，さらに1908年に導入された老齢年金法（Old Age Pension Act）という3つのメイヨー州の家族状況的要因が，直系家族規範を強く支持する要因であったとみなされる。したがって，家長は家長権を長期に保持したいという強い要求を持ち，自分の家名の土地を後継者に継承させる選択を希望した［Gabriel 1977:26］。また家長の死亡後，寡婦が家長権を一時的に行使し，すぐに後継者に継承されることもなかった。そのような直系家族システム規範による直系家族が20世紀初頭に顕在化し，それが彼らの家族戦略であったと判断できる。

　そのような直系家族で，後継者予定者あるいは後継候補者の多くが，離家してイギリス，アメリカへの移民あるいは国内での就業を選択するより，リスクの少ない土地保有の継承を選択したものと見られる。それゆえ多くの後継者予定者，

後継者候補の息子は，土地保有などの継承を未婚（既婚の場合もあった）で待機する傾向が顕著に認められ，相続は死後相続の志向も見られた。その結果，彼らは晩婚や，生涯未婚者になる傾向にあった。また，後継者以外の子供たちは，イギリス，アメリカへの移民か国内での就業を選択しなければならなかった。しかし，移民費用を捻出できない人々は，地元で未婚男性が農業労働者，漁師，織布工，靴職人などの職業に就業し，また未婚女性が，地主のサーヴァント，料理人，服屋の仕事に就業することになった [Gabriel 1977:128]。

　そして，家計収入が小規模保有の農業経営による農業収入で不足する場合，イギリス，スコットランドへの季節的出稼ぎ労働による現金収入，および世帯主不在時における主婦の副業としてタマゴの行商やバター生産販売で補完するという家族戦略が採用されていたのである [Almquiest 1977:248-251, 254-259]。ここでは，女性の生産における役割が強く認められていた。

　さらに，最貧困地であるメイヨー州の直系家族の割合が，中規模農のクレア州よりも多い原因として，1908年以降の老齢年金が直系家族の状況要因と関係しているものといえる。つまり，老齢年金制度では70歳以上の人々が対象者で，年間収入が約31ポンド以下の人々が，収入に応じて，最高1週間に5シリング受給することができた [O'Grada 2000:4]。それを1年間に換算すれば12ポンドに相当する。それに対して，当時農業労働者は，平均1週間10シリング9ペンスの収入であり，それと比較すれば，家計費における老齢年金の重要性が高いものとみなせよう [Guinnane 1996:108-109]。当時メイヨー州での平均的な農家の年間収入は20ポンド前後であった。それにより1911年の拡大家族世帯・多核家族世帯の割合が，1901年より高いこともある程度説明することができる。逆に，年金制度の導入による家長権の弛緩によって，以前より早い段階で後継者による土地保有の権利譲渡を認める可能性も発現してきた。

　以上のような直系家族システム規範と家族状況的要因との結合が，貧困な状況においてとりあえず受け入れられる家族戦略と判断され，その結果，メイヨー州で直系家族が他の地域より多く顕在化することになったと考えられる。

　このような貧困説の視点から，以下でメイヨー州の家族構造を明らかにしたい。その作業の前に，メイヨー州の家族構造に強く影響するメイヨー州の経済構造・人口構造を明らかにしておこう。

　なお，ここで利用するデータはアイルランドのメイヨー州における全センサス個票であり，1901年で，人口が19万5602人，世帯数が3万7676世帯，1911年で，18万9516人，3万6793世帯であるが，救貧院，病院，教会などの団体は除外した。

地図6-1 メイヨー州の救貧区

2 メイヨー州の経済構造

　メイヨー州は，コナハト地方に属し，ゴールウェイ州，スライゴー州に隣接するが，アイルランドで一番貧困な州であった。1845年のアイルランドの大飢饉がメイヨー州に大きな打撃を与えたのは当然であった。それ以降1877～1880年のジャガイモの不作も，イギリスへの移民減少，鶏コレラの発生によりメイヨー州の農民に大きな打撃を与え，それゆえ，1879年に土地同盟（Land league）がメイヨー州で結成されることになった［松尾 1998:38-39］。

　バルフォア（A. J. Balfour）により1891年にアイルランド貧民蝟集地域委員会（The Congested District Board for Ireland）が，1人当たりの地方税評価額30シリング以下を基準にして西部アイルランドと北西アイルランドにおける貧困と密集の生活条件の軽減，自作農創出のために設立された。地図6-2のよ

第6章　20世紀初頭におけるアイルランド・メイヨー州の世帯構造　　189

地図6-2　メイヨー州の貧民蝟集地図（1891年）

The Congested Districts of Ireland 1891

（出所）　Ciara, Breathnach［2005：182］

うに当初1891年にはメイヨー州の西部と東部が貧民蝟集地域に認められていなかったが，1909年には地図6-3のようにメイヨー州全体がそれに指定されることになった。すなわち，メイヨー州の属するすべてのコナハト地方が貧民蝟集地域になったのである。それらの再度にわたる地域指定は，他の地方と比較して貧困地域であったことを象徴的に示していた。

　ところで松尾はアイルランドの農業経営を5エーカー未満層の土地持ち労働者

地図6-3 メイヨー州の貧民蝟集地図（1909年）

The Congested Districts of Ireland 1909
（出所） Ciara, Breathnach［2005：183］

と5〜30エーカー層の兼業農家，30〜100エーカー層の家族労働力経営，100エーカー以上層の雇用労働力経営に4類型化した［松尾 1987：231-234］。図6-1からメイヨー州の農民層分解を松尾の分類にもとづいて見れば，1エーカー層の増加により5エーカー未満層の土地持ち農業労働者が1851年の17.1％ら1911年の15％に減少しながらも残存しており，5〜30エーカー層である兼業農家が（67％と68％）停滞しているが，その内部では5〜15エーカー層の減少と，15

第6章 20世紀初頭におけるアイルランド・メイヨー州の世帯構造　　191

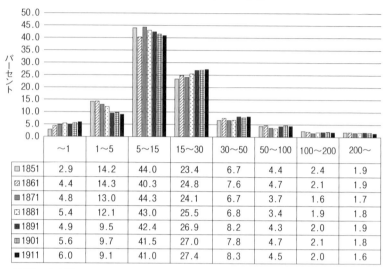

図6-1 メイヨー州の土地保有

(出所) 各時期の Agricultural Statistics

〜30エーカー層の増加が認められる。30〜100エーカー層の家族労働力規模が増加（11.1％から13％の増加）しているが，それは30〜50エーカー層の増加によるものであった。100エーカー以上層では，減少（4.3％と3.6％）が読み取れる。各年度において，15エーカー以下層が55〜62％，30エーカー以下層が84〜86％を占めているが，とくに60年間における30エーカー以下層の変化の幅が少ないことは，メイヨー州の土地保有において極めて零細規模保有の停滞性を顕著に示すものであった。

以下の章で見るクレア州とミーズ州と比較すれば，1871年でメイヨー州では，15エーカー以下層が62.1％，30エーカー以下層が86.2％であるが，クレア州では，31.53％と57.2％，ミーズ州で53.0％と69.5％であった。40年後の1911年でメイヨー州の面積が56.1％，83.5％で，それぞれ若干減少したが，クレア州では35.1％と60.3％，ミーズ州では，57.7％と71.5％で増加しているが，そこにはメイヨー州における保有規模の零細性が顕著に持続していたことがわかる。その反対に100エーカー層の大規模層に関して，それが，メイヨー州では，1871年と1911年が3.3％と3.6％，クレア州では，8.1％と6.8％，ミーズ州では11.5％と10.8％であった。つまり，それは土地保有規模に関して，メイヨー州が小規模農業，クレア州が中規模農業，ミーズが大規模農業であること

地図6-4 ジョーダンによるメイヨー州における中核, 周辺地帯

(出所) Jordan [1994:17, Map1.2]

を明確にさせる。しかも，1911年の土地保有状況によると，メイヨー州で自作農が38％，借地農が62％に対して，その割合がクレア州では58％と42％，ミーズ州では60％と40％であり，メイヨー州の借地農の多さも顕著であった。

そこでメイヨー州における土地保有を救貧区までたちいって検討するには，ジョーダンにより作成された地図6-4の中核 (Core) 地帯と周辺 (Periphery) 地帯の地域区分が有効である。つまりメイヨー州で中核地帯である富裕救貧区がバリナ (Ballina)，バリンローブ (Balinrobe)，カスルバー (Castlebar)，キララ (Killala)，周辺地帯である貧困救貧区がベルマレット (Belmullet)，クレアモリス (Claremorris)，スィンフォード (Swinford)，ウェストポート (West-

第6章 20世紀初頭におけるアイルランド・メイヨー州の世帯構造　　193

表6-1 メイヨー州の年次別・規模別土地保有

救貧区	年度	～5	5～30	30～100	100～	計	総数
バリナ	1851	13.7	71.8	9.4	5.1	100.0	4,025
	1861	11.8	67.9	14.8	5.5	100.0	4,403
	1871	13.5	69.9	12.8	3.9	100.0	4,270
	1881	12.9	71.1	13.6	2.5	100.0	4,114
	1901	15.2	64.8	14.7	5.2	100.0	4,111
	1911	14.2	66.8	13.8	5.2	100.0	4,129
バリンローブ	1851	25.6	56.6	12.2	5.6	100.0	4,416
	1861	30.5	48.8	14.0	6.7	100.0	4,129
	1871	26.9	59.2	9.6	4.2	100.0	5,002
	1881	21.8	63.6	10.3	4.4	100.0	4,669
	1901	22.5	62.4	11.0	4.1	100.0	4,685
	1911	19.9	65.2	10.9	4.0	100.0	4,811
ベルマレット	1851	20.7	46.1	19.2	14.0	100.0	2,125
	1861	15.4	54.1	19.4	11.2	100.0	2,782
	1871	21.7	60.1	9.0	9.1	100.0	2,615
	1881	32.9	51.5	6.0	9.6	100.0	2,544
	1901	14.0	66.5	12.4	7.1	100.0	2,294
	1911	17.1	67.8	7.8	7.3	100.0	2,326
カスルバー	1851	17.6	66.4	12.3	3.7	100.0	4,532
	1861	13.8	68.7	13.5	4.1	100.0	4,992
	1871	13.7	71.0	12.2	3.0	100.0	5,038
	1881	13.8	73.4	9.7	3.1	100.0	4,993
	1901	12.1	73.1	11.9	2.9	100.0	4,954
	1911	9.9	72.6	14.5	2.9	100.0	4,990
クレアモリス	1851	11.9	75.3	10.4	2.3	100.0	4,437
	1861	14.5	71.0	12.3	2.2	100.0	4,844
	1871	12.0	73.8	11.8	2.3	100.0	4,632
	1881	12.7	72.4	12.4	3.5	100.0	4,612
	1901	11.9	72.5	13.1	2.5	100.0	4,563
	1911	10.5	72.4	15.3	1.8	100.0	4,494
キララ	1851	18.5	59.4	12.7	9.3	100.0	1,550
	1861	11.0	59.5	20.3	9.2	100.0	1,740
	1871	14.5	49.5	26.4	9.6	100.0	1,653
	1881	11.4	59.7	19.6	9.3	100.0	1,585
	1901	13.4	55.3	22.1	9.2	100.0	1,518
	1911	14.7	55.7	20.7	8.9	100.0	1,544
スィンフォード	1851	14.7	79.3	5.3	0.7	100.0	7,136
	1861	11.8	80.6	6.9	0.7	100.0	8,084
	1871	8.7	84.9	5.6	0.7	100.0	7,838
	1881	11.1	83.2	5.1	0.6	100.0	8,265
	1901	9.3	82.9	7.1	0.6	100.0	7,867
	1911	8.8	83.0	7.8	0.5	100.0	8,037
ウェストポート	1851	17.5	60.0	17.5	5.1	100.0	6,090
	1861	37.5	44.6	12.8	5.1	100.0	6,486
	1871	29.2	53.2	12.1	5.5	100.0	6,213
	1881	28.9	51.1	14.7	5.2	100.0	6,546
	1901	23.4	54.1	16.4	6.0	100.0	6,212
	1911	26.5	51.3	16.7	5.5	100.0	6,642
メイヨー州	1851	17.2	67.4	11.1	4.3	100.0	34,810
	1861	18.1	65.7	12.3	3.9	100.0	36,540
	1871	17.9	67.6	10.7	3.8	100.0	37,546
	1881	18.0	67.7	10.4	3.9	100.0	37,693
	1901	15.3	68.4	12.5	3.8	100.0	36,204
	1911	15.2	68.4	12.8	3.6	100.0	36,974

（出所） 各年度の Agicultural Statistics of Ireland

表6-2　メイヨー州の年次別土地利用割合

年度	耕作地	牧草地	森・プランテーション	ボッグ，荒撫地，水路	計	総面積
1866	14.0	39.2	0.7	46.1	100.0	1,321,281
1876	13.8	39.7	0.8	45.8	100.0	1,318,129
1881	13.6	41.4	0.8	44.2	100.0	1,318,130
1891	11.7	41.6	0.7	46.0	100.0	1,318,130
1901	11.6	38.9	0.6	48.9	100.0	1,327,777
1911	7.1	41.4	0.7	50.8	100.0	1,333,340

（出所）　各年度 Agricultural Statistics of Ireland

port）であった。それは，1891年に指定された貧民蝟集地域区分と完全に一致しないが，ほぼそれに近い地域区分であった。

　その基準から表6-1のメイヨー州の救貧区別における1851～1911年の農民層分解の特徴を見ておこう。

　一番中核地帯と認められるキララを見れば，5エーカー以下層が18.5％から14.7％への減少，5～30エーカー層が中心を占めるが，59％から55％への減少，30～100エーカー層が12.7％から21％の増加，100エーカー以上層が9％台の維持が認められた。他方，東部周辺の典型と見られるスィンフォードでは，5エーカー以下層が14.7％から8.8％の減少，5～30エーカー層が80％台で一番多く，30～100エーカー層が5.3％から7.8％への若干の増加，100ユーカー以上層がほとんど認められなかった。すなわち，これらの救貧区では，両方ともに5～30エーカー層が中心を占めるものの，スィンフォードでは，30エーカー以下層が90％であり，それらはほとんど土地持ち労働者や兼業農家であることに特徴がある。そのスィンフォードにおける小農の持続は，20世紀近くまでランディール制にもとづく土地分割が遅くまで残存していたことに関係がありそうである［Jordan Jr. 1994:132］。

　以上から，中核の救貧区と周辺の救貧区にける土地保有規模による農民層分解の違いがそこに顕著に認められた。

　そこで，そのような土地保有規模と土地利用を関連づけてみよう。表6-2は1866年から1911年までの土地利用を示したものであるが，メイヨー州では，土地利用総面積は130万エーカーで変化していないが，耕作地が1866年の14％から，1911年に7.1％に減少し，牧草地が微増していた。いまだ利用不可地が45

第6章　20世紀初頭におけるアイルランド・メイヨー州の世帯構造　　195

表6-3　メイヨー州の救貧区別土地利用（1911年）

救貧区	耕作地	果樹園	乾草	牧草地	山地		森.プランテーション	ターフ.ボッグ	沼地	水路.道路フェンス	計
					放牧地	不毛地					
バリナ	8.5	0.0	7.9	37.1	28.7	1.2	1.0	10.0	2.7	2.9	100.0
バリンローブ	7.7	0.1	9.0	49.6	15.9	3.1	2.3	3.7	3.2	5.4	100.0
ベルマレット	4.2	0.0	3.0	15.9	49.8	11.3	0.0	10.9	2.2	2.7	100.0
カスルバー	8.5	0.0	10.4	42.7	17.5	3.2	1.0	7.4	2.7	6.6	100.0
クレアモリス	13.8	0.0	12.4	59.3	0.4	0.1	0.6	5.4	2.9	5.1	100.0
キララ	4.3	0.0	4.1	27.3	46.3	3.8	0.2	9.3	1.9	2.8	100.0
スィンフォード	12.8	0.0	11.1	52.5	2.8	0.6	0.3	11.6	0.8	7.5	100.0
ウェストポート	3.4	0.0	3.9	19.4	48.0	10.6	0.3	7.1	2.7	4.6	100.0
メイヨー州	7.1	0.0	7.0	34.4	30.1	5.5	0.7	8.1	2.4	4.7	100.0

（出所）　Agricultural Statistics of Ireland, 1911

～50％あり，そこに変化が見られない。他方，クレア州では耕作地が1851年の21.4％から1911年の5.1％に急減していた。その反対に牧草地が1851年の49％から1911年の72％に増加するとともに，沼地が30％から23％に減少していた。ミーズ州では，耕作地が1851年の39％から1911年の6.3％に急減し，反対に牧草地が52％から86％に急増しており，利用不可地には変化が認められない。

　以上から土地利用に関して，クレア州とミーズ州で耕作地から牧草地への転換，つまり，耕作から牧畜への変化が強く認められたが，メイヨー州では耕作地から牧草地への転換が認められたものの，牧草地の面積が少なく，それは不適格地であるボッグ・荒蕪地・沼地が多いことに原因があった。つまりメイヨー州の農業経営は，沼地，ターフ・ボッグと荒蕪地・山地を多く含みながらも，土地利用を耕作地から牧草地化へ小規模な変化をさせながら，耕作と小規模牧畜の混合農業であったことがわかる。

　それを，1911年の救貧区別土地利用を示した表6－3から見れば，周辺地帯であるベルマレットとウェストポートでは，全体の60％が利用不可地であり，とくに不毛地が10％台を占めており，耕作地が4.2％と牧草地が15.9％にすぎない。他方，中核地帯である，バリナ，バリンローブあたりでは耕作地が7～8％，

196

図6-2　メイヨー州の年次別農産物耕地面積

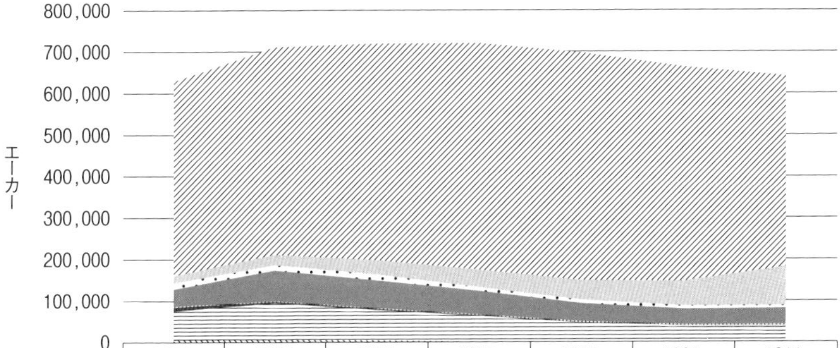

	1851	1861	1871	1881	1891	1901	1911
▨牧草地	467,486	499,136	520,930	545,040	547,279	515,935	458,942
▢乾草地	18,165	25,856	34,923	42,739	48,020	60,135	93,869
▨カブ	14,436	12,039	13,844	8,427	7,695	7,168	6,697
■ジャガイモ	42,140	74,037	66,882	56,728	43,473	37,726	38,915
⊞ライ麦	2,255	1,464	1,908	1,866	2,537	1,892	2,318
■大麦	9,456	3,258	2,514	1,334	764	518	576
▢燕麦	68,894	89,501	73,987	62,830	45,326	39,008	38,961
▨小麦	6,172	5,991	4,345	1,046	1,700	1,023	876

（出所）　Agricultural Statistics of Ireland, 1847-1926, 1930

牧草地が37～50％で，それらの面積が，周辺地帯より面積が多く，中核地帯で
土地利用条件が良い混合農業をしているように見える。

　つぎに，以上のような農民層分解と土地利用が認められるメイヨー州における
耕作地面積の状況を見ておこう。1851年から1991年までの農産物耕地面積を示
した図6-2を見れば，1851年に，小麦が6000エーカー，大麦が9500エーカー
であったのが，小麦が1871年以降，大麦が1861年以降急激に減少し，1911年
では，その両方が1000エーカー以下になっていた。家畜飼料とされるオート麦
も同様に減少しており，1851年と1911年の期間に半分の面積に減少していた。
ジャガイモは以前と同じ程度の作付面積を継続させている。それに対して，乾草
地が，小麦・大麦の減少と反対に，1851年の1.8万エーカーから，1871年に倍
増の3.5万エーカーに，1911年には5倍以上の増加を示していた。

　そこで1851～1911年における耕作地，牧草地，沼地の面積を見れば，バリナ，
バリンローブ，キララ，クレアモリス，スィンフォードで沼地や耕作地から牧草
地へ転換が顕著に見られた。とくに中核地帯であるバリンローブでは，耕作地面
積が1851年の18.6％から1911年に7.8％に減少，牧草地が45％から59％に

第6章　20世紀初頭におけるアイルランド・メイヨー州の世帯構造　　197

表6-4　メイヨー州の土地保有規模別耕作地面積（1874年）

エーカー	保有者数	小麦	オート麦	大麦	ライ麦	ジャガイモ	ターニップ	乾草地・牧草地	耕作地面積
～1	2,034	3	112	5	15	351	12	20	739
1～30	29,946	1,454	51,563	1,508	1,566	48,575	7,629	16,189	131,131
30～50	2,458	286	7,389	318	91	5,623	1,682	4,911	20,905
50～100	1,372	218	4,436	220	84	3,071	1,282	5,216	15,035
100～200	723	62	2,522	90	36	1,406	758	5,522	10,701
200～	670	138	2,100	120	55	1,063	886	5,990	10,626
総数	37,203	2,161	68,122	2,261	1,847	60,089	12,249	37,848	189,137

（出所）　Agricultural Statistics 1847-1926

増加し，それはメイヨー州で一番良い牧草地であった。このような牧草地への転換がメイヨーの中核地帯に限定されていた。

　1874年の農業統計から，土地保有規模と農産物耕作地面積のクロス集計により作物面積を示したのが表6-4である。それによれば，メイヨー州では，兼業農家である1～30エーカー[3]が81％を占め，家族労働経営の30～100エーカー層が10.3％，雇用労働力経営の100エーカー以上層が3.7％であり，それはまさに兼業農家が支配的であることを明確に示すものである。そのような小規模農家数の多さは，土地保有者数である3万7303人に発現しており，それは遅くまで行われていた分割相続と対応していたとみてよい。それゆえ，収穫地面積においても，1～30エーカー層が69％を占めていたのである。すべての保有規模層で，小麦・大麦・ライ麦が皆無に近く，飼料用のオート麦が6.8万エーカー，ジャガイモが6万エーカー栽培されているだけであり，オート麦が30エーカー層以上で3～4エーカー程度栽培，主食であるジャガイモが1～2エーカー程度の栽培であった。後述の家計簿で見るように，小麦は購入されていた。それに対して，乾草地・牧草地が1～30エーカー層で多いものの，50エーカー以上層でさらに多くなり，200エーカー以上層で6000エーカーであった。それらの数値を中規模農の多いクレア州と比較すれば，オート麦とジャガイモの栽培が多いものの，牧草地が半分以下であった。したがって，メイヨー州では，兼業農家が中核を占め，それらの農家がオート麦・ジャガイモを中心に栽培しながらも，それらの耕作ウエイトが低く，オート麦あたりが販売されていたに過ぎず，それ以外は主に自給用作物栽培であったといえよう。乾草地・牧草地が少ない理由として，

表 6-5　メイヨー州の救貧区別耕作地面積（1911 年）

救貧区	小麦	オート麦	大麦	ライ麦	ジャガイモ	ターニップ	飼料用ビート	穀物	根菜・野菜	乾草地	総耕作地面積
バリナ	21	5,422	92	199	5,070	1,079	191	5,734	6,911	11,831	24,596
バリンローブ	590	4,223	2	129	4,046	1,390	544	4,944	6,351	13,308	24,662
ベルマレット	22	2,412	392	562	2,945	647	223	3,388	4,101	5,480	12,970
カスルバー	158	4,877	26	208	4,974	913	253	5,269	6,729	14,723	26,741
クレアモリス	14	7,088	0	138	6,263	877	242	7,240	8,018	13,730	28,994
キララ	13	1,969	27	17	1,722	478	151	1,926	2,545	4,354	8,848
スィンフォード	12	8,514	14	321	8,633	784	241	8,861	10,558	16,858	36,284
ウェストポート	46	4,556	23	744	5,262	529	212	5,369	6,445	13,585	25,421
メイヨー州	876	38,961	576	2,318	38,915	6,697	2,057	42,731	51,658	93,869	188,516

（出所）　Agricultural Statistics of Ireland, 1911

　松尾がメイヨー州でも一番貧困なアキル島の調査で示唆しているように，いまだ共有地が存在することにより家畜の粗放的経営が可能であったと考えられる。後述するように，兼業農家が多いメイヨー州では，家族全員により収入を稼得する必要があったことは確実である。

　表 6-5 により 1911 年における耕作地面積を救貧区別に見れば，メイヨー州の総面積である 132.2 万エーカーのうち耕作可能な面積が 14.3 ％程度であり，それ以外はボッグ・ターフ，沼地・荒蕪地・山地などである。それをクレア州と比較すれば，メイヨー州の土地が耕作地として利用できない不毛地の多さであると理解されよう。メイヨー州の耕作地面積では，穀物面積の 20 ％，根菜・野菜面積の 30 ％，乾草地の 50 ％という配分が認められた。そして，メイヨー州で栽培されている作物は，小麦・大麦が少なく，オート麦とライ麦・ジャガイモ・ターニップあたりが多いものとみなされる。小麦が中核地帯で，耕作条件の良いバリンローブとカスルバーあたりに，大麦が周辺地帯のベルマレットにそれぞれ集中していた。一番耕作地の多いオート麦は，ジャガイモがアイルランドに伝来するまで広く需要されていたといわれているが，すべての救貧区で栽培されており，スィンフォードが一番多く，8633 エーカーである 21.9 ％を占め，以下クレアモリスが 6263 エーカー（18.2 ％），バリナが 5070 エーカー（13.9 ％），カスルバーが 4974 エーカー（12.5 ％）という順序であり，それはオートミールなどにも使用されていたようである。主食とみなされるジャガイモに関して言えば，オート麦と同じ面積で栽培され，その栽培耕作地面積が救貧区単位で見ればほぼ

第 6 章　20 世紀初頭におけるアイルランド・メイヨー州の世帯構造　　199

表6-6　メイヨー州の土地保有規模別耕作地面積（1926年）

保有地面積エーカー	小麦	オート麦	大麦	ライ麦	ジャガイモ	ターニップ	穀物	根菜・野菜	乾草地	牧草地	収穫地面積	それ以外の土地	総土地面積
～1	0	17	0	0	131	5	18	184	71	86	366	79	445
1～30	478	25,425	214	1,417	23,859	3,459	27,540	30,312	68,270	189,951	316,132	60,564	376,696
30～50	200	7,196	50	191	5,811	1,269	7,638	8,082	20,971	85,888	122,617	45,966	168,583
50～100	88	3,199	11	75	2,554	633	3,374	3,646	10,293	55,840	73,171	54,821	127,992
100～200	26	1,285	7	30	962	297	1,348	1,431	4,542	34,896	42,238	54,532	96,770
200～	20	972	16	22	724	249	1,030	1,121	4,732	51,103	58,036	216,755	274,791
その他	0	0	0	0	0	0	0	0	0	0	0	288,664	288,664
総数	812	38,094	298	1,735	34,041	5,912	40,948	44,776	108,879	417,764	612,560	721,381	1,333,941

（出所）　Agricultural Statistics 1847-1926

同じ栽培面積であったといえる。どちらかといえば，ジャガイモが自家食料として消費されていたが，オート麦が後述する家計消費簿に示されているようにビールの醸造用に販売されていたようである。一番耕作地面積の多い乾草地は，すべての救貧区で栽培されていたが，その救貧区での割合がほぼ，穀物・根菜・野菜の耕作地面積と対応していることに特徴があった。それの一番乾草地の多い救貧区がスィンフォードであり，1万6858エーカーの18％であるが，以下カスルバーの1万4723エーカー（15.7％），クレアモリスの1万3730エーカー（14.6％），ウェストポートの1万3585エーカー（14.5％）という順序であったが，逆にベルマレット（5480エーカー）とキララ（4354エーカー）が少なかった。これらの乾草地面積は総耕作地面積と対応しているが，それらから見れば耕作地から牧草地へのウエイトの転換が明らかになったといってよい。なお，乾草地面積には，1年草，2～3年草ではなく永年草が多く見られ，それはミーズ州の1年草が多いのと比較すれば，大きな違いとして発現していた。それは，やはり牧畜に特化したミーズ州と小規模な粗放的牧畜のメイヨー州の相違として理解されるであろう。

　つぎに，前述した1874年より50年後の1926年の保有規模別耕作地面積を示したのが表6-6である。まず注目される点が栽培耕作地面積の増加であり，それが1874年の19万エーカーから1926年には61万エーカーへと3倍に増加している。おそらく，この期間に荒蕪地・不耕作地などを開墾して耕作地の拡大を図ったものと推察される。しかし，いまだ収穫地でない面積も総面積が54％残存していることも事実である。また，そのメイヨー州の数値が72万エーカーであり，それをクレア州の19万エーカーと比較すれば，4倍弱の不耕作地である

ことがわかる。つまり，それらは山地，泥炭地のみならず，共有地がいまだに残存しているものと推察される。

そこで，栽培地別面積を比較しておけば，ライ麦が現状維持で，小麦・大麦・オート麦・ジャガイモなどの耕作地面積がすべて減少し，とくに大麦が10%，小麦が40%，オート麦が半分に減少していた。それらに対して，乾草地・牧草地が1847年の3.7万エーカーから1926年の52.6万エーカーに15倍弱の驚異的な増加を示していることに特徴があるといえよう。このような栽培耕作地の減少は，後述する家畜数の増加で示されるように，メイヨー州おける農業がさらなる牧畜化を目指したものと見られるものの，いまだ，それは小規模な牧畜業にとどまらざるをえなかったといえる。なお，1〜30エーカー層の兼業農家が，本来中核を占めるが，耕作地面積においても，すべての作物の耕作地がその階層に対応したものと見られ，そこにはそれ以外の兼業化と結合するいうメイヨー州農家の性格が内包されていたのである。

以上から，メイヨー州全体で小麦の栽培が皆無で，栽培面積がオート麦とジャガイモのみであり，干し草のウエイトが高いといえる。それらの結果から，耕作地から牧草地化が進行していたことが明らかになった。つまり，乾草地が1870年代以降急増していることが読み取れる。このような耕作農地面積に対応して，牧畜化が認められたのであり，以下ではその内容にたちいって検討しておこう。

飢饉以降メイヨー州では畜牛が1847〜1851年に7万9148頭から11万6930頭に，1876〜1911年に17万3596頭から20万2700頭にそれぞれ増加し，それはこの52年間に256%増加したことを示す。他方，牧草・乾草・クローヴァーの作付面積が1851年の48万5651エーカーから1901年の59万5843エーカーへ44.9%増加したが，耕作面積が10.6%から7.2%へ減少していた。つまりそこから飢饉後メイヨー州の農業は耕作農から牧畜農へ大きな転換を経験したと指摘されている［Jordan 1994:130］。

図6-3は，1855年から1911年までの家畜数を示したものである。それによると，メイヨー州では，すべての家畜が家禽以外では，1851年以降1911年まで緩慢な増加を示していたと見られる。乳牛数が意外に継続していることは酪農が見られることを示す。肉牛に関して，2歳以上ではほとんど変化が見られないが，2〜1歳の肉牛が漸次増加し，[4] 1855年から1911年の期間に1.9倍の4.7万頭に増加し，1歳以下の肉牛がその期間に2倍に増加し4.7万頭に増加していたことに注目しておきたい。それ以外の家畜では，ヒツジには変化がなかったが，豚では毎時期増加傾向を示し，66年間に2倍になり，また，家禽では1855年の36

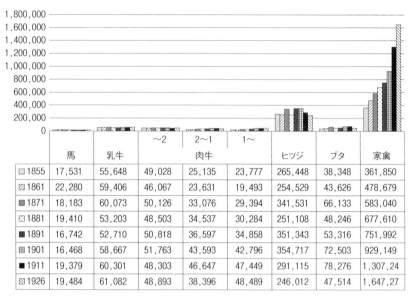

図6-3 メイヨー州の年次別家畜数

(出所) Agricultural Statistics 1847-1926, 1930

万羽から1871年に58万羽，1891年75万羽，1911年130万羽に激増していることが注目される。それは後述するように，女性家族員によるタマゴとバターの販売増加へと結びつくものであり，ブタの販売とともに家計収入に組み込まれていた。それに対して，クレア州とミーズ州では，畜牛の増加が顕著で，大規模な牧畜業の見られるミーズ州では，1851年の2歳以上の頭数が1911年には2倍に増加していた。またクレア州でも畜牛の増加がメイヨー州より多かった。しかし，乳牛に関して，メイヨー州の頭数がクレア州とほぼ同数であることは注目される。それと，1歳以下の肉牛の増加は，繁殖牛の生産に力点を置いたものと判断された。したがって，メイヨー州では農業経営が耕作から牧畜化という傾向が見られるものの，クレア州，ミーズ州と比較すれば，それは小規模な牧畜化であった。小規模な牧畜化は，肉牛で2歳以上の頭数が停滞していたことに象徴されており，乳牛と子牛の繁殖，ブタ，家禽あたりで粗放的な牧畜農であったといえる。以上から，メイヨー州の農業は，耕作と複合的な牧畜の小規模混合農業経営形態であったと見てよい。なお，馬はいまだ農耕用に重要なものと認識されていた。

表6-7は，1874年の『農業統計』から，土地保有規模別面積と家畜数をクロス集計したものである。それを見れば，先述したように，30エーカー以下層が

表6-7　メイヨー州の土地保有規模別家畜数（1874年）

土地保有面積	保有者数	馬	乳牛	肉牛			ヒツジ	ブタ	家禽
				～2	2～1	1～			
～1	2,432	432	114	33	38	49	201	948	14,122
1～30	29,946	9,240	43,150	15,860	16,479	18,460	113,641	31,679	47,300
30～50	2,458	2,492	5,789	5,374	3,673	2,956	33,683	4,194	54,497
50～100	1,372	2,087	3,567	7,980	3,420	2,054	42,860	2,249	31,471
100～200	723	1,300	2,016	9,119	2,651	1,235	40,836	992	15,786
200～	670	1,652	2,098	14,678	4,063	1,454	69,678	1,063	14,283
計	37,601	17,203	56,734	53,044	30,324	26,208	300,899	41,125	603,159

（出所）　Agricultural Statistics of Ireland, 1874

86％を占めており，そこには，乳牛が4.3万頭，肉牛が5万頭，ヒツジが1.1万頭，ブタが3.2万頭，家禽が4.7万羽認められるものの，それは保有者数の3万7601人という多さと当然関連していたと見てよい。1～30エーカー層の平均家畜数を見れば，馬が0.3頭，乳牛が1.4頭，肉牛が1.7頭，ヒツジが3.8頭，家禽が15.8羽であり，この階層は，農業のみで生活できない兼業を必要とする階層であることを明確に示していた。つまり，この階層では，乳牛・肉牛が多い数値を示しているが，それはこの階層の割合に対応したものであり，決して牧畜農が盛んであったということを意味していない。したがって，以下の家計簿で見るように，この階層はイギリス，スコットランドへの季節労働者による収入を必要としていた。

　そのような階層と30～100エーカー層を比較すれば，この階層は全体の10％を占めるが，馬が4579頭，乳牛が9356頭，肉牛が2万5457頭，ヒツジが7万6543頭，ブタが6443頭，家禽が8万5968羽であった。それらの家畜の平均数は，それぞれ2.5頭，2.4頭，6.6頭，20頭，1.7頭，22.4羽である。そして，この階層では，1～30エーカー以下層より，ブタ以外のすべての平均家畜数が多く，とくに肉牛が13倍，ヒツジが12倍であり，それは突出して多かった。したがって，この階層は，家族労働による農業経営が可能であったと見てよい。

　さらに，100エーカー以上層が4％弱占めているが，この階層がメイヨー州おいて大規模農に属し，30～100エーカー層より肉牛では，2歳以上が3倍～5倍以上に増加，ヒツジが最高で10倍に増加しており，とくに，200エーカー以上層では，2歳以上の肉牛が30％近くを占め，このような階層で牧畜農経営が行

表6-8　メイヨー州の救貧区別平均家畜数

	年	馬	牛	ヒツジ	ブタ	家禽	所有者数
バリナ	1851	1.0	4.0	3.0	1.0	10.0	4,030
	1876	1.0	6.0	6.0	2.0	43.0	3,787
	1901	1.0	6.0	10.0	3.0	26.0	4,226
	1911	1.0	6.0	6.0	3.0	40.0	4,129
バリンローブ	1851	1.0	3.0	9.0	1.0	7.0	4,471
	1876	1.0	4.0	20.0	2.0	23.0	4,247
	1901	1.0	5.0	22.0	2.0	27.0	4,717
	1911	1.0	6.0	21.0	2.0	36.0	4,811
ベルマレット	1851	0.0	5.0	4.0	1.0	8.0	2,125
	1876	1.0	6.0	6.0	2.0	18.0	2,467
	1901	0.0	7.0	8.0	2.0	20.0	2,301
	1911	1.0	6.0	6.0	2.0	32.0	2,326
カスルバー	1851	0.0	3.0	3.0	1.0	7.0	4,585
	1876	1.0	5.0	6.0	2.0	19.0	4,689
	1901	0.0	5.0	8.0	2.0	23.0	4,971
	1911	1.0	6.0	6.0	2.0	35.0	4,990
クレアモリス	1851	0.0	3.0	4.0	1.0	9.0	4,500
	1876	0.0	5.0	7.0	2.0	23.0	4,472
	1901	0.0	5.0	9.0	2.0	32.0	4,568
	1911	1.0	6.0	6.0	3.0	42.0	4,494
キララ	1851	1.0	6.0	6.0	2.0	10.0	1,551
	1876	1.0	8.0	6.0	2.0	24.0	1,583
	1901	1.0	8.0	10.0	3.0	29.0	1,518
	1911	1.0	8.0	7.0	3.0	38.0	1,544
スィンフォード	1851	0.0	3.0	1.0	1.0	7.0	7,162
	1876	0.0	4.0	2.0	1.0	20.0	7,840
	1901	0.0	4.0	2.0	2.0	26.0	7,903
	1911	0.0	3.0	1.0	2.0	40.0	8,037
ウェストポート	1851	1.0	4.0	4.0	1.0	7.0	6,297
	1876	1.0	10.0	10.0	3.0	24.0	5,778
	1901	1.0	6.0	12.0	2.0	21.0	6,326
	1911	1.0	5.0	11.0	1.0	26.0	6,642

（出所）　各年度の Agricultural Statistics of Ireland から作成

なわれていたといえる。そして，成牛になるまでの2～1歳以上の牛がカスル
バーあたりで，売買されるか，あるいは肥沃な牧草地で有名なミーズ州あるいは
イギリスからの買い手に売り渡されたのである [Freeman 1943:11]。なお，それ⁽⁵⁾
らの階層は30エーカー以下層と比較すれば，この階層ではたまご販売を目的と
した家禽がほとんど重視されていないこともわかる。

つぎに，表6-8から救貧区別の平均家畜数を見れば，1851年から1911年ま
で順調に家畜数を増加させている救貧区は中核地帯に属するキララ，バリナ，バ
リンローブ，カスルバーであり，周辺地帯に属するベルマレット，クレアモリス
が家畜数を増加させているが，スィンフォード，ウェストポートで，どちらかと
いえばそれが現状維持を示していた。1851年から1911年の60年間に中核地帯
の救貧区であるバリンローブでは畜牛（乳牛と肉牛を含む）が2倍，ヒツジが
2.3倍，家禽が5倍に増加し，バリナでは畜牛が1.6倍，ヒツジが2倍，家禽が
4倍に増加していた。それに対して，周辺地帯に属するスィンフォードでは，畜
牛が現状維持，ヒツジが減少傾向，家禽のみが5.4倍に増加し，ウエストポート
では，畜牛が一時増加した後で減少し，ヒツジが1867年以降10～12頭であり，
家禽のみが3.9倍の増加を示していた。このように，中核地帯と周辺地帯で，牧
畜農業経営の相違が強く認められた。

つまり，救貧区別の家畜数からは1851年から1876年にかけて耕作から牧畜に
変化していたことが再確認された。それは，1870年代の小飢饉の影響による耕
作から牧畜化への転換であったことを意味している。しかし，それ以降，1911
年まで家畜数の増加が確認できなかった。そしてキフラ救貧区では，他の救貧区
と異なり2歳以上の成育牛が3.5頭で，2歳以下の肥育牛の3.2頭より多く，2
歳以上の成育牛を東部のミーズ州などの牧畜業者へ売却するか，ロンドンデリー
やダブリン経由でイギリスに生牛として売却していた。他方，スィンフォードで
は馬・畜牛・ヒツジの頭数が他の救貧区より少なく，唯一家禽が多く，それはタ
マゴの生産・販売と結びつき，近隣の仲介業者を経由してイギリスに輸送されて
いた。また，乳牛から作られるバターも重要な収入源であった。そして，それら
が家計簿に計上されていた。後述するようにスィンフォードはアイルランド全体
で一番季節的出稼ぎ労働者が多い救貧区であったこととも注目される。これら
の典型的な中核地帯・周辺地帯の救貧区の特徴に対して，それ以外の救貧区は両
者の中間に位置づけることができる。

さらに，先述した1876年から50年後の1926年の土地保有規模別家畜数を表
6-9で見ておきたい。これはアレンスバーグとキンボールが調査した時点での

第6章　20世紀初頭におけるアイルランド・メイヨー州の世帯構造　　205

表6-9　メイヨー州の土地保有規模別家畜数（1926年）

土地保有面積	馬	乳牛	肉牛			ヒツジ	ブタ	家禽
			～2	2～1	1～			
～1	35	76	18	10	40	172	57	11,970
1～30	12,035	42,974	14,917	21,935	33,389	106,655	33,599	1,189,949
30～50	3,918	10,023	8,649	8,103	8,477	48,822	8,710	265,922
50～100	1,893	4,649	7,158	4,269	3,976	37,209	3,429	112,243
100～200	832	1,788	4,679	2,060	1,366	21,934	1,057	38,220
200～	751	1,542	6,610	1,980	1,218	31,025	644	27,197
その他	20	30	96	39	23	195	18	1,771
計	19,484	61,082	43,127	38,396	48,489	246,012	47,514	1,647,272

（出所）Agricultural Statistics 1847-1926

家畜状況を知るためでもある。この2つの年次を比較すれば，家畜総数では，乳牛が5.7万頭から6.1万頭，2～1歳の肉牛が3万頭から3.8万頭，1歳以下の肉牛が2.6万頭から4.8万頭，ブタが4.1万頭から4.8万頭，家禽が60万羽から165万羽に増加しているものの，2歳以上の肉牛とヒツジが減少していた。すなわち，馬と乳牛が1.1倍，2～1歳の肉牛が1.3倍，1歳以下の肉牛が1.5倍，ブタが1.2倍，家禽が2.7倍に増加を示していた。つまり，それらの変化から，2歳以上の肉牛の肥育から，1歳以下の肉牛の繁殖と2歳までの肥育に転換していることがわかる。おそらく，そのような2歳程度の肉牛を東部アイルランドへ移送するものと見られ，それは以前にクレア州あたりでも行なわれていた戦略であったといえよう。2歳以上の肉牛の減少は，30エーカー以下層，50エーカー以上層によるもので，逆に50～100エーカー層以上では2～1歳と1歳以下の肉牛を増加させていたものの，それ以外の階層ではそれらが減少していたのである。

　以上から，メイヨー州全体では，畜牛生産が下降傾向にあったと見られる。そして，1～30エーカー層の兼業農家と30～100エーカー層の家族労働農家が2歳以上の肉牛の肥育，2～1歳の肥育および1歳以下の繁殖を担っていたと考えられる。すなわち，メイヨー州では，この1～30エーカー層が1911年では70％を占めており，この階層が，このような小規模な牧畜化を担当してきたものと示唆している。それらに対して，100エーカー以上の大規模層が2歳以上の肉牛の肥育を減少させながらも，それらの肥育中心の牧畜経営を継続させ，2歳

表6-10　メイヨー州の土地保有規模別季節移民労働者

エーカー	0	～5	5～15	15～25	25～	計	イングランド	スコットランド	アイルランド国内	計	総数
1881	57.1	4.8	27.4	8.4	2.4	100.0	97.9	1.8	0.4	100.0	10,742
1886	61.3	3.4	23.4	8.7	3.1	100.0	98.5	1.5	0.0	100.0	6,890
1891	66.0	6.6	20.3	7.5	2.7	100.0	97.8	2.1	0.1	100.0	7,530
1896	66.9	3.9	19.5	6.8	2.9	100.0	96.1	3.9	0.1	100.0	8,374
1901	76.3	2.9	13.4	5.4	2.1	100.0	91.0	8.8	0.1	100.0	10,074
1906	73.1	3.9	15.5	5.9	1.5	100.0	87.2	12.3	0.4	100.0	7,619
1911	75.6	2.4	16.3	3.9	1.7	100.0	93.1	6.9	0.0	100.0	5,233

（出所）　各年度の Agricultural Statistics, Ireland, Migratory Agiricultural Laboures から作成

以下の肥育，繁殖から撤退していった様子がうかがえる。その理由として，1926年段階では，後述するようにミーズ州では，繁殖から肥育までの全過程の肉牛生産をするようになったことが考えられる。

　以上のようにメイヨー州における農業経営は 1851 年から 1876 年にかけてオート麦・ジャガイモ・干し草の農産物生産から牧畜業に転換したのであるが，それ以降の牧畜化の進展が中核地帯と周辺地帯で大きく相違した。つまり，救貧区単位で見れば中核地帯が富裕な牧草地を持ち牧畜経営に比重を置くのに対して，周辺地帯は，穀作と牧畜の零細な混合経営であるというコントラストがそこに認められよう。しかし，メイヨー州の農業経営は中規模農業地域であるクレア州と比較すれば，まさに最貧困地域における小規模な農業経営を示すものであった。とくに周辺地帯に属する救貧区では，農業収入のみでは生活できない小規模農業経営であり，それゆえ兼業化による現金収入を得るためにイングランド，スコットランドへの季節的出稼ぎが必要的不可欠だったといえる。そのような小規模農は前述したように，メイヨー州では遅くまで分割相続が残存していたことによるものといえるが，その貧困な小規模農においても家族員総就業による家族戦略とクラハンに基礎を持つ親族による相互扶助により家族生活が可能であったものといってよい。

　表6-10 は，メイヨー州における土地保有規模別季節移民労働者とその行き先を示したものである。それを見れば，季節移民数のピークは，1881 年と 1901 年に 1 万人規模で認められ，1901 年以降減少し始め，1911 年には 5200 人になっていた。その内訳にたちいって見れば，メイヨー州における季節的移民は，土地な

写真6-1　メイヨー州のイングランドへの収穫移民（1881年）①

（出所）　Irish Harvesters on their Way to England, 1881 Meehan, 2003, 159

写真6-2　メイヨー州のイングランドへの収穫移民（1881年）②

（出所）　Agricultural laborers in Lincolnshire, England, 1890s（Barber 1982:23）

図6-4　メイヨー州の救貧区別季節的移民数の推移

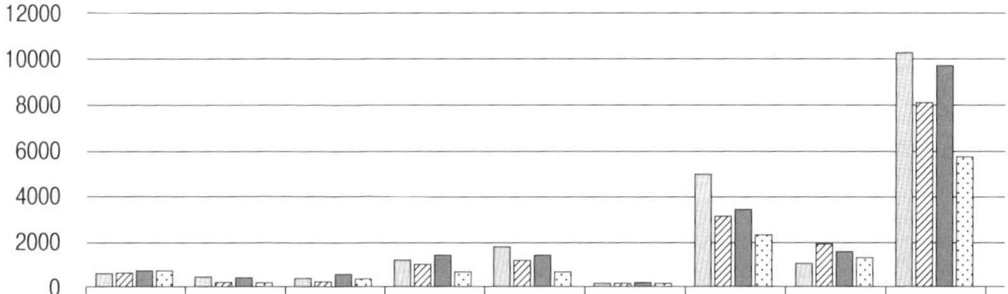

	バリナ	バリンローブ	ベルマレット	カスルバー	クレアモリス	キララ	スィンフォード	ウェストポート	計
1880	509	348	283	1188	1830	12	5005	1026	10201
1890	521	81	122	964	1159	2	3318	1958	8125
1900	642	315	486	1396	1413	43	3678	1602	9575
1910	636	55	241	598	578	26	2376	1294	5804

（出所）　Agricultural Statistics Ireland, Report Agricultural Labourers, appropriate years から作成

し労働者が60％で一番多く，5～15エーカー層が28％であり，15エーカー以下層で88％を占めていた。土地なし労働者が，1881年では57％であったが，その後少しずつ増加し，1911年に76％を占めていた。それ以外では，5～15エーカー層が多く，1881年に27％であったが，1896年以降減少している。季節的移民労働者の行き先は，イングランドへの割合がほぼ90％前後を占め，スコットランドが2％～12％の範囲であった。そのような季節的移民労働者は，土地なし労働者と兼業農家が中心であった。15エーカー以下層の貧困階層では，家計維持のために毎年のイングランドへの季節的移民が家族戦略とみなされていたのである。（写真6-1，6-2参照）

　図6-4はメイヨー州における15エーカー以下層の季節的移民を救貧区別に1880～1910年まで示したものである。それによると，救貧区別に見れば，スィンフォードは，メイヨー州だけではなく，全国で一番季節的移民が多く，1881年には，1000人当たり91.6人であり，クレアモリスが57.0人，それ以外の救貧区ではカスルバーの46.0人，ウェストポートに統合される前のニューポートの34.5人が多い救貧区であり［O'Grada 1973:61］，それらは周辺地帯に属する救貧区であつた。しかし，スィンフォードにおいても，その数値が1910年には1880年から半減していた。ここではスィンフォード救貧区における季節の出稼ぎ労働の多さが注目されるが，この救貧区から50％の男性がイングランドへ行

き，そこで 8 ~ 10 ポンド，多いときには 15 ポンドの現金収入を得たのであり，平均 10 ポンドであれば，スィンフォード救貧区に 5 万ポンドの収入をもたらしたといわれる。したがってメイヨー州における小規模保有農が，このような季節的移民を毎年のように繰り返してきたが，1905 年以降急激に減少し，それによる現金収入の道が絶たれることになった。

　オグラーダは，ブリテンへの季節的農業労働者としてのアイルランド人の移民が，18 世紀初期にさかのぼるという長い歴史を明らかにしている [O'Grada 1973:49]。コナハト地方では 19 世紀以降それが増加したのであった。イングランドへの農業雇用労働の多くはランカシャーでの干し草の刈り取り，リンカーンシャーとケンブリッジでの穀物の収穫，ウォリック，スタッフォード，チェシャーでのジャガイモの収穫であった。またスコットランドへは同じくジャガイモの収穫であった。季節的労働の期間は多くの場合 5 月頃から 5 ~ 7 か月間であったといわれ，彼らは，出稼ぎ農業労働者の出身地により「アキルマン」，「コナハトマン」，「ドニゴールマン」とよばれた [Almquist 1977:249-250; Agricultural Statistics, Ireland, 1910-1911, Irish Agricultural Laboures, 6-8]。それらの人数は 1880 年には 1841 年の 2 倍に増加したが，それが 1905 年まで継続したものの，それ以降ブリテンにおける農業の機械化により急減した。しかし彼らは出稼ぎ労働で 8 ~ 10 ポンドの現金収入を持ち帰ることができた [Almquist 1977:250-251]。それにより春と夏における掛け買いの決済が行なわれたのである [松尾太郎 1998:42]。ただし，それらの季節的出稼ぎ移民が，メイヨー州に帰国せず，そのまま定着し，永久移民になる可能性も認められた。

　さらに世帯主の季節的移民の期間に，妻は，麻家内工業の衰退後，農業に従事しながらイングランドへの市場向けのタマゴ生産と販売による現金収入を得ていた。1851 年には一世帯が平均 8 羽の家禽（主にニワトリ）を所有していたが，それ以降増加し続け，1911 年には 37 羽に増加した。1880 年代には 1 年間に 4400 のタマゴから 8 ポンドの現金収入を得ることができたのであった [Almquist 1977:254-258]。また，乳牛から搾乳した牛乳からのバターの生産と販売が女性の力により収入を得る手段でもあったと見られる。それらは家計収入にとって大きなウエイトを占めていた。ここから世帯主不在時における農家における女性の役割が重要であったものと認識できる。

　このような季節的移民労働者以外の兼業農家層では，どのような労働に携わっていたのであろうか。それに関するメイヨー州の資料が存在しないので，クレアモリス救貧区にほぼ隣接している，ロスコモン州キャッスルリア（Castlereagh）

210

救貧区のケースを参考にして，その農業労働者の特徴を見ておきたい。この救貧区では，メイヨー州と同じように，農民の多くは，いまだ大部分が自分の保有地か親の持つ保有地で働いていたが，小農民あるいは彼らの息子が，日雇い労働で雇用される慣行があった。キャッスルリアのオコナーという地主は，自分の400エーカー保有のうち，30エーカーの耕作地で，毎年30人を雇用していたが，通常彼らの賃金は週14〜18シリングであった。また，通常の労働者が，小規模農かその息子であり，彼らの仕事は鋤耕，家畜の世話，その他の農業労働であった。ある大農場における労働力は，鋤耕と家畜の世話の労働に区分され，彼らは，通常日雇い労働より高い賃金で毎年雇用されていた。とくに，牛飼いは，責任を持って労働していたので，他の労働者より厚遇で高い賃金で雇用され，彼らの賃金は，何代にもわたって同じ職業（一種の専門職）に就く場合もあった［Fox 1893, B-Ⅱ:90］。

　日雇い農業労働者の賃金に関して，彼らは，夏期間では，1日1シリング6ペンスで，ときには2シリングの場合もあった。冬期間の賃金には，1シリング3ペンス〜1シリング6ペンスの幅があった。しかし，多くの農場では，日雇い労働者には，1シリングと朝食，夕食の食事が提供されていた［Fox 1893:91-92］。フラナガンという地主の記録には，ある労働者に278日（1シリング6ペンス〜1シリング3ペンスの日雇い賃金）で，20ポンド13シリング，他の労働者とその息子に546日で36ポンド14シリング3ペンスが支払われていた［Fox 1893:93］。

　したがって，メイヨー州では，土地なし労働者や兼業農家層は，季節労働者・日雇い労働者の従事による家計維持が家族戦略とみなされたのである。それらの収入の重要性は後述する家計簿で明確に認められる。

　以上から，20世紀初頭におけるメイヨーの農業経営は，アイルランドで一番零細規模の混合農業経営であった。この零細土地保有は，19世紀後半まで継続した劣悪な土地の分割相続による影響もあった。それは，貧民蝟集地域に指定されたことからも理解できるように，本来土地条件の悪い辺境地域なのであったと見るべきであろう。しかしこのような零細規模農業経営であったものの，地主による囲い込みによる追い出しの弱さ，未墾地の開拓，ランディール制にもとづく共有地（commonage）の残存により，ある程度牧畜による農業経営が可能であったといえよう。また，イングランド，スコットランドへの季節的出稼ぎによる収入，日雇い労働者による収入，妻のタマゴの生産と販売や織物による現金収入という家族全員の就業形態による家族戦略により家計が維持できたものと理解でき

表6-11　メイヨー州の農業における土地保有規模別家族従事者数と雇用従事者数(1912年)

エーカー	18歳以下男性			18歳以上男性			18歳以下女性			18歳以上女性			計	総数	土地保有者数に対する平均従事者数
	家族員	常雇	臨時雇用	家族員	常雇	臨時雇用	家族員	常雇	臨時雇用	家族員	常雇	臨時雇用			
1～5	10.3	0.2	0.8	56.6	1.0	4.7	5.9	0.0	0.0	19.8	0.1	0.4	100.0	4,378	0.8
5～30	13.6	0.1	0.3	50.7	0.5	2.2	9.4	0.0	0.2	22.6	0.0	0.3	100.0	53,676	2.2
30～100	12.2	0.6	1.2	48.7	2.9	5.8	8.0	0.2	0.4	19.3	0.3	0.5	100.0	12,637	2.7
100～	6.5	2.5	2.9	31.4	19.3	17.7	5.2	0.8	0.5	10.4	1.9	0.8	100.0	3,943	3.2
総数	9,585	236	479	3,709	1,422	2,787	6,500	84	176	15,868	140	74,356	74,634	74,634	2.1

(注)　土地保有者数に対する平均従事者数＝農業従事者÷土地保有者数
(出所)　Agricultural Statistics 1847-1926, 1930, 157

る。しかし1905年以降における季節的移民手段の喪失後，1908年の年金制度の導入は，その代替機能を持つ可能性があったとはいえないだろうか。アイルランド全体で，メイヨー州の老齢年金受給者数が，1911年の1万2926人と1912年の1万3394人であり，それはコーク州に続いて2番目に多かったのである［Old Age Pension, Ireland］。

　それではこのような，メイヨー州の農業経営では，どのような労働力の投下が行なわれていたのだろうか。表6-11は，1912年の家族従事者数と雇用労働者数を，年齢別と男女別に示したもので，経営規模に関しては松尾による分類に対応したものである。表6-11によれば，保有面積と従事者数には正の相関関係が認められる。しかし，その数値は，後述するクレア州・ミーズ州と相違し，1～30エーカー層までは多いものの，それ以上30～100エーカー層で類似した数値，100エーカー層以上では低いことが読み取れる。つまり，5～30エーカー層で一番労働従事者が多いことを明確に示す。それでは，その内訳にたちいってみれば，18歳以上の男性家族従事者は，すべての保有面積で中核を占めるが，その数値を中規模農のクレア州と比較すると，100エーカー以上層以外では少ない。そして，常雇・臨時雇用が，すべての保有階層でクレア州より少ないが，100エーカー以上層では，さすがに18歳以上の常雇・臨時雇用も増加していた。しかし，18歳以上の女性家族従事者がクレア州より，100エーカー以外層ではすべて多く，5～30エーカー層で一番多かった。しかも18歳以下の男性と女性の従事者もすべてクレア州より多く，とくに5～30エーカー層で一番多いことが読み取れる。その5～30エーカー層は兼業農家であり，男性世帯主が，季節的移民を含めて兼業する必要があるため，それ以外の家族員による農業従事が必要であること，それとメイヨー州での耕作農業でも家族労働力が不可欠であった。つまり，メイ

ヨー州の農業では，世帯主が中核になりながらも，すべての家族従事者の総動員による農業経営が家族戦略とみなされていたことを証明したものといえる。そのような家族成員による総就業化により初めて最低限の生活が可能であり，それが以下で述べる世帯編成と大きく結びつくことになったのである。以上のようにメイヨー州においては全家族員による稼得労働の従事が家族戦略とみなされ，メイヨー州における農村の経済構造が形成されたといえよう。

つぎに，そのような特徴を持つメイヨー州の農民はどのような人口構造をしていたのかを検討しておこう。

3 メイヨー州の人口構造

図6-5はコナハト地方に属する5州の1821〜1911年までの人口変動を示したものである。それによると，メイヨー州の人口は，大飢饉以前の1841年がピークで39万人であったが，大飢饉により27.5万人に激減した。飢饉以前の人口増加は，麻家内工業，土地の分割相続，ジャガイモの主食という要因によるものであった。そして，大飢饉時の死亡，ブリテンやアメリカへの移民により人口が一時的に急減した。しかし，飢饉以降においてメイヨー州人口は，同じコナハトのゴールウェイ州，リートリム州，ロスコモン州，スライゴー州と同じく，他

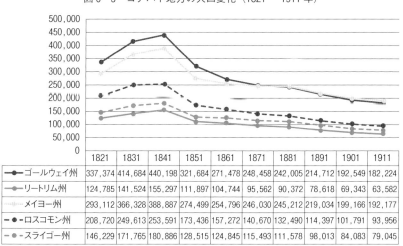

図6-5 コナハト地方の人口変化（1821〜1911年）

（出所）　Vaughan and Fitzpatrick ［1977:14-23］

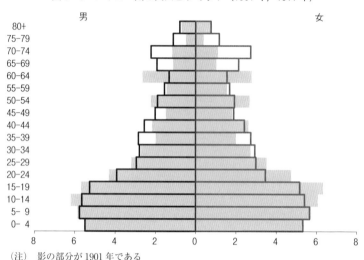

図 6-6 メイヨー州の人口ピラミッド (1901 年, 1911 年)

(注) 影の部分が 1901 年である

の地域より緩慢な減少を経験しただけであった。逆に，1871〜1881 年において，メイヨー州の貧しい救貧区であるベルマレット，ニューポート，スィンフォード，クレアモリスあたりでは 5 ％以下であるものの，人口増加が認められ，また，ウェストポートとキララでは 0.1 ％の減少にとどまった［Cousens 1963:145］。しかし，1881 年以降，メイヨー州全体で 24.5 万から，1911 年の 19.2 万人へ人口が減少していた。

このようなメイヨー州における人口減少の緩慢さは，ランディール制の残存にもとづく分割相続による零細農民の存在，ブリテンやアメリカへの永久移民よりもイングランド，スコットランドへの季節出稼ぎ労働移動による小農民家族の適応的戦略によるものであったといえよう。

つぎに図 6-6 の人口ピラミッドを見れば，それは，影の部分が 1901 年人口で，枠の部分が 1911 年であることを示している。一応 15 歳以下の人口が広く，15〜64 歳の生産年齢人口が少なく，65 歳以上の人口が狭くなっている拡大型ピラミッド（Expansive population pyramids）を示すもので，どちらかといえば発展途上型を代表するものである。つまり，20〜50 歳代の少なさが顕著に認められるが，50 歳代の少なさが大飢饉時の死亡と移民の影響によるものとみなされ，20〜40 歳の人口の少なさが，1870 年代の小飢饉によるブリテン，アメリカへの移民によるものと考えられる。1901 年と 1911 年の人口分布を比較すれば，メイ

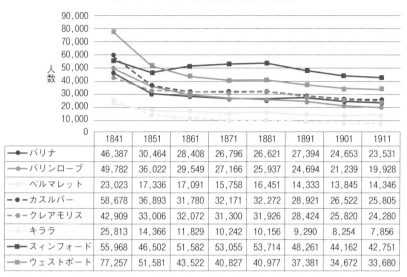

図6-7 メイヨー州の救貧区別人口変化

	1841	1851	1861	1871	1881	1891	1901	1911
バリナ	46,387	30,464	28,408	26,796	26,621	27,394	24,653	23,531
バリンローブ	49,782	36,022	29,549	27,166	25,937	24,694	21,239	19,928
ベルマレット	23,023	17,336	17,091	15,758	16,451	14,333	13,845	14,346
カスルバー	58,678	36,893	31,780	32,171	32,272	28,921	26,522	25,805
クレアモリス	42,909	33,006	32,072	31,300	31,926	28,424	25,820	24,280
キララ	25,813	14,366	11,829	10,242	10,156	9,290	8,254	7,856
スィンフォード	55,968	46,502	51,582	53,055	53,714	48,261	44,162	42,751
ウェストポート	77,257	51,581	43,522	40,827	40,977	37,381	34,672	33,680

（出所）　各年度のReport of Census of Irelandから作成

ヨー州の場合には、10〜29歳年齢人口が1901年より1911年で減少しているが、それは出生率よりも婚姻率の低下によるものと見られる。そして、65歳以上層の増加が認められるが、これは、1908年に導入された老齢年金制度による影響と推察される。すなわち、1901年と1911年のセンサス個票における両年度の世帯主年齢を比較すれば、1911年と1901年との年齢差における10歳以上の年齢差乖離が多く存在し、そこに老齢年金支給年齢に近づけようとする意図的状況が読み取れた。

男女比に関して、1901年では、婚姻年齢である20〜39歳において、すべての5歳コーホートが0.91〜1.0の範囲で男性が少なくなっているが、1911年では、男性が0.95〜1.13の範囲で少し多くなっていた。1901年と1911年を比較すれば、男女比は、年齢コーホートにおいて相違するが、20〜24歳コーホートで、0.91から1.13に、25〜29歳コーホートでは0.91から1.0に、それぞれ拡大しているものの、その拡大がわずかであり、人口学的にいえば婚姻相手の選択にあまり影響がなかったと見てよい。この特徴は、後述の選択相手の狭小化を示すクレア州とミーズ州と相違していたといえる。

図6-7はメイヨー州における救貧区別人口変化を示したものである。それによると、1870年代にニューポート救貧区がウェストポート救貧区に統合される

ことにより，面積と人口で一番大きな救貧区になった。1845年の大飢饉で，メイヨー州の人口が30％減少したが，キララ救貧区で一番人口減少が多く，それが45％であった。しかし，1861年から1891年まで，ほとんどの救貧区では，人口減少が見られず，1861～1881年には，カスルバー，スィンフォード，ウェストポートあたりでは増加しており，その期間に一時期増加したバリナ，ベルマレットもあった。つまり，1891年以降には，すべての救貧区で人口減少が認められたのである。このように，1870年代に小飢饉に遭遇したメイヨー州であったが，それにより，あまり急激な人口減少を経験していなかった。それも，貧困な救貧区において，その特徴が明白であるが，それとは逆に，どちらかといえば富裕と見られる救貧区であるバリナ，バリンローブ，キララあたりでは人口減少が激しかったと見てよい。

　1841年から1911年の70年間に一番人口が減少した救貧区は，キララであるが，それが70％の人口減少を経験し，以下バリンローブ（40％），ウェストポート（43％），カスルバー（44％）という順序であり，ウェストポートを除外すれば，どちらかといえば中核地帯で人口減少が激しかったといえる。つまり，これらの救貧区では，移民の多くが5エーカー以下の小農民クラスが多かったのである。この時期には移民が安価になった渡航費用を捻出できたことや親族などによる援助があったことによるものと推察される。そこで，このような人口の変化を婚姻率・出生率・死亡率と関連づけて検討しよう。

　図6-8は1865～1911年におけるメイヨー州の婚姻率，出生率，死亡率の変化を示したものである。まず，図6-8でメイヨー州の婚姻率を見れば，1871年がピークで5.8であったが，それ以降下降していることが明らかである。この数値はアイルランドで一番高いものであった。それは1870年頃まで分割相続が継続され，後述するように主食のジャガイモ，季節的出稼ぎの収入により婚姻が容易であったことを示している。しかし，それ以降，相続システムが不分割相続へ変化した結果，婚姻率が低下し，未婚化・晩婚化・生涯未婚化が顕著になったといえよう。コナハト地方では，45～54歳の未婚率が他の地方より低く，1841年では7％，1881年には上昇し11％，1911年では25％に増加していた。そして，23～34歳の未婚率に関して，1841年では36％であったが，それ以降上昇し1881年には60％，1911年には81％に増加し，その数値が他の地方より一番高かった［Kennedy and Clarkson 1993:163-168］。つまり，コナハト地方に属するメイヨー州でも，このように，未婚率の上昇および晩婚化による出生率の低下が顕現していたのである。

216

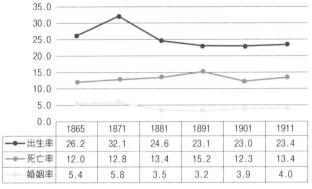

（出所）Annual Report of the Registrar General for Ireland containing a General Abstract of the Numbers, Marriages, Births and Death Registered in Ireland, appropriate year から作成

　出生率に関して，それは婚姻率の低下とともに，1871年の32をピークに1881年以降23～24に減少した。しかし，メイヨー州では，後述するように子供数が多く，婚姻率が低いが，多産型により世帯規模も大きかったことを示していた。

　死亡率に関して，1881年と1891年の増加が，1887～1880年の第2の飢饉による影響であったと見られるが［Almquist 1977:262-263］，それ以降，死亡率は，1891年の一時的な上昇以外では，ほぼ同じ傾向であると判断される。その時期には，出生率が低くなったにもかかわらず，死亡率の停滞により，全期間において人口の自然増を導くことになった。1901年と1911年における10年間の婚姻率・出生率・死亡率を比較すれば，婚姻率が3.9から4.1への微増，出生率が23から24.3への増加，死亡率が12.3から13.9への上昇を示し，人口の自然増が，出生率増加によるものと認められる。後述する1908年の年金制度の導入による家長権の弛緩により後継者が以前より早く結婚できる可能性や，家長権の継承が親の生前に行なわれたことによる婚姻率の上昇も見られた。

　以上からメイヨー州の人口構造は大飢饉以前に人口のピークがあり，大飢饉により一時的に激減したものの，飢饉後の人口減少が他の地方より緩慢であった。もちろん1901年と1911年の人口ピラミッドに発現しているように20代後半から50歳代までのへこみは，移民による人口移動を明確に示したものであった。それは，後継者以外の若者による移民，土地なし労働者で，コッティア（cottier tenant）といわれる貧困者の移民であったと考えられる。

表 6-12　メイヨー州の救貧区別婚姻率（人口 1000 人に対する）

救貧区	1865	1871	1881	1891	1901	1911
バリナ	6.4	5.5	2.8	4.1	1.6	4.1
バリンロープ	4.4	4.8	3.0	3.7	3.5	2.0
ベルマレット	2.8	4.9	4.1	1.5	3.2	4.7
カスルバー	5.3	5.9	4.1	2.7	4.2	4.6
クレアモリス	5.4	5.4	3.4	3.2	4.6	3.4
キララ	5.2	6.2	3.0	2.4	3.6	3.3
スィンフォード	6.5	6.4	3.1	3.5	4.5	5.8
ウェストポート	4.4	6.4	3.2	2.7	4.8	2.9
メイヨー州	5.2	5.7	3.4	3.2	3.9	4.1

（出所）　Annual Report of the Registrar General for Ireland containing a General
Abstract of the Numbers, Marriages, Births and Death Registered in Ireland,
appropriate years から作成

　しかし，メイヨー州の婚姻率は，1881 年までクレア州やミーズ州より高かっ
たのであり，またメイヨー州の出生率に関してもクレア州よりすべての年代で高
く，死亡率に関してはクレア州とほぼ類似の数値を示していた。したがって，メ
イヨー州の人口構造は多産少死型であり，人口の自然増が人口減少の抑止力に
なっていたのではないかと推察される。そしてメイヨー州では，アメリカへの移
民が他の地方より低く，そのような人口過剰がさらなる貧困化を導くことになっ
たともいえよう。

　さらに表 6-12 により婚姻率を救貧区別に見ておけば，それがバリナ，カスル
バー，クレアモリス，スィンフォードで高いものの，それ以外の救貧区では低く，
婚姻率の高い救貧区は，季節的出稼ぎ労働の極めて多い東部メイヨー州であると
見られた。

　他方，それに関連する出生率を表 6-13 で見れば，クレアモリス，スィン
フォード，ウエストポートが高いが，それ以外の救貧区は上下に波を示しながら
も低めの傾向が認められた。したがって，婚姻率と出生率が相関関係を示すのは，
スィンフォードとクレアモリスという東部メイヨー州の救貧区であることがわ
かった。すなわち，後述するようにスィンフォードは，季節の出稼ぎ労働が一番
多い救貧区であり，それにより婚姻・出生が可能だったと考えられる。

　救貧区別死亡率を示した表 6-14 を見れば，死亡率が 1865 年で高い救貧区は，
ベルマレット（14.2），ウエストポート（13.3），クレアモリス（12.9）であり，

表6-13　メイヨー州の救貧区別出生率（人口1000人に対する）

救貧区	1865	1871	1881	1891	1901	1911
バリナ	21.3	28.9	18.3	17.7	17.7	22.6
バリンローブ	21.3	21.3	24.6	20.7	21.0	22.9
ベルマレット	25.0	32.5	21.5	24.7	24.1	25.9
カスルバー	27.0	28.5	21.3	20.7	21.6	23.3
クレアモリス	30.9	35.6	28.0	25.9	24.0	20.6
キララ	22.9	33.6	26.5	17.3	22.9	22.6
スィンフォード	28.8	35.7	27.0	25.4	24.7	25.2
ウェストポート	27.5	32.7	24.9	24.4	25.4	23.4
メイヨー州	26.0	32.0	24.5	23.1	23.0	24.3

（出所）　Annual Report of the Registrar General for Ireland containing a General Abstract of the Numbers, Marriages, Births and Death Registered in Ireland, appropriate years から作成

表6-14　メイヨー州の救貧区別死亡率（人口1000人に対する）

救貧区	1865	1871	1881	1891	1901	1911
バリナ	12.1	14.5	9.8	14.1	9.5	15.1
バリンローブ	11.9	11.1	13.9	17.0	10.6	13.0
ベルマレット	14.2	10.7	11.4	13.0	11.8	12.6
カスルバー	10.6	11.7	12.9	13.9	12.9	15.0
クレアモリス	12.9	13.4	14.6	19.5	13.2	13.5
キララ	11.9	15.5	15.7	9.9	9.9	13.3
スィンフォード	11.3	13.2	13.1	15.3	13.7	13.7
ウェストポート	13.3	13.2	17.7	14.8	12.9	11.3
メイヨー州	12.0	12.8	13.4	15.2	12.3	13.4

（出所）　Annual Report of the Registrar General for Ireland containing a General Abstract of the Numbers, Marriages, Births and Death Registered in Ireland, appropriate years から作成

　それらは周辺地区であった。しかし，ベルマレットは，それ以降低下したが，ウェストポートとクレアモリスは依然高い死亡率で推移していた。他方，中核地帯であるカスルバーは，一番低い傾向を維持しており，バリナとバリンローブが，一時高くなったものの，低い傾向を示していた。キララが1871年と1881年に上昇したが，それ以降下降している。これは前述した人口減少と大きな関係がある

第6章　20世紀初頭におけるアイルランド・メイヨー州の世帯構造　　219

ものと推察される。以上のように，死亡率に関して，救貧区別に見れば，わずか
ながらも中核地帯と周辺地帯の違いが認められるように思われる。

　つまり，救貧区別に婚姻率・出生率・死亡率を見たが，そこには，中核地帯と
周辺地帯に多少の相違が認知されたが，救貧区単位でも大きな人口減少を経験し
ていなかったと見られる。最貧救貧区であるスィンフォードでも，季節的出稼ぎ
よる収入により人口を維持できたのであった。

　以上のような人口の自然増の側面に対して，今度は人口の社会的移動として，
メイヨー州の移民を見ておきたい。表6-15は，州別移民統計が利用できる
1881～1911年の30年間における年齢コーホート別移民数を示したものである。
メイヨー州では，大飢饉時ではなく，他の州より遅く移民が増加したといわれて
いるが，表6-15によれば，移民数は1881年で，4500人であったが，その移民
数がアイルランドで一番多い州であった。それ以降，移民数が1891年には3500
人，1901年には4300人，1911年には2500人へ，一時期増加もあったものの，
1901年以降減少へ転じていた。男女別では，すべての時期で男性より女性が多く，
それも未婚の男女であった。未婚移民の年齢に関して，1881年では，男女とも
20～25歳コーホートが一番多く，15～20歳コーホートでは女性が，25～30
歳コーホートでは男性が多いという傾向が認められる。それ以降では，すべての
年代で20～30歳コーホートが一番多く，つぎが10～20歳コーホートであった。
既婚者では，移民数が1886年340人であったが，1911年では60人に減少し，
その移民が30～40歳コーホートで一番多く，以下40～50歳コーホート，20
～30歳コーホートという順序であった。それは未婚者より年齢コーホートが高
く，土地なし労働者，小・中規模農層で，保有地放棄や売却による家族移民とみ
なされてよい。移民前における全員の職業は，男性の場合には，労働者が一番多
く，つぎが農民であったが，女性の場合にはほとんどサーヴァントであったこと
が読み取れた。

　それらの移民先を見れば，その90％以上がアメリカであるが，1880年代であ
れば，飢饉後と相違し，すでに船舶事情もよくなり，1870年以降アメリカへの
渡航費用が，7.7ポンドから5.5ポンドに安くなったことも，若者の単身移民の
みならず，家族でのアメリカへの移民が容易になった理由に挙げられる［Moran
1981:66］。また，未婚移民が10～30歳コーホートが中心であることは，後述す
るように，それは継承者以外の家族員の離家であるとみなされ，しかも，移民費
用がそのような階層においても調達可能になったものといえよう。つまり，メイ
ヨー州とロスコモン州で農業労働の調査をしたフォックスは，若者が移民する理

220

表6-15　メイヨー州の年齢コーホート別移民数

年	性・男女別	～10	10～20	20～30	30～40	40～50	50～	計
1881	男	176	414	1,096	177	67	56	1,986
	女	199	917	1,118	101	67	81	2,483
1886	男・未婚	102	261	637	76	8	4	1,088
	男・既婚	0	0	13	38	48	39	138
	女・未婚	91	559	640	21	2	3	1,316
	女・既婚	0	0	52	72	48	35	207
1891	男・未婚	79	276	1,021	47	11	3	1,437
	男・既婚	0	0	19	38	44	19	120
	女・未婚	71	660	1,089	18	0	0	1,838
	女・既婚	0	0	60	67	29	21	177
1896	男・未婚	84	143	1,415	112	9	2	1,765
	男・既婚	0	0	8	45	41	51	145
	女・未婚	104	523	2,216	62	1	2	2,908
	女・既婚	0	0	22	134	52	68	276
1901	男・未婚	75	139	1,048	109	13	1	1,385
	男・既婚	0	0	2	35	44	40	121
	女・未婚	81	683	1,724	73	2	1	2,564
	女・既婚	0	0	7	99	52	52	210
1906	男・未婚	26	219	851	59	7	4	1,166
	男・既婚	0	0	8	10	9	5	32
	女・未婚	19	621	665	23	4	0	1,332
	女・既婚	0	0	13	11	7	12	43
1911	男・未婚	12	201	787	73	1	4	1,078
	男　既婚	0	0	8	6	6	2	22
	女・未婚	9	618	681	11	4	5	1,328
	女・既婚	0	0	14	11	4	5	34

（出所）　各年次の Emigration Statistics of Ireland から作成

由として，「農業労働から離れて，アメリカへ行く方が，この州のタウンで働く
より，良い生活チャンスが得られる」［Fox 1893:89］ことを挙げており，それが
若者における移民の適応的戦略だったといえる。それは若者だけではなく，家族
で移住する人々にも該当するものと見られる。

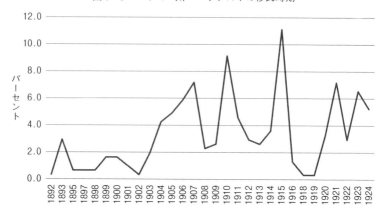

図6-9　メイヨー州バーリクロイの移民時期

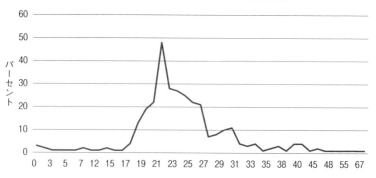

図6-10　メイヨー州バーリクロイの移民年齢

　表6-15と時期的に少しずれるが，メイヨー州ウェストポート救貧区バーリクロイの移民資料を見ておきたい。(7)そのデータは，移民時期が1892～1924年までの328人のアメリカ移民のものである。図6-9で見れば，移民時期は1916年の割合が一番高いが，1907年，1910年，1915年がピークであったことがわかる。つまり，メイヨー州のなかでも，最貧困地域であったこの地域では，遅くまで移民に頼っていたことがわかる。また移民年齢を示した図6-10によれば，その平均移民年齢が24歳であり，それは先述の表6-15の年齢と対応したものであった。年齢に関して，21歳をピークに，その年齢の前後である17～27歳に集中していた。しかし，子供と高齢者も見られるのであるが，それらは家族単位の移民であると見られる。そして，興味深い点として，移民を援助したスポンサーが記述されており，それを見れば，アメリカに在住の兄弟姉妹，叔父・叔母，従兄

弟という親族によるものが多かった。つまり，その結果，この時期においても，貧困であったメイヨー州の人々は，親族による渡航費の援助，現地での生活のサポートの必要性がデータからリアルに読み取ることができる。その時期におけるアメリカへの移民の 75 ％以上が，その国に親族や友人によるサポートを受容できるというゆとりや精神にもとづくものであった [Cousens 1963:149]。

　以上のように，アイルランドで最貧州であったメイヨー州の人口構造は，大飢饉により当然人口減少を経験したが，他の地方のように移民による解決よりも，いまだ残存していた分割相続により，15 エーカー以下層が 62 ％，30 エーカーが 86 ％という小土地保有農で，耕作と牧畜の混合農業を営んでいた。それ以降の小飢饉以降には，婚姻率と出生率の低下および生涯未婚者の増加を経験しながら，多産により人口の自然増が図られた。そのような零細農家の場合，当然兼業が必要であったが，それを季節的労働者による現金収入の稼得，それ以外の家族員全員による労働で生活を営む家族戦略が採用されたのである。そして，非継承者の家族員，コッティア層が 1880 年以降，移民として排出されることになった。しかし，それが人口減少にあまり影響を与えず，人口減少は，コナハト地方では少ない方であった。そこには，小規模保有で，全員就業しながら小規模土地にしがみつき，貧困に耐えるという生活を描写することができるだろう。そのようなメイヨー州の家族構造をつぎに検討することにしたい。

4　メイヨー州の世帯構造

(1) 世帯主の属性

　まず世帯主の年齢構成を図 6-11 で見ておこう。それによると，平均世帯主年齢が，1901 年では 54.5 歳，1911 年では 60 歳であり，そこに 5.5 歳の相違が認められる。職業別では，農民が 1901 年の 54.5 歳から 1911 年の 58.4 歳，労働者が 53.5 歳か 54.7 歳にそれぞれ延びていた。そこでの農民の延びは，労働者を上回っていたことが明らかである。つぎに，その内容にたちいって見てみれば，農民の世帯主年齢に関して，1901 年に 60 ～ 69 歳コーホートがピークで 26.8 ％であったが，1911 年には，それが 70 ～ 79 歳コーホートに上昇していた。労働者も同じように，そのピークが 60 ～ 69 歳コーホートから 70 ～ 79 歳に移動していた。また，1901 年では，農民が 60 ～ 69 歳をピークに 50 ～ 59 歳と 40 ～ 49 歳のコーホートが中心であったが，1911 年には，それが 70 ～ 79 歳をピークに 60 ～ 69 歳と 50 ～ 59 歳コーホートの減少という変化が認められた。他方，労働者

図 6-11 メイヨー州の職業別世帯主年齢構成

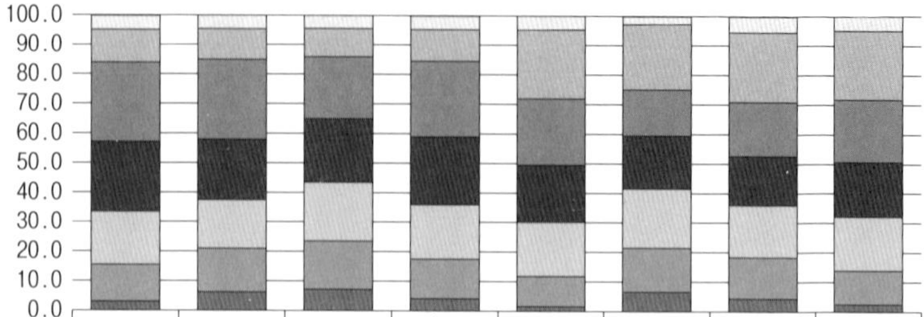

	農民	労働者	その他	メイヨー州	農民	労働者	その他	メイヨー州
	1901				1911			
□80〜	4.7	4.6	4.4	4.6	4.9	2.7	5.5	5.0
■70〜79	11.2	10.5	9.7	10.8	23.3	22.2	23.5	23.3
■60〜69	26.8	27.0	20.9	25.5	22.4	15.5	18.3	21.1
■50〜59	23.6	20.4	21.5	23.0	19.4	17.9	16.7	18.6
□40〜49	18.1	16.6	20.0	18.5	18.3	20.2	17.6	18.2
■30〜39	12.4	14.7	16.3	13.4	10.2	14.8	14.0	11.4
■ 〜29	3.0	6.2	7.2	4.1	1.6	6.6	4.3	2.5

(出所) Census Returns of Ireland, Co. Mayo, 1901, 1911

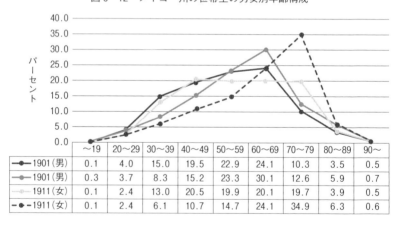

図 6-12 メイヨー州の世帯主の男女別年齢構成

	〜19	20〜29	30〜39	40〜49	50〜59	60〜69	70〜79	80〜89	90〜
1901(男)	0.1	4.0	15.0	19.5	22.9	24.1	10.3	3.5	0.5
1901(男)	0.3	3.7	8.3	15.2	23.3	30.1	12.6	5.9	0.7
1911(女)	0.1	2.4	13.0	20.5	19.9	20.1	19.7	3.9	0.5
1911(女)	0.1	2.4	6.1	10.7	14.7	24.1	34.9	6.3	0.6

の場合では，1901年には，60〜69歳コーホートをピークに，それ以外のコーホートで減少していたが，そこには2つのピークが認められた。これらの70〜79歳コーホートの上昇は，1908年の老齢年金法と関連しているものと推察される。すなわち，センサス個票で，1901年と1911年の年齢を追跡すると，年齢の

224

ズレが認められ，センサス記入時のバイアスはあるとしても，それが世帯主の年齢コーホートの上昇であったと見た方がよいであろう。

　そこで，農民と労働者の年齢コーホートを比較すれば，労働者では30～39歳コーホートの割合が農民より多く，1901年では2.3％，1911年では4.6％の差がそこに認められるが，それが農民より労働者の世帯形成の容易さや早さを示し，逆に農民が相続の待機時間の長期化で，遅くなっていたことを顕著に示していたものと解釈できよう。

　世帯主の性別を図6-12から見ると，1901年の場合，女性の世帯主は男性の3分の1であるが，男女ともに60～69歳コーホートが一番多く，以下50～59歳コーホート，40～49歳コーホートという順序である。1901年における女性世帯主が60～69歳以上層で多く見られるが，それは男性世帯主死亡による女性世帯主への交代であると見てよい。

　1911年の男性世帯主が年齢層を上昇させながらも，1911年における40～49歳層の割合が1901年より少し多く分布していることは注目されてよい。60歳以上層と世帯主の男女別では，さらに1911年の場合には，世帯主が男性世帯主の年齢層の上昇に伴い，女性の世帯主への転換が70歳以上層に上昇していることもうかがえる。そこには，おそらく男女の平均寿命の延びが関係しているものと見られる。その女性世帯主が意外に長く，死亡した夫に代わり家長権を長く維持することになる。これらの特徴は，後述する世帯主年齢によるライフコースでも確認することができる。

　以上から，1901年より1911年の方が，世帯主年齢の上昇，40～49歳層の増加，男性世帯主から女性世帯主への交代という動きが明らかになった。とくに，1911年における世帯主年齢の両極分化は，家長の生前における家長権交代が始まったものと推察することができよう。それは年金制度の効果が出始めたように理解してもいいのではないだろうか。

　表6-16は0.3％以上である世帯主職業を示したものであり，職業分類総数414種のうち14種の職業しか認められないが，それらが1901年では全体の83.9％，1911年には78.7％を占めていた。その職業のなかで，とくに農民が圧倒的に多く，1901年では72.6％，1911年では70.4％を占めていた。それは，すでに，先述した地図5-36において，1911年のメイヨー州における農民世帯の多さで検証されている。それ以外では，1901年では家内サーヴァント（2.5％），農業労働者（2.0％），一般労働者（2.0％），商店主（1.3％）であり，1911年では一般労働者（2.0％），農業労働者（1.3％），商店主（1.0％）という分布

第6章　20世紀初頭におけるアイルランド・メイヨー州の世帯構造　　225

表6-16 メイヨー州の世帯主職業の割合（1901年, 1911年）

職業コード	職業分類	1901	1911
32	教員	0.5	0.6
56	家内サーヴァント	2.5	0.7
100	農民	72.6	70.4
103	農業労働者	2.0	1.3
104	牧羊者	0.6	0.3
168	大工	0.4	0.4
214	ホテル経営	0.7	0.6
236	八百屋	0.0	0.3
282	洋服仕立て工	0.5	0.4
290	靴製造・販売	0.5	0.4
377	鍛治屋	0.3	0.3
399	商店主	1.3	1.0
404	一般労働者	2.0	2.0
	計	83.9	78.7
	総数	37,670	36,793

（注） 0.3％以上の職業のみ

が認められた。その分布をクレア州と比較すれば，3％以上の職種の少なさが顕著であり，それはメイヨー州における農民社会を象徴しており，農業労働者・一般労働者の少なさ（近隣に労働市場が存在しない）に特徴が認められ，メイヨー州における小規模農業経営が反映されていること，農民が，農民としての地位と兼業である農業労働者的地位（季節移民労働を含めて）の両者の地位を持っていたことも理解される。

　以上のようにメイヨー州における世帯主が，ほとんど小規模農業経営の農民家族であったこと，彼らの年齢の上昇化が見られたことに特徴が認められる。つぎに，そのような世帯主特性を持つメイヨー州における農民家族の世帯分析を検討することにしたい。

(2) 世帯規模

　表6-17の1911年に示した救貧区別世帯規模を見れば，メイヨー州における平均世帯規模が1901年，1911年ともに5.2人であった。またその内訳に関しても，1901年と1911年では，ほぼ同じ分布が認められる。すなわち，両年度ともに4人がピークであり，5人，3人，6人という順序であり，それは2つの年度で変化が認められなかった。

　そこで，世帯規模を救貧区単位で見ておけば，両年度でメイヨー州全体（5.2人）より多い救貧区では，1911年には，ベルマレット（5.7人）が一番多く，以下，ウエストポート（5.4人），キララ（5.3人）いう順序であったが，低い救貧区が，バリンローブの4.8人であり，平均規模の大きな差がそこに認められない。しかし，職業別で見れば，すべての救貧区において，世帯規模では農民が労働者

表6-17　メイヨー州の職業別世帯規模（1911年）

救貧区	職業	1～2	3～4	5～6	7～8	9～	計	総数	平均
バリナ	農民	10.6	27.9	28.5	20.9	12.0	100.0	2,698	5.5
	労働者	22.4	27.0	29.1	14.8	6.8	100.0	237	4.7
	計	15.3	28.9	26.7	17.7	11.4	100.0	4,426	5.2
バリンローブ	農民	17.2	30.3	24.9	17.2	10.3	100.0	2,860	5.0
	労働者	33.0	23.6	24.1	11.8	7.4	100.0	203	4.3
	計	21.7	29.3	23.6	15.5	9.9	100.0	4,121	4.8
ベルマレット	農民	8.5	22.0	29.5	24.2	15.9	100.0	1,942	5.9
	労働者	21.7	34.8	28.3	6.5	8.7	100.0	46	4.6
	計	11.8	22.9	28.3	22.2	14.8	100.0	2,500	5.7
カスルバー	農民	12.6	29.6	28.2	19.4	10.2	100.0	3,565	5.3
	労働者	26.9	26.9	21.9	16.4	8.0	100.0	201	4.7
	計	17.0	29.4	25.9	17.8	9.9	100.0	4,902	5.1
クレアモリス	農民	12.8	29.6	27.9	18.3	11.4	100.0	3,601	5.3
	労働者	31.5	26.9	17.7	11.5	12.3	100.0	130	4.5
	計	16.0	29.1	26.6	17.0	11.3	100.0	4,684	5.1
キララ	農民	8.6	27.9	29.8	19.1	14.6	100.0	887	5.7
	労働者	26.8	26.8	24.4	18.3	3.7	100.0	82	4.5
	計	13.4	28.4	28.7	18.2	11.3	100.0	1,478	5.3
スィンフォード	農民	12.3	28.8	28.5	19.4	11.0	100.0	6,179	5.6
	労働者	25.0	31.0	22.0	15.0	7.0	100.0	200	5.2
	計	16.8	29.1	26.5	17.4	10.1	100.0	8,412	5.1
ウェストポート	農民	12.1	25.9	27.3	20.7	14.1	100.0	4,172	5.6
	労働者	21.5	25.8	21.1	16.4	15.2	100.0	256	5.2
	計	15.5	26.6	25.9	18.6	13.5	100.0	6,209	5.4
メイヨー州	農民	12.3	28.1	27.9	19.7	12.0	100.0	25,903	5.4
	労働者	21.5	25.8	21.1	16.4	15.2	100.0	256	4.7
	計	16.4	28.3	26.3	17.8	11.3	100.0	36,732	5.2

より多かった。農民と労働者の世帯規模の違いでは，ベルマレットが1.3人，キ
ララが1.2人であった。また，人数に関して，農民ではピークが3～4人の5救
貧区で，5～6人が3救貧区に分化されている。しかし，労働者では，3～4人
が6救貧区で多く，他の2救貧区が5～6人であった。農民が3～4人のピーク

表 6 - 18　メイヨー州の職業別子供数（1901 年，1911 年）

人数	1901				1911			
	農民	労働者	その他	メイヨー州	農民	労働者	その他	メイヨー州
1	20.8	25.6	25.9	21.9	19.6	22.0	26.6	21.2
2	19.3	18.3	20.1	19.4	20.4	17.8	22.5	20.8
3	16.2	14.2	15.9	16.1	16.8	17.1	16.6	16.8
4	13.4	13.1	12.8	13.3	13.8	16.3	12.1	13.5
5	11.1	10.6	9.2	10.7	10.9	10.1	8.5	10.3
6	8.3	8.7	7.2	8.1	8.1	7.1	5.8	7.5
7	5.5	3.8	4.4	5.2	5.1	4.4	4.0	4.9
8	5.3	5.7	4.5	5.1	5.3	5.2	3.8	5.0
N	100.0	100.0	100.0	100.0	100.0	100.0	100.0	100.0
総数	23,459	1,162	5,893	30,514	21,705	942	6,616	29,263
平均	3.5	3.4	3.2	3.5	3.5	3.4	3.1	3.4

表 6 - 19　メイヨー州の子供の年齢別未婚者数（1901 年，1911 年）

年齢	1901		1911	
	男	女	男	女
0 ~ 4	15.9	16.0	15.3	17.1
5 ~ 9	18.4	19.2	17.5	19.7
10~14	20.3	21.0	18.3	19.7
15~19	18.2	21.2	16.6	18.5
20~24	13.3	13.8	12.4	11.2
25~29	7.9	5.8	8.2	6.5
30~34	3.8	1.8	5.5	3.7
35~39	1.3	0.6	3.4	1.8
40~44	0.6	0.3	1.6	0.9
45~49	0.3	0.2	1.1	0.8
計	100.0	100.0	100.0	100.0
総数	52,632	50,431	50,666	43,938

でありながらも，労働者と比較すれば，7人以上が多く認められた。以上から，世帯規模は，救貧区によるよりも，農民と労働者の職業の要因により，その相違が顕現しているものと判断できる。強いていえば，中核地帯より周辺地帯では農民の世帯規模が大きい傾向があるといえよう。

　そのような世帯規模の特徴は，子供数と関連性があると思われるので，まず子供数を世帯主職業と関連づけた表6-18で見よう。

　子供総数は，1901年では10.3万人，1911年では9.5万人であり，10年間に8000人の子供が減少していた。しかし，平均子供数では，メイヨー州における1901年（3.5人）と1911年（3.4人）には，相違が認められない。1901年から1911年の減少境界ラインが4人であり，両年度とも3人まで多く分布するが，境界ライン以降減少することがわかった。そして，農民と労働者では，両年度ともに3.5人と3.4人であり，そこに大きな相違が見られない。しかし，1901年と1911年では，農民が1901年では1人がピークであるが，5人まで下降し，6人以降急減していたが，1911年には2人がピークで，1人と3人以上に分布が多少変化していた。労働者では，そのピークが1人であるが，2人以降減少し始め，6人以降で急減するが，1901年と1911年では同じパターンであった。農民と労働者の世帯規模に，子供数は大きさが顕著な相違として反映されていなかったと見られる。

　1901年と1911年における年齢と子供数のクロス集計（表6-19）では，1901年の場合，男子では10〜24歳の子供数（51.8％）が1911年（47.3％）よりも多いが，1911年では25歳以上の子供数が1901年より多いことが読み取れた。すなわち，子供たちは1901年段階では1911年より世帯内に残留していたが，1911年には子供たちが早い段階で離家していたこと，またそれと反対に，後継者と思われる25歳以上の子供たちが，とくに男子が相続の継承で待機し，未婚の状態で家族に残留していたものと判断されてよい。

(3) 世帯構造

　ハメル＝ラスレットによる世帯分類にもとづいて作成した表6-20を見れば，1901年では単純家族世帯が65％，1911年では61.5％であり，このタイプが減少していた。他方，拡大家族世帯が，1901年の18.4％から1911年の20.3％に増加，多核家族世帯が4.8％から5.4％への増加が明確に読み取れる。したがって，複合家族世帯が23.2％から25.7％へ増加していることが，それがメイヨー州の世帯の特徴といえる。それらの割合は，アレンスバーグとキンボールが調査

第6章　20世紀初頭におけるアイルランド・メイヨー州の世帯構造　　229

表6-20 メイヨー州の職業別世帯構成（1901年，1911年）

世帯分類	1901				1911			
	農民	労働者	その他	計	農民	労働者	その他	計
独居世帯	2.3	9.8	11.1	4.7	2.8	9.1	10.6	5.0
非家族世帯	5.4	7.2	13.0	7.2	6.1	7.6	12.8	7.9
単純家族世帯	66.8	67.7	58.6	65.0	62.9	68.3	56.5	61.5
拡大家族世帯	19.8	12.6	15.0	18.4	21.8	12.2	17.2	20.3
多核家族世帯	5.7	2.7	2.3	4.8	6.4	2.8	2.9	5.4
計	100.0	100.0	100.0	100.0	100.0	100.0	100.0	100.0
総数	27,348	1,758	8,523	37,629	25,885	1,352	9,467	36,706

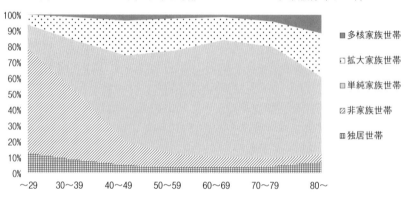

図6-13 メイヨー州の世帯主年齢コーホートによる世帯形成（1911年）

[Arensberg and Kimball 2001] したクレア州（22.2％，22.5％）よりも多かった。そして，農民と労働者の職業から見れば，1901年では，単純家族世帯において，相違が認められないが，労働者では独居世帯と非家族世帯が多く，農民では拡大家族世帯と多核家族世帯が多いという対称性が明らかである。労働者が1901年と1911年では相違が認められないが，農民で単純家族世帯が減少し，拡大家族世帯と多核家族世帯の増加が認められる。

　つぎに，1911年における世帯類型と世帯主年齢をクロスさせた図6-13を見れば，独居世帯が一番29歳以下のコーホートで多く，それ以降減少し，70歳以降のコーホートで少し増加していた。非家族世帯が，29歳以下のコーホートで一番多く，40～49歳コーホートではかなり減少していた。単純家族世帯は，29歳以下のコーホートで開始されるものの，40～49歳コーホートから60～69歳

コーホートが中核を占めながらも，それ以降減少していたことがわかる。拡大家族世帯では，世帯主年齢が70 ～ 79 歳コーホートが一番多く，以下40 ～ 49 歳コーホート，60 ～ 69 歳コーホート，50 ～ 59 歳コーホートという順序を示すが，高い年齢コーホートが下向的拡大，低い年齢コーホートが上向的拡大に対応するものと見られる。また多核家族世帯では，70 ～ 79 歳コーホートが多く占めていることは，下向的拡大化を意味しており，世帯主が後継者へ世代交代せずに，家長権を維持しながら直系家族を形成させていたと解釈できる。

　つまり，拡大家族世帯が，29 歳以下のコーホートで開始され，40 ～ 49 歳コーホートでピークであるが，60 ～ 69 歳コーホートで少し減少しながら持続した分布を示している。そこには上向的と下向的分布が認められる。多核家族世帯は，40 ～ 49 歳コーホートと70 歳以上のコーホートに分化しているが，やはり70 歳以上のコーホートの分布が多くなっており，それは，家長の家長権の長期化により下向的多核家族世帯が多くなることを意味していた。

　そこで，それらの特徴を表6 - 21 で下位分類のレヴェルにたちいって見ておきたい。まず独居世帯では，メイヨー州の割合（1901 年と1911 年における寡婦の2.6 ％と2.3 ％，未婚者の2.1 ％と2.7 ％）が，クレア州の場合（寡婦の3.2 ％と2.4 ％，未婚者の3 ％と3.7 ％）と大きな違いをそこに認められないが，ミーズ州（寡婦の3.2 ％と3.1 ％，未婚者の7.1 ％と7.8 ％）とは大きな相違が存在した。また非家族世帯が，メイヨー州では，クレア州より兄弟姉妹の同居（2a），親族との同居（2b），非親族との同居（2c）の割合すべてにおいて低いことを示している。

　つまり，それらの数値は，メイヨー州とクレア州の世帯が，ミーズ州のように家族崩壊の状況ではなく，農民家族が87 ～ 88 ％の割合で世帯を形成していたことは，メイヨー州における小規模農民での家族戦略，つまり貧困家族における家族員の総就業化による家族形成により可能であったと考えられる。そのような「まとまり」が貧困家族にとって最低限のレヴェルでの生活の可能性を求めるという戦略であったといえようか。

　単純家族世帯では，核家族（3b）が，42.5 ％と40.5 ％であり，クレア州の38.6 ％と37.9 ％より多く，寡婦と子供の形態（3d）が低いという特徴が見られる。拡大家族世帯では，1901 年では，4a（8.8 ％）と4b（5.5 ％），1911 年では4a（10.0 ％），4b（5.5 ％）という垂直的拡大が，水平的拡大（1901 年で3.3 ％，1911 年で3.9 ％）より多いことが注目される。それは，クレア州の垂直的拡大における9 ％と12.8 ％より多く，水平的拡大（4.3 ％と4.9 ％）では低い数値

表6-21　メイヨー州の世帯構成（下位分類，1901年，1911年）

世帯分類	下位分類	1901	1911
1．独居世帯	1a 寡婦・寡夫	2.6	2.3
	1b 未婚・不明者	2.1	2.7
2．非家族世帯	2a 兄弟の同居	3.2	3.9
	2b その他の親族同居	2.6	2.6
	2c 親族関係のない者の同居	1.4	1.4
3．単純家族世帯	3a 夫婦のみ	5.1	5.1
	3b 夫婦と子供	42.5	40.5
	3c 寡夫と子供	4.7	4.4
	3d 寡婦と子供	12.6	11.5
4．拡大家族世帯	4a 上向的拡大	8.8	10.0
	4b 下向的拡大	5.5	5.5
	4c 水平的拡大	3.3	3.9
	4d 4a-4cの組合わせ	0.8	0.8
5．多核家族世帯	5a 上向的拡大	0.6	1.0
	5b 下向的拡大	3.9	4.2
	5c 水平的拡大	0.1	0.1
	5d 兄弟同居家族	0.0	0.0
	5e その他の多核家族世帯	0.1	0.1
計		100.0	100.0
総数		37,627	36,706

を示すことから判断すれば，直系家族の形成度が強かったものと考えられる。さらに多核家族世帯では，上向的拡大が0.6％と1.0％，下向的拡大が3.9％と4.2％であるが，それをクレア州の上向的拡大（1.7％，2.0％）と下向的拡大（2.0％，1.8％）と比較すれば，メイヨー州の下向的拡大が顕著であり，それは後述するように世帯主年齢の上昇化と相関していることを示すものといえる。

　以上の分析から，メイヨー州の世帯では，拡大家族世帯と多核家族世帯の割合が多いこと，また水平的拡大化より垂直的拡大化が強いことから，直系家族の形成度が高いものと判断された。

　前述したように，メイヨー州では，農民が労働者より拡大家族世帯と多核家族世帯が優位であることが確認されたが，表6-22により，救貧区と世帯主職業から世帯タイプを詳細に検討しよう。救貧区単位で農民と労働者の割合を見れば，

232

表6-22　メイヨー州の救貧区別世帯類型（1911年）

世帯分類	職業	独居世帯・非家族世帯	単純家族世帯	複合家族世帯	計	総数
バリナ	農民	9.1	64.4	26.4	100.0	2,960
	労働者	12.4	70.2	17.3	100.0	242
バリンローブ	農民	10.3	64.9	24.8	100.0	2,939
	労働者	19.0	65.9	15.1	100.0	258
ベルマレット	農民	6.7	70.9	22.4	100.0	1,980
	労働者	20.4	70.4	9.3	100.0	54
カスルバー	農民	7.6	66.6	25.8	100.0	3,774
	労働者	16.3	67.3	16.4	100.0	214
クレアモリス	農民	7.1	64.2	28.8	100.0	3,419
	労働者	15.0	65.8	19.2	100.0	260
キララ	農民	9.7	65.4	24.9	100.0	1,934
	労働者	19.6	67.5	12.8	100.0	260
スィンフォード	農民	6.3	69.2	24.4	100.0	5,951
	労働者	22.4	67.5	10.1	100.0	268
ウェストポート	農民	7.3	67.5	25.1	100.0	4,391
	労働者	15.0	68.7	16.2	100.0	345
メイヨー州	農民	7.7	66.8	25.5	100.0	27,348
	労働者	17.0	67.7	15.3	100.0	1,758

労働者が3％～12％の割合であり，大部分が農民である。そうすれば，労働者の場合には，その割合の一番多いキララが，独居世帯と非家族世帯では19.6％，複合家族では12.8％であり，逆に一番低いベルマレットが，20.4％と9.3％であり，両方ともに単純家族世帯が中心であった。他方，農民の場合には，複合家族世帯が22～29％の範囲であり，一番複合家族世帯が多い救貧区が，クレアモリスの29％で，以下バリナの26.4％，カスルバーの25.8％であった。農民で典型的な直系家族である多核家族世帯に限定してみれば，メイヨー州の平均（5.7％）より多い救貧区が，クレアモリス（6.6％）であり，以下バリンローブ（5.9％），キララ（5.9％）であった。メイヨー州では，労働者と農民で独居世帯と非家族世帯対複合家族世帯であるというコントラストが明確に認められ，農民の直系家族に関して，救貧区では大きな相違が見出せなかったが，あえていえば中核地帯で複合家族世帯が多いといえよう。それゆえ，メイヨー州全体で小規

表6-23 メイヨー州の家族関係（1901年，1911年）

続柄	1901	1911
世帯主	20.2	20.3
配偶者	12.4	12.5
息子	29.4	29.5
娘	26.9	25.0
義理の息子	0.4	0.4
義理の娘	1.2	1.3
甥・姪	1.3	1.3
孫	4.9	5.9
父	0.1	0.2
母	0.7	0.8
義理の父	0.1	0.1
義理の母	0.3	0.3
兄弟	0.8	1.0
姉妹	1.3	1.5
計	100.0	100.0
総数	186,681	180,989

模保有農民が直系家族を形成することが，彼らにとっての家族戦略であったと判断できる。

（4）親 族 数

はじめにメイヨー州における家族関係を表6-23で見ておくと，1901年では，まず世帯主に対する配偶者が60％の割合であり，それに子供の56.3％が加われば，89％を占め，それは核家族を基本的に構成していた。それ以外では，親の割合に関して，どちらかといえば父方が多く，義理の子供に関しても，息子の配偶者が娘の配偶者の3倍であり，メイヨー州における家族には父系性が認められた。つまり，それは父系的同居による直系家族形成を示すものといえる。なお，それらの特徴には1901年と1911年における相違が見られなかった。

つぎに表6-24は，ウォールが1983年に提起した方法で，同居親族集団に対する関係構成とその親族関係規模を100世帯単位で示した数値である［Wall 1983:499-501］。その表を見れば，親族総数ではメイヨー州が，1911年に67人であり，それはクレア州・ミーズ州よりかなり多い数値であることがわかる。そして，親族関係を見ると，一番多い親族が孫の28.9人であり，以下兄弟姉妹の12.2人，子供の配偶者（義理の子供）の8.6人，父母の6.8人，甥・姪の6.2人という順序である。そのような分布で，メイヨー州がクレア州・ミーズ州と一番相違しているのは，直系親族である父母，子供の配偶者，孫の割合が極めて高いことである。つまりこれらの親族から，直系家族が形成されていたことが，親族構成からも確認することができる。

さらに救貧区別に見れば，親族数ではキララが一番多く，73.7人であり，以下バリンローブ（73.5人），カスルバー（72.8人），ウエストポート（72.7人）

表6-24　メイヨー州の救貧区別親族数（1911年）

関係	バリナ	バリンローブ	ベルマレット	カスルバー	クレアモリス	キララ	スィンフォード	ウェストポート	メイヨー州
父母	8.3	3.0	4.6	5.5	8.9	4.7	10.2	4.7	6.8
兄弟姉妹	15.0	12.0	12.9	11.5	13.4	18.1	9.4	11.8	12.2
兄弟姉妹の配偶者	2.0	1.7	1.9	1.7	1.5	2.7	1.6	1.8	1.8
子供の配偶者	5.8	10.9	6.8	10.5	8.6	8.3	7.6	10.0	8.6
甥・姪	8.0	6.7	8.8	5.2	0.5	10.7	4.7	6.0	6.2
孫	19.7	36.3	21.1	36.2	27.7	26.7	23.8	36.3	28.9
その他の親族	3.5	2.9	3.4	2.2	1.8	2.5	2.4	2.1	2.5
親族数	62.3	73.5	59.5	72.8	62.4	73.7	59.7	72.7	67.0
サーヴァント	14.6	11.5	9.9	9.0	10.8	14.4	6.3	8.8	9.8
寄宿人	2.5	0.8	1.4	0.7	0.8	0.9	0.8	1.3	1.1
同居人	6.1	4.0	3.7	4.0	4.6	4.0	2.0	3.7	3.8
訪問者	2.3	2.1	2.4	1.7	2.1	3.5	1.6	2.4	2.1

という順序であるが，逆に，少ない救貧区がベルマレット（59.5人），スィンフォード（59.7人）という順序であった。また，これらの救貧区すべてにおいてサーヴァントなどの非親族が極めて低いことも認知される。したがって，メイヨー州が小規模農業地帯であり，非親族が不要であることと，周辺地帯が，どちらかといえば，親族を内包させる可能性が極めて低いことを示していた。しかし，他の2州より直系家族が多く，しかも父系的直系家族の形成が明確であり，それがメイヨー州における家族戦略であったとみなせよう。以上の親族関係の分析は，前述した世帯タイプにおける直系家族の顕在化を再確認させるものといえる。

(5) ライフコース

　先述したように，家長が土地相続権をできる限り長期に堅持し，土地に家名を残したいという意識が強く，早い段階で後継者にそれらを継承させなかった。その結果，後継者が家族労働力として未婚の状態に置かれた。そこで世帯主年齢から見る家族員のダイナミックスから，メイヨー州における世帯主の世帯形成過程の特徴を見ておこう（図6-14）。

図6-14 メイヨー州における世帯主年齢による世帯員のダイナミックス（1911年）

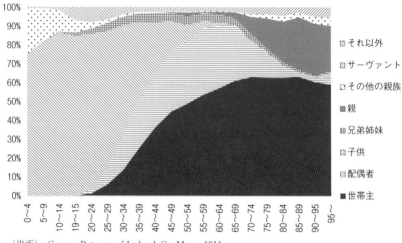

（出所） Census Returns of Ireland, Co. Mayo, 1911

　メイヨー州において，ライフコースは1910年と1911年はほぼ同じ傾向であると認めることができるので，1911年のライフコースを中心に見ておこう。そうすれば世帯主が20歳代後半から80歳代までなだらかな山を形成し，それに対応して配偶者が20歳後半から加わり始め90歳代まで継続し，両親が世帯主の40代後半から出現し始めるが，この段階で世代交代が発現する可能性もあった。そして，子供が50歳代ぐらいまで，減少しながら継続し，兄弟姉妹が10代後半から70歳代まで少ない割合で継続した分布が認められた。つまり，家長が後継者である子供に継承するまで子供は待機しており，子供への継承終了により，両親が出現するというダイナミックスが，そこから理解することができるとともに，兄弟姉妹が生家に残留する可能性も見逃せない。

　他方，その他の親族が20歳代後半まで分布しているものの，その後，一時消滅し，70歳代に再現している。これは，孫，甥・姪などの一時的同居や預かりと叔父・叔母などの老齢者の同居を意味しているようである。また，非親族であるサーヴァントが10歳代後半から30歳代まで少し認められるが，それはメイヨー州のような小規模農業地域では必要とされていなかったことを明らかに示している。以上の世帯主年齢に対応したライフコースから，家長は早い段階で後継者に世代交代させるのではなく，長期に家長権を維持し，後継者を待機させて，労働力とみなしていたことが明らかであったものと判断される。

5 メイヨー州の世帯ダイナミックス

メイヨー州北部のキララ救貧区ラスラッカン村のクラハンが地図6-5のように最後まで残存しており，アイルランド貧民蝟集地域委員会が1918年に消滅させることにより解体することになった［Evans 1957:24］。ラスラッカン村は，ラッカン教区で一番広いが，貧困地で，共同所有地が支配的であった。そこでは56世帯により1500区に分割された土地が保有されていた。それ以前のグリフィス土地評価簿では，ラスラッカンは59農家があり，そのうち，個人保有が3農家（30エーカー，44エーカー，82エーカー），9農家が200エーカー，47農家が262エーカーを共同保有していることがわかる。地主であるチャールズ・ノックスが，ゴールウェイ州バリンローブを拠点としてノックス所領地を持つが，1876年には2万4374エーカーを所有していた。[(8)] ラスラッカン村はそのうち2.5％の614エーカーにすぎない。196エーカーが10人による共同借地，262エーカーが47人による共同借地であり，それは平均すれば，2～6エーカーの範囲で，その土地評価額がほぼ1～5ポンドに分割されていた。その後，土地保有者が減少したと見られ，世帯数が，1901年には46世帯，1911年には1世帯減少した45世帯であり，ほぼ，この10年に変化が見られない。1927年頃には，タウンランドの土壌の質により，ある家族

地図6-5 ラスラッカン村のクラハン集落

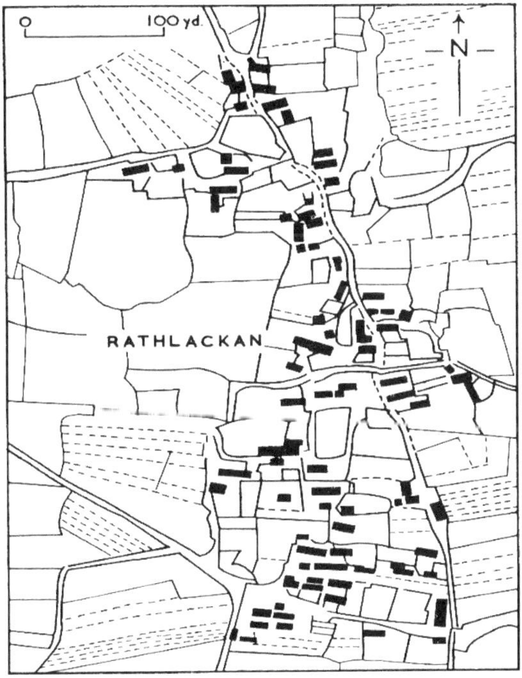

（注） 1918年以前のランディール制度での集落
（出所） Evans［2000:25］

第6章 20世紀初頭におけるアイルランド・メイヨー州の世帯構造 237

が 18 区に区分けされた 2 エーカーの土地を保有し，別の家族が 35 区に区分された土地を 14 エーカー保有していたといわれる［The Irish Times, Jan. 12, 1943］。1911 年センサスでは，45 世帯のうちゴールデン姓（Golden）が 9 頻度で突出しており，それ以外では，ウイリアムズ（Williams）姓が 5 頻度，グローデン（Gloden）姓が 4 頻度，それ以外には同姓が 3 頻度と 5 頻度があったことが確認されており，そこでは親族関係が緊密であったと見てよい。

　1911 年センサスによれば，世帯主職業に関して，45 人中，65 ％の 28 人が農業あるいは農業＋漁業であり，15 人が職業不詳か無職と見られるが，それは，女性世帯主の多さと相関している。子供の職業に関して，男子では，84 人中，農業＋漁業が 34 名，漁業が 21 名であり，それ以外が生徒の 20 人であり，土地保有が小規模であったとしても，そこでは，漁業従事にウエイトを高めるという家族戦略がとられていた。その世帯主年齢に関して，平均年齢が 63.4 歳でクレア州全体（58.4 歳）より高齢であり，60 ～ 69 歳コーホートが 37.8 ％で，60 歳以上で 70 ％を占めていた。

　世帯規模では，平均 5.5 人であり，[9]メイヨー州全体（5.2 人）より多く，その内部では，4 人が一番多く 24.4 ％を占めるものの，5 人以上が 60 ％弱占めており，世帯規模が大きいという特徴を持つが，それは，子供数を反映したものであった。すなわち，平均子供数が 3.6 人であり，メイヨー州全体（3.4 人）より多く，出生数を見れば，14 人が 1 世帯，10 人が 4 世帯，9 人と 8 人がそれぞれ 2 世帯認められ，それらからメイヨー州全体と同じく多産であったことがうかがえる。子供の平均年齢に関して，男子が 21.4 歳，女子が 18.4 歳であり，それはメイヨー州全体（16.9 歳，15.9 歳）より高かった。それは後述するように，家長が後継者である子供に継承待機させていたことを示す。

　世帯形態を見れば，単純家族世帯が一番多く，69 ％を占めるが，それはメイヨー州全体（61.5 ％）より多く，拡大家族世帯が 20 ％，多核家族世帯が 4.4 ％であり，それらはメイヨー州全体と近似した数値であった。しかし，独居世帯が 2.2 ％，非家族世帯が 4.4 ％であり，メイヨー州全体（5.0 ％，7.9 ％）よりかなり少ないということもわかる。以上から，ラスラッカン村では，農業と漁業をセットにした家族経営の農家が中心であり，メイヨー州全体と比較すれば，世帯主年齢の高齢化，とくに女性世帯主の高齢化，世帯規模の多さ，平均子供数の多さ，平均子供年齢の高さと関連しながら，複合家族世帯の形成が認められたのであった。そして，男性世帯主の死後に女性が世帯主になり，その期間家長権を堅持し，子供への世代継承が遅かったことも理解された。

表6-25　ラスラッカン村の世帯ダイナミックス(1901 〜 1911 年)

非家族世帯	⇒	拡大家族世帯	2
非家族世帯	持続	非家族世帯	1
単純家族世帯	持続	単純家族世帯	21
単純家族世帯	⇒	多核家族世帯	1
単純家族世帯	⇒	独居世帯	1
単純家族世帯	⇒	拡大家族世帯	2
単純家族世帯	内移動	単純家族世帯	2
拡大家族世帯	持続	拡大家族世帯	2
拡大家族世帯	内移動	拡大家族世帯	2
拡大家族世帯	⇒	多核家族世帯	1
拡大家族世帯	⇒	単純家族世帯	9
多核家族世帯	内移動	多核家族世帯	1
不明			1
総数			46

　そこで，表6-25 は，1901 年の世帯形態が1911 年にはどのように変化したの
かを示したものである。まず一番多いパターンが単純家族世帯の持続型であり
21 世帯，以下拡大家族世帯⇒単純家族世帯移行タイプが9 世帯，単純家族世帯
⇒拡大家族世帯移行型が2 世帯，単純家族世帯内のタイプ移動型が3 世帯，非家
族世帯⇒拡大家族世帯移行型と拡大家族世帯持続型が2 世帯であり，それ以外の
移動がそれぞれ1 世帯であった。したがって，一応半数が同じタイプの世帯形態
で変化がなかったものの，他の半数が10 年間に世帯タイプの移動が認められ，
単純家族世帯⇒拡大家族世帯，拡大家族世帯⇒多核家族世帯という複合家族世帯
への移行も認められたことは，そこに直系家族システム規範が存在するものと判
断されてよい。しかし，単純家族世帯持続タイプにおいても，ハメル＝ラスレッ
ト分類による3b⇒3b タイプが13 世帯で多いものの，3b⇒3d が8 世帯あり，そ
れは男性から女性世帯主への家長権の移動を強く示していたのである。そこで，
以下では，家族世帯の持続タイプあるいは変化タイプを事例により明らかにした
い。

　【事例1】コリンズ家（Collins）では，1901 年アンが当時50 歳で世帯主であり，
35 歳のマーティンと30 歳のパトリックの息子2 人と33 歳の娘キャサリンから

なる単純家族世帯であった。1911年には，アンが同じく世帯主であり，年齢は
80歳[10]。娘のキャサリンが離家したが，54歳と46歳の息子が未婚のまま同じ単純
家族世帯が持続している。これは，女性世帯主が家長権を長期に堅持しているこ
とを示す。

【事例2】ゴールデン家（Golden）では，1901年にはオナーが女性世帯主（50
歳）で，23歳のアンソニー，22歳のパット，20歳のアニー，18歳のキャシー，
16歳のマイケル，14歳のベッシー，12歳マリアの8人による単純家族世帯を形
成していた。この時期に，年齢の若い2人の息子以外の職業が農業と漁業であっ
た。ところが，1911年においてもオナーが72歳で，7人の子供すべてが未婚で
あり，アンソニーが42歳と記載されており，それ以外の息子・娘も離家せず，
すべての息子の職業が農民の息子と記載され，7人同居による単純家族世帯を持
続させていた。これも，女性世帯主が家長権を強く持ち，子供の婚姻を待機させ
たか，子供たちが婚姻を求めなかったことを示している。

【事例3】マーレイ家（Murray）では，1901年には，80歳のキャサリンが世
帯主で，息子のジェームズが45歳，その妻が28歳，子供マイケル10歳の4人
からなる拡大家族世帯であった。ジェームズは農民の子供と記載されていた。
1911年には，結婚歴27年の56歳のジェームズが世帯主になり，母親（85歳）
の隠居による4人の拡大家族世帯であるが，彼は農業と漁業を職業としていた。
おそらく，この期間に世代継承が行なわれたと見られ，それは遅い継承であった
が，唯一生前相続したケースであった。

【事例4】クーリカン家（Coolican）では，1901年には80歳のマーガレットが
世帯主で，すでに娘のメアリー40歳に50歳のパトリックを婿養子にとり，その
孫8人（男5人，女3人）の11人の大きな拡大家族世帯を形成していた。パト
リックは農民であった。1911年には，いまだマーガレット（89歳）が家長権を
維持し，すでに教育を終えた孫のメアリー，ブリジット，トーマスが離家し，8
人の拡大家族世帯に減少していた。パトリックは，1911年段階で，婚姻歴29年
で，子供を9人出生し，そのうち8人の生存が確認できる。彼の職業は農民で，
男子孫4人も農民の子と記載されていた。この事例は，女性世帯主が長く家長権
を堅持していることを示すものといえる。

【事例5】マックヒュ家（McHugh）では，1901年に60歳のエレンが世帯主
であり，すでに結婚していたジョン（40歳）とメアリ（30歳）以外に，30歳の
娘アン，27歳の息子パトリック，28歳の娘ブリジット，1歳のメイの7人の拡
大家族世帯を形成していた。息子・娘たちはすべて農民の子供と職業が記載され

ている。1911年には，同じくエレン（75歳）が世帯主であるが，ジョン夫婦が婚姻歴26年になるが子供がおらず，この10年間に，パトリックが婚姻し，アン，ブリジット，メイが離家し，下宿人の女性が新しく同居するという6人からなる水平的多核家族世帯を形成していた。パトリック夫婦の婚姻歴が6年であるが，子供がいなかった。この事例は，女性世帯主が家長権を維持し，子供2人が結婚しても継承させず，拡大家族世帯から多核家族世帯に変化したことを示している。

【事例6】グールドリック家（Gouldrick）では，1901年には，パトリック64歳が世帯主で，配偶者のブリジット（63歳），マイケル（25歳），アンソニー（25歳）の双子，22歳のマーティンの5人からなる単純家族世帯であった。パトリックが農民，ブリジットが家事サーヴァント，息子3人が農民の息子という職業記載があった。しかし，1911年には，依然パトリック夫婦（73歳）が世帯主夫婦を継続させながら，アンソニーが1903年にウイニーと婚姻したのであるが，おそらくその時期にマイケルとマーティンが離家したのではないかと考えられる。そして，アンソニー夫婦は3人の子供を持ち，それにより7人による多核家族世帯が形成されている。パトリックは婚姻後45年を経過し，6人の出生と生存，アンソニーは婚歴8年で3人の子供の出生と生存が確認できる。また，職業に関して，パトリックが農民，アンソニーが農民と漁民であることがわかる。つまり，この事例は，単純家族世帯から多核家族世帯への変化を示すとともに，いまだ，世帯主が家長権を維持していることを示している。

【事例7】シェリン家（Sherin）では，1901年には，アンが70歳で世帯主であったが，すでに40歳の息子ジョンが，たぶん36歳で婚姻し2人の子供を持ち，5人による拡大家族世帯を形成していた。アンが農民，ジョンが農民の息子と職業欄に記載されていた。1911年には，アンが死亡し，ジョン（60歳）が世帯主になり，妻のウェニイフレッド（43歳）と，1901年以降出生した，3人の子供を含めて7人の単純家族世帯における規模拡大が認められた。職業欄には彼の職業が農民，7〜13歳の3人の子供が生徒と記載されていた。また，婚姻歴が14年で，6人の子供の生誕と生存が確認された。この事例は，おそらく世帯主であった夫の死後，アンが相続し，彼女の死後，すでに婚姻していたジョンが相続したことを示す事例であるといえる。

　これらのケースは，男性世帯主の早い死亡後，すぐに子供の後継者に移譲されるのではなく，まず女性世帯主が家長権を堅持し，老齢化しても長くその権威を持続させ，後継者に継承させずに，後継者が待機していることを明らかに示したものである。また，それと，これらの事例から生涯未婚化が浸透していることも

明らかになった。さらに，長期間家長権を親世代が堅持している期間に，世帯形態のダイナミックスも発現していたことも重要である。

このように，ラスラッカン村はキララ救貧区に属しておりながらも，キララ救貧区全体と同じく，複合家族世帯が24％を占めており，1901年から1911年の10年間にまったく世帯の増減がなかった。しかし，世帯レヴェルでは，息子や娘が婚姻した段階で，兄弟姉妹の離家が起こりやすい状況が認められながらも[Gabriel 1977:116]，上位世代が家長権を長期に維持し，世代交代がなされなかった。以上のような違った家族戦略をとるにしても，その結果として，不分割相続にもとづく共住パターンを持つ直系家族意識が，ラスラッカン村で強く認められることになる[Gabriel 1977:129]。つまり，ランディール制度を残存したラスラッカン村で，直系家族システム規範として，上位世代が農業経営で強い指揮権を維持させ，親の統制権を残存させていたのである[Gabriel 1977:213]。別言すれば，クラハンの近年における消滅は，いまだ，この村の直系家族と結びつく親族結合意識を残存させる可能性を強く内包させていたものと理解できる。なお，ガブリエルによれば，このタウンランドを含むラッカン選挙区では，彼が調査した1973年でも，拡大家族世帯が30％であることを明らかにしており[Gabriel 1977:130]，60年後においても，同じ直系家族システム規範が長期間継続していたものといえる。

6　メイヨー州の家族生活

以上でメイヨー州の家族の特徴を明らかにしてきたが，彼らはどのような家族生活をしていたのであろうか。『アイルランド貧民蝟集地域開発局（The Congested District Board for Ireland）』による報告書にメイヨー州のいくつかの家計簿が見られるので，それを参考にして，家族生活の特徴を析出してみたい。

まず表6-26はベルマレット救貧区のノックダフ村のAの家族とBの家族の家計収支状況を示したものである。ノックダフ村は，平均耕作面積が4エーカーで，地方税評価額も4ポンド以下であり，オート麦が1.5エーカー，ジャガイモが2エーカー，牧草地が0.25エーカー，他の野菜栽培地が0.25エーカーであった。そのなかでも少ないながらも共有地の権利を持ち，そこを家畜の放牧に利用することができた。その地区にはフェンスがあり，土壌も良く，耕作システム条件の良い土地であった。しかしこの地区の大部分は牛・ヒツジ・馬・ブタ・家禽の家畜が良くない条件で飼育されていたという。また，家畜は毎週の市場か，ベ

表 6-26　1890 年代のメイヨー州ノックダフの家計簿

A 家の家計簿

収入	£	s.	d.	支出	£	s.	d.
ジャガイモの売却	0	13	4	地代	3	0	0
オート麦売却	1	2	6	地方税	0	5	0
牛3頭の売却益	10	10	0	教会費用	0	10	0
ヒツジ5頭の売却益	2	0	0	とうもろこし代	2	10	0
魚の売却	1	0	0	小麦粉	2	0	0
タマゴ1200個の売却	2	0	0	食料品	1	15	0
ブタ2頭の売却	3	0	0	衣服代	6	0	0
家禽売却	3	0	0	家庭用品	0	11	0
バター売却	1	0	0	ロウソク代	0	7	6
				手鋤, 鍬代	0	10	0
				タバコ代（1週間）	2	12	0
計	24	5	10	計	19	19	6

B 家の家計簿

収入	£	s.	d.	支出	£	s.	d.
子牛の販売	2	0	0	地代	1	10	0
ヒツジ2頭の売却	0	16	0	地方税	0	2	0
ブタの売却	2	0	0	教会費用	0	6	0
魚の売却	3	0	0	とうもろこし代	2	0	0
タマゴ600個の売却	2	0	0	小麦粉代	1	10	0
				食料品	0	11	0
				衣服代	3	0	0
				ロウソク代	0	5	0
				家庭用品	0	5	0
				手鋤	0	5	0
				タバコ代	1	6	0
計	9	16	0	計	10	19	0

（出所）　Congested District Board for Ireland, Baseline Reports, 314, E. L. Almquist, 1977, 275

ルマレット, バリーキャッスルの定期市で売却された。この地区からの季節的出稼ぎは少なく, イングランドへ若い男が 20 人程度行くにすぎないことも明らかになっている。この地区での裕福な家族 A の収入が 24 ポンド, 貧困家族 B の収

表6-27　1890年代のメイヨー州ウェストポート救貧区バリークロイ村の家計簿

収入	£	s.	d.	支出	£	s.	d.
オート麦販売	6	5	0	1年間の地代	5	0	0
ブタ3頭の売却益	4	10	0	地方税	0	11	0
牛4頭の売却益	18	0	0	教会費用	1	0	0
ヒツジ10頭の売却益	6	0	0	小麦粉代	4	4	0
家禽の販売益	5	0	0	ともろこし代	3	8	0
卵1500個の販売	3	15	0	食料品代（1週間分）	7	16	0
季節移民賃金	8	0	0	タバコ代（1週間分）	2	12	0
子羊の販売	3	0	0	世帯品，農場品	1	10	0
				衣服代	12	0	0
計	54	10	0	計	38	1	0
剰余金	16	9	0				

収入	£	s.	d.	支出	£	s.	d.
オート麦販売	3	15	0	1年間の地代	2	0	0
ブタの売却益	1	10	0	地方税	0	4	0
子牛の売却益	4	10	0	教会費用	0	6	0
ヒツジ2頭の売却益	1	4	0	小麦粉代	1	16	0
卵1500個の販売	3	15	0	ともろこし代	3	8	0
季節移民賃金	8	0	0	食料品代（1週間分）	5	4	0
コンブの販売	3	0	0	タバコ代（1週間分）	2	12	0
				世帯品	1	0	0
				衣服代	5	0	0
計	25	14	0	計	21	10	0
剰余金	4	4	0				

（出所）　The Congested District Board for Ireland

入が9ポンドであり，そこに大きな収入の違いが認められる。小作料の差（3ポンドと1ポンド）が土地保有面積の違いに認められるであろう。一番大きな相違の原因は，家畜の販売額の多さであった。そして支出に関して，小作料・小麦粉・服代などに違いが表われていた。

　表6-27はウェストポート救貧区のバリークロイ村の家計費のケースである。バリークロイ村は，平均耕作地が3.25エーカーで，土地評価額が4ポンド以下であり，オート麦が1.5エーカー，ジャガイモが1.5エーカー，干し草が0.25

エーカー耕作されていた。小作人は，山地・荒地の大きな区画で共有地を持ち，そこで放牧することができた。そこでは雄牛を4～5歳まで肥育し，バンガー，エリス，マラニー（Mulrany），ニューポートという定期市で売却していた。この地区でタマゴが1週間に5000個がクロスモリーナ（Crossmolina），ウエストポートへ搬送され，売却されたという。さらに，この地区では季節的出稼ぎとして毎年6～10月までランカシャーへ125人ぐらい行くことが特徴と見られた。したがって，その収入の8ポンドが収入欄に記載されている。裕福な家族のCでは，収入が54ポンドであるが，貧困と見られる家族Dでは半分の25ポンドであった。それらの収入の違いは，小作料の5ポンドと2ポンドに表われているように，土地保有面積の相違であり，それが家畜の飼育数にも反映されていた。支出欄を見れば，貧困な家族は小麦粉・食料品・衣服などの支出額が裕福な家族の半分ぐらいであることに，その相違が現出していた。この区では主に食料・衣服などは，大きなクリアリー（Cleary）商店から購入されていた［The Congested District Board for Ireland, Base Report, 331-333］。

　『アイルランド貧民蝟集地域開発局』の報告書には，メイヨー州の18地区の調査報告が見られ，それらの地区にそれぞれ家計費が記載されているが，裕福な家族の収入の範囲は32～75ポンドで，貧困家族の収入の範囲が9～35ポンドであり，そこにかなり範囲の幅があるものと考えられる。すなわち，裕福な家族の場合，30ポンド台が9ケース，40ポンド台が1ケース，60ポンド台が1ケース，70ポンド台が1ケースで，ほぼ30ポンド台が中心であるといってよい。また貧困家族では，10ポンド以下が1ケース，10ポンド台が4ケース，20ポンド台が2ケース，30ポンド台が2ケースであった。つまり裕福と貧困の境界ラインが，30ポンドであったといえよう。その違いは，土地保有規模（小作料支出），家畜の販売額，タマゴの販売額，季節的出稼ぎの収入により相違しているものみなしてよい。つまり，その境界である30ポンドが，老齢年金の基準になっていたのである。

　そして収入の増加が，新しく店で買う商品に使われていた。それらにはタバコ・小麦粉・ベーコン・紅茶・砂糖・洋服・靴・帽子などが含まれていた［Almquist 1977:274-276］。

　なおバリークロイ村やアキル村（Achill）の食生活を見れば，基本的に1日3食であるが，春の労働時には4食の場合も見られるという。バリークロイ村では，朝食には紅茶，小麦パンあるいはジャガイモ，昼食にはジャガイモとニシン，夕食には紅茶，小麦パンあるいはジャガイモであった。またアキルでは朝食に紅茶，

小麦パン（貧困者の場合ジャガイモと紅茶），昼食にジャガイモ，魚あるいはタマゴ（もちろん紅茶），夕食にはジャガイモ，ミルクあるいはタマゴであるが，夏にはオートミールもメニューに加えられていた [The Congested District Board for Ireland, Base Report, 334, 341]。それらからジャガイモを主食とした極めて貧しい食生活が認められた。

　以上のように，エンゲル係数が裕福な家族，貧困な家族もほぼ総収入の50％前後であり，自給生活の部分がかなり重要だったが，商品経済から隔絶した自給自足を想定できない [松尾 1998:41]。つまり，春と夏の季節に，商店で掛け買いが盛んであり，それは季節的出稼ぎ収入で決済されていたからであった [松尾 1998:42]。

7　結　　論

　以上のメイヨー州の分析から，メイヨー州では土地相続システムの変化が，他の地域より遅かったことがわかった。それは分割相続が19世紀後半まで継続し，それにより小規模農民が増加したためである。すなわち，小規模保有農は5～30エーカー層が全体の70％近くを占めているところに示されている。彼らは完全な兼業農家であり，その農業経営は，小地片による耕作と小規模な牧畜のセットであった。しかし，小規模農民の生活を可能にさせた要因として家畜放牧のためのランディール・システムにもとづく共有地の存在，イングランド，スコットランドへの季節的出稼ぎ，タマゴの生産と販売にもとづいていた。また，人口構造に関して，人口は大飢饉以降，他のマンスター地方・レンスター地方と比較すれば緩慢な減少を示しており，婚姻率・出生率を低下させ，それに1880年以降生涯未婚者率を上昇させながらも，多産により，自然人口を維持し，移民が1870年代の小飢饉以降増加するという人口動態が特徴であった。

　以上のような農業構造・人口構造の特徴を持つメイヨー州では，家族構造に関して，19世紀末頃から不分割相続への相続システムの変化とともに，家長が家長権を長く維持し，それを後継者に継承させる直系家族システム規範が優位になった。このような小規模農における家族の維持のために，季節的出稼ぎ労働，日雇い労働者という兼業農家，タマゴ・バターの販売，1908年の年金制度の導入が直系家族の状況要因として強く直系家族システム規範を支持していたのである。

　1901年と1911年の全センサス個票データによれば，メイヨー州では70％が

農民であり，その農民家族が1901年で拡大家族世帯と多核家族世帯で23.2％，1911年には25.7％占めていたのである。とくに直系家族の典型タイプである多核家族世帯が1901年で4.8％，1911年で5.4％であるという数値は，まさに直系家族が優位であったことを明確に示すものと判断できる。その多核家族世帯が下向的拡大で優位であったことは，世帯主年齢の高齢化と対応しており，家長が長期に家長権を維持していたことも意味していた。また，親族分布においても，父母，子供の配偶者，孫という直系親の数値の高さが，直系家族の優位性を裏付ける証拠でもあった。さらに，1911年における拡大家族世帯・多核家族世帯の増加が，1908年に導入された老齢年金制度の影響も多少あったものと判断されてよい。

　ギナーンは，年金制度の導入が後継者である息子への農場継承を促進させた契機になったことを指摘し，結果的に1911年における多核的家族世帯が増加したと解釈している［Guinnane 1993:280;1996:111］。このようなギナーンによる解釈は，1911年における直系家族の増加に対する妥当な解釈であるといえる。つまり，裕福な家族と貧困な家族の貧困境界線が30ポンドであることは前述した。そうすれば，家族の収入が30ポンド以上であれば問題がないものの，貧困家族において収入が30ポンド以下の場合には，老齢年金の最高額が年間12ポンドであるならば，それらの資源を家族に取り組むことにより，親世代と子世代が共有し，同居する家族戦略が有効であるとみなされたのである。しかも年金が1905年以降における季節的出稼ぎ労働の減収に対する代替機能を持ったものと考えられるのであった。

　このようなメイヨー州における直系家族が1901年より1911年で，アイルランドで一番多く発現していたのであるが，その理由として，貧困地域の小農民にとって直系家族編成は，幸福な生活をすることができる家族戦略であるとみなされていたのである。

第7章

20世紀初頭におけるアイルランド・クレア州の世帯構造

1 はじめに

　本章はアレンスバーグとキンボールが直系家族を明らかにした地域であるクレア州の1901年と1911年のデータにもとづいて，20世紀初頭におけるクレア州の世帯構造の特徴を明らかにすることが目的である。

　第2章で明らかにしたように，19世紀初頭にはアイルランドの家族は分割相続システムにもとづいた核家族システムが支配的形態であったが，19世紀半ば以降，直系家族システムがアイルランドにおける相続システムの変化に伴って持参金と縁組婚システムと結合することにより，直系家族が形成されたのである。相続システムが一子相続になった結果，家長は特定の後継者を指名し，ある段階で相続させることになる。その相続システムと持参金システムと結びついた縁組婚との結合により理念的には直系家族システム規範およびその規範を支持する家族状況が整備されたといえる。

　持参金と縁組婚システムは，大飢饉以前にすでに家族規範として存在したといわれるが［米村昭二 1981:143］，その直系家族はハメル゠ラスレットによる世帯分類でいえば多核家族世帯の5aと5bが典型的形態である。しかし直系家族システム規範形成後，家長が土地や農業労働に対する家長権を強く持ち，それらの家長権を維持し続け，家名を土地に残したいという強い意識も生じてきたのである［Gabriel 1977:73］。しかも，現実に家長が家長権を保持し続け，後継者の指名，

248

指名した後継者への家産の権限移譲を延期させる傾向にあった。[1]

　その結果息子たちが親の体力の衰えや死亡まで結婚や相続の待機を強いられ，そこに晩婚化あるいは未婚化の特徴が強く認められたのである。それと当時アイルランド全体で生涯未婚化や晩婚化が増加してきたことも関連しているものと見られる。そこで後継者に指名されなかった息子たちは少しの金銭を得てダブリン，ベルファスト，コークなどの都市で就労するか，イギリスやアメリカへ移民するか，あるいは家に残留するかという選択をしなければならなかったのである。そのような選択が家族戦略なのであった。したがって 19 世紀末から 20 世紀初頭にアイルランドでは直系家族システム規範が一番強く認められた時期であると見られるのである。

　以下では直系家族の特徴について，クレア州において 1901 年と 1911 年の 100 ％センサス個票データの利用により直系家族の存在を数量的に明らかにしたい。つまりアレンスバーグとキンボールが直系家族の存在を確認したものの，その調査地において数量的に検証していないために，それを本章で検討することが目標なのである。

　アレンスバーグとキンボールが調査対象にしたクレア州の概況をまず簡単に見ておこう。クレア州はアイルランド西部で，フォーガス川の河口の低い沖積平野に位置している。クレア州は地理的にアイルランドでは 4 つの地方（レンスター，マンスター，アルスター，コナハト）のなかでマンスター（クレア州，コーク州，ケリー州，リムリック州，ウォーターフォード州）のひとつの州である。

　クレア州の人口変化をセンサス報告書で見ておくと，1821 年には 20 万 8089 人であったが，1845 年の大飢饉前の 1841 年には 28 万 6394 人まで増加し，大飢饉後の 1851 年には 21 万 2440 人に急減している。それ以降も人口は減少し続け，1901 年には 11 万 725 人，1911 年に 10 万 4232 人に減少し，それが大飢饉前の半数以下にまで減少したのである [Vaughan and Fitzpatrick 1978:8]。1901 年のクレア州における人口が，アイルランド全体の 2.5 ％，1911 年には 2.4 ％の人口を占めていたのである。

　ところで，アイルランドの地方行政は著しく変更されている。とくに救貧区の所属が複雑に変化していた。イングランドとウェールズが 1834 年に救貧法を改正しているが，アイルランドではそれより遅れて 1838 年の救貧法（Poor Law Act of 1938）により 2050 の選挙区にもとづいた 131 の救貧区が区分された。しかし，その後，1849 年に境界委員会（Boundary Commissioner）により，とくに西部アイルランドに新しく救貧区がつくられた結果，131 救貧区から，163 救

地図 7-1 クレア州における救貧区

（出所） http://www.clarelibrary.ie/eolas/coclare/genealogy/1901census/1901_clare_census を
もとに作成

貧区に増加し，それに伴って選挙区も 2050 から 3429 に増加したのである
［Kinealy 2006：283-284］。さらに 1898 年に地方行政法（Local Government Law）
改正により，大きな救貧区が複数の州に属している場合には，そこに新しく農村
行政区がつくられ，同じ救貧区名でも番号で区分されることになった。たとえば，
クレア州リムリック救貧区の場合，リムリック第 2 農村行政区（Limerick No. 2
Rural District）が 15 の選挙区を含むが，リムリック第 1 農村行政区がリムリッ
ク州に属し，20 の選挙区から構成されている。1911 年センサスでは，クレア州
のリムリック救貧区は第 2 農村行政区がその範域に指定されていた。その後，
1925 年にはアイルランド自由国成立後に伴い救貧区と農村区が廃止されること
になる。また，その救貧区の権限が州保険局に移管されたのである。

　クレア州は地図 7-1 に見られるように 9 つの貧困区に区分され，そこにクレ
ア州のリムリック救貧区が含まれていた。そのリムリック救貧区は，6.8 万エー
カーの面積で，15 選挙区を含み，人口が 7138 人であると記載されている。とこ
ろが，1911 年の農業統計書においては，リムリック救貧区では，耕地面積が
17.7 万エーカー，1901 年人口が 6.6 万人という記載が認められる。つまり，そ
れは，リムリック救貧区に関して，センサス報告書と農業統計書とに大きな範域

のズレが存在することを示している。すなわち，センサス人口が農業統計の10％程度しか含まれていないからである。そのようなバイアスが認められるものの，本章では，世帯構造分析が中心であるという理由でセンサスのクレア州のリムリック救貧区を含め，農業に関しては農業統計のリムリック救貧区のデータを用いるという処理をした。

そこで，クレア州の面積について，1911年センサス報告書で救貧区別の面積を見ておくと，スカリフが17.3万エーカーで一番広く，以下キルラッシュが13.7万エーカー，エニスが11.4万エーカー，エニスタイモンが10万エーカーで，逆にコロフィンが6.1万エーカーで一番少ない救貧区であった。人口と世帯数において東部に位置するキルラッシュが一番多く，それが全体の4分の1を占め，以下スカリフ（1.9万人），エニスタイモン（1.7万人），エニス（1万人）が続き，これらの地域にはタウンが含まれており，それ以外の地域は純農村地域であるといえる。

そこで以下では，まずクレア州の農業，人口学的側面の特徴を検討した後で，クレア州における直系家族の析出作業が行なわれることになる。

2　クレア州の経済構造

松尾の分類にもとづけば，クレア州では，5エーカー未満層の土地なし農業労働者が1851年の16.6％から1911年の17.8％に増加し，5〜30エーカー層である兼業農家が48％から43％へ減少しているが，その内部では5〜15エーカー層の減少と15〜30エーカー層の増加が認められる。30〜100エーカー層の家族労働力規模農家が，1851年の28.7％から1871年に34.7％，1911年に32.8％であった。それは，30〜50エーカー層と50〜100エーカー層の両階層の増加であった。100エーカー以上層は，1851年で6.3％であったが，1871年に8.1％へ，1911年には6.5％であった。そして，各年度において，15エーカー以下層が32〜37％の範囲で，30エーカー以下層が57〜65％を占めているが，前述のメイヨー州と比較すれば，15エーカー以下層が少なかった。したがって，クレア州における土地保有は中規模層が優位であり，それは，60年間において，土地保有総数・土地保有規模において大きな変化が認められず，安定した農業経営が持続していたといえる。

地図7-1のように，クレア州の救貧区は，1851年以降9区であったが，1907年にトゥラがスカリフに編入され，8区になった。そして，クレア州は，1891年

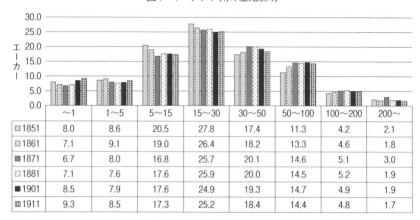

図7-1 クレア州の土地保有

（出所）　各年次の Agricultural Statistics of Ireland から作成

には貧民蝟集地域に指定されていなかったが，1909年に西部の3救貧区である（地図6-2参照），バリーボーン，エニスタイモン，キルラッシュが指定されることになった。したがって，その指定により，クレア州の西部と東部での経済的相違が明確になる。

　そこで，図7-1で1851～1911年における救貧区別土地保有を見れば，土地保有最頻層が5～30エーカー層であり，その割合が30～50％の範囲であった。ただし，コロフィンでは，30～100エーカー層と5～30エーカー層で少し多くなっているが，その割合も30％代であり，しかも，それは5エーカー層の多さに影響されたものと見てよい。つまり，クレア州の救貧区単位での土地保有農は，5～30エーカー層と30～100エーカー層を中心とした中規模農であり，兼業農家層と家族労働力経営層による農家が優位であると判断できる。しかし，コロフィン，エニス，リムリックには，5エーカー層が20～30％を占めることは，土地持ち労働者が存在したことに注目しておかねばならない。なお，100エーカー以上層が，バリーボーン（22.2～29％）とコロフィン（12～14％）で多いが，他の救貧区では3～8％の範囲であった。

　アレンスバーグとキンボールが，1926年の農業統計を用いて，メイヨー州，ミーズ州，クレア州の土地保有を比較しているが（377頁，図：土地保有規模別農民の割合参照），それは，われわれとほぼ同じ結論であった［Arensberg and Kimball 2001:13-15］。そして，1911年の自作地率は，クレア州で58％であったが，スカ

表7-1　クレア州の救貧区別土地保有の推移

救貧区	年	～5	5～30	30～100	100～	計	総数
バリーボーン	1851	15.3	33.2	29.3	22.2	100.0	776
	1861	8.7	34.7	30.3	26.3	100.0	779
	1871	8.4	30.7	32.9	28.0	100.0	739
	1881	12.5	30.8	30.1	26.6	100.0	775
	1901	12.8	29.0	31.1	27.0	100.0	758
	1911	11.2	31.2	28.4	29.2	100.0	705
コロフィン	1851	22.4	30.9	34.6	12.1	100.0	1,034
	1861	18.0	34.6	34.7	12.7	100.0	1,125
	1871	20.2	33.1	33.7	13.0	100.0	1,135
	1881	14.8	31.8	39.8	13.6	100.0	1,044
	1901	15.4	31.6	38.8	14.2	100.0	1,019
	1911	18.3	32.3	36.1	13.2	100.0	1,058
エニス	1851	21.8	43.6	26.3	8.2	100.0	2,912
	1861	23.6	41.1	27.5	7.8	100.0	3,013
	1871	23.0	37.9	31.5	7.5	100.0	2,891
	1881	19.1	40.3	32.1	8.5	100.0	2,732
	1901	23.9	37.1	31.6	7.4	100.0	2,895
	1911	29.5	35.3	28.7	6.5	100.0	3,180
エニスタイモン	1851	9.7	54.0	31.6	4.7	100.0	2,843
	1861	19.7	48.7	28.2	3.4	100.0	3,343
	1871	16.6	48.9	30.8	3.7	100.0	3,149
	1881	13.5	51.0	31.2	4.3	100.0	3,052
	1901	14.7	49.2	32.3	3.9	100.0	3,098
	1911	14.6	49.0	31.5	3.9	100.0	3,066
キルディザート	1851	5.5	54.9	35.0	4.7	100.0	1,573
	1861	6.9	45.0	43.1	5.0	100.0	1,569
	1871	7.4	45.7	41.1	5.8	100.0	1,559
	1881	9.2	43.2	41.9	5.7	100.0	1,527
	1901	7.2	45.7	41.4	5.7	100.0	1,549
	1911	9.9	43.2	40.8	6.1	100.0	1,585
キルラッシュ	1851	11.6	54.6	30.4	3.4	100.0	3,922
	1861	14.4	50.0	32.1	3.6	100.0	4,115
	1871	11.2	47.1	37.1	4.5	100.0	3,775
	1881	18.6	43.1	34.4	3.9	100.0	4,100
	1901	17.8	45.0	33.2	4.0	100.0	4,176
	1911	17.4	46.7	32.0	4.0	100.0	4,246
スカリフ	1851	14.1	55.2	26.1	4.6	100.0	1,968
	1861	15.3	49.4	28.0	7.4	100.0	2,000
	1871	14.5	47.9	30.2	7.5	100.0	1,943
	1881	14.3	45.7	32.7	7.4	100.0	1,886
	1901	15.7	44.8	32.2	7.3	100.0	1,915
※　1909		15.0	45.2	32.7	7.1	100.0	1,929
トゥラ	1851	14.4	49.5	29.5	6.6	100.0	1,931
	1861	17.5	44.6	31.9	7.0	100.0	1,986
	1871	13.9	43.0	35.9	7.2	100.0	1,912
	1881	10.8	43.7	37.4	8.1	100.0	1,838
	1901	16.1	40.8	35.9	7.3	100.0	1,962
※　1909		14.0	42.2	36.4	7.3	100.0	1,937
クレア州	1851	16.6	48.4	28.7	6.3	100.0	19,018
	1861	16.3	45.5	31.5	6.7	100.0	19,318
	1871	14.7	43.8	34.3	7.1	100.0	18,468
	1881	14.8	43.4	34.5	7.3	100.0	18,322
	1901	16.4	42.5	34.0	7.1	100.0	19,058
	1911	17.8	42.5	32.9	6.8	100.0	19,541

（出所）　各年度の Agricultural Statistics of Ireland から作成

表7-2 クレア州の年次別土地利用割合

年	耕作地	牧草地	森・プラン テーション	ボッグ，荒 撫地，水路	計	総面積
1866	18.8	60.0	1.1	20.1	100.0	768,265
1876	18.3	63.0	1.1	17.6	100.0	768,265
1881	18.4	61.9	1.0	18.7	100.0	768,265
1891	18.0	60.3	1.0	20.7	100.0	768,263
1901	18.3	60.9	1.1	19.7	100.0	784,956
1911	19.7	57.1	1.2	22.1	100.0	788,332

（出所）　各年度の Agricultural Statistics of Ireland から作成

リフが一番高く79％で，以下キルラッシュの69％，リムリックの66％，キル
ディザートの63％，バリーボーンの60％で，逆にエニスタイモンの29％，コ
ロフィンの37％，エニスの48％が低かった。1881年以降にはアイルランド土
地委員会（Irish Land Commission）による農地改革により，クレア州では自作
農創設が進行していたと見るべきであろう。以上から，救貧区単位において土地
保有規模に少し相違が認められるものの，クレア州では，兼業化農家と家族経営
農家による中規模保有規模地域であることが確認された。

　つぎに，そのような土地保有規模と土地利用を関連づけてみよう。表7-2は
1866年〜1911年までの土地利用を示したものであるが，土地利用面積が76.8万
エーカーでまったく変化しておらず，利用不可地が前述したメイヨー州と比べ，
極めて少ないことがわかる。そして，耕作地が1866年に18.8％であったが，
1911年に19.7％，牧草地が60％であり，土地利用に関して大きな変化が認め
られない。したがって，クレア州は土地保有規模と同じく土地利用に関しても大
きな変化を経験していなかったといえよう。

　クレア州全体で土地利用に変化が認められなかったが，救貧区単位はどのよう
になっていたのかを，つぎに見ておこう。1911年の救貧区別土地利用を示した
表7-3を見れば，先程バリーボーンの保有地で100エーカー以上層が多いこと
を見たが，バリーボーンの面積の広さは，山地という不毛地の多さと関係してい
た。そして，耕作地では，キルラッシュ，エニス，キルディザートで少し多いも
のの，どちらかといえば，耕作地として利用されるのではなく，牧草地がすべて
の救貧区で46〜65％の範囲で認められ，耕作地より牧畜に利用されているもの
と理解される。つぎに，そのような特徴を農作物耕地面積と関連させて見ておこ

表7-3　クレア州の救貧区別土地利用（1911年）

救貧区	耕作地	果樹園	乾草地	牧草地	山地		森・プランテーション	ターフボッグ	沼地	水路・道路フェンス	計	総面積
					放牧地	不毛地						
バリーボーン	2.3	0.0	3.9	46.2	40.2	3.4	0.2	0.6	0.7	2.5	100.0	71,658
コロフィン	3.8	0.0	8.9	53.1	7.6	3.8	2.4	1.1	1.8	17.5	100.0	61,382
エニス	5.7	0.0	17.0	63.4	4.9	0.4	1.2	1.1	1.3	4.9	100.0	112,752
エニスタイモン	4.5	0.0	17.2	64.6	5.5	0.7	0.3	2.2	0.8	4.2	100.0	99,619
キルディザート	5.7	0.0	18.0	57.9	6.5	0.4		2.7	1.0	7.0	100.0	63,704
キルラッシュ	6.1	0.0	16.9	61.2	2.9	0.4		4.3	0.6	7.2	100.0	137,497
リムリック	5.3	0.1	17.8	65.2	3.2	0.4	1.8	0.9	0.5	4.8	100.0	177,911
スカリフ	5.4	0.0	14.4	49.1	16.6	1.9	1.7	3.7	1.3	5.9	100.0	173,061
トゥラ	5.2	0.0	11.6	51.7	16.0	1.0	1.8	4.5	1.3	6.9	100.0	86,428
クレア州	5.1	0.0	14.6	57.1	10.9	1.3	1.2	2.5	1.0	6.3	100.0	788,332

　（注）　トゥラは1901年のデータ
　（出所）　Agricultural Statistics of Ireland, 1911

う。

　図7-2を見れば，小麦・大麦は，1851年まで耕作されていたが，それ以降1871年に急減し，それらは1911年にはほとんど耕作されていない。また，家畜飼料であるオート麦も同様に減少しており，1851年と1911年の期間に半減していた。ジャガイモも1861年をピークにそれ以降減少し，ピーク時の40％である。それらに対して，牧草地が1871年の46万エーカーをピークに，その後も40万エーカー代を維持し，乾草地も1851年以降，年度毎に急増し，1851年から1911年の60年間に2.6倍に増加していた。したがって，クレア州も1871年以降，耕作農業から牧畜化へ変化したものと判断できる。

　表7-4は，1874年の農業統計で，土地保有規模と農産物の耕作地面積をクロスさせたものであるが，本章と時期が相違するものの，このようなデータは，この年代までしか存在せず，興味深いデータであるので，これを見ておく。この時期も前述したように保有規模が兼業農家の1～30エーカー層が一番多く，51.6％を占め，以下家族経営規模である30～100エーカー層が34.5％，大規模農である100エーカー以上層が7.3％という順序であった。収穫地面積から見れば，30～100エーカー層が一番多く，半数近くの6.9万エーカーを占め，以下1～30エーカー層の4.6万エーカー（25.8％），100エーカー以上層の3.1万

第7章　20世紀初頭におけるアイルランド・クレア州の世帯構造　　255

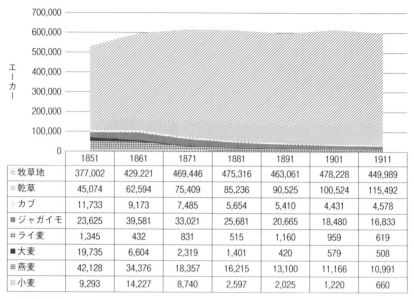

図7-2 クレア州の年次別農作物耕地面積

(出所) Agricultural Statistics 1847-1926, 1930

表7-4 クレア州の土地保有規模別耕作地面積 (1874年)

エーカー	保有者数	小麦	オート麦	大麦	ライ麦	ジャガイモ	ターニップ	乾草地・牧草地	収穫地面積
〜1	1,234	23	34	7	1	397	11	33	597
1〜30	9,493	2,074	5,532	948	218	12,218	2,099	21,328	45,824
30〜50	3,709	1,228	4,090	556	183	6,895	1,601	18,112	33,736
50〜100	2,623	1,112	3,642	464	170	5,603	1,588	21,639	35,158
100〜200	940	591	1,822	223	40	2,186	846	13,172	19,347
200〜	398	296	991	139	8	1,150	512	8,363	11,753
総数	18,397	5,324	16,111	2,337	620	28,449	6,657	82,647	146,415

(出所) Agricultural Statistics of Ireland, 1874

エーカーという順序であった。そして，穀物・根菜類では，主食といえるジャガイモが一番多く2万8449エーカー，オート麦が1万6111エーカー，ターニップが6657エーカー，小麦が5324エーカー栽培されていたが，大麦が2337エーカー，ライ麦が620エーカーと少なかった。つまり，穀物・根菜類では，主食である

ジャガイモが一番多く、それに対してメイヨー州と比較すれば、小麦以外では、それらの栽培面積がすべて少なかったのである。

クレア州の乾草地・牧畜地は、メイヨー州の3.8万エーカーより多い8.3万エーカーであり、30〜100エーカー層が50％弱の4万エーカー（48.1％）で一番多く、以下1〜30エーカー層の2万1328エーカー（25.8％）、100〜200エーカー層の1万3172エーカー（15.9％）、200エーカー以上層の8363エーカー（10.1％）という順序であった。それらの平均値を見れば、収穫面積が一番多かった30〜100エーカー層では6.3エーカー、100〜200エーカー層では14エーカー、200〜500エーカー層では20.9エーカー、500エーカー層では22.1エーカーであり、それらには土地保有規模と正の相関が認められた。

以上から、30エーカー以下層では、穀物・根菜類のすべてにおいて耕作地が多く、とくにジャガイモを中心としながら、販売されるオート麦が栽培されていた。しかし、30エーカー以上層になれば、保有地規模が、乾草地・ジャガイモ・オート麦の耕作地面積と相関関係を持つことが明らかになる。とくに100エーカー以上層では、乾草地の伸びが大きかった。だが、次章で扱うミーズ州と比べると、その割合は低いといえる。したがって、クレア州は中規模農が優位な地域で、飼料であるオート麦、食料のジャガイモ、牧畜用の乾草地が栽培の中心であり、それと牧畜がセットになった農業経営であった考えられる。

それらの傾向を1909年の救貧区単位で示した表7−5で見れば、クレア州の総土地面積である78万エーカーのうち、耕作地面積が20％であり、それはメイヨー州の14％より多くなっている。作物別に見れば、穀物耕作地面積が8％、根菜・野菜耕作地面積が17％であり、それ以外ではすべて乾草地であり、これは、クレア州の農業が、耕作農業から牧畜農業に変換していることを明確に示していた。そこで、その内容にたちいって見れば、耕作地面積では、小麦と大麦がほとんどなく、ジャガイモが1万7906エーカーで一番多く、以下オート麦の1万1002エーカー、ターニップの5084エーカー、ビートの3828エーカーが続くが、それ以外の栽培作物が少ないものと読み取れる。救貧区別の穀物・根菜耕作地に関して、ジャガイモがキルラッシュの4358エーカー（24.3％）で一番多く占め、以下リムリックの3192エーカー（17.8％）、エニスタイモンの2541エーカー（14.2％）、エニスの1963エーカー（11.0％）という順序であった。オート麦がリムリックの2682エーカー（24.4％）、エニスの2118エーカー（19.3％）で、ターニップがリムリックの1251エーカー（24.6％）、キルラッシュの897エーカー（17.6％）で多かった。そして、根菜・野菜耕作地では、

表7-5　クレア州の救貧区別耕作地面積（1909年）

救貧区	小麦	オート麦	大麦	ライ麦	ジャガイモ	ターニップ	飼料用ビート	穀物	根菜・野菜	乾草地	総耕地面積
バリーボーン	111	211	400	3	534	189	120	727	890	3,087	4,706
コロフィン	59	591	34	16	616	295	155	700	1,232	5,434	7,371
エニス	181	2,118	1	113	1,963	786	673	2,413	3,827	18,358	24,670
エニスタイモン	10	316	3	98	2,541	385	297	427	3,524	16,315	20,268
キルディザート	170	841	1	38	1,341	335	226	1,050	2,118	10,007	13,195
キルラッシュ	82	1,686	34	403	4,358	897	728	2,205	6,524	21,969	30,701
リムリック	45	2,682	36	24	3,192	1,251	927	2,788	6,205	32,238	41,381
スカリフ	30	1,125	27	18	1,688	413	276	1,200	2,723	11,611	15,544
トゥラ	29	1,432	6	84	1,673	533	426	1,551	2,916	10,011	14,490
計	717	11,002	542	797	17,906	5,084	3,828	13,061	29,959	120,575	172,326

（出所）　Agricultural Statistics of Ireland, 1909

キルラッシュが6524エーカー（21.8％），リムリックが6205エーカー（20.7％）であったが，逆に，バリーボーン（3.0％）とコロフィン（4.1％）で一番少なく，それ以外の救貧区においても10％以下であった。

　それらに対して，乾草地がすべての救貧区で多くなっているが，それはリムリックが3万2238エーカー（25％）で一番多く，以下キルラッシュの2万1969エーカー（17％），エニスの1万8358エーカー（14.2％），エニスタイモンの1万6315エーカー（12.6％）という順序であり，この乾草地面積も，総耕地面積との対応関係が強く認められる。それらの救貧区はクレア州西部と南部に集中していたと見られる。そこでは1年と2〜3年の乾草地も見られるものの，ほとんど永年乾草地であることが分かる。

　つぎに，前述の1874年より50年後の1926年の保有規模別耕作地面積を示したのが表7-6である。とくに，この時期はアレンスバーグとキンボールが，クレア調査時に重なる時期であるので検討する意味があるといえる。まず注目されるのは，耕作地面積の増加であり，1926年には1874年の14万エーカーから60万エーカーの4倍に増加していた。おそらく，この期間に荒蕪地・不耕作地などを開墾して耕作地の拡大化を図ったものと判断できる。しかし，いまだ耕作地でない面積が19万エーカー残存しているが，それがメイヨー州より少ないことも事実であり，クレア州では，メイヨー州より土地条件が良いと考えられる。栽培耕作地面積を比較しておけば，すべての穀物・根菜類の耕地面積が減少していた。すなわち，ジャガイモが2万8449エーカーから1万4430エーカーへの51％，

258

表7-6　クレア州の土地保有規模別耕作地面積（1926年）

保有地面積 エーカー	小麦	オート麦	大麦	ライ麦	ジャガイモ	ターニップ	穀物	根菜・野菜	乾草地	放牧地	収穫地面積	その他の土地	総農地面積
～1	3	42	2	1	391	21	48	498	258	226	1,062	53	1,115
1～30	178	2,292	133	106	5,170	1,262	2,714	7,990	34,601	71,709	118,257	8,587	126,844
30～50	158	2,310	104	104	3,714	1,062	2,677	5,975	31,446	90,638	132,054	14,550	146,604
50～100	192	2,562	77	81	3,440	1,102	2,914	5,770	36,447	125,832	172,490	39,214	211,704
100～200	79	1,082	89	22	1,090	470	1,272	2,058	18,063	70,096	92,134	39,061	131,195
200～	42	721	56	5	625	303	826	1,188	10,392	66,811	79,794	70,498	150,292
その他	0	0	0	0	0	0	0	0	0	0	0	20,014	20,014
総数	652	9,009	461	319	14,430	4,220	10,451	23,479	131,207	425,312	595,791	191,977	787,768

（出所）　Agricultural Statistics 1847-1926

オート麦が1万6111エーカーから9009エーカーへの55％，小麦が5324エーカーから652エーカーへの12％，大麦が2337エーカーから461エーカーへの20％，ライ麦が620エーカーから319エーカーへの50％にそれぞれ減少していた。

　それらに対して，乾草地が3倍弱の増加を示していること，それらに対応して乾草地・牧草地が8万2647エーカーから55万6519エーカーへ6.7倍に増加していることに大きな特徴を見つけることができる。とくに50～100エーカー層における牧草地・放牧地が増加しているものといえる。それはまさにクレア州における中規模農地域であることを象徴していた。ただし，この放牧地には以前には共有地と認められていたが，農地委員会による自作農創設により，このカテゴリーに含まれた可能性もあることに注目しておきたい。とはいえ，このような栽培耕作地の減少と乾草地・放牧地の増加は，後述する家畜数の増加で示されているように，クレア州においてもさらなる牧畜化を目指したものと見られる。しかし，それもミーズ州と比べると小規模な牧畜化といえるだろう。以上から，クレア州では，30～100エーカー層の家族労働力で経営できる農家が中核を占めているものと判断されてよい。また，後述のように，クレア州全体で見れば，このような中規模耕作農業と牧畜がセットになった農業経営が行なわれていたと認められるだろう。

　以上のように，クレア州では，1860年代以降に耕作地から牧畜化へ大きく変化したと見られたが，耕作地面積から見れば，中規模農における自給用作物の栽培と粗放的牧畜の組み合わせが明確になるが，その牧畜化の進展をつぎに家畜から裏づけることにしたい。

図7-3 クレア州の年次別家畜数

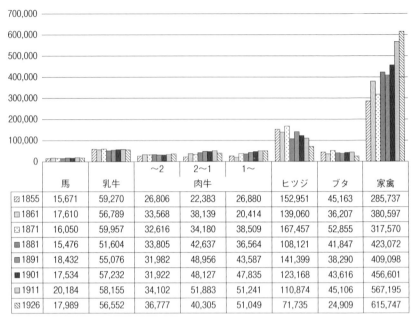

（出所） Agricultural Statistics of Ireland, 1847-26, 1855

　クレア州における年次別家畜数に関して，クレア州では，ブタ，ヒツジを除くすべての家畜が，1855年以降1926年まで緩慢な増加を示していた。そして，意外にも乳牛が，ミーズ州の3倍程度で継続しており，酪農業も行なわれていたことも注目される。肉牛に関しては，2歳以上の肉牛が1861年以降緩慢な増加であるのに対して，2～1歳と1歳以下の肉牛が，一時落ち込みもあったが，1861年以降増加していた。しかし，2～1歳の肥育牛が緩慢な伸びであったが，1歳以下の繁殖牛は，1855年では2.7万頭であったのが1911年には2倍近くの5.1万頭まで増加していた。したがって，クレア州の牧畜は，酪農業と肉牛の繁殖，肥育用素牛を2歳程度まで肥育する牧畜が中心であったと判断できる。それと，家禽が1855年から1911年までに2倍に増加しているが，それはタマゴ生産および販売を目的としたものと考えられる。このように，前述した耕作地の減少と乾草地の増加に対応して，家畜の増加が見られるが，クレア州の牧畜では，乳牛による酪農業と2歳以下の肉牛肥育，1歳以下の繁殖牛による牧畜業が特徴であったといえる。これはアーレンの作成した地図でも確認することができる［Aalen et al. 1977:18］。そして，肥育牛は，東部アイルランドのミーズ州あたりの牧畜農

表 7-7　クレア州の土地保有規模別家畜数（1874 年）

土地保有面積	保有者数	馬	乳牛	肉牛			ヒツジ	ブタ	家禽
				～ 2	2 ～ 1	1 ～			
～ 1	1,684	97	79	8	7	43	111	1,182	12,726
1 ～ 30	9,500	3,268	15,283	4,916	10,329	11,675	33,704	14,164	131,790
30 ～ 50	3,702	2,915	14,834	6,007	9,538	9,618	29,675	8,828	92,590
50 ～ 100	2,623	2,618	13,965	9,864	11,136	9,274	41,558	7,963	80,287
100 ～ 200	940	1,151	6,251	9,560	6,475	4,433	35,203	3,138	34,672
200 ～	386	585	2,887	8,795	4,442	2,188	27,137	1,532	15,304
計	18,347	10,634	56,299	39,150	41,927	37,231	167,388	36,807	397,369

（出所）　Agricultural Statistics of Ireland, 1874

に売却されることになる。たとえば，1907 ～ 1908 年にかけて，クレア州から
ミーズ州へ 104 頭の肉牛が移送されているが［Gilligan 2015:619］，それによりク
レア州とミーズ州における肉牛生産の分業関係を確認することができる。

　表 7-7 は，1874 年の農業統計の土地保有規模と家畜数をクロス集計した貴重
なデータであり，そこから土地保有規模面積と家畜数との関連性が明らかにでき
る。それによると，1 エーカー以下の土地持ち労働者が 8.9 ％，1 ～ 30 エーカー
層の兼業農家層が 50.3 ％，30 ～ 100 エーカー層の家族労働経農家層が 33.6 ％，
100 エーカー以上の雇用労働力経営農家層が 7.1 ％をそれぞれ占めていた。この
時期の家畜で一番多いのはヒツジの 16.7 万頭，以下肉牛の 11.8 万頭，乳牛の
5.6 万頭，ブタの 3.7 万頭が中心であり，それ以外に馬が 1.1 万頭，家禽が 40
万羽であった。

　土地保有規模階層から見れば，1 エーカー以下層では家禽以外ではほとんど家
畜を所有することができず，一番多い階層である 1 ～ 30 エーカー層では，ヒツ
ジの 3 万 3704 頭が一番多く，以下肉牛が 2 歳以下の養育牛を中心とする 2 万
6920 頭，乳牛が 1 万 5283 頭，ブタが 1 万 4164 頭，家禽が 13 万 1790 羽という
順序であった。しかし，この階層の家畜平均規模に関して，ヒツジが 3.5 頭，肉
牛が 2.8 頭，乳牛が 1.6 頭，ブタが 1.5 頭，家禽が 13.9 羽であり，それらの家
畜は少ないといえる。したがって，それらの階層では，家畜のみでは生計維持が
困難であると見られ，乳牛・肉牛・ヒツジ・ブタ・家禽のすべてを保有し，それ
らの特定の家畜に依存せずに，耕作と牧畜の組み合わせた兼業農業経営が特徴と
して認められた。30 ～ 100 エーカー層では，乳牛・肉牛・ヒツジ・家禽が多く

第 7 章　20 世紀初頭におけるアイルランド・クレア州の世帯構造　　261

なり，耕作農業と組み合わせながら家族労働で農業経営をすることができる。す
なわち，馬が 6183 頭，乳牛が 3 万 117 頭，肉牛では 2 歳以上が 1 万 923 頭，2
〜 1 歳が 1 万 9867 頭，1 歳以下が 2 万 1293 頭で，総数が 5 万 2083 頭，ヒツジ
が 6 万 3379 頭，ブタが 2 万 2992 頭，家禽が 22 万 4380 羽であった。その平均規
模を見れば，馬の 0.8 頭，乳牛の 4.6 頭，肉牛の 8.8 頭（2 歳以上の 2.5 頭，2
〜 1 歳の 3.3 頭，1 歳以下の 3 頭），ヒツジの 11.2 頭，家禽の 27.4 羽という数
字が算出できた。それらの数値と 1 〜 30 エーカー層を比較すれば，30 〜 100
エーカー層の優位性がそこに顕現していた。さらに，100 〜 200 エーカー層と
200 エーカー以上層では，肉牛が全体の 30 ％を占め，2 歳以上の肥育牛が 1 万
8355 頭，2 〜 1 歳が 1 万 917 頭，1 歳以下が 6621 頭であった。それらの肥育牛
の平均が 13.8 頭，8.2 頭，4.9 頭であり，それらは 30 〜 100 エーカー層よりか
なり多く，とくに 2 歳以上に肥育牛の多さが顕著に見られ，その他ではヒツジの
6 万 2340 頭以外では乳牛・ブタ・家禽が少なく，肥育牛に特化した牧畜農であっ
たと見てよい。しかし，後述するミーズ州と比較すれば，2 歳以上の肉牛比率に
大きな差が認められ，やはり，クレア州からミーズ州へ肥育牛の移送が行なわれ，
牧畜業の分業がこの時期に盛んに行なわれていたものと見られる。したがって，
以上からクレア州では，30 〜 100 エーカー層の中規模農が中心であるものの，
その階層が家畜，とくに乳牛・肉牛で中核を占めた牧畜業と耕作農業による混合
農業経営であったことが再確認できたといえよう。

　クレア州では，1851 年から 1909 年まで，家畜数が年度毎に増加しているが，
1909 年では，馬が 1.9 万頭，乳牛が 5.7 万頭，肉牛が 12.5 万頭，ヒツジが 10.9
万頭，ブタが 3.5 万頭，家禽が 55 万羽であった。また肉牛に関して，2 歳以上
が 24.3 ％，2 〜 1 歳が 38.3 ％，1 歳以下が 37.4 ％であり，そこには，2 歳以上
の成牛率の低さに特徴が認められた。

　図 7 - 4 は，1909 年における救貧区別の家畜数を示したものであるが，救貧区
ではどのようになっていたのだろうか。まず，馬では，リムリックが一番多く
27 ％の 6140 頭であり，以下キルラッシュの 3753 頭，エニスの 3314 頭と続くが，
これらの多くの馬がいまだ耕作に利用されていた。乳牛では，リムリックが一番
多く，31 ％の 2 万 3674 頭であり，以下キルラッシュの 1 万 4994 頭，エニスタ
イモンの 1 万 87 頭であった。それに対して，肉牛では，2 歳以上がリムリック
で一番多く，そこでは 28 ％を占める 1 万 269 頭で，以下エニスの 6460 頭，トゥ
ラの 4253 頭，スカリフの 3455 頭という順序で，どちらかといえばクレア州東部
が多く，それ以外の救貧区では 2000 〜 3000 頭という規模であった。2 〜 1 歳で

262

図7-4　クレア州の救貧区別家畜数（1909 年）

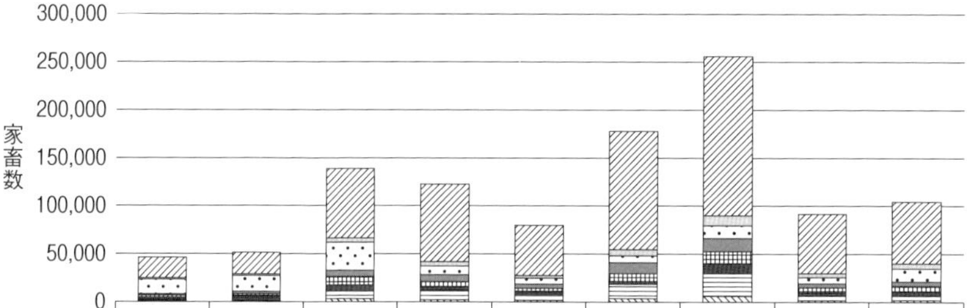

	バリーボーン	コロフィン	エニス	エニスタイモン	キルディザート	キルラッシュ	リムリック	スカリフ	トゥラ
☑家禽	21,363	22,443	72,632	80,977	52,061	123,160	165,800	61,715	64,693
□ブタ	1,470	1,761	4,444	4,717	2,885	6,544	10,510	4,186	5,468
▤ヒツジ	15,160	16,323	29,094	8,896	6,040	7,170	13,012	6,271	13,229
■肉牛1〜	1,398	2,403	6,487	7,274	4,438	11,332	13,782	4,318	4,696
⊞肉牛2〜1	2,073	2,821	8,715	5,677	3,833	8,047	12,492	5,220	5,980
■肉牛〜2	2,304	2,097	6,460	3,020	2,400	2,888	10,269	3,455	4,253
▤乳牛	1,570	2,527	7,767	10,087	6,303	14,994	23,674	4,630	4,370
▨馬	878	959	3,314	2,269	1,743	3,753	6,140	1,824	2,146

（出所）　Agricultural Statistics of Ireland, 1909

は，リムリックが一番多く，23 ％の 1 万 2492 頭であり，以下エニスの 8715 頭，キルラッシュの 8047 頭，トゥラ 5980 頭，エニスタイモン 5677 頭，スカリフが 5220 頭という順序であった。1 歳以下では，やはりリムリックが一番多く，25 ％の 1 万 3782 頭を占め，以下，キルラッシュの 1 万 1332 頭，エニスタイモンの 7274 頭，エニスの 6487 頭が上位を占めていた。ヒツジでは，エニスが突出して多く，25 ％の 2 万 9094 頭を占め，以下コロフィンの 1 万 6323 頭，バリーボーンの 1 万 5160 頭，トゥラの 1 万 3229 頭，リムリックの 1 万 3012 頭という順序を示す。ブタに関しては，リムリックが一番多く，25 ％の 1 万 510 頭であり，以下キルラッシュの 6544 頭，トゥラの 5468 頭あたりが上位を占めていた。家禽に関しては，やはりリムリックが一番多く 25 ％の 16.5 万羽を占め，以下キルラッシュの 12 万 3160 羽，エニスタイモンの 8 万 977 羽が上位を占め，それ以外の救貧区では 7 万〜2 万羽の範囲であった。

　つまり，肉牛の頭数で一番多い救貧区はリムリックであり，それ以外ではキルラッシュとエニス，他方一番少ない救貧区がバリーボーンとコロフィンであり，それ以外の救貧区はそれらの中間に位置づけられる。つまり，クレア州東部において肉牛中心の牧畜が多く，他方クレア州西部では，酪農と肉牛のセットによる

第 7 章　20 世紀初頭におけるアイルランド・クレア州の世帯構造　　263

表7-8　クレア州の土地保有規模別家畜数（1926年）

土地保有面積	馬	乳牛	肉牛			ヒツジ	ブタ	家禽
			～2	2～1	1～			
～1	169	285	39	46	162	205	260	23,604
1～30	5,161	17,125	4,019	9,530	15,049	11,199	8,264	228,745
30～50	4,539	15,860	4,790	10,024	14,218	13,066	7,006	156,599
50～100	4,873	15,741	8,992	12,169	14,343	19,596	6,395	137,147
100～200	2,078	5,395	8,051	5,590	5,146	14,308	2,141	47,945
200～	1,120	2,115	7,769	2,928	2,115	13,341	805	20,408
その他	49	31	6	18	16	20	38	1,299
計	17,989	56,552	33,666	40,305	51,049	71,735	24,909	615,747

（出所）　Agricultural Statistics of Ireland, 1847-1926

牧畜であり，そこにコントラストが認められた。したがって，クレア州内においても，地域的テリトリーを持ちながら酪農と牧畜が行なわれてきたと見ることができる。しかし，クレア州では，肉牛においては1歳以下の繁殖牛と2歳までの肥育中心の牧畜が特徴であり，この時期には，それらの肥育牛が東部アイルランドに搬送されたのであり，そこに西部アイルランドと東部アイルランドの分業が顕現していた。なお，ここに属するリムリック救貧区は，貧民蝟集地域に含まれておらず，どちらかといえば，それ以外の救貧区より土地条件の良かった地区であることに注目しておく必要がある。なお，先述したように，農業統計で記載されているリムリック救貧区は，クレア州の一部の選挙区しか含まれておらず，大部分の選挙区がリムリック州に所属していることによる，統計上のバイアスの存在にも注意しておかねばならない。

　さらに，1926年の土地保有規模別家畜数の表7-8を1876年（表7-7）と比較しておきたい。この時期はまさにアレンスバーグとキンボールが調査した時点であり，彼らも同じような農業経営分析を行なっている。そこで，この2つの年次を比較すれば，家畜数に関して，馬が1.1万頭から1.8万頭へ，1歳以下の肉牛が3.7万頭から5.1万頭へ，家禽が40万羽から61.5万羽にそれぞれ増加していた。他方では，乳牛が現状維持であるが，それ以外の家畜が減少していた。すなわち，2歳以上の肉牛が，3.9万頭から3.4万頭へ，2～1歳の肉牛が4.2万頭から4万頭へ，ヒツジが16.7万頭から7.2万頭へ，ブタが3.7万頭から2.5万頭へそれぞれ減少していたのである。とくに，これまでクレア州で重視されてき

264

た2歳以上の成牛と2〜1歳の肥育牛の減少が特徴であったといえる。したがって，クレア州での肥育牛の減少から言えば，クレア州とミーズあたりでの肉牛肥育における分業関係がこの時期には少し弱化したものと見られよう。

　そのあたりの状況を土地保有規模と肉牛の頭数を関連させて見れば，1〜30エーカー層では2歳以上（4916頭→4019頭），2〜1歳（1万329頭→9530頭）が減少し，1歳以下（1万1675頭→1万5049頭）が増加していた。また，一番中核の中規模農である30〜100エーカー層では，2歳以上の減少（1万5871頭→1万3782頭），2〜1歳の微増（2万674頭→2万2193頭），1歳以下の1.5倍の増加（1万8892頭→2万8561頭）が特徴と見られる。さらに，100〜200エーカー以上層の肉牛に関して2歳以上（9560頭→5590），2〜1歳（6475頭→5590頭）が減少していたが，1歳以下（4433頭→5146頭）が増加していた。さらに200エーカー以上層では，2歳以上（8795頭→7769頭），2〜1歳（4442頭→2928頭）が減少しながら，1歳以下（2188頭→2155頭）には増減が認められなかった。すなわち，30〜100エーカー層が1歳以下への繁殖牛へウエイトを移行させながら，100エーカー以上層がすべてに肉牛を少し減少させながらも2歳以上の肥育牛を中核とした牧畜経営を継続させていた。

　換言すれば，2歳以上の成牛での売却，あるいは東部アイルランドへの移送を減少させながらも，家族的経営の中規模農が繁殖・肥育用素牛と2歳までの肥育牛へ移行させた牧畜経営に変化したものと見てよい。それを裏返していえば，それは，後述するように，すでにこの時期には，東部アイルランドでは，ミーズ州のように肥育と成牛に特化させながらも，肉牛全般に経営を拡大させているが，西部アイルンドでは繁殖牛と2歳までの肥育牛の移送という分業関係を維持させながら，定期市で成牛の販売をしていたと見るべきであろう。以上から，クレア州での農業構造には，地域性，農家の階層性が認められるものの，30〜100エーカー層という中規模農による家族経営が中核であったと判断できる。

　以上から，クレア州中部と東部はフォーガス川の沖積平野でありオート麦などが耕作されている。キルラッシュ，エニスタイモン，バリーボーンのような西海岸沿いで，1909年に貧民蝟集地域に指定された地区であった。そのようなクレア州西部では小規模保有農が多く，逆に貧民蝟集地域に指定されていないクレア州と東部は高地に位置しており，西部より牧畜に適していたといえよう。また農業経営に関して，クレア州北部とクレア州西部では耕作地（燕麦・オート麦）と牛の肥育とヒツジの放牧がセットで行なわれているが，それ以外の地域では牛の肥育業を中心とする牧畜地帯であり，それは牧草地面積，干し草の面積と相関し

ていることからも理解される。なお全体的にはいまだ食料としてジャガイモの依存度が高いことも明らかであった。

　たとえば，エニスタイモン救貧区では，保有面積が，平均15 ～ 30エーカーであるが，300 ～ 400エーカーの大農場もあった。市場マーケットでの農産物価格の下落，農業労働力問題，過去の農民の経験した天候の良し悪しによる不確実性が原因で，耕作農業から牧畜農業への転換が行なわれたのである［O'Brien 1893, B-IV：52］。ある50エーカーの土地を持つ農民による，「私は3エーカーでジャガイモ，ターニップを自家用に作ってきた。また，バターをつくり，子牛を育てた。以前は耕作地が多かったが，今はほとんど作付けしていない。労働にお金を払えなくなったので，耕作地を少なくした。作るより安く買えるから」という声は［O'Brien 1893, B-IV：52］，耕作地の減少をリアルに伝えていた。そして，この救貧区では，他と違って，忙しい時期には小農では相互扶助による労働交換・共同労働があること，また耕地における農作業労働が6月中旬から9月中旬までの期間に行なわれることにより，労働不足はなかったようである。そして，この救貧区での雇用条件は，繁忙期における雇用と断続的な日雇いと週毎の雇用の2つの性格を持っている。すなわち大農場では，永続する雇用労働者で同居するサーヴァントか，半年か1年間雇用される牛飼いが見られた。多くの小農民の場合には，原則としていかなる季節にも雇用されることはなく，先程見たように，必要な労働は自分たちで調達するか，あるいは近隣の農家の援助で賄われていた［O'Brien 1893, B-IV：53］。

　通常，雇用される農業労働者は，食事なしで週に9 ～ 12シリング，食事のある場合には，6 ～ 8シリング得ることができた。永続労働者の賃金は8 ～ 12ポンドで，平均10ポンドであった。牛飼いはまれであったが，彼らは期間が限定されずに，住居，2 ～ 3頭以上の牛，子牛，ヒツジ，ブタと一緒にある程度の土地が貸与されたが，その価値は30 ～ 60ポンドに該当すると見られている［O'Brien 1893, B-IV：53］。収穫時の労働に対して，労働者は1日2シリング～2シリング6ペンスで，食事を与えられることもあった。草刈りのような熟練労働者の場合には4シリング以上であったといわれる［O'Brien 1893, B-IV：53］。このようなエニスタイモンの救貧区から見れば，大規模農地帯であるミーズ州と比べれば，伝統的な農作業の相互扶助により，農業雇用労働の必要性が少なく，そのような労働に従事できない小農民の場合には，移民の選択の可能性が強かったものと判断されよう。

　したがって，クレア州の農業は基本的に耕作農業経営地帯ではなく，子牛の肥

表7-9　クレア州の農業における保有規模別家族従事者数と雇用従事者数（1912年）

保有規模エーカー	18歳以下男性			18歳以上男性			18歳以下女性			18歳以上女性			計	土地保有者数
	家族員	常雇	臨時雇用	家族員	常雇	臨時雇用	家族員	常雇	臨時雇用	家族員	常雇	臨時雇用		
1～5	5.9	0.1	0.2	62.0	1.9	6.0	3.3	0.3	0.2	19.5	0.3	0.2	100.0	3083
5～30	7.5	0.2	0.3	57.8	3.0	5.3	5.0	0.2	0.2	19.3	0.3	0.7	100.0	6648
30～100	8.1	0.6	0.9	51.2	6.5	6.8	4.6	0.5	0.4	18.5	0.9	1.0	100.0	5791
100～	3.9	2.7	1.1	29.4	27.3	11.7	2.8	1.2	0.7	13.1	3.9	2.1	100.0	1395
総数	2606	260	254	18621	2862	2507	1605	179	133	6579	395	370	36371	16917

（注）　土地保有者に対する平均従事者数＝農業従事者÷土地保有者数
（出所）　Agricultural Statistics of Ireland, 1847-1926

　育と酪農が中心の牧畜農業経営地帯であるといえる。つまり仔牛を2～3歳牛に肥育させた肉牛が，エニスの定期市で売られるか，あるいは大規模農業地域である東部アイルランドに移送させる農業経営の特徴がそこに強く示されていたのである。後述する世帯主職業において羊飼い，牛飼いが1901年で0.9％，1911年で1.6％を占めることはそれを明らかに示す指標といえよう。

　このような，メイヨー州の農業経営では，どのような労働力の投下が行なわれているのだろうか。表7-9は家族従事者数と雇用労働者数を，年齢別と男女別に示したものである。それによれば，土地保有者に対する従業者数に関しては，土地保有面積と従事者数には正の相関関係が明確に認められるものの，その数値が，すべての保有階層においてミーズ州より低くなっていた。それは，クレア州の中規模農経営，ミーズ州の大規模農経営の違いであったといっていいだろう。それでは，その内訳にたちいってみれば，18歳以上の男性家族従事者がすべての保有規模階層で中核を占めるが，その数値は，土地保有規模階層と負の相関関係が認められる。すなわち，土地保有が多くなれば，家族従事者が減少し，雇用者が増加するという負の関係であり，とくに100エーカー以上層では，家族従事者が，その他の階層の半分以下になっている。そして，100エーカー以上層では，常雇が急増し，臨時雇も増加していたのである。しかし，ミーズ州におけるそれら家族従事者数と雇用従事者数では，大きな差がクレア州に認められた。一般に，クレア州が中規模農といわれているが，100エーカー以下層では，世帯主が労働の中核を占めながらも，18歳以上の女性家族従事者がメイヨー州と同じ程度認められた。しかし，18歳以下の家族従事者も見られるが，その数値がメイヨー州よりすべての階層で低かった。つまり，メイヨー州の中小規模農よりも，クレア州の中規模農では，100エーカー以下層では家族員による農業従事が必要であるものの，それは18歳以下による家族従事者の必要がなく，18歳以上の男

女の家族従事者が中核である農業経営に従事することが，クレア州における中規模農の家族戦略とみなされていたことを示したものと判断できる。しかし，牧畜業と見られる 100 エーカー以上層では，家族従事者のみでなく，雇用従事者が必要であり，この階層ではミーズ州の雇用労働経営と類似した性格を持ってくることになる。だが，クレア州の保有規模では，5 〜 30 エーカーが 39.3 %，30 〜 100 エーカーが 34.2 %であり，全体の 74 %が中小規模経営であり，それは家族従業員数から判断すれば家族経営が中核であったことを明確に示していた。

　以上のクレア州の農業経営は，クレア州の土地保有規模で見たように変化が少なく，耕作経営より牧畜業が中心の中規模農で，農業経営が家族従事者を中核にした家族戦略を特徴としていた。アレンスバーグとキンボールはそのようなクレア州での中規模の農村地域を調査地として選び，中規模農家で直系家族が典型的に発現したと見たのである［Arensberg and Kimball 2001:127］。したがって，クレア州の農業は，どちらかといえば，他の地域と比較すれば変化の少ない均質的コミュニティであったと判断できるように思われる。

3　クレア州の人口構造

　図 7-5 はマンスター地方における 6 州の 90 年間の人口変化を示したものである。それによると，すべての州で 1841 年が人口のピークであり，1845 年の大飢饉以降急激な人口減少を経験していた。すなわち，クレア州でも例外ではなく，クレア州の人口が，1821 年には 20.8 万人，1841 年には 28.6 万でピークを迎え，1851 年には 21.2 万人で，その 10 年間に 7.4 万人の減少が見られた。その後も 1851 〜 1861 年では 4.6 万人が減少し，1911 年には，最高時の 36 %までに減少していた。マンスター地方でも，ケリー州以外では，ほとんどの州において同じような下降カーブが認められた。したがって，この人口減少は，クレア州では，メイヨー州と比べて，移民による人口減少が多かったものと推察される。クレア州では，移民統計によれば，1851 〜 1911 年の 60 年間に，男性が 8 万 1033 人，女性が 8 万 4524 人で，総数 16 万 5557 人が移民していた。その数字は 1911 年の人口 14 万 4177 人よりはるかに多い人数であるといえる。また，それらの移民先は，ほとんどアメリカであったことが判明している。

　ただし，マンスター地方でも，飢饉後の移民が少なかったケリー州では 1891 年に，ケリー州西部が貧民蝟集地域に指定され，続いて 1909 年にはケリー州全体が指定されたのであるが，前述したメイヨー州と類似した性格を持つ貧困地域

図7-5 マンスター地方の人口変化（1821〜1911年）

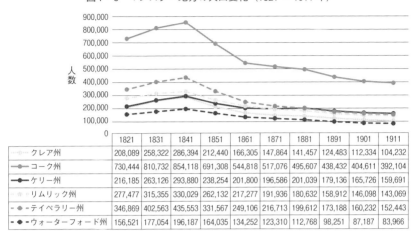

	1821	1831	1841	1851	1861	1871	1881	1891	1901	1911
クレア州	208,089	258,322	286,394	212,440	166,305	147,864	141,457	124,483	112,334	104,232
コーク州	730,444	810,732	854,118	691,308	544,818	517,076	495,607	438,432	404,611	392,104
ケリー州	216,185	263,126	293,880	238,254	201,800	196,586	201,039	179,136	165,726	159,691
リムリック州	277,477	315,355	330,029	262,132	217,277	191,936	180,632	158,912	146,098	143,069
ティペラリー州	346,869	402,563	435,553	331,567	249,106	216,713	199,612	173,188	160,232	152,443
ウォーターフォード州	156,521	177,054	196,187	164,035	134,252	123,310	112,768	98,251	87,187	83,966

（出所） W. E. Vaughan & A. J. Fitzpatrick, 1978, 8-10 から作成

図7-6 クレア州の人口ピラミッド（1901年，1911年）

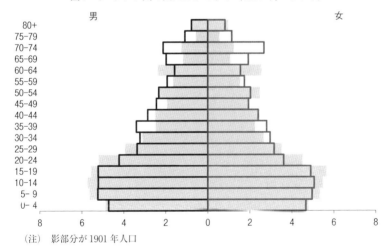

（注） 影部分が1901年人口

で，飢饉後すぐには多くの人々が移民しなかったのである。このような人口の変化は，つぎの人口ピラミッドにも反映されているように思われる。

図7-6の人口ピラミッドは，影の部分が1901年で，枠の部分が1911年である。それを見れば，典型的な人口流出を示すひょうたん型を示しており，人口が，20〜24歳コーホートぐらいまでは多く見られるが，それ以降に25〜29歳コー

第7章 20世紀初頭におけるアイルランド・クレア州の世帯構造　　269

ホートが急減している。すなわち，未婚の移民が，25 〜 29 歳コーホートでは一番多いことも移民統計で確認された。1911 年における 1000 人単位での移民率が13.9 であり，前述のメイヨー州の 17.4 より低く，ミーズ州の 5.6 よりも高いことに特徴があり，クレア州の 1911 年における移民の高さも特徴といえる ［Census General Report, 1911:59］。また，60 〜 64 歳コーホートが男女とも少ないが，それは飢饉による死亡あるいは移民の痕跡であるように理解されてよい。そこで，1901 年と 1911 年との人口を比較すれば，24 歳以下人口の減少，65 歳以上人口の増加が認められる。65 歳以上の増加は，1908 年の年金法の改正により，センサス記載時に年齢に意図的な変更を加えていることと関係するものといえよう。

　男女比に関して，1901 年では，婚姻年齢である 20 〜 39 歳において，すべての 5 歳コーホートが 1.12 〜 1.15 の範囲で男性が多く，1911 年でも同じ結果である。1901 年と 1911 年を比較すれば，男女比は，年齢コーホートにおいて相違するが，20 〜 24 歳コーホートで，1.15 から 1.2，35 〜 39 歳では，1.08 から1.2 に拡大していた。これは，女性の婚姻によるものか，他出によるものか判断しにくいものの，男性の婚姻範囲の狭小化を示すものであり，その結果婚姻選択を困難にさせることにもなる。

　つぎに，図 7−7 は，クレア州における救貧区別に 1841 〜 1911 年の人口の変化を示したものである。クレア州の救貧区では，1841 〜 1911 年の 60 年間に人口減少のトップがリムリックであり，その期間にそこでは 25 ％まで人口減少を経験していた。それ以外では，バリーボーン（30 ％），コロフィン（31 ％）で，他方，残存人口率が高い救貧区が，エニスタイモン（42 ％），スカリフ（41 ％），エニス（39 ％），キルラッシュ（39 ％）という順序であり，どちらかといえばクレア州西部で人口減少が少なかったといえる。人口密度から見れば，クレア州全体では，7.5 であるが，低い救貧区は，キルラッシュの 5.4，エニスの 5.8，エニスタイモンの 5.9，逆に一番高い救貧区は，バリーボーンの 19.6 と，コロフィンの 13.7 で，それ以外の救貧区は 8 〜 10 の範囲であった。つまり人口密度が低い救貧区は，それぞれタウンが存在し，逆に高い救貧区は，クレア州北部の純農村地区であった。

　図 7−8 は，1865 〜 1911 年におけるクレア州の婚姻率・出生率・死亡率の変化を示したものである。婚姻率に関して，1871 年がピークで 4.8 であり，1881年に一時低下したが，それは，1870 年代の小飢饉の影響と見られる。しかし，その数値が，1865 年より減少しているものの，1891 年から 1911 年までの期間には 3.5 〜 3.8 の範囲で安定していた。この婚姻率の安定化は，クレア州では不分

270

図7-7 クレア州の救貧区別人口変化

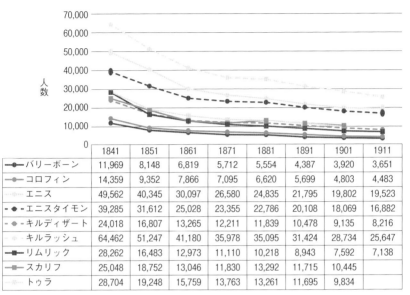

(出所) 各年次の Report of Census of Ireland から作成

図7-8 クレア州の婚姻率・出生率・死亡率

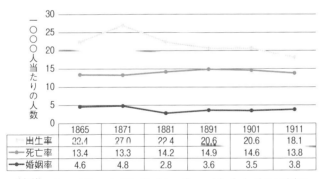

(出所) Annual Report of the Registrar General for Ireland containing a General Abstract of the Numbers, Marriages, Births and Death Registered in Ireland, appropriate years. から作成

割相続により，継承者が待機していたが，それ以外の家族員が移民の形態で離家していたと推察され，継承者が土地の相続により婚姻していたことが要因とうかがわれる。婚姻に関して，クレア州が属するマンスター地方では，25～34歳の

第7章 20世紀初頭におけるアイルランド・クレア州の世帯構造　271

未婚率が，1841 年では 43 ％で，それ以降 1881 年には 61 ％に増加し，1911 年には 76 ％であったが，この数値がコナハト地域とレンスター地方の中間に位置していた。また，生涯未婚率（45 〜 54 歳）が 1841 年では 9 ％であったが，その後 1881 年には 14 ％，1911 年に 26 ％に増加していた [Kennedy and Clarkson 1993:165-168]。しかし，この数値はコナハト地方と類似しているが，レンスター地方より少なかったのである。したがって，どちらかといえば，クレア州の婚姻の特徴がメイヨー州に近いものと判断される。

　出生率に関して，それは婚姻率の低下と同じく，1871 年の 27 をピークに 1881 年以降 22 から 18 へ減少した。そして，死亡率に関して，1881 年と 1891 年の増加が，1870 年代後半の第 2 の飢饉よる影響によるものと推察される。

　死亡率は，1891 年の一時的な上昇以外ほぼ同じ傾向であると判断されるが，それが出生率よりも低く，全期間において人口の自然増を導くことになった。1901 年と 1911 年における 10 年間の婚姻率・出生率・死亡率を比較すれば，それは婚姻率が 3.5 から 3.8 への微増，出生率が 20.6 から 18.1 へ減少，死亡率が 14.6 から 13.8 へ減少していたが，出生率の下降と死亡率の拮抗により，大きな人口の自然増が期待できなかったばかりか，移民による人口減少が顕現していた。後述する 1908 年の老齢年金制度の導入による家長権の弛緩により後継者が以前より早く婚姻の可能性を持つようになったものの，家長権の継承が親の生前に行なわれる可能性も大きくなり，そこに婚姻率の上昇も見られたものと推察される。このような，婚姻率・出生率・死亡率をメイヨー州と比較すれば，同じようなカーブが認められるものの，それらすべてのクレア州の数値がメイヨー州より低かったという特徴も見られた。

　以上からクレア州の人口構造は，大飢饉以前に人口のピークがあり，大飢饉により激減したが，飢饉後の人口減少がメイヨー州より激しかったといえよう。そして，1901 年と 1911 年の人口ピラミッドに発現しているように 20 代後半から 50 歳代までのへこみが，移民による人口移動を明確に示したものであった。それは，後継者以外の若者による移民，コッティアといわれる貧困者の移民であったと考えられる。しかし，クレア州の婚姻率は 1881 年に急減したが，それ以降には割合が回復し，同じ割合を堅持していた。死亡率がメイヨー州より少し多めながらも，横ばいで推移していた。したがって，クレア州の人口構造は，前述したようにメイヨー州と同じ多産少死型であるが，そこに人口の自然増があったものの，移民により，それが人口減少へ導いたものと理解される。

　さらに表 7-10 により婚姻率を救貧区別に見ておけば，それは，1865 年では

表7-10　クレア州の救貧区別婚姻率（人口1000人に対する）

救貧区	1865	1871	1881	1891	1901	1911
バリーボーン	3.1	3.9	1.6	2.7	2.6	2.8
コロフィン	4.7	4.4	1.2	2.3	1.5	4.4
エニス	5.2	4.6	3.5	4.3	4.3	5.1
エニスタイモン	5.0	5.5	2.2	2.6	2.3	2.8
キルディザート	5.0	4.7	2.4	4.8	4.9	4.5
キルラッシュ	4.4	5.1	3.0	3.7	4.1	3.3
リムリック*	6.4	6.3	6.4	3.2	3.2	3.6
スカリフ	4.4	4.7	3.8	5.8	3.9	3.9
トゥラ	3.9	4.8	2.4	3.1	2.4	
クレア州	4.6	4.8	2.8	3.6	3.5	3.8

＊　リムリックは，クレア州のリムリックを含む全体の統計である

（出所）　Annual Report of the Registrar General for Ireland containing a General
Abstract of the Numbers, Marriages, Births and Death Registered in Ireland,
appropriate years から作成

リムリックが一番高く6.4で，以下，エニスの5.2，エニスタイモンの5.0，キ
ルディザートの5.0という順序であるが，反対にバリーボーンが3.1で一番低く，
トゥラの3.9も低い。それ以降，その数値が，エニスとキルディザートで一時下
降するが，1911年では5.1と4.5で，そこでは高い婚姻率を維持していた。他方，
バリーボーンとトゥラが依然低い状態を継続させていた。それ以外の救貧区は，
両者の中間に位置づけられる。

つぎに，婚姻率と関連する出生率を表7-11で見れば，1865年において，エ
ニスタイモンが25.4で一番高く，以下スカリフの24.9，キルディザートの24.6
という順序であるが，他方，バリーボーンが15.7で一番低く，キルラッシュの
20.4，コロフィンの20.7が続く。それ以降，キルディザート，エニス，スカリ
フが継続して高い出生率を維持させていたが，エニスタイモンが1901年まで，
20台であったが，1911年には16.3に低下させていた。したがって，婚姻率と出
生率が相関関係を示すのは，エニス，キルディザート，コロフィンという救貧区
であった。しかし，トゥラは婚姻率が低いが，高出生率を示し，そこに相関が認
められないが，多産の傾向を示す救貧区であったと見てよい。

救貧区別死亡率を示した表7-12を見れば，死亡率が1865年で高い救貧区と
しては，リムリックが一番高く，19.6で，以下エニス（16.4），エニスタイモン

第7章　20世紀初頭におけるアイルランド・クレア州の世帯構造　　273

表 7 - 11　クレア州の救貧区別出生率（人口 1000 人に対する）

救貧区	1865	1871	1881	1891	1901	1911
バリーボーン	15.7	27.5	16.9	15.5	21.4	17.1
コロフィン	20.7	28.2	21.6	17.4	15.8	18.5
エニス	22.2	22.5	23.6	19.8	20.9	19.6
エニスタイモン	25.4	28.2	21.8	21.6	20.6	16.3
キルディザート	24.6	28.1	23.1	23.2	20.4	20.9
キルラッシュ	20.4	29.2	23.3	22.3	20.6	17.6
リムリック*	23.4	26.0	23.8	16.1	17.7	16.1
スカリフ	24.9	26.9	22.9	21.4	24.3	18.5
トゥラ	23.1	26.8	19.8	19.8	20.2	
クレア州	22.4	27.0	22.4	20.6	20.6	18.1

　＊　リムリックはクレアに属するリムリックを含む全体の統計である
（出所）　Annual Report of the Registrar General for Ireland containing a General
　　　　Abstract of the Numbers, Marriages, Births and Death Registered in Ireland,
　　　　appropriate years から作成

表 7 - 12　クレア州の救貧区別死亡率（人口 1000 人に対する）

救貧区	1865	1871	1881	1891	1901	1911
バリーボーン	9.5	11.6	12.1	18.0	14.8	14.8
コロフィン	11.7	12.1	14.2	12.1	11.2	14.2
エニス	16.4	17.7	16.1	17.4	17.4	15.6
エニスタイモン	13.9	13.7	12.7	13.9	15.5	12.5
キルディザート	11.8	10.8	14.4	15.3	15.3	13.2
キルラッシュ	13.2	12.7	14.9	13.8	14.4	15.3
リムリック*	19.6	20.7	21.9	13.8	11.2	10.9
スカリフ	12.7	11.5	13.2	17.0	13.0	12.6
トゥラ	11.9	10.8	13.5	13.5	13.2	
クレア州	13.4	13.3	14.2	14.9	14.6	13.8

　＊　リムリックはクレア州に属する全体の統計である
（出所）　Annual Report of the Registrar General for Ireland containing a General
　　　　Abstract of the Numbers, Marriages, Births and Death Registered in Ireland,
　　　　appropriate years から作成

（13.9），キルラッシュ（13.2）という順序であり，逆に低い救貧区には，バリー
ボーンが 9.5 で一番低く，コロフィンの 11.7，キルディザートの 11.8 であった。

274

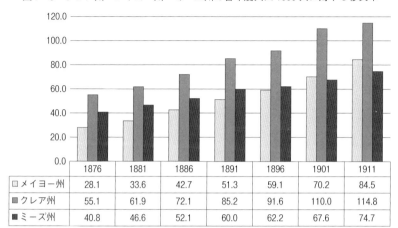

図7-9 クレア州・メイヨー州・ミーズ州の各年度人口1000人に対する移民率

(出所) 各年次の Emigration Statistics of Ireland から作成

したがって，それはタウンを含む救貧区が高く，農村部の救貧区が低いという特徴を持っていた。1865年以降では，1865年に低い死亡率であった救貧区，すなわちバリーボーン，コロフィン，キルディザートの死亡率が上昇し，キルラッシュ，エニスが依然高く，エニスタイモンが低くなっているが，クレア全体では上昇していた。以上のように，死亡率に関して，救貧区別に見れば，大きなタウンを含むエニス，キルラッシュでは死亡率が高く，農村部であるリムリック，スカリフ，エニスタイモンが低いというコントラストが認められた。

しかし，クレア州における死亡率に関して，貧困地域であったメイヨー州と大きな相違が認められなかったといってよい。

図7-9は，クレア州・メイヨー州・ミーズ州における1851年から当該年度までの移民累計率を1000人単位で5年毎に示したものである。それを見れば，まずクレア州では，移民率がすべての年度において，他の2州よりも圧倒的に多いことがわかる。1851年から1876年の期間に，人口が移民により55.1まで減少し，それ以降も毎年度，移民が増加し続け，1911年には115を記録しており，それは，クレア州の半数以上の人口が移民により，減少していたことを明確に顕現させていた。また，メイヨー州では，飢饉以降1876年まで移民が少なかったが，それ以降増加し，1901年にはミーズ州を追い抜いていた。

表7-13は，州別移民統計が利用できる1876～1911年の35年における年齢コーホート別移民数を示したものである。前述したように，クレア州の移民は，

表7-13 クレア州の年齢コーホート別移民数

年	男女別	～10	10～20	20～30	30～40	40～50	50～	計
1876	男	80	107	476	102	34	14	813
	女	69	174	311	77	23	20	674
1881	男	148	290	1026	122	61	29	1,676
	女	128	523	686	94	36	29	1,496
1886	男・未婚	80	249	760	58	5	1	1,153
	男・既婚	0	0	17	33	41	27	118
	女・未婚	67	506	784	28	0	0	1,385
	女・既婚	0	0	55	68	53	36	212
1891	男・未婚	56	212	692	35	0	0	995
	男・既婚	0	0	13	23	29	21	86
	女・未婚	53	368	610	11	1	0	1,043
	女・既婚	0	0	40	48	23	20	131
1896	男・未婚	49	55	505	44	4	0	657
	男・既婚	0	0	2	19	21	20	62
	女・未婚	37	147	582	17	2	0	785
	女・既婚	0	0	8	40	23	22	93
1901	男・未婚	28	46	496	38	7	0	615
	男・既婚	0	0	1	12	8	7	28
	女・未婚	38	209	496	31	2	2	778
	女・既婚	0	0	7	28	17	18	70
1906	男・未婚	13	148	547	38	5	4	755
	男・既婚	0	0	5	6	6	5	22
	女・未婚	10	296	313	11	1	2	633
	女・既婚	0	1	9	3	8	7	28
1911	男・未婚	7	103	436	27	1	0	574
	男・既婚	0	1	0	5	4	2	12
	女・未婚	4	228	253	15	0	0	500
	女・既婚	0	0	4	4	1	1	10

（出所）　各年次の Emigration Statistics of Ireland から作成

マンスター地方で大飢饉以降早く始まったといわれているが，表7-10によれば，単年度であるが，移民数が1876年では意外に少なく，1500人であった。しかし，1881年ではそれが3200人に増加したが，その移民数が，メイヨー州より少なく，それ以降減少に転じ，移民数が1891年には2300人，1901年には1500人，1911年には1100人に減少していた。男女別では，1876年と1881年では男性が女性より多かったが，それ以降，男女比が逆転し，女性が1901年まで多く，1906年以降男性が多くなるという傾向が認められた。つまり，クレア州の移民は，飢饉とともに発生し，その後減少に転じたものと理解される。

　未婚移民の年齢に関して，すべての時期で，男女とも20〜30歳コーホートが一番多く，15〜20歳コーホートでは女性が，25〜30歳コーホートでは男性が多いという傾向が認められる。それ以降では，すべての年代で20〜30歳コーホートが一番多く，そのコーホートが移民の中核を形成していた。つぎの年齢コーホートは10〜20歳であった。既婚者では，移民数が1886年に330人であったが，1901年に100人，1911年では20人に減少していた。その年齢を見れば，30〜40歳コーホートが一番多く，以下40〜50歳コーホート，20〜30歳コーホートが多く，それは未婚者より年齢コーホートが高く，土地なし労働者，小・中規模農層で，保有地放棄や売却による家族移民とみなされてよいだろう。移民前の職業に関して，一般に男性の場合には一番労働者が多く，つぎが農民であるが，女性の場合にはほとんどがサーヴァントであったことがわかる。それらの移民先を見れば，その90％以上がアメリカである。1880年代であれば，飢饉後と相違し，コーク港・ダブリン港へ鉄道で移動し，その後アメリカへの移民が容易であった。また，未婚移民が20〜30歳コーホートであるということは，後述するように，それは継承者以外の家族員の離家であるとみなされ，しかも，クレア州では，離家する子供たちが財産相続の一部を取得し，それを渡航費用として捻出することができたものと考えられる。

　以上のように，クレア州の人口構造は，同じマンスターの他州より，大飢饉以降人口減少が認められたのであるが，それは自然増ではカヴァーできないほどの移民の多さによるものであった。そして，メイヨー州と比べれば，クレア州における中規模農の場合，後継者以外の子供が，ある程度渡航費用を工面できたものと見られる。しかも，後継者が婚姻時の持参金も兄弟が，少しではあっても，受領できる権利が認められていた。なお，クレア州内の救貧区では，大きな相違は見出せなかったが，人口の自然増加は貧民蝟集地区に指定された東部の救貧区が，西部，北部の農村地域より弱かったように思われる。このようなクレア州の人口

第7章　20世紀初頭におけるアイルランド・クレア州の世帯構造　　277

構造が，つぎに取り上げる世帯構造と関連していたといえよう。

4　クレア州の世帯構造

　ここで世帯構造の分析で利用するクレア州のデータは，1901 年では 9 救貧区，154 選挙区，2698 タウンランドから構成されたものである。しかしタウンランドに居住者がいない場合もあり，最終的なセンサス個票データは，タウンランド数が 2491，1901 年の世帯数が 2 万 1144 世帯，人口が 10 万 9099 人のデータ，1911年には 2 万 369 世帯，10 万 1220 人のデータである。なお利用データの人口がセンサス報告書より少ない理由として修道院・救貧院・刑務所などの団体に所属する人口を除外したことによるところが多い（表 7-14 参照）。

(1) 世帯主の属性
　まず世帯主の属性を表 7-15 の世帯主の年齢構成から見ておこう。それによれば平均世帯主年齢に関して 1901 年では 53.2 歳，1911 年では 56.3 歳であり，そこに 3 歳の相違が認められる。その世帯主年齢コーホートを詳細に見れば 1901年では 50 ～ 59 歳コーホートがピークで 40 ～ 49 歳コーホート，60 ～ 69 歳コーホートという年齢層が中核を占めるのに対して，1911 年では 50 ～ 59 歳コーホートが同じくピークであるものの，60 ～ 69 歳コーホート，70 ～ 79 歳コーホート，

表 7-14　クレア州の救貧区別センサス個票の世帯数（1901 年，1911 年）

救貧区	1901		1911	
	実数	%	実数	%
バリーボーン	774	3.7	705	3.5
コロフィン	942	4.5	908	4.5
エニス	3,734	17.7	3,682	18.1
エニスタイモン	3,324	15.7	3,332	16.4
キルディザート	1,648	7.8	1,467	7.2
キルラッシュ	5,353	25.3	5,075	24.9
リムリック	1,473	7.0	1,440	7.1
スカリフ	1,958	9.3	1,978	9.7
トゥラ	1,937	9.2	1,782	8.7
計	21,144	100.0	20,369	100.0

表 7-15 　クレア州の性別・年齢別世帯主の割合（1901 年，1911 年）

年齢	1901			1911		
	男性	女性	計	男性	女性	計
～29	4.5	5.3	4.6	2.9	2.1	2.8
30～39	15.0	8.0	13.4	14.1	5.7	12.3
40～49	22.4	14.1	20.5	21.8	9.4	19.1
50～59	23.2	23.1	23.2	22.2	17.2	21.1
60～69	20.9	27.8	22.5	19.5	25.9	20.9
70～79	10.3	14.9	11.4	16.3	3.7	20.0
80～89	3.3	5.9	3.9	2.9	5.2	3.4
90～	0.4	0.9	0.5	0.3	0.7	0.4
計	100.0	100.0	100.0	100.0	100.0	100.0
総数	19,196	4,920	21,117	15,926	4,366	20,292

40 ～ 49 歳コーホートへ分散しながらも，それらのコーホートに集中性が見られる。しかも，そこに 60 歳以上の年齢層が 40 ％を占めるという世帯主の高齢化に伴って，世帯主の夫の死亡による世帯主の女性への交代が顕著に発現していたものと判断できる。世帯主の男女別では，それらが，1901 年には 50 ～ 59 歳コーホートで増加し始めるが，それが 1911 年では 60 ～ 69 歳コーホートからであり，それは前述した世帯主の高齢化と対応するものである。ところで，アイルランドにおける平均寿命に関して，1901 年では男性が 49.3 歳，女性が 49.6 歳，1911 年では，53.6 歳と 54.1 歳であり，この 10 年間に男女ともに 4 ～ 5 歳寿命が延びていた［FitzGerald 2016:15］。したがって，そのように夫の死後に女性世帯主が長く家長権を維持する構図が浮かびあがってくるが，しかし，世帯主の高齢化は寿命の延びであることを看過することができない。

　表 7-16 は 0.3 ％以上である世帯主職業を示したものであり，29 種類の職業がそこに見られるが，その割合が 1901 年では 87.9 ％，1911 年では 83.8 ％を占めていた。そのなかでも圧倒的に農民が多く，両年度ともに 56.8 ％を占め，以下農業労働者，一般労働者という順序を示している。それらの職業でほぼ 70 ％が占められており，それ以外では家内サーヴァント・商店主・パブ経営者が見られるのみである。つまり，クレア州のデータは農民を中心としたものとみなされてよい。またそれら世帯主の 3 職業を年齢別に見ておけば，農民の場合 40 ～ 69 歳層への集中化，労働者とその他の場合には 20 ～ 39 歳の集中化により，それは

第 7 章　20 世紀初頭におけるアイルランド・クレア州の世帯構造　　279

表7-16　クレア州の世帯主職業（1901年，1911年）

職業コード	職業	1901	1911
2	公務員	0.4	0.6
5	警察官	0.7	0.9
12	軍人年金者	0.5	0.2
17	聖職者	0.3	0.3
32	教員	0.8	0.8
56	家内サーヴァント	3.7	1.4
60	ケアーテーカー	0.4	0.2
62	掃除婦	0.3	0.1
63	洗濯，風呂掃除	0.4	0.1
81	鉄道関係職員	0.3	0.3
84	馬車の御者	0.3	0.2
100	農民	56.8	56.8
103	農業労働者	6.6	5.4
104	牧羊者	0.9	1.6
121	漁民	0.8	0.7
168	大工	0.9	0.9
170	石工職人	0.3	0.3
214	ホテル経営	1.3	1.1
231	パン屋	0.3	0.3
236	八百屋	0.6	0.7
275	衣料品商	0.2	0.3
282	洋服仕立て	0.8	0.7
283	婦人帽，婦人服，コルセット製造	0.5	0.4
285	下着仕立て	0.3	0.1
290	靴製造・販売	0.9	0.7
325	桶，金輪製造ベンダー	0.2	0.1
377	鍛冶屋	0.6	0.6
399	一般商人，卸売り業	2.4	2.2
404	一般労働者	5.4	5.8
計		87.9	83.8
合計		20873	20085

（注）　原則的に3％以上の職業のみ

表7-17 クレア州の職業別世帯主年齢構成（1901年，1911年）

年齢	1901				1911			
	農民	労働者	その他	計	農民	労働者	その他	計
～19	0.1	0.1	0.3	0.1	0.1	0.0	0.1	0.1
20～29	2.8	5.3	7.1	4.4	1.5	4.8	4.0	2.7
30～39	11.6	14.8	15.4	13.2	10.7	14.6	14.4	12.3
40～49	21.1	18.3	20.2	20.5	20.0	21.7	16.5	19.1
50～59	24.8	20.2	21.9	23.3	22.7	18.4	19.4	21.1
60～69	23.0	26.5	20.4	22.6	23.3	15.7	18.9	20.9
70～79	11.9	11.3	10.5	11.4	18.1	21.8	22.7	20.0
80～89	4.2	3.3	3.7	3.9	3.4	2.7	3.7	3.4
90～	0.5	0.4	0.5	0.5	0.4	0.3	0.4	0.4
計	100.0	100.0	100.0	100.0	100.0	100.0	100.0	100.0
総数	11,808	2,690	6,361	20,859	11,391	2,546	6,317	20,292

農民と労働者の年齢分化が顕著に認められるといえよう。後述するように農民の場合には世帯主になる時期，つまり，それが土地相続や婚姻時期と大きく関係するが，労働者やその他の場合には，そのような規制に影響されにくいことを意味しているものと見られる。したがって，以下で世帯分析をする場合，世帯主の職業を主に農民，労働者に区分することにより分析していく。

つぎに世帯主の年齢構成を表7-17で見ておこう。それによると，平均世帯主年齢が，1901年では53.3歳，1911年では55.8歳であり，そこに2.5歳の相違が認められる。職業別では，農民が1901年の54.2歳から1911年の56.9歳，労働者が52.6歳から54.3歳にそれぞれ延びていた。そこには農民の延びが労働者を上回っていたことが明らかである。

つぎに，その内容にたちいって見てみれば，農民の世帯主年齢に関して，1901年には50～59歳コーホートがピークで24.8％であったが，1911年には，それが60～69歳コーホートに上昇していた。労働者も，そのピークが60～69歳コーホートから70～79歳に移動していた。また，1901年では，農民が50～59歳をピークに60～69歳と40～49歳のコーホートが中心であったが，1911年には，それが60～69歳をピークに50～59歳コーホートの増加，40～49歳コーホートの減少という変化が認められた。他方，労働者の場合では，1901年には，60～69歳コーホートをピークに，それの下降コーホートに分布が認めら

第7章 20世紀初頭におけるアイルランド・クレア州の世帯構造 281

れた。これらの 70 〜 79 歳コーホートの上昇が，1908 年の年金法と関連しているものと推察される。すなわち，センサス個票では，1901 年と 1911 年の年齢を追跡すれば，その差が 10 歳であるはずが，それ以上の年齢差が少なからず存在し，1908 年老齢年金法を意識した年齢記入によるものと見られよう。したがって，センサス記入時のバイアスがあるとしても，ここでは世帯主の年齢コーホートの上昇があったものと理解しておこう。

それと，農民と労働者の年齢コーホートを比較すれば，労働者では 30 〜 39 歳コーホートの割合が農民より多く，1901 年では 2.8 ％，1911 年では 3.9 ％の差が認められるが，それは農民より労働者の世帯形成が容易で早いことを示し，逆に農民が相続の待機時間の長期化で，遅くなっていたことを顕著に示したものと判断できよう。

(2) 世帯規模

表 7-18 で世帯規模を見れば，それは，1901 年には平均 5.1 人であったが，1911 には 4.9 人に減少している。おそらく，そこに婚姻率と出生率の減少が関係しているといえよう。世帯規模では両年ともに 4 人がピークであり，1901 年には 4 人以外に 5 人，3 人，2 人という順序であるが，1911 年では 3 人，5 人，2 人という順序に変化が見られる。つまり，世帯規模の変化は，1901 年より 1911 年で 2 〜 5 人の規模が増加しているが，6 人以上の規模で減少していた。職業別の世帯規模に関して，1901 年では，農民の平均世帯規模が 5.7 人，労働者が 4.4 人であったが，1911 年でも，それが 5.3 人と 4.5 人であり，1.3 人と 0.9 人という差がそこに認められた。そして，1901 年の世帯規模では，農民の場合には 4 人（15.3 ％）がピークであるものの，5 人，6 人も多く，それ以外に 3 人，7 人という順序であり，それは 4 人以上に多く分布していたことを示す。また，1911 年でも農民はほぼ同じ傾向であったといえる。他方，労働者の場合には，それは，2 人がピークで 19.5 ％を占め，それ以外では 3 〜 5 人が中心になる分布を示し，1911 年もほぼ同じ傾向であった。つまり，農民と労働者では，世帯規模は農民が労働者より規模が大きく，世帯規模分布にも相違が認められたが，おそらく農民の多産による可能性が強いものと推察される。

そこで，1911 年の世帯規模を救貧区単位（表 7-19）で見ておけば，クレア州全体（4.9 人）より多い救貧区では，5.1 人のエニスタイモンとスカリフであるものの，その数字との差が少なく，他の救貧区ではクレア州の平均に類似した分布であり，そこに優位な差が認められなかった。しかし，職業別では，平均世帯

表 7 - 18　クレア州の職業別世帯規模（1901 年，1911 年）

人数	1901				1911			
	農民	労働者	その他	計	農民	労働者	その他	計
1	2.4	9.8	11.6	6.2	2.6	10.6	10.5	6.1
2	7.3	19.5	18.1	12.2	9.3	16.6	16.9	12.6
3	11.4	14.9	15.8	13.2	13.6	15.2	16.8	14.8
4	15.3	13.0	13.1	14.3	15.9	13.7	14.8	15.3
5	15.0	11.6	10.9	13.3	15.4	11.5	11.7	13.8
6	13.0	9.6	9.0	11.4	12.9	9.9	8.9	11.3
7	11.3	7.3	6.9	9.4	10.4	7.4	7.1	9.0
8	8.8	5.6	5.6	7.4	7.5	5.9	5.0	6.5
9	6.4	4.6	3.9	5.4	5.2	4.0	3.5	4.5
10	4.2	2.0	2.3	3.3	3.5	2.3	2.1	2.9
11〜	4.8	2.2	2.9	3.9	3.5	2.9	2.8	3.2
計	100.0	100.0	100.0	100.0	100.0	100.0	100.0	100.0
総数	11,816	2,693	6,358	20,867	11,339	2,548	6,382	20,369
平均	5.7	4.4	4.4	5.1	5.3	4.5	4.4	4.9

規模において農民と労働者の間で一番差が見られる救貧区が，エニスタイモンと
トゥラの 1.1 人であり，それ以外の救貧区では 0.4 〜 1.0 人の幅で，そこから，
すべての農民の規模は多いということが読み取れる。その内訳では，職業別で見
れば，世帯規模の最頻値が，農民と労働者がほとんど 3 〜 4 人であったが，バ
リーボーン，キルディザート，スカリフが 5 〜 6 人であるという違いがあった。
そして，農民と労働者で 3 〜 4 人がピークであったものの，農民が 5 〜 6 人，7
〜 8 人の方向に分布するのに対して，労働者が 1 〜 2 人の方向への分布であり，
その分布にコントラストが認められた。つまり，救貧区においても農民の世帯規
模が労働者より多かったものの，それが救貧区における相違として発現していな
かったのである。つまり，以上から，世帯規模は，救貧区による相違よりも，農
民と労働者の職業による要因により，その相違が顕現しているものと判断できる。
　そのような世帯規模の減少が子供数と関連を持つと思われるので，つぎに子供
数を表 7 - 20 で見よう。子供数が 1901 年には平均で 3.6 人であったが，1911 年
には 3.5 人に減少しており，それは出生率の減少によるものであった。このよう
な子供数の減少が世帯規模の減少にわずかながらも影響を与えていたと見られる。

第 7 章　20 世紀初頭におけるアイルランド・クレア州の世帯構造　　283

表7-19　クレア州の救貧区別職業別世帯規模（1911年）

救貧区	職業	1～2	3～4	5～6	7～8	9～	計	総数	平均
バリーボーン	農民	12.8	26.8	26.8	20.5	13.1	100.0	366	5.4
	労働者	25.8	31.9	22.1	13.5	6.7	100.0	163	4.4
	計	20.0	28.7	23.8	17.0	10.5	100.0	705	4.9
コロフィン	農民	12.5	30.2	26.9	20.7	9.7	100.0	569	5.2
	労働者	35.7	29.5	17.1	9.3	8.5	100.0	129	4.0
	計	20.2	30.1	24.6	16.3	8.9	100.0	908	4.8
エニス	農民	12.8	30.3	28.2	16.6	12.1	100.0	1,514	5.3
	労働者	23.5	28.5	21.8	17.4	8.7	100.0	596	4.7
	計	19.6	30.4	24.7	14.9	10.3	100.0	3,682	4.9
エニスタイモン	農民	11.2	29.2	28.2	17.8	13.7	100.0	2,005	5.5
	労働者	31.7	27.1	19.4	10.8	11.1	100.0	325	4.4
	計	18.5	29.3	25.0	15.3	12.1	100.0	3,332	5.1
キルディザート	農民	9.7	29.1	30.4	17.5	13.3	100.0	945	5.5
	労働者	35.2	26.1	21.1	7.7	9.9	100.0	142	4.2
	計	16.4	30.1	27.0	14.7	11.9	100.0	1,467	4.4
キルラッシュ	農民	10.8	29.7	28.7	17.8	13.1	100.0	2,687	5.4
	労働者	24.1	26.5	22.8	14.8	11.7	100.0	648	4.9
	計	19.1	29.9	24.5	15.5	11.0	100.0	5,075	4.9
リムリック	農民	12.6	29.1	28.4	19.1	10.9	100.0	866	5.3
	労働者	28.7	28.7	26.6	10.6	5.3	100.0	188	4.2
	計	17.6	30.3	26.7	16.5	8.9	100.0	1,440	4.9
スカリフ	農民	12.3	27.9	28.5	19.0	12.3	100.0	1,303	5.4
	労働者	24.5	36.2	16.6	13.5	9.2	100.0	163	4.4
	計	17.0	28.7	25.5	17.3	11.5	100.0	1,978	5.1
トゥラ	農民	15.0	31.5	27.8	16.7	9.0	100.0	1,184	5.0
	労働者	32.0	34.5	19.6	8.8	5.2	100.0	194	3.9
	計	19.7	33.4	24.5	14.2	8.1	100.0	1,782	4.7
クレア州	農民	11.9	29.5	28.4	18.0	12.2	100.0	11,439	5.3
	労働者	27.2	28.9	21.4	13.3	9.2	100.0	2,548	4.5
	計	18.7	30.1	25.1	15.5	10.7	100.0	20,369	4.9

表 7 - 20　クレア州の世帯主職業別子供数（1901 年，1911 年）

人数	1901				1911			
	農民	労働者	その他	計	農民	労働者	その他	計
1	14.8	24.0	26.0	18.8	15.8	21.9	26.6	19.7
2	17.5	20.1	19.8	18.4	19.9	20.6	23.4	21.0
3	18.2	15.7	16.6	17.5	18.8	15.8	15.5	17.5
4	14.6	14.8	12.3	14.0	15.1	13.2	13.0	14.3
5	12.0	8.4	9.6	11.0	11.0	10.2	8.8	10.3
6	9.1	6.9	7.1	8.3	7.8	7.7	5.3	7.1
7	6.3	5.7	4.6	5.8	5.4	5.1	3.6	4.8
8	3.8	2.1	1.8	3.1	3.1	2.7	1.8	2.7
9	2.0	1.6	1.5	1.8	1.7	2.1	1.2	1.6
10〜	1.7	0.7	0.6	1.3	1.3	0.7	0.8	1.1
計	100.0	100.0	100.0	100.0	100.0	100.0	100.0	100.0
総数	9,690	1,788	4,133	15,611	8,862	1,729	4,320	14,911
平均	3.9	3.3	3.2	3.6	3.6	3.4	3.1	3.5

　つぎに，子供数の内訳を見ておくと，1901 年から 1911 年の減少境界ラインが 4 人であり，1901 年では 5 人以上が多いが，1911 年では 4 人までの子供数が多く分布した。また，世帯主の職業別では，1901 年において農民が，3 人をピークに 2 人，4 人，5 人に分散分布を示すが，労働者が，1 人をピークに 2 人，3 人，4 人への減少分布であり，そこに農民と労働者のコントラストが認められる。それは 1911 年には，農民が，これまでの 3 人から 2 人にピークを移動させていたものの，そこには 1901 年と同じ特徴を持つものと判断できる。つまり 1901 年から 1911 年にかけて 5 人以上の子供の減少が世帯規模に大きなインパクトを与えたものといえよう。なお，1911 年の婚姻率が，アイルランド全体では 5.4 であるが，クレア州では 3.5 と低く，出生率が 23.3 と 18.1，死亡率が 16.6 と 13.8 であり，子供数の減少が，おそらく乳児死亡率の低下でカヴァーされているように思われる。したがって，そのような人口学的変数が子供数の規模やさらに世帯規模にも大きく関連しているものと推察されよう。

　そこで，子供の年齢コーホートを表 7 - 21 で見れば，それは 1911 年の子供の年齢が 0 〜 4 歳コーホート以外では 1901 年のそれよりも少ない傾向を読み取ることができる。子供が減少する年齢層が 1901 年では 25 歳以上，1911 年では 20

第 7 章　20 世紀初頭におけるアイルランド・クレア州の世帯構造　　285

表 7 - 21 クレア州の年齢別・男女別子供数（1901 年，1911 年）

年齢	1901			1911		
	息子	娘	計	息子	娘	計
0 ～ 4	14.5	17.3	15.8	14.6	17.8	16.0
5 ～ 9	17.5	19.7	18.5	16.8	19.3	17.9
10～14	17.8	20.1	18.9	16.6	19.3	17.8
15～19	16.1	18.3	17.1	15.5	16.7	16.1
20～24	13.9	13.0	13.5	11.9	11.2	11.6
25～29	9.6	7.1	8.4	8.5	7.4	8.0
30～34	5.7	2.6	4.3	6.6	4.3	5.6
35～39	2.8	1.0	2.0	5.0	2.2	3.8
40～44	1.3	0.5	1.0	2.6	1.0	1.8
45～49	0.5	0.2	0.4	1.2	0.4	0.8
50～54	0.2	0.1	0.1	0.5	0.3	0.4
55～59	0.0	0.0	0.1	0.2	0.1	0.1
計	100.0	100.0	100.0	100.0	100.0	100.0
総数	31,828	25,907	57,735	28,562	23,110	51,732

表 7 - 22 クレア州の子供の年齢別婚姻状況（1901 年，1911 年）

年齢	1901		1911	
	男子	女子	男子	女子
0 ～ 4	14.8	17.5	14.9	18.0
5 ～ 9	17.8	20.0	17.2	19.5
10～14	18.2	20.4	17.0	19.6
15～19	16.5	18.5	15.9	16.9
20～24	14.1	13.0	12.1	11.2
25～29	9.5	6.7	8.5	7.2
30～34	5.3	2.4	6.4	4.0
35～39	2.4	0.9	4.5	2.0
40～44	0.9	0.4	2.1	0.8
45～49	0.4	0.2	1.4	0.7
計	100.0	100.0	100.0	100.0
総数	31,170	25,556	27,931	22,861

歳から開始され，20歳後半で急減していることがわかる。それは就業あるいは
婚姻による離家であると考えられる。男女別では，1901年と1911年ともに，25
歳以上で男子が多くなり，25歳まではあまり相違が見られない。これは，前述
した移民の未婚者が20～30歳のコーホートであったこと，世帯主としての家長
が家長権を長く維持させているものと関連しているのではないだろうか。それが
とくに男子の未婚率に顕現しているといえよう。

表7-22の男女別の子供の未婚率を見れば，それは，男子の場合には，1901
年と1911年ともに25～29歳コーホートで減少し始めるが，1911年の場合には，
30～34歳コーホートでは6.4％，35～39歳コーホートでは4.5％，40～44
歳コーホートでは2.1％を占めており，1901年の5.3％，2.4％，0.9％より未
婚率が多い。それはアイルランド全体で浸透してきた生涯未婚化の影響もあると
もいえるが，後継者の指名および相続の待機待ちによる未婚であるものと理解す
ることができよう。また女子の場合にも1911年では未婚で残留するか，晩婚で
ある傾向がそこに認められる。

(3) 世帯分類

ハメル＝ラスレットによる世帯分類にもとづいて作成した表7-23を見れば，
それは，両年度とも単純家族世帯が61～63％を占め，以下，拡大家族世帯が
19％，多核家族世帯が3.7～3.8％，独居世帯が6％，非家族世帯が9～11％
であり，カテゴリーではそこに大きな変化が見られなかった。しかし，世帯主職
業から見れば，農民では，拡大家族世帯と多核家族世帯を含む複合家族世帯が
1901年で27％，1911年で28％であったが，労働者は両年度とも16％であった。

表7-23　クレア州の職業別世帯構成（1901年，1911年）

世帯分類	1901				1911			
	農民	労働者	その他	計	農民	労働者	その他	計
独居世帯	2.4	9.8	11.5	6.1	2.6	10.6	10.5	6.1
非家族世帯	6.9	6.0	14.0	9.0	9.1	7.0	12.9	10.0
単純家族世帯	63.3	67.8	59.2	62.7	60.5	66.8	60.7	61.4
拡大家族世帯	22.0	14.4	13.7	18.5	22.5	13.7	13.9	18.7
多核家族世帯	5.3	1.9	1.6	3.7	5.2	2.0	1.9	3.8
計	100.0	100.0	100.0	100.0	100.0	100.0	100.0	100.0
総数	11,816	2,691	6,363	20,870	11,417	2,541	6,371	20,329

第7章　20世紀初頭におけるアイルランド・クレア州の世帯構造

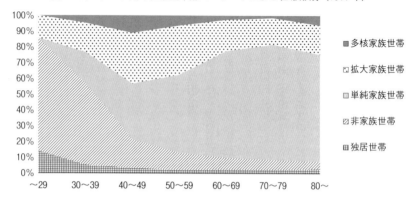

図7-10　クレア州の世帯主年齢コーホートによる世帯形成（1911年）

　また，非家族世帯では，農民と労働者が同じ割合であるが，独居世帯では，労働者が農民の3～4倍であるという相違が見られる。そして，アレンスバーグとキンボールが，クレア州で展開した典型的直系家族である多核家族世帯が農民で5％，労働者で2％であり，そこに職業による相違が明らかに認められた。その農民の数値は，メイヨー州（1901年の5.7％，1911年の6.4％）より少ないものの，中規模農のクレア州で，直系家族が検証できたこと示している。

　つぎに，クレア州における世帯構成と世帯主年齢コーホートをクロスさせた図7-10を見よう。そうすれば，独居世帯が，29歳以下のコーホートで一番多く，それ以降減少し，その割合も少ないことがわかる。非家族世帯が29歳以下のコーホートで一番多く，それ以降40～49歳コーホートで減少しながら持続していることを示している。単純家族世帯が，30～39歳コーホートで開始されるが，一時40～49歳コーホートで減少するものの，それ以降再度増加し，70～79歳コーホートがピークであった。その40～49歳の減少が，拡大家族世帯の増加によるものであった。前述したように，クレア州では拡大家族世帯の割合が高かったのであるが，その形態が，すでに29歳以下のコーホートで確認され，40～49歳コーホートでピークを迎え，それ以降減少しながらも継続した安定分布を示していた。多核家族世帯が，すでに40～49歳コーホートで多く，それ以降減少し，再度70歳以上のコーホートで増加していることも理解された。それは下向的拡大と上向的拡大に分化したものと認めることができる。

　つまり，クレア州の世帯構造は，40～49歳コーホートを基軸として，非家族世帯と単純家族世帯の減少，拡大家族世帯と多核家族世帯の増加という変化を経

表7-24　クレア州の世帯構成（下位分類，1901年，1911年）

世帯分類	下位分類	1901	1911
1．独居世帯	1a 寡婦・寡夫	3.2	2.4
	1b 未婚・不明者	3.0	3.7
2．非家族世帯	2a 兄弟の同居	4.0	5.2
	2b その他の親族同居	2.7	2.6
	2c 親族関係のない者の同居	2.3	2.3
3．単純家族世帯	3a 夫婦のみ	5.9	6.0
	3b 夫婦と子供	38.6	37.9
	3c 寡夫と子供	5.1	4.9
	3d 寡婦と子供	13.0	12.6
4．拡大家族世帯	4a 上向的拡大	7.1	7.2
	4b 下向的拡大	5.8	5.6
	4c 水平的拡大	4.3	4.9
	4d 4a-4c の組合わせ	1.3	1.0
5．多核家族世帯	5a 上向的拡大	1.7	2.0
	5b 下向的拡大	2.0	1.8
	5c 水平的拡大	0.0	0.0
	5d 兄弟同居家族	0.0	0.0
	5e その他の多核家族世帯	0.0	0.0
計		100.0	100.0
総数		20,833	20,347

験していたのである。

　それでは，表7-24で下位分類までたちいってクレア州の世帯構成を見よう。独居世帯では1901年では寡婦の割合が多かったが，1911年では未婚者が多くなっている。非家族世帯では兄弟姉妹の同居が1901年より1911年で増加している。単純家族世帯では両年度ともに38％で一番多い形態であるが，夫の死亡による寡婦と未婚の子供の形態が13％程度で，多くなっている。拡大家族世帯では，垂直的拡大家族世帯が両年度とも13％であり，それが水平的拡大家族世帯の4％台より多いという特徴が見られる。最後に多核家族世帯では全体の割合に相違は見られないが，1901年では下向的拡大が多く，1911年では上向的拡大が多いという逆転現象が起きているものの，そこに大きな相違は見いだされない。ただし，クレア州の多核家族世帯（4％）が，メイヨー州（5％）より低いこと

第7章　20世紀初頭におけるアイルランド・クレア州の世帯構造　　289

表 7 - 25　クレア州の農民と労働者の世帯構成（1911 年）

救貧区	職業	独居世帯	非家族世帯	単純家族世帯	拡大家族世帯	多核家族世帯	計	総数
バリーボーン	農民	2.8	12.9	55.1	25.6	3.7	100.0	356
	労働者	9.4	9.4	61.2	16.5	3.6	100.0	139
	その他	13.5	23.1	46.2	15.4	1.9	100.0	52
コロフィン	農民	3.4	11.9	56.1	22.7	5.9	100.0	556
	労働者	20.5	11.1	59.0	8.5	0.9	100.0	117
	その他	10.9	12.5	56.3	15.6	4.7	100.0	64
エニス	農民	2.7	10.5	60.4	21.5	4.9	100.0	1458
	労働者	8.0	6.6	70.3	13.2	1.8	100.0	499
	その他	6.8	14.8	63.1	13.7	1.5	100.0	586
エニスタイモン	農民	1.8	7.8	59.7	24.7	6.0	100.0	1967
	労働者	12.2	7.0	64.1	13.0	3.7	100.0	499
	その他	10.7	12.8	61.7	12.2	2.6	100.0	345
キルディザート	農民	2.3	6.0	62.5	22.5	6.8	100.0	917
	労働者	15.2	5.3	61.4	17.4	0.8	100.0	132
	その他	9.6	12.8	62.8	11.7	3.2	100.0	94
キルラッシュ	農民	2.4	7.6	61.5	23.7	4.7	100.0	2572
	労働者	8.2	5.5	71.0	14.0	1.2	100.0	563
	その他	10.4	13.9	58.1	15.6	2.0	100.0	546
リムリック	農民	2.2	12.6	59.1	20.6	5.4	100.0	848
	労働者	11.2	7.3	69.3	11.2	1.1	100.0	179
	その他	13.2	8.3	64.5	11.6	2.5	100.0	121
スカリフ	農民	3.5	8.0	61.8	21.0	5.7	100.0	1268
	労働者	12.0	10.6	62.0	13.4	2.1	100.0	142
	その他	7.7	12.8	63.8	12.8	3.1	100.0	196
トゥラ	農民	3.5	10.8	60.1	21.2	4.5	100.0	1152
	労働者	15.3	5.1	63.1	13.1	3.4	100.0	176
	その他	10.1	16.9	58.8	12.8	1.4	100.0	148
クレア州	農民	2.6	9.0	60.3	22.7	5.3	100.0	11094
	労働者	10.8	6.9	66.8	13.4	2.0	100.0	2217
	その他	9.4	13.9	60.8	13.7	2.2	100.0	2152

（注）　労働者＝農業労働者と一般労働者

も注目されよう。しかし，全体的に見れば先述したように1901年と1911年という短いスパンでは世帯形成に大きな相違が十分表出されていなかったと見てよい。そして，複合家族世帯では，1901年が22.2％，1911年が22.5％であり，そこに変化が認められなかったが，メイヨー州ではその時期に23.2％から25.7％に増加しているという違いに着目しておかねばならない。ただし，そのように数値のみで，直系家族の形成の判断ができるわけでもない。つまり，そこに直系家族システム規範が認められるかどうかが基準になってくるからである。

　このように全体的に検討した場合には，クレア州では，世帯構成に大きな変化が見られなかったのであるが，1911年の世帯主職業と世帯分類の関係を示した表7-25を見れば，そこに相違が発現してくる。その表は世帯主職業を農民，労働者（農業労働者・一般労働者を含む），その他に3区分して世帯分類を示したものである。それによれば，農民では独居世帯（2.6％）が少なく，非家族世帯が9.0％，単純家族世帯が60.3％，拡大家族世帯と多核家族世帯が28％であり，それは複合家族世帯が多い割合であることを示していた。それに対して，労働者では独居世帯（10.8％）と単純家族世帯（66.8％）が多く，逆に，拡大家族世帯と多核家族世帯である複合家族世帯が15.4％で少なくなっていた。また，その他の職業では，独居世帯（9.4％），非家族世帯（13.9％），単純家族世帯（60.8％）が多く，複合家族世帯が15.9％で低く，この分布は労働者と類似した特徴を持つ。すなわち，クレア州の農民世帯では，拡大家族世帯と多核家族世帯は多く発現するという特徴が顕著に認められたのである。

　さらに，救貧区単位で見れば，とくに農民と労働者の複合家族世帯を比較すれば，農民では，複合家族世帯が，エニスタイモンが30.7％で一番多く，以下バリーボーンとキルディサートの29.3％，コロフィンの28.6％という順序で，それ以外の救貧区でも26〜28％の範囲であった。それに対して，労働者では，バリーボーンが20.1％で一番高いが，つぎにキルディザートの18.2％であり，それ以外の救貧区が9〜17％の範囲に分散していた。ただし，そのようななかでコロフィン（9.4％）が極めて低いのは，独居世帯（20.5％）が高いことによるものである。また，その他の職業では，複合家族世帯に関して，コロフィンの20.3％が一番高く，以下キルラッシュの17.6％，バリーボーンの17.3％であるが，それ以外の救貧区が14〜15％の範囲であった。したがって，クレア州では，農民が労働者，その他の職業より圧倒的に複合家族が支配的な世帯形成であった。とくに，典型的直系家族である多核家族世帯が，キルディザートで一番多い6.8％を占め，以下，エニスタイモンの6.0％，コロフィンの5.9％，スカ

リフの 5.7 ％という順序であり，それは農村地域において直系家族が顕現していたことを示していた。このように，アレンスバーグとキンボールが，クレア州で提起した直系家族は，農村地域における中小規模農民において多く顕在化するものと判断することができた。

(4) 親 族 数

まずクレア州における家族関係を表 7 - 26 で見ておくと，1901 年には，まず世帯主に対する配偶者の割合が 60 ％の割合であり，それは，世帯主の未婚者あるいは死別者が含まれていることを示したものである。そのような世帯主と配偶者に子供の 56.7 ％が加われば，それらの関係者が 90 ％を占め，それは基本的に夫婦家族を構成していたといえよう。そこでは，息子の割合（31.2 ％）が娘（25.4 ％）より多い。また，親の割合に関して，どちらかといえば世帯主の父母（父の 0.3 ％，母の 1.0 ％）が，配偶者方の父母（義理の父の 0.1 ％，義理の母の 0.4 ％）より多い。義理の子供に関しても，息子の配偶者が娘の配偶者の 2.5 倍であり，クレア州における家族には，父系性が認められ，それはトッドのいう父系的同居による直系家族形成を示すものといえる。なお，1901 年と 1911 年では，それらの特徴に大きな相違が見られなかった。

表 7 - 27 はウォールが 1983 年に提起した方法であり，同居親族集団の世帯主に対する関係構成とその親族関係の規模を 100 世帯当たりで示した値である［Wall 1983:500］。

それによるとクレア州では親族総数が両年度とも類似した数値を示し，1901 年が

表 7 - 26　クレア州の家族関係（1901 年，1911 年）

続柄	1901	1911
世帯主	20.6	21.6
配偶者	12.7	13.0
息子	31.2	30.2
娘	25.4	24.5
娘の配偶者	0.2	0.2
息子の配偶者	0.5	0.6
甥・姪	1.5	1.3
孫	2.6	2.6
父	0.3	0.4
母	1.0	1.1
義理の父	0.1	0.2
義理の母	0.4	0.4
兄弟	1.3	1.7
姉妹	1.7	2.0
兄弟の配偶者	0.2	0.2
姉妹の配偶者	0.2	0.2
合計	100.0	100.0
総数	101,259	94,198

表7-27　クレア州の救貧区別親族数（1911年）

関係	バリーボーン	コロフィン	エニス	エニスタイモン	キルディザート	キルラッシュ	リムリック	スカリフ	トゥラ	クレア州
父母	6.4	10.6	7.1	10.2	10.7	9.4	8.8	12.7	11.1	9.6
兄弟姉妹	20.4	23.5	15.1	16.3	15.0	15.5	21.0	16.0	18.6	16.7
兄弟姉妹の配偶者	2.1	1.9	2.5	2.1	1.4	2.0	1.7	2.2	1.6	2.0
子供の配偶者	4.5	2.8	2.8	4.1	4.2	3.1	3.3	2.6	3.9	3.3
甥・姪	7.9	7.8	6.1	7.6	4.0	6.3	5.7	6.4	7.0	6.5
孫	17.6	11.9	9.0	12.3	17.5	11.0	9.7	11.2	14.1	11.8
その他の親族	3.0	4.5	2.7	3.5	2.8	4.6	3.3	2.8	2.4	3.4
親族数	61.9	63.0	45.3	56.1	55.6	51.9	53.5	53.9	58.7	53.3
サーヴァント	23.4	17.2	20.3	14.8	14.2	11.8	24.9	19.9	12.9	16.5
寄宿人	0.1	1.2	3.9	1.6	1.0	0.9	0.8	2.8	2.3	1.9
同居人	5.5	3.2	9.5	4.6	3.3	4.5	3.1	5.2	1.9	5.0
訪問者	4.0	3.1	3.1	3.5	2.5	3.1	2.6	5.0	3.5	3.3

51.3人と1911年が53.3人であり，そこに大きな相違が見出せなかった。ただし，その数値は，メイヨー州の67.9人よりも少なかった。その内訳を見れば，一番多い親族が兄弟姉妹であり，以下孫，両親，甥・姪であり，直系家族を形成する子供の配偶者に該当する義理の子供がメイヨー州の10人より少ないが，父母が9.6人であり，その数値がメイヨー州（6.8人）より多いという特徴が見られたが，それは上向的拡大家族世帯の多さに影響されているものといえよう。また，それは前述した世帯分類で見た特徴，すなわち拡大家族世帯と多核家族世帯を含めた複合家族が22.5％である割合と相関しており，しかも親世代を多く含む複合家族世帯を形成しているものと見られる。これがアレンスバーグとキンボールの明らかにした直系家族の特徴を示すものといえるのではないだろうか。

　しかし先述したように世帯主が，早いステージで後継者に継承させるのではなく，家長権の維持と直系家族の形成と関係し，その継承が遅ければより直系家族の形成が減少してくる。もちろん，先述したように1911年には男性の寿命が53.6歳，女性が54.1歳に延びてきたことを考慮すれば，父親による家長権の長期化および，父親が死亡後には，母親が一時的に継承し，それが長期化する可能

性によることはいうまでもない。その結果，子供の継承待機が，後継者の晩婚化や未婚化に大きく影響したといえそうである。

そこで，その親族を救貧区単位で見ておくと，親族数がコロフィンの63人で一番多く，以下バリーボーンの61.9人，トゥラの58.7人，エニスタイモンの56.1人であった。内訳を見ておけば，バリーボーンが直系親である父母，子供の配偶者，孫のパターンが一番多く，それに兄弟姉妹が多く分布するが，それは下向的拡大家族と多核家族世帯の共在を意味している。また，コロフィンでは，父母・兄弟姉妹・孫が多いのであるが，これも，拡大家族世帯と多核家族世帯の混合パターンであるといえる。そして，バリーボーンとコロフィンは，どちらかといえば純農村地域で，直系家族が形成される可能性が強かったと見られるのである。

(5) ライフコース

ここでは，5歳間隔の年齢コーホートによる世帯員のダイナミックスを見ておこう（図7-11）。まず，世帯主が20歳代後半から増加し始め，65〜69歳のコーホートをピークに減少し始める。配偶者も世帯主と対応して20歳後半から増加し始め，65〜69歳コーホートをピークに減少している。両親が世帯主の30代から出現し始めるが，この段階で親世代と子世代との世代交代が発現するものと見られ，それ以降もある程度継続して認められる。このステージにおいて複合家族世帯が形成されると見てよい。そして，子供が50歳代ぐらいまで減少しながら継続し，兄弟姉妹が継承者の世代継承とともに増加し始めるといえよう。それは，子供から兄弟への関係の転換と見られる。つまり，家長が後継者である子供に継承させるまで，子供を待機させ，子供への継承終了により，両親の出現というダイナミックスが，そこからある程度理解することができる。

他方，その他の親族が20歳代後半まで分布しているものの，その後，一時消滅し，70歳代に再現している。これは，孫，甥・姪などの一時的同居や預かりと叔父・叔母などの老齢者の同居を意味しているようである。また，非親族であるサーヴァントが10歳代後半から30歳代まで認められるが，それがクレア州の大規模農家での雇用を意味するものと見られる。以上のように年齢に対応したライフコースから，家長は早い段階で後継者に世代交代させるのではなく，長期に家長権を維持し，後継者を待機させて，労働力とみなしていたことが明らかであったものと判断される。

図7-11 クレア州の年齢コーホートによる世帯員分布（1911年）

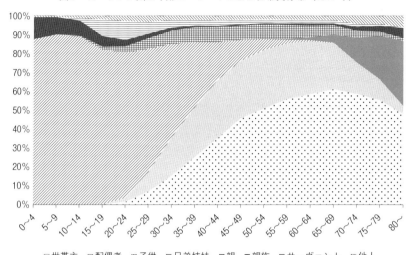

5　クレア州おけるケース・スタディによる世帯構造と相続

　クレア州とリムリック州における農村の相続は，1870年代まで，分割相続が20.6％，不分割相続が32.4％であったが，それ以降13.5％と46.6％であり，不分割相続の優位性が明らかにされている［McGuire 1984:51］。そこでは，1867年以降のクレア州・リムリック州の遺言書にもとづく7事例のうち，5事例が息子による相続であった［McGuire 1984:53］。つまり，クレア州では不分割相続による息子への継承が確認されたことになる。クレア州における，そのような相続システムによる家族，つまり拡大家族世帯と多核家族世帯がほぼ20％前後で，続柄別で親，子供の配偶者，孫の分布が直系家族の形成であるものと判断されるであろう。そこで，そのような家族形態の変化と相続システムの関連性をつぎのケース・スタディにより検討しておきたい。アレンスバーグとキンボールは3つの調査地区を選定して，インテンシブに調査している。ここでは，その3か所のなかのルオックのタウンランドによるケース・スタディにより直系家族の構造を明確にすることができよう。

　ルオックは北ルオックと南ルオックのタウンランドから形成されているが，ここでは1901年と1911年におけるセンサスのリンケージによりルオックの家族と

表7-28　クレア州の家族ダイナミックス（クレア州ルオック）

	北ルオック	南ルオック	計
世帯の消滅	2	0	2
単純家族世帯持続型	7	4	11
単純家族世帯→拡大家族世帯	1	1	2
単純家族世帯→独居世帯	1	1	2
単純家族世帯・待機型	6	3	9
単純家族世帯→多核家族世帯	0	1	1
非家族世帯持続型	1	1	2
拡大家族世帯持続型	1	0	1
拡大家族世帯→単純家族世帯	4	2	6
多核家族世帯の持続型	0	1	1
多核家族世帯→拡大家族世帯	1	1	2
計	24	15	39

（注）　1901年の世帯から1911年への変化を示す

相続の特徴を抽出してみたい。

　表7-28はルオックにおける1901年と1911年におけるセンサス個票のリンケージにより10年間の世帯変化を追跡したものである。ここで単純家族世帯持続型と単純家族世帯・待機型の区分はあまり明確なものでなく，後者は基本的に単純家族世帯であるが，息子が30歳前後になっても財産の移譲がなく待機していることを示したタイプである。その表によれば，単純家族世帯持続型が一番多く，11ケースである。以下単純家族世帯・待機型の9ケース，拡大家族世帯→単純家族世帯の変化型の9ケースが多い事例であるが，直系家族あるいは直系家族への変化パターンが7ケース存在している。また逆に直系家族から単純家族世帯へ変化するパターンも6ケース認められるのである。

　このように10年という短期間において，小さいタウンランド単位で直系家族化が認められることはそこに直系家族システム規範とそれを支持する家族状況要因が存在していることを示すものと判断される。すなわち，それによりクレア州においてアレンスバーグとキンボールが明らかにした直系家族の存在が再度検証できたといえよう。

　つぎに南ルオックの家族のダイナミックスのケース・スタディをとおして，世帯の変化と相続システムの変化の関係を検討したい（地図7-2，図7-12）。

地図7-2　クレア州南ルオックの土地保有

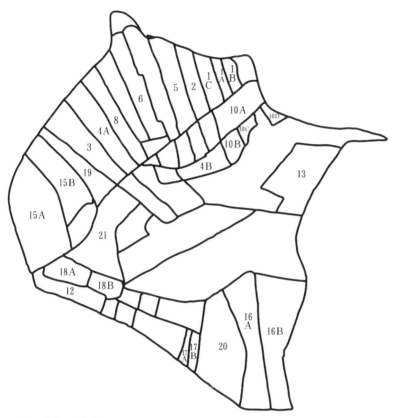

（注）　数字は土地番号

【ケース１】マクナマラ家（McNamara）では，ジョンが1901年には世帯主として世帯主夫婦と未婚の息子と母親の家族と息子のマイケル夫婦と同居するという直系家族を形成していた。ジョンの家ではジョンの父のジョンが死亡後，母親のエリザが土地番号15，16，17，18の四区画の土地を1885年まで隣接したマイケル・ナーグルと共同で90エーカー保有していた（地図7-2）。その後，マイケルが1891年にそれを相続することになる。しかし，1891年にはマイケルの土地がトーマス・リアリィに移譲されることになる。その事情は不明であるが，トーマスが隣人であることを考えれば，おそらくナーグルの移動によりトーマスが保有することになったのか，あるいはトーマスの妻の親の土地を相続したのかのどちらかであろう。トーマスは1901年には配偶者と２人の息子と娘の単純家族世

図7-12 クレア州南ルオック家族のケース・スタディ

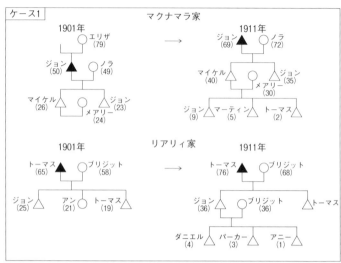

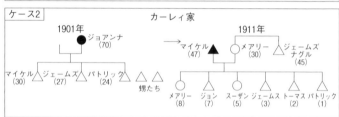

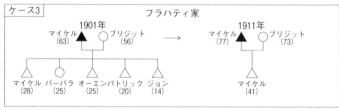

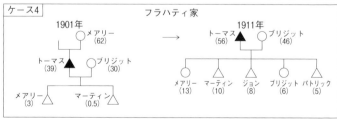

(注) △=男，○=女，▲=世帯主，( )=年齢

帯であった。

　ジョンが1897年にエリザから相続している。しかし，1903年には土地改革後，農地委員会から90エーカーの四区画の土地（15A，15B，16A，16B，17A，17B，18A，18B）をそれぞれ二分して，トーマスが51エーカー，ジョンが42エーカーを購入する手続きをとっているのである。

　1911年段階でマクナマラ家は，ジョン（69歳）夫婦と未婚の息子（35歳）と婚姻していた息子のマイケル（40歳）夫婦とその3人の息子の同居という直系家族を形成していたのである。相続に関して，ジョンは1937年にマイケルに相続させている。つまりそれは長い期間ジョンが土地を移譲せずに保有していたことを示している。

　他方トーマス・リアリィ家は，トーマス夫婦と未婚の息子トーマスの家族単位とおそらく長男であるジョンが1901年と1911年の間に婚姻し，2人の息子と娘からなる直系家族を形成している。1911年にはトーマス（69歳）はジョンにそれ以前の1909年に土地相続をさせているのである。

　【ケース2】1901年段階でカーレィ家（Carey）では，ジョンがすでに死亡しており，配偶者のジョアンナ（70歳）と3人の息子と2人の甥とサーヴァントを含む拡大家族世帯を形成していた。しかしジョンが1901年以前に死亡しており，配偶者のジョアンナも1908年に死亡していることから，おそらく長男のマイケルは1901年と1911年の期間に婚姻し，彼の妻と4人の息子，2人の娘，さらに妻メアリーの兄のジェームス・ナグルが同居した水平的拡大家族世帯を形成したのである。ジョンは，地方税土地評価簿（1870～1872年）によれば，すでに1871年に土地番号19と20の28エーカーを保有していたのである。その後の地方税土地評価簿（1883～1897年）によれば，ジョンが土地番号19，20の2区画の28エーカーを継続して保有していた記載が見られる。土地に関して，ジョンが1903年末までに土地番号19，20，21の3区画の54エーカーを保有していたことになっている。つまり，1903年に農地委員会から26エーカー購入することになったようである。さらにマイケルが1908年に，土地番号19と20の26エーカーを相続していることも判明している。

　【ケース3】フラハティ家（Flaherty）では，マイケル（63歳）が1901年には夫婦と4人の息子と娘から構成される単純家族世帯を形成していた。しかし1911年には，おそらく長男のマイケル以外の兄弟すべてが離家し，彼だけ家に残って両親と3人の単純家族世帯を構成していたのである。土地に関して，彼は土地番号4aと4bの18エーカーを1909年土地委員会から購入しているが，

第7章　20世紀初頭におけるアイルランド・クレア州の世帯構造　　299

1911年には息子のマイケル（41歳）に譲渡せず，父親本人がその土地を継続所有し，息子は未婚のままで，相続を待機している様子がうかがえる。

【ケース4】フラハティ家（Flaherty）では，トーマス（39歳）が1901年には夫婦と子供（息子・娘）と母親を含む4人の拡大家族世帯を形成していた。1911年にはすでに母メアリーが死亡し，息子2人と娘が出生し，7人世帯で単純家族世帯を形成していたのであるが，それが拡大家族世帯→単純家族世帯の変化型になったと見られる。土地に関して，父親の世代では父のトーマス・フラハティとオーエン・フラハティにより土地番号2，10（A，B，C，D），3の6区画の60エーカーを共同保有していたようである。しかし，トーマスの死亡後妻のメアリー（63歳）が1885年に相続し，1897年に息子のトーマスが土地委員会からそれらを購入しているのである。メアリーが相続したときにはトーマスはまだ婚姻していなかったのであり，相続により婚姻し，婚姻年齢がおそらく35歳であったと思われる。なおトーマス・フラハティとオーエン・フラハティは兄弟だったと推測されるのである。

　以上の4つのケース・スタディは直系家族の典型を示す拡大家族世帯，多核家族世帯のケース，単純家族世帯の持続型，拡大家族世帯→単純家族世帯の変化型を示すものであるが，そこには5家族のダイナミックスが認められたのである。すなわち土地相続が，死後相続の場合には早く相続されるが，家長から後継者への相続が延期される傾向にある。また家長から後継者に直接相続されるのではなく，配偶者が相続し，意外に長く家長権を維持し，その後，後継者に相続させる方法も認められたのである。しかし，全体的に見ればそこには家長が相続権を長期に保持したいという意識が強く認められる。それゆえ，それらのケースは相続予定者の縁組婚と相続システムの関連を強く示すものであると判断されるのである。つまり相続予定者には土地相続の延期により晩婚になる可能性が，強くそこに内包されていたのである。

6　結　　論

　クレア州の農業経営に関して，1911年段階では5〜30エーカー層の兼業農家が40％，30〜100エーカー層の家族労働力規模農家が33％を占め，100エーカー以上層の大規模農家も7％弱いたが，やはりメイヨー州と比較すれば中規模農が支配的であった。そして，耕作農よりも牧畜化を目指した農業経営であるが，

酪農業と主に2～1歳の肉牛の肥育が中心としたもので，とくに肥育牛は，エニ
ス市場で売却するか，ミーズ州あたりの東部牧畜地域に移送する形態をとってき
た。

　人口構造に関して，クレア州もマンスター地方の他の州と同じく大飢饉以降人
口減少を経験し，1911年には最大人口の36％まで減少していた。婚姻率・出生
率も低下したが，死亡率の低下で自然人口増加を達成できたといえる。しかし，
その自然人口の増加以上に移民が，メイヨー州・ミーズ州と比較して1876年か
ら1911年の期間において突出して多かったのである。しかし，その移民は，後
継者以外の兄弟による移民であり，それは早い離家を意味するが，渡航費の調達
や現地での生活を可能にする条件を，移民する人々がメイヨー州よりも有してい
たのであり，それがクレア州における家族戦略だったといえる。

　そのような，経済的・人口学的特質を持つクレア州でアレンスバーグとキン
ボールが調査し，直系家族システム規範の存在を提起したのである。すなわち，
アレンスバーグとキンボールは1852年の土地法改正[7]による分割相続の禁止によ
る不分割相続とこれまでの持参金と縁組婚システムの結合により直系家族が中規
模農において成立するという仮説であった。彼らの研究方法に疑問が提起された
ものの，現在でも彼らの図式は有効性のあるものといえる。しかし，彼らは直系
家族の図式を構築したものの，1930年代のクレアの調査地で直系家族の存在を
数量的に確認していなかった。著者は彼らの調査時期より早く，一番直系家族が
優位な家族タイプであった時期に焦点を置き，1901年と1911年のセンサス個票
をデータにして直系家族の存在を数量的に明らかにしようとしたのである。

　その結果，クレア州という中小規模農民が支配的である地域で，特に農民階層
で拡大家族世帯と多核家族世帯の割合が28％であること，とくに農民家族で典
型的な直系家族が5.3％であったことを明らかにすることができたのである。つ
まり，著者はアイルランドでアレンスバーグとキンボールが研究の対象地区とし
て選定したクレア州で直系家族を数量的検証することができた。

　そして家長が家長権を長く継続するという傾向と世帯主の夫が死亡した場合で
も寡婦がそれを一時的に相続することにより，後継者への家長権の譲渡が遅れ，
直系家族（上向的多核家族世帯）への可能性が少なくなったことも指摘すること
ができた。またそれにより後継者が晩婚化する可能性を大きく持ったことも明ら
かになったといえよう。また2つのタウンランドの10年間における世帯のダイ
ナミックスから単純家族世帯から拡大家族世帯と多核家族世帯への変化は，そこ
に直系家族システム規範が存在していることを明らかにさせる。さらにケース・

スタディから土地相続と絡んだ世帯の変化，つまり拡大家族世帯→単純家族世帯，拡大家族世帯→多核家族世帯への変化も明らかにすることができたのである。すなわち，10年間という短期間で農民世帯の変化が明確に発現しないといえるが，それを内部にたちいって見ればそこに世帯のダイナミックスが顕現していたことも確認できたのである。

第8章

20世紀初頭におけるアイルランド・ミーズ州の世帯構造

1 はじめに

　前章において1930年代にアレンスバーグとキンボールが調査したクレア州の世帯構造を，1901年と1911年における州全体のセンサス個票をデータにして分析した結果，アレンスバーグの『アイルランドのカントリーマン』およびキンボールとの共著である『アイルランドにおける家族とコミュニティ』で提起された直系家族を検証することができた。すなわち，クレア州では拡大家族世帯と多核家族世帯が20％以上で，農民世帯の場合には26％を占め，その大部分が直系家族であった。これまでクレア州を含む西部アイルランドで，直系家族の存在がいくつかの研究で確認されているが，東部アイルランドにおける家族研究は松尾の研究［松尾 1995］以外ほとんど存在しない。本章では先進地農業地域であるミーズ州における1901年と1911年の全センサス個票をデータとして，東部アイルランドにおける世帯構造を明らかにすることが目的である。

　ミーズ州の世帯構造を分析する場合，ここでは独立変数として世帯主職業（農業・非農業），従属変数として世帯構造，さらに媒介変数として土地保有・婚姻・相続・労働市場をそれぞれ変数とみなしておこう。

　これまで著者は1821〜1911年のセンサス個票をデータにした分析結果から，19世紀初頭にはアイルランドの家族は未開懇地拡大の可能性，ジャガイモ耕作の容易性，分割相続と早婚，高婚姻率にもとづく核家族が支配的形態であったと

303

みなした［Clarkson 1981:237；清水 2008, 2011］。しかし，その後，相続システムの変化が家族変化に大きな影響を与えた。相続変化の時期に関していまだ明確な定説はないが，おそらく1841年頃からの分割相続の廃止により不分割相続になったと見てよい。その背景には地主による土地分割への抵抗，19世紀中頃からの地主の囲い込みによる小作人追放，耕作地の枯渇などが挙げられる［Clarkson 1981:237］。

　それに対して持参金と縁組婚システムも大飢饉以前にすでに家族規範として存在していたと見られる［米村 1981:141］。つまり直系家族はそのような不分割相続という相続システムと持参金と結びつく縁組婚システムが統合したことにより形成され，それが家族状況的要因により支持されたといえる。

　そのような直系家族の形成後，家長は土地や農業労働に対する統制権を強く持ち，それらの統制権を維持し続け，家名を土地に残したいという強い意識も生じ［Kennedy 1991:478］，それがアイルランドの家族における父系性の顕在化を示すことになる［Rhodes 1992:88］。現実に家長が家長権を保持し続け，後継者の指名，指名した後継者への家督・家産の権限移譲を延期させる傾向にあった。そして，100エーカー以上の大農民層では，長子相続が優位であったと見られる［Kennedy 1985:27］[1]その結果，継承者の相続や婚姻は親の体力の衰えや死亡まで待つことを強いられ，晩婚化あるいは未婚化の特徴が顕現してきた。また1881年頃よりアイルランドで浸透していった生涯未婚者や晩婚化の増加が，婚姻率の低下を促進した。そのような性格が1908年の老齢年金制度の改正まで強く内包されていた。[2]後継者に指名されなかった息子たちは少しの金銭を得てダブリン，ベルファスト，コークといった都市での就労，イギリスやアメリカへの移民，あるいは家に残留という選択をしなければならなかった。つまり19世紀末から20世紀初頭は，アイルランドで直系家族システム規範が一番強く認められた時期であった。そのような家長と後継者との駆け引きには相互に利益があったとみなせよう。

　アレンスバーグとキンボールが，そのようなクレア州の中小規模農村で直系家族の規範を持つ家族構造を西部アイルランドで提起したが，その結論は妥当であるといえる。しかし，飢饉前にすでに東部アイルランドで直系家族の萌芽が認められたといえそうであり，それ以降，大規模農で不分割相続が高い定着を示していたが，他方では継承者以外の者は，家族を形成しない頻度が高いことも明らかにされている［松尾 1995:51］。すなわち，それは土地なし労働者と大土地保有農民の分化と関連する。農民の場合には家長が死亡するまで土地保有権を含む家長権を長く保持し続け，後継予定者の相続，婚姻待ち，早い息子たちの離家，ある

いは世帯主の未婚という，家族状況が存在した。他方，土地なし労働者の場合では，生家から早く離家し，婚姻の準備ができ次第世帯形成することも可能であり，その準備が不可能であれば独居世帯形成の可能性を強く持つことになった。

　ところで，アイルランドの人口移動は，国内移動（Internal migration），国際移動（International migration），大西洋移動（Atlantic migration）に 3 区分されるであろう［Annemarie 2007:1-2;2009:7-9］。そうすれば国内移動に関してミーズ州では首都ダブリンに隣接した労働市場をプル要因として，土地なし労働者やその子供たちがダブリンで就業するか，国際移動してイギリスへの移民，大西洋移動によるアメリカへの移民がダブリン港・ダンドーク港から容易であった。したがってミーズ州での労働者世帯の高移動性が，後述するように 1901 ～ 1911 年の 10 年間における継続世帯の少なさ，とくに労働者世帯の消滅世帯，新しい労働者世帯の入村に多く見られたことにより判断できる。

　しかし農民の場合には，ミーズ州では後継者が相続し，すぐに婚姻する場合と，未婚で残留の兄弟と農業経営を維持する家族戦略を採用する場合がある。100 エーカー以上層では家族労働力のみで経営が不可能であり，当然農業労働者雇用，農業サーヴァントが必要になり，残留の未婚の兄弟も労働力として重要であった。

　それゆえ，ミーズ州の世帯形成には，晩婚・単身者がクレア州よりも多い傾向にある。さらにミーズ州の世帯は国内移動・国際移動・大西洋移動が，クレア州の世帯より容易である理由も存在する。それはさらに人口構造にも反映され，人口減少の高い結果を導いた。

　以上のようにミーズ州の世帯構造は，西部アイルランドにおけるような直系家族規範を基本的に農民世帯で持つものの，労働者世帯では弱く，直系家族システム規範を支持する家族状況要因の多様化により世帯形成の多様化が発現し，拡大家族世帯・多核家族世帯が，西部アイルランドより形成されにくいと指摘することができる。以下ではミーズ州の農業構造・人口構造をまず取り扱い，その後で世帯構造を検討することにしたい。

2　ミーズ州の経済構造

(1) データの属性

　ミーズ州はレンスター地方に属する州であり，アイルランド海の西，ラウズ州，モナハン州，キャヴァン州の南，ウェストミーズ州，南にキングズ州（現在のオファーリー州），キルデア州，ダブリンに取り囲まれている。ミーズ州は首都ダ

地図 8-1 ミーズ州の救貧区

（出所） Peter Connell, The Land and People of County Meath, 1750-1850, 2004, 159

ブリンから北西40kmに位置し，近くに先史時代の遺跡ニューグレンジ，古代上王の宮廷があったタラ，ノルマンが城を築いたトリムがある。また15世紀にイギリス王が統治の橋頭堡とした特別行政地域（Pale）に含まれているという歴史的特徴を持った地域なのであった［松尾 1995:37］。

　第7章で示したようにアイルランドの地方行政区は著しく変更されている。ミーズ州でのセンサス調査単位は，1838年の救貧法により設定されたアーディー，ドロヘダ，ダンショーリン，エデンデリー，ケルズ，ナヴァン，オールドカッスル，トリムの8救貧区に区分されていた。しかし，1898年には，アーディー救貧区では第2行政区がミーズ州に，第1行政区がラウズ州に，ドロヘダ救貧区では，第2行政区がミーズ州，第1行政区がラウズ州に，エデンデリー救貧区では，第3行政区がミーズ州に，第1行政区と第2行政区がキングズ州にそれぞれ所属することになった。そして，1911年センサス報告書には，アーディー救貧区[3]には3選挙区が含まれ，面積が3万エーカー，人口が2857人，ドロヘダ救貧区[4]に

306

は，6選挙区が含まれ，面積が6.7万エーカー，人口が6167人，エデンデリー
救貧区には，4選挙区が含まれ，面積が2.2万エーカー，人口が1966人である
と記載されていた。[6]

　それらに対して，1911年の農業統計書には，アーディー救貧区の耕地面積が
9.6万エーカー，1901年人口が1.4万人，ドロヘダ救貧区の耕地面積が9.9万
エーカー，人口が2.6万人，エデンデリー救貧区の耕地面積が17.2万エーカー，
人口が1.6万人と記載されていた。[8]つまり，そこには，アーディー救貧区，ドロ
ヘダ救貧区，エデンデリー救貧区において，センサス報告書と農業統計書の数値
に大きな違いが認識されるが，おそらく，それはセンサス調査地と農業統計の境
界の違いであると判断される。

　しかし，本章では世帯構造がメインテーマである点を考慮して，バイアスが認
められるものの，ミーズ州のセンサスデータにそれらの3救貧区を含め，それに
対応して農業統計も同じ救貧区のデータを採用するという処置をとることにした。
救貧区の面積に関して，トリムが一番広く，12万エーカー，以下，ダンショー
リンの10.6万エーカー，ケルズの10.3万エーカー，ナヴァンの9.4万エーカー
という順序であり，逆に，エデンデリーが一番狭く2.1万エーカー，以下アー
ディーの3万エーカー，オールドカッスルの4.4万エーカー，ドロヘダの5.7万
エーカーであり，やはり中心部のケルズ，ナヴァン，トリム，ダンショーリンの
4つの救貧区が中核を占めていたといえる。

　そこで，アイルランドセンサス対象地として（地図8-1），まず州，つぎが救
貧区，さらに選挙区，タウンランドに区分されるが，タウンランドがセンサスの
最小調査単位であった。使用するデータに関して，1901年では，8救貧区，92
選挙区，1365タウンランド，1万5474世帯，6万7839人，1911年では，8救貧
区，91選挙区，1373タウンランド，1万4780世帯，6万3479人のデータである。
1911年の選挙区単位での人口を見ておくと，ナヴァン都市部が3549人で一番多
く，以下ケルズ都市部（2320人），ナヴァン農村部（2099人）という順序である。

(2) ミーズ州の農業構造

　アイルランドの経済・社会構造は，ロンドンデリー州とコーク州を結ぶ境界に
西部アイルランドと東部アイルランドでは大きく相違する。調査対象地である
ミーズ州は，この州の富裕な土壌が農業発展に重要な要因だったのであり，大飢
饉まで主に耕作農業が行なわれていたが，その前後に牧畜業に転換したのであっ
た。とくに，ミーズ州では，家畜のダブリンでの売却や，イギリスへの生牛での

第8章　20世紀初頭におけるアイルランド・ミーズ州の世帯構造　　307

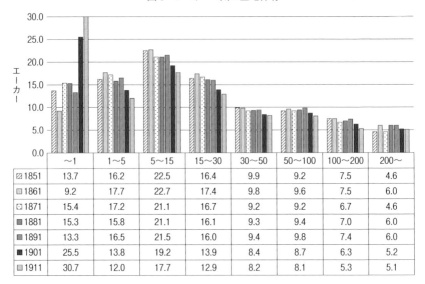

図 8-1 ミーズ州の土地保有

(出所) 各年次の Agricultural Statistics of Ireland から作成

　輸出が盛んになったことにより，ミーズ州は，商業的農業が大規模農場で展開されてきた先進型牧畜農業地域であった。
　まずミーズ州における土地保有者数は，1851年では，1万2987人，一時1891年には1万305人に減少したが，1911年では1万2582人に回復していた。その内訳を松尾の分類による図8-1で見れば，ミーズ州では，5エーカー以下層の土地持ち労働者が，飢饉後の1851年には30％であったが，一時1861年には30％以下に減少したものの，1901年以降急増し，1911年には43％に増加していた。とくに1エーカー以下層の増加が1901年以降顕著であった。5〜30エーカー層の兼業農家が，1851年では39％であったが，それ以降，漸次減少し，1911年では30％であった。30〜100エーカー層の家族労働力農家が，1851年には19.1％であったが，1901年には17.1％，1911年には16.3％に減少していた。100エーカー以上層では，1851年には12.1％で，1911年には10.4％であり，その割合をクレア州の中規模農地域と比べれば，100エーカー以上層で2倍であったことから，ミーズ州での大規模農の多さが明確に認められる。つまり，この60年間に中間層である30〜100エーカー層が減少し，1エーカー以下の土地

表8-1　ミーズ州における救貧区別土地保有規模

救貧区	年	～5	5～30	30～100	100～	計	総数
アーディー	1851	24.9	47.3	19.8	8.0	100.0	2,709
	1861	29.6	42.1	20.0	8.2	100.0	2,771
	1871	30.3	40.1	21.2	8.4	100.0	2,688
	1881	31.7	38.5	20.9	8.9	100.0	2,616
	1891	32.1	38.5	20.3	9.2	100.0	2,602
	1901	35.8	35.4	19.8	8.9	100.0	2,667
	1911	37.0	34.7	19.6	8.7	100.0	2,773
ドロヘダ	1851	30.4	44.9	17.0	7.6	100.0	3,079
	1861	28.0	44.2	18.8	9.0	100.0	2,794
	1871	32.2	41.1	19.8	6.8	100.0	2,776
	1881	33.5	38.8	18.7	9.0	100.0	2,796
	1891	34.2	37.6	19.2	9.0	100.0	2,786
	1901	44.6	31.5	16.6	7.3	100.0	3,373
	1911	46.3	30.7	16.0	7.0	100.0	3,462
ダンショーリン	1851	29.3	31.5	19.7	19.4	100.0	1,909
	1861	23.5	34.0	21.2	21.3	100.0	1,748
	1871	26.3	31.2	20.7	21.7	100.0	1,739
	1881	24.7	32.3	20.8	22.2	100.0	1,671
	1891	22.2	31.7	22.8	23.3	100.0	1,573
	1901	27.3	26.5	22.1	24.1	100.0	1,509
	1911	29.9	26.9	20.4	22.8	100.0	1,601
エデンデリー	1851	38.0	32.2	18.4	11.3	100.0	3,201
	1861	39.4	31.0	18.4	11.2	100.0	3,372
	1871	39.5	29.9	19.0	11.6	100.0	3,219
	1881	37.7	29.6	20.7	12.0	100.0	3,084
	1891	33.8	32.5	20.5	13.1	100.0	2,831
	1901	36.6	31.3	18.8	13.3	100.0	2,882
	1911	38.8	30.1	18.6	12.5	100.0	3,107
ケルズ	1851	19.8	51.1	19.4	9.7	100.0	2,577
	1861	21.1	48.7	20.0	10.2	100.0	2,512
	1871	29.8	41.7	19.0	9.5	100.0	2,772
	1881	23.1	46.2	20.4	10.2	100.0	2,497
	1891	26.0	44.1	19.8	10.1	100.0	2,562
	1901	34.1	38.2	18.3	9.5	100.0	2,634
	1911	34.3	39.1	18.5	8.1	100.0	2,813
ナヴァン	1851	29.8	41.3	17.5	11.4	100.0	2,254
	1861	25.6	42.5	19.7	12.2	100.0	2,063
	1871	28.1	40.6	18.8	12.4	100.0	2,065
	1881	23.7	43.0	20.3	13.1	100.0	1,906
	1891	33.6	37.0	17.4	11.9	100.0	2,146
	1901	39.7	33.4	16.0	10.8	100.0	2,369
	1911	41.7	32.6	15.9	9.9	100.0	2,491
オールドカッスル	1851	15.1	63.7	16.8	4.5	100.0	2,730
	1861	15.6	61.6	18.2	4.6	100.0	2,675
	1871	14.8	61.6	18.7	5.0	100.0	2,583
	1881	17.5	58.7	19.0	4.9	100.0	2,622
	1891	21.6	55.2	18.6	4.6	100.0	2,696
	1901	22.0	54.7	18.8	4.5	100.0	2,786
	1911	26.6	51.3	18.0	4.1	100.0	3,129
トリム	1851	43.1	32.7	14.5	9.6	100.0	3,234
	1861	34.3	38.0	16.3	11.5	100.0	2,773
	1871	39.6	34.5	15.3	10.6	100.0	2,933
	1881	41.9	33.0	15.0	10.1	100.0	3,048
	1891	37.2	35.1	16.6	11.1	100.0	2,781
	1901	45.3	31.2	14.2	9.3	100.0	3,206
	1911	48.3	28.8	13.6	9.3	100.0	3,362

（出所）　各年次の Agricultural Statistics of Ireland から作成

なし労働者の増加と大規模農の分化であったと読み取れる。なお，ミーズ州では，自作地が 1911 年で 60 ％であり，クレア州の 57 ％，メイヨー州の 38 ％より多かったといえよう。

　したがって，ミーズ州における農民層の基軸が 30 エーカーであると見てよい。そして，1851 年から 1911 年の 60 年間の期間において，農民階層が大きく変化しなかった。しかし，兼業農家層の減少，土地持ち労働者層の増加が特徴と見られる。つまり，そこには，30 エーカー以下層と 100 エーカー以上という農民層の分化が強く認められる。そのような農民階層間において分業関係が認められ，とくに零細土地持ち労働者が，大規模保有農における商業的牧畜化における雇用農業労働力になったといえる。

　以上のように，ミーズ州の農民階層において，30 エーカー以下層が 70 ％，30 〜 100 エーカーが 18 ％，100 エーカー以上層が 10 ％程度であったが，救貧区において違いが存在していた。ミーズ州は，8 救貧区に区分されるが，富裕である中核地域が，ナヴァン，トリム，ダンショーリンで，中小規模農の多い周辺地域が，アーディー，ケルズ，オールドカッスル，エデンデリー，ドロヘダである。表 8-1 は 1851 〜 1911 年における救貧区別土地保有規模を示したものである。中核地域であるダンショーリンでは，60 年間に土地保有者数が 14 ％減少しているが，5 エーカー層が現状維持で，5 〜 30 エーカー層が減少しているものの，全体では 30 エーカー以下層が 60 ％，30 エーカー以上層が 40 ％であり，しかもそれらの階層が増加していることから判断すれば，30 エーカーが農民層の分解基軸と見てよい。とくに，ダンショーリン救貧区では，他の救貧区と比較すれば，100 エーカー以上層が 20 ％前後を占めており，この救貧区が一番大規模保有農の中核地帯であると見てよい。

　それに対して，オールドカッスルでは，5 エーカー以下層が 15 〜 27 ％の範囲で，比較的少なく，30 エーカー以下層が常に 75 ％前後で，しかも，100 エーカー以上層が 5 ％台であり，ダンショーリンと比較すれば，それは，周辺地帯の土地保有を示すものといえる。

　したがって，一般にミーズ州は土地保有規模が他の州より多いといわれるが，州内の救貧区において，中核地帯と周辺地帯での相違した性格が内包されていたと見られる。

　そこで，そのような土地保有規模と土地利用を表 8-2 で関連づけてみよう。それによると，1866 〜 1911 年の間に土地利用面積が 57.8 万エーカーでまったく変化しておらず，利用不可地が前述したメイヨー州・クレア州と比べ，極めて

310

表8-2　ミーズ州の年次別土地利用割合

年	耕作地	放牧地	森・プランテーション	ボッグ, 荒撫地, 水路	総面積
1866	30.8	61.6	1.7	5.5	578,392
1876	24.3	68.4	1.8	5.4	578,247
1881	25.3	66.8	1.7	6.1	578,247
1891	21.6	70.2	1.7	6.4	578,258
1901	19.5	72.3	1.7	6.5	577,743
1911	19.9	72.3	1.6	6.1	577,735

（出所）　各年次の Agricultural Statistics of Ireland から作成

表8-3　ミーズ州の救貧区別土地利用（1911年, エーカー）

救貧区	耕作地	果樹園	乾草	放牧地	山地		森, プランテーション	ターフ ボッグ	沼地	水路, 道路 フェンス	計	面積
					放牧地	不毛地						
アーディー	18.3	0.1	17.6	55.4	0.1	0.0	1.7	0.8	0.8	5.2	100.0	96,218
ドロヘダ	12.2	0.3	12.6	67.6	0.0	0.0	1.8	0.0	0.1	5.4	100.0	99,006
ダンショーリン	2.9	0.1	10.5	80.6	0.0	0.0	1.2	0.0	0.0	4.7	100.0	106,822
エデンデリー	6.3	0.0	11.1	54.2	0.0	0.0	1.0	21.9	1.9	3.6	100.0	172,410
ケルズ	8.7	0.0	14.3	70.4	0.0	0.0	1.4	0.5	0.5	4.2	100.0	103,426
ナヴァン	5.2	0.2	14.6	71.4	0.0	0.1	2.4	0.4	0.2	5.5	100.0	94,474
オールドカッスル	11.3	0.0	17.0	62.9	0.0	0.0	1.9	1.8	0.5	4.6	100.0	86,043
トリム	6.5	0.0	15.4	68.4	0.0	0.0	1.7	3.0	0.1	4.9	100.0	119,520
ミーズ州	6.2	0.1	13.7	72.3	0.0	0.0	1.6	1.1	0.3	4.7	100.0	977,919

（出所）　Agricultural Statistics of Ireland, 1911

少ないことがわかる。そして，耕作地が1866年に30.8％であったが，1876年には20％台，1901年には10％台に落ち込み，1911年には19.9％であった。それに対して，牧草地が1866年の62％であったが，1881年以降の増加が明らかであり，1911年では72％へ増加しており，それは早い段階で牧畜に特化したものとみなされてよい。

　ミーズ州全体では土地利用が，耕作地から牧草地への変換が明瞭に認められたが，救貧区単位ではどのようになっていたのかを，つぎに見ておこう。1911年の救貧区別土地利用を示した表8-3を見れば，先程のダンショーリンの保有地面積が，ミーズ州の10％を占め，不耕作地が少ないという好条件の土地である

第8章　20世紀初頭におけるアイルランド・ミーズ州の世帯構造　　311

図 8-2　ミーズ州の農作物の耕地面積

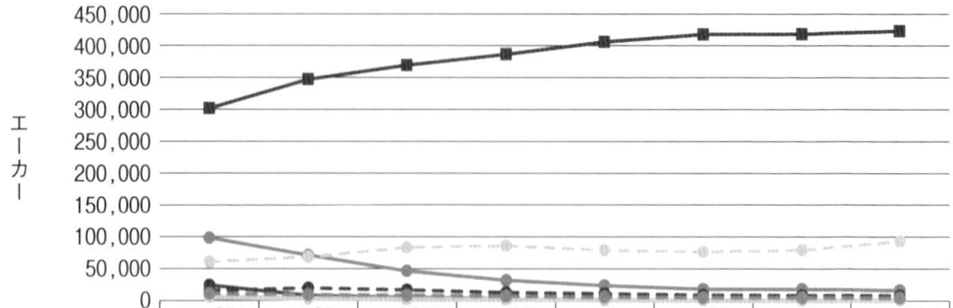

	1851	1861	1871	1881	1891	1901	1911	1926
●─小麦	24,322	8,012	5,022	3,119	1,397	739	981	762
●─燕麦	98,085	71,132	46,401	32,099	23,681	18,225	18,110	16,404
○─大麦	5,682	3,049	2,012	1,852	916	590	325	726
●-●-ジャガイモ	15,647	19,732	16,995	12,711	10,941	8,781	8,370	8,189
●-●-カブ	11,093	9,239	8,374	7,049	5,728	4,989	5,018	4,281
○-○-乾草	60,654	68,127	83,307	85,893	78,964	76,363	79,080	92,778
■─牧草地	301,516	346,924	369,061	386,374	405,912	417,572	418,020	422,906

（出所）　各年次の Agricultural Statistics of Ireland から作成

が，その耕作地のほとんどが乾草地と牧草地であり，とくに牧草地が80％を占めており，それが後述する家畜数と相関していた。他方，エデンデリーの耕地面積が，ミーズ州では18％で一番多く占めるが，ターフ・ボッグ地という不耕作地が多く，乾草地と牧草地が65％を占めるが，耕作地も6.3％であった。また，アーディーでは，耕地地面積が10％であるが，耕作地がミーズ州で一番多く18.3％で，乾草地と牧草地が73％であり，同じ周辺地帯のドロヘダ，オールドカッスルと同じ性格を内包させていた。

　したがって，ミーズ州は他の州と相違して，不耕作面積が少ないが，中核地帯において，耕作地利用よりも，牧畜用の乾草地と牧草地が多く占め，他方，周辺地帯は，中核地帯より，耕作地の割合が多く，どちらかといえば耕作と牧畜の混合農業であることが理解された。つぎに，そのような特徴を農作物耕作地面積と関連させて見ておこう。

　ミーズ州では，早い段階で，土地利用が耕作地から牧草地へ変化したと見られるものの，図8-2を見れば，小麦・大麦は1851年では耕作されていたが，それらが1871年に急減し，1911年にはほとんど耕作されていない。また，家畜飼料であるオート麦も同様に減少しており，1851年と1911年の期間に17％にまで激減していた。ジャガイモも1861年をピークにそれ以降減少し，ピーク時の40％

312

であった。それらに対して，牧草地が1851年には30万エーカーであったが，そ
れ以降も増加し続け，1911年には1851年の1.4倍の42万エーカーに増加して
いた。したがって，クレア州においては耕作地から牧畜化へ1871年以降に変化
したと見られるが，ミーズ州では，それより早く，たぶん大飢饉以降の早い段階
で牧畜に転換したものと判断できる。しかし，コネルによれば，すでにドロヘダ
からリヴァプールまで家畜輸送ルートができており，1812年に1000頭の生牛と
1300頭のヒツジを商船で運んでおり，それが1835年には，9000頭と2万8000
頭に増加していたことから判断すれば，すでにミーズ州では早い段階，つまり大
飢饉以前に耕作地から牧草地化に変化していることから判断すれば，1830年代
にすでに耕作農業から牧畜業への転換がなされていたと見ることもできる［Conell
2004:129］。それは，たとえば，『デボン委員会』資料に，ロワーケルズ（Lower
Kells）郡では，3～14エーカー保有していた小規模の20家族が追放され，家屋
や建物が壊され，それらの土地が草地にされ，2つの大農場に転換された記載が
見られる［Conell 2004:129；Devon Commisssion, 1845, appendix（F），96］。また，やは
り5～15エーカーの20家族が，8～10年前に家が潰され，彼らの土地が200
エーカーの草地に転換された事例も認められた［Conell 2004:129；Devon Commiss-
sion, 1845, appendix（F），97］。したがって，このような記述から見れば，オグラー
ダが飢饉前にすでに国レヴェルで耕作から牧畜への転換説を主張しているが
［O'Grada 1994:117］，ミーズ州では1860年代という早い段階で，牧畜に特化さ
れたものと判断されてよい。そのような農業の転換が，土地保有の不分割相続と結
びつく可能性を強く示すものと判断され，飢饉以前において土地相続システムが
分割相続から不分割相続へ変化したと想定することができる。

　表8-4は，1874年の農業統計により土地保有規模と農産物の耕作地面積をク
ロスさせたものである。それによると，前述したように保有規模者数では，1～
30エーカー層が一番多く53.2％を占め，30～100エーカー層が20.6％，100
エーカー以上層が13.4％，1エーカー層以下12.8％という順序であったが，
100エーカー以上層が多く認められることに注目しておく必要がある。耕作地面
積から見れば，30～100エーカー層が31.6％で一番多く，以下100エーカー以
上層が31.3％，1～30エーカーが26.5％であった。また，作物別耕地面積では，
穀物において飼料用のオート麦が3万6846エーカーで一番多いが，その数値は
メイヨー州（6万8122エーカー）に到底及ばない。それ以外では，ジャガイモ
が1万3319エーカー，ターニップが7635エーカー，小麦が3707エーカー，大
麦が1778エーカーという順序であるが，それらすべての農産物耕作地面積がメ

表 8-4 ミーズ州の土地保有規模別耕作地面積 (1874 年)

エーカー	保有者数	小麦	オート麦	大麦	ライ麦	ジャガイモ	ターニップ	乾草地・牧草地	作地面積
〜1	1,514	10	122	3	4	271	8	87	770
1〜30	6,300	1,135	11,123	357	29	5,861	1,996	17,385	38,898
30〜50	1,206	598	5,669	274	5	1,824	1,055	8,774	18,672
50〜100	1,233	842	7,684	438	5	2,090	1,579	14,510	27,829
100〜200	925	591	6,375	362	11	1,562	1,425	17,419	28,363
200〜	657	531	5,873	344	22	1,711	1,572	21,379	32,393
総数	11,835	3,707	36,846	1,778	76	13,319	7,635	79,554	146,925

(出所)　Agricultural Statistics of Ireland, 1874

イヨー州・クレア州より少なかった。さらに，乾草地・牧畜地面積が7万9554エーカーであり，その数値が多いものと予想されたが，それもクレア州（8万2647エーカー）より少ないことがわかる。

　そこで階層別の収穫地面積を見れば，兼業農家層である1〜30エーカー層では，乾草地・牧草地が1万7385エーカー（21.9％）で一番多く，以下オート麦が1万1123エーカー（30.2％），ジャガイモが5861エーカー（44％），ターニップが1996エーカー（26.1％）であった。家族労働経営による30〜100エーカー層では，乾草地・牧草地が2万3284エーカー（29.2％）で一番多く，以下オート麦が1万3353エーカー（36.3％），ジャガイモが3914エーカー（29.5％），ターニップが2634エーカー（34.5％）であった。100エーカー以上層では，乾草地・牧草地が3万8794エーカー（48.8％）で一番多く，以下ジャガイモが3273エーカー（24.5％），ターニップが2997エーカー（39.3％）であった。やはり乾草地・牧草地では100エーカー以上層，ジャガイモでは1〜30エーカー層，オート麦では30〜100エーカー層がトップであったが，これら3つの農民層でそれぞれ主要な作物が分担されて耕作されていたのである。とくに，そこには土地保有規模と乾草地面積には正の相関関係があったといえよう。なお，ミーズ州の総乾草地面積は，クレア州とほぼ同じであったものの，大規模保有農での数値がミーズ州で多く，それは，つぎに述べる家畜保有と連動するものであった。

　以上から，ミーズ州では30エーカー以下層では，穀物・根菜類のすべてにおいて耕作地が多く，とくにジャガイモが中心で，販売目的のオート麦も栽培されていた。しかし，30エーカー以上層になれば，保有地規模と乾草地・ジャガイ

314

表 8-5　ミーズ州の救貧区別耕作地面積（1911 年）

救貧区	小麦	オート麦	大麦	ライ麦	ジャガイモ	ターニップ	飼料用ビート	穀物	根菜・野菜	乾草	総面積
アーディー	710	7,107	3,454	12	2,391	3,168	417	11,286	6,353	16,939	34,679
ドロヘダ	253	5,501	1,845	0	1,811	2,200	206	7,604	4,426	12,498	24,807
ダンショーリン	128	1,489	10	0	695	438	146	1,627	1,435	11,266	14,387
エデンデリー	107	4,307	1,363	200	2,302	1,516	583	5,977	4,832	19,252	30,083
ケルズ	106	4,813	8	8	2,508	974	243	4,933	4,041	14,752	23,773
ナヴァン	232	2,342	14		1,109	730	176	2,589	2,353	13,805	18,879
オールドカッスル	67	4,948	6	4	3,386	672	301	5,025	4,722	14,594	24,357
トリム	233	3,750	14	46	1,560	1,217	425	4,043	3,685	18,398	26,156
ミーズ州	981	18,110	325	73	8,370	5,018	1,367	19,494	16,481	159,180	115,637

（注）　各救貧区の耕作地面積の合計がミーズ州の数値同じではない。これは，農業統計において
　　　他の州にも含まれるアーディー，ドロヘダ，エデンデリー救貧区の数値を利用していることに
　　　よるものと推定される

（出所）　Agricultural Statistics of Ireland, 1911

モ・オート麦の耕作面積と相関関係を持つことが明らかになる。とくに 100 エーカー層以上では，乾草地の伸びが大きかった。ミーズ州では，一部の飼料用穀物以外，穀物・根菜類よりも乾草を中核とした耕作農業であり，そのような耕作農業を基礎にした牧畜を中心にした農業経営で，しかも商業的農業経営が明確に認められる地域であったと判断できる。他方では，30 エーカー以下層の農業労働者と兼業農家は，おそらく同じ州における大規模牧畜農による雇用労働力とみなされていたのである。

　そのような耕作地面積の傾向を救貧区単位で示した 1911 年の表 8-5 を見れば，ミーズ州の総面積である 57.7 万エーカーのうち，耕作地面積が 20 ％であり，それはクレア州と同じであるものの，メイヨー州の 14 ％より多かった。しかし，耕作地面積では，小麦・大麦がほとんど認められないが，オート麦が 1 万 8110 エーカー，ジャガイモが 8370 エーカー，ターニップの 5018 エーカーで，多い作物であった。それらに対して，乾草地が 15 万 9180 エーカーで一番多く，それは牧畜農を象徴するものといえる。

　そこで救貧区別に耕作地面積を見れば，唯一アーディーでは，大麦が 3354 エーカーで一番多く，以下ドロヘダの 1845 エーカー，エデンデリーの 1363 エーカーが認められるものの，それらはミーズ州の中核地帯では皆無に近い。オート麦がアーディーの 7107 エーカーで一番多く，以下にはドロヘダの 5501 エーカー，オールドカッスルの 4948 エーカー，ケルズの 4813 エーカーという順序であった。

第 8 章　20 世紀初頭におけるアイルランド・ミーズ州の世帯構造　　　315

表 8-6　ミーズ州の土地保有規模別耕作地面積（1926 年）

保有地面積エーカー	小麦	オート麦	大麦	ライ麦	ジャガイモ	ターニップ	穀物	根菜・野菜	乾草地	放牧地	収穫地面積	それ以外の土地	総 t 土地面積
～1	19	291	0	0	941	40	310	1,128	629	263	2,356	15	2,371
1～30	246	4,526	168	24	3,355	1,101	4,966	5,396	21,994	42,714	75,206	2,371	77,577
30～50	110	2,706	152	5	1,237	677	2,974	2,395	12,183	37,039	54,631	1,415	56,046
50～100	166	3,121	152	7	1,128	801	3,448	2,446	15,672	59,285	80,888	3,313	84,201
100～200	121	2,864	114	6	802	783	3,106	2,061	19,733	97,382	122,361	4,421	126,782
200～	100	2,956	140	13	735	879	3,233	2,218	22,567	186,209	214,362	12,059	226,421
その他	0	0	0	0	0	0	0	0	0	14	14	4,404	4,418
総数	762	16,464	726	55	8,198	4,281	18,037	15,644	92,778	422,906	549,818	27,998	577,816

（出所）　Agricultural Statistics 1847-1926

このオート麦が地元やダンドークのビール醸造所へ売却されていたのである［Mc-Crea 1893:31］。また，ジャガイモがオールドカッスルの 3386 エーカーで一番多く，以下ケルズの 2508 エーカー，アーディーの 2391 エーカー，エデンデリーの 2302 エーカーという順序であるが，牧畜中心のダンショーリンでは，一番少ない 695 エーカーであった。

　乾草に関して，それはすべての救貧区で多いが，エデンデリーが 1 万 9252 エーカーで一番多く，以下トリムの 1 万 8398 エーカー，アーディーの 1 万 6939 エーカーという順序であるが，他の救貧区でも 1.1 万～1.5 万エーカーの範囲であった。なお，乾草では，1 年草の 8 万 9009 エーカーと永年草の 5 万 9732 エーカーが多く，2～3 年草の 1 万 439 エーカーが少ないという特徴も見られる。

　なお乾草地に関して，1 年乾草地と永年乾草地が多い。1 年草ではアーディーの 4617 エーカーが一番多く，以下ドロヘダの 3145 エーカーあたりで，永年草では，トリムの 1 万 3848 エーカーが一番多く，以下エデンデリーの 1 万 3486 エーカー，ナヴァンの 1 万 1120 エーカーという順序であった。そのような 1 年草は周辺の牧畜地帯で売却されるか，肉牛飼育に利用されるものと見られよう。以上のように救貧区別の耕作地面積に関して，全体的にミーズ州の中核地帯よりもドロヘダ，エデンデリー，アーディーという周辺地帯で収穫地面積が多いという特徴が強く認められたのである。

　つぎに，前述の 1874 年より 50 年後の 1926 年の保有規模別耕作地面積を示したのが表 8-6 である。まず注目される点が，収穫地面積の増加であり，それは 1926 年には 1874 年の 14.6 万エーカーから 58 万エーカーへと 4 倍に増加している。おそらく，この期間に荒蕪地・不耕作地などの開墾による耕作地拡大を図っ

たものと理解できる。いまだ耕作地でない面積も 2.8 万エーカー残存しているが，その数値は，メイヨー州の 72 万エーカー，クレア州の 19 万エーカーと比較すれば，かなり低いものといえる。ところで，栽培耕作地面積を比較しておけば，すべての穀物・根菜類の耕作地面積が減少していた。とくに，小麦が 3707 エーカーから 762 エーカー（20 ％）に，大麦が 1778 エーカーから 762 エーカー（42 ％）に，オート麦が 3 万 6846 エーカーから 1 万 6464 エーカー（45 ％）に，ジャガイモが 1 万 3319 エーカーから 8198 エーカー（60 ％）にそれぞれ減少していた。つまり，ミーズ州の穀物と根菜類の耕作地が，メイヨー州・クレア州と同じように減少していたのであった。それらに対して，乾草地・放牧地が 8 万エーカーから 51.6 万エーカーに 6 倍以上増加していたのであり，乾草地の割合では，100 エーカー以上層が 67 ％，30 〜 100 エーカー層が 23 ％を占めており，それは保有規模面積と正の相関関係にあることを明確にさせる。

　そこで，救貧区別耕作地面積を穀物，根菜・野菜，乾草地，放牧地に区分して見ておこう。まず，穀物に関して，30 〜 100 エーカー層が 6422 エーカーで 35.6 ％，1 〜 30 エーカー層が 4966 エーカーで 34.5 ％と中核を占める。根菜・野菜では，1 〜 30 エーカー層が 5396 エーカーで 34.5 ％，30 〜 100 エーカー層が 4841 エーカーで 30.9 ％と中心であった。また，乾草地に関しては，30 〜 100 エーカー層が 2 万 7855 エーカーで 30 ％，200 エーカー以上層が 2 万 2567 エーカーで 24.3 ％，1 〜 30 エーカー層が 2 万 1994 エーカーで 23.7 ％と中核を占める。放牧地に関して，200 エーカー以上層が 18 万 8209 エーカーで 44 ％，100 〜 200 エーカー層が 9 万 7382 エーカーで 23 ％と中核を構成していた。したがって，穀物，根菜・野菜，乾草地を主に 1 〜 30 エーカー層と 30 〜 100 エーカー層の中規模農，牧草地を大規模農がそれぞれ担当していたものと見られる。すなわち，そのような乾草地・牧草地の拡大がミーズ州におけるさらなる商業的牧畜化の進展を示すものといえる。換言すれば，このような栽培耕作地の減少は，後述する家畜数の増加で示されているように，ミーズ州の商業的牧畜化を進捗させたものと判断できる。つまり，このようなミーズ州の耕作地農業の特徴は以下で見る家畜の問題と直結してくるものといえよう。

　以上から，本来のセンサスを境界とするミーズ州より，その周辺地域であるアーディー救貧区，ドロヘダ救貧区あたりではオート麦などの耕作地が多いものの，ミーズ州の中核地帯では，乾草地が多くなっていることから判断すれば，中核地帯が牧畜の専業であったが，周辺地帯が，穀作と牧畜との混合農業であったことが明確になった。以上のようにミーズ州においては，耕作地面積から牧畜化

第 8 章　20 世紀初頭におけるアイルランド・ミーズ州の世帯構造　　317

を示す構図が明確になったのであるが，つぎにそれを家畜から裏づけることにしたい。

　ミーズ州における年次別家畜数を図8-3で見れば，ミーズ州では，馬・乳牛・ブタの家畜数が減少しており，とくに馬とブタの頭数が1861年以降漸次減少し，1855年から1911年の60年間に，馬が30％減少で1.7万頭に，ブタが35％の減少で1.5万頭になっていた。反対に，それ以外の家畜である肉牛・ヒツジ・家禽が増加していた。とくに肉牛では，2歳以上は，1861年以降増加し始め，1871年には10万頭を超え，1911年には1855年の2倍である15万頭に増加していたことがわかる。また，2～1歳の肉牛が，1.5倍の増加を示しているが，1歳以下の肉牛に変化が認められなかった。それ以外には，ヒツジが小飢饉で1881年に一時減少したものの，1911年には1.3倍，家禽が2.3倍の増加をそれぞれ示していた。

　このように，前述した耕作地の減少と乾草地の増加に対応して，家畜の増加が見られたのであり，ミーズ州の牧畜では，乳牛による酪農業ではなく2歳以上の肉牛肥育に専念した商業的牧畜業が特徴であるといえる。そして，それらがダブリン市場での売却やグレート・ブリテンへの生育牛で輸出されるという構図が浮かび上がってくる。

　ミーズ州では，1851年から1911年まで，家畜数が，年度毎に増加しているが，救貧区ではどのようになっていたのであろうか。ギリガンが1856年から1911年にわたる救貧区毎の1歳以下，2～1歳，2歳以上の肉牛割合の表を作成している。それを見れば，ダンショーリンでは2歳以上の割合が一番多く，その期間に80％を維持しており，ナヴァンが63％から77％に，トリムが66％から71％にそれぞれ増加し，ケルズが60％台，オールドカッスルが50％であることがわかる。とくにダンショーリンがとびぬけて2歳以上の肉牛生産に特化していたが，オールドカッスルではそれの60％であり，ミーズ州では劣位であった。ギリガンは，牛肉生産の初期段階である肥育用素牛，2歳までの肉牛肥育が北マンスター，東コナハト，とくにゴールウェイ，ロスコモンあたりで行なわれていたことを明らかにしている。[10]つまり，そこには西部アイルランドでの肥育用素牛，2歳までの肥育と西部アイルランドからの2歳以上の肥育牛の買い取りという分業関係が依然維持されていたと見るべきであろう。

　ところで，1874年の農業統計による土地保有規模と家畜数のクロス集計表から，土地保有規模別家畜数を算出したものが表8-7である。それによると，1エーカー以下の土地持ち労働者が14.5％，1～30エーカー層の兼業農家層が52.5％，

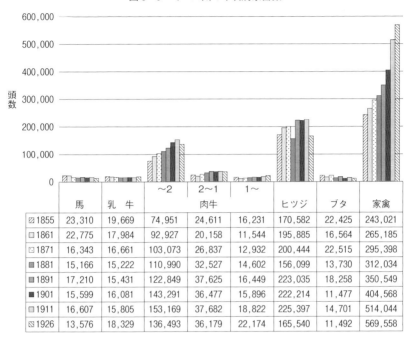

図8-3　ミーズ州の年次別家畜数

	馬	乳牛	肉牛 ～2	肉牛 2～1	肉牛 1～	ヒツジ	ブタ	家禽
1855	23,310	19,669	74,951	24,611	16,231	170,582	22,425	243,021
1861	22,775	17,984	92,927	20,158	11,544	195,885	16,564	265,185
1871	16,343	16,661	103,073	26,837	12,932	200,444	22,515	295,398
1881	15,166	15,222	110,990	32,527	14,602	156,099	13,730	312,034
1891	17,210	15,431	122,849	37,625	16,449	223,035	18,258	350,549
1901	15,599	16,081	143,291	36,477	15,896	222,214	11,477	404,568
1911	16,607	15,805	153,169	37,682	18,822	225,397	14,701	514,044
1926	13,576	18,329	136,493	36,179	22,174	165,540	11,492	569,558

（出所）　Agricultural Statistics 1847-1926, 1855

表8-7　ミーズ州の土地保有規模別家畜数（1874年）

土地保有面積（エーカー）	保有者数	馬	乳牛	肉牛 ～2	肉牛 2～1	肉牛 1～	ヒツジ	ブタ	家禽
～1	1,751	170	30	0	15	26	145	755	14,231
1～30	6,300	3,179	4,742	3,878	4,959	3,937	15,415	6,495	112,376
30～50	1,206	1,954	2,230	4,898	3,197	1,806	17,859	1,930	34,309
50～100	1,233	2,911	2,925	13,036	5,941	2,687	43,427	2,192	40,240
100～200	925	2,972	2,739	27,498	7,933	2,442	69,192	1,538	35,766
200～	657	3,603	3,812	55,390	9,329	3,036	96,592	1,632	32,168
計	12,072	14,789	16,478	104,700	31,374	13,934	242,630	14,542	269,090

（出所）　Agricultural Statistics of Ireland, 1874

第8章　20世紀初頭におけるアイルランド・ミーズ州の世帯構造　　319

30 〜 100 エーカー層の家族労働経営農家層が 20.2 ％，100 エーカー以上の雇用
労働力経営農家層が 13.2 ％をそれぞれ占めていた。1 エーカー以下層ではほと
んど家畜を所有することができず，ブタ・家禽のみを所有することができたので
あるが，1 〜 30 エーカー層になれば，はじめて乳牛・肉牛・ヒツジ・家禽の家
畜を所有することができる。その家畜数を見れば，馬が 3179 頭，乳牛が 4742 頭，
肉牛が 1 万 2774 頭，ヒツジが 1 万 5415 頭，ブタが 6495 頭，家禽が 11 万 2376
羽であった。それらの 1 農家当たりの平均家畜数は，0.5 頭，0.8 頭，2 頭，2.4
頭，1 頭，17.8 羽であり，それは極めて少ない家畜数であった。したがって，こ
の階層では，兼業が当然必要であることを明確に示している。

　つぎに中規模農である 30 〜 100 エーカー層では，馬が 4865 頭，乳牛が 5155
頭，肉牛が 3 万 1565 頭，ヒツジが 6 万 1286 頭，ブタが 4122 頭，家禽が 7 万
4549 万羽であり，1 農家当たりの平均は，2 頭，2.1 頭，12.9 頭，25.1 頭，1.7
頭，30.5 羽になり，先程の 1 〜 30 エーカー層より肉牛・ヒツジ・家禽の増加が
顕著に見られる。100 〜 200 エーカー層では，馬が 2927 頭，乳牛が 2739 頭，肉
牛が 3 万 7873 頭，ヒツジが 6 万 9192 頭，ブタが 1538 頭，家禽が 3 万 5766 羽で，
1 農家当たりの平均は，3.2 頭，3 頭，40.9 頭，74.8 頭，1.7 頭，38.7 羽であり，
そこには肉牛とヒツジの増加が顕著であった。さらに 200 エーカー以上層では，
馬が 3603 頭，乳牛が 3812 頭，肉牛が 6 万 7755 頭，ヒツジが 9 万 6592 頭，家禽
が 3 万 2168 羽で，1 農家当たり 5.5 頭，5.8 頭，228 頭，147 頭，2.4 頭，49 羽
であり，この階層では，100 〜 200 エーカー層よりすべての家畜で多いが，とく
に肉牛の 5.6 倍，ヒツジの 2 倍が際立って多かったといえる。

　以上から，1 〜 30 エーカーの階層では乳牛の割合が，他の階層より多く，酪
農業を中心にしながらヒツジ・ブタ・家禽とのセットによる農業経営であった。
しかし，それらの階層では，いまだ生計維持が困難であった。30 〜 100 エーカー
層では乳牛・牛・ヒツジ・家禽が多くなるが，特に，50 〜 100 エーカー層では，
2 歳以上，2 〜 1 歳，1 歳以下の肉牛が 30 〜 50 エーカー層より多い特徴が見られ，
30 〜 100 エーカー層で，家族経営による牧畜が可能であった。100 エーカー以上
層では，ブタ以外の家畜のすべてが急増している。すなわち，100 〜 200 エー
カー層では，2 歳以上と 2 〜 1 歳の肉牛が増加し，ヒツジも増加していたが，ブ
タ・家禽が減少していた。さらに，200 エーカー以上層では，2 歳以上の肉牛が
100 〜 200 エーカー層の 2 倍に増加し，それ以外の年齢の肉牛の増加も認められ
た。したがって，ミーズ州の農業は，大規模経営における商業的牧畜業が 100
エーカー以上層で可能であり，肉牛の成育と販売が中核の農業経営であったこと

320

図 8-4　ミーズ州の救貧区別家畜数（1911 年）

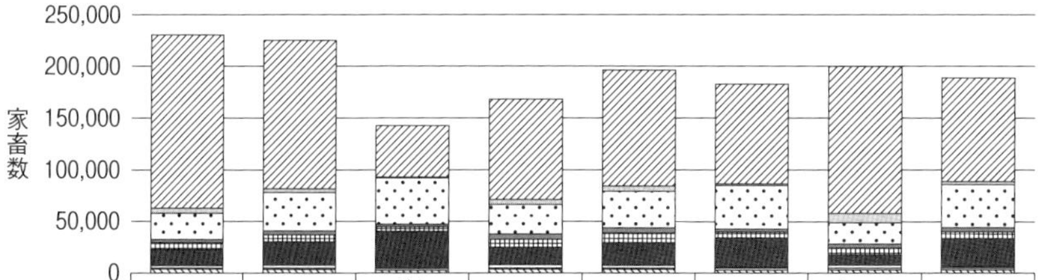

	アーディー	ドロヘダ	ダンショーリン	エデンデリー	ケルズ	ナヴァン	オールドカッスル	トリム
家禽	167,528	143,089	49,611	96,795	111,615	96,215	141,745	100,021
ブタ	5,056	3,596	908	4,901	5,169	1,529	9,061	3,002
ヒツジ	25,063	37,551	44,894	28,921	35,760	42,569	20,871	41,361
肉牛1〜歳	3,153	3,643	2,379	4,965	4,877	2,674	3,969	4,004
肉牛2〜1歳	6,911	6,808	4,583	7,788	9,434	5,847	6,632	6,955
肉牛〜2歳	15,194	22,438	35,687	16,852	21,705	28,518	9,857	27,060
乳牛	3,358	4,131	1,909	4,165	3,781	2,539	4,611	3,137
馬	3,999	3,626	2,582	3,786	3,793	2,807	3,019	3,197

（出所）　Agricultural Statistics of Ireland, 1911

を再確認できたといえる。

　まず 1911 年における家畜数の概数を見れば，馬が 1.7 万頭，乳牛が 1.6 万頭，2 歳以上の肉牛が 15.3 万頭，2〜1 歳が 3.8 万頭，1 歳以下が 1.9 万頭，ヒツジが 22.5 万頭，ブタが 1.5 万頭，家禽が 51.4 万羽であり，肉牛が，メイコ　州・クレア州より抜きん出て多いことがわかる。つぎに，図 8-4 は，1911 年における貧区別家畜数を示したものである。1911 年では，馬では，アーディーの 3999 頭が一番多いが，それ以外の救貧区ではほぼ 2500〜3800 頭の範囲に収まっている。乳牛では，オ　ルドカッスルが 4611 頭で一番多いものの，他の救貧区も 3000 頭台が多く，そこに大きな相違が認められない。肉牛に関して，2 歳以上の肉牛がダンショーリンでは，3 万 5687 頭で一番多く，以下ナヴァンの 2 万 8518 頭，トリムの 2 万 7060 頭という順序であるが，逆にオールドカッスルが 9857 頭で一番少なく，アーディー（1 万 5194 頭），エデンデリー（1 万 6852 頭）がそれに続いていた。それらに対して，2〜1 歳ではケルズの 9434 頭が一番多いものの，他の救貧区も 4000〜7000 頭の範囲で，1 歳以下の肉牛では，エデンデリーの 4965 頭が一番多いものの，それ以外の救貧区も 2000〜4000 頭の範囲であり，それらには大きな違いが認識されなかった。そこには，先述したように，

第 8 章　20 世紀初頭におけるアイルランド・ミーズ州の世帯構造　　321

表 8 - 8　ミーズ州の土地保有規模別家畜数（1926 年）

土地保有面積 （エーカー）	馬	乳牛	肉牛			ヒツジ	ブタ	家禽
			～ 2	2 ～ 1	1 ～			
～ 1	269	387	36	126	434	51	914	77,868
1 ～ 30	3,699	6,367	8,916	8,619	7,380	12,922	4,485	232,168
30 ～ 50	1,938	2,914	9,467	5,181	3,733	14,480	2,047	77,849
50 ～ 100	2,154	2,909	17,118	6,547	3,618	28,169	1,865	73,573
100 ～ 200	2,381	2,904	32,741	7,403	3,518	44,186	1,174	57,255
200 ～	2,969	2,774	61,021	8,231	3,370	64,461	944	44,303
その他	166	74	1,277	72	121	1,271	63	6,542
計	13,576	18,329	130,576	36,179	22,174	165,540	11,492	569,558

（出所）　Agricultural Statistics 1847-1926

クレア州のような西部アイルランドでの繁殖・肥育用素牛と 2 歳までの肥育牛を購入する分業体制があったものと理解できる。ヒツジに関して，ダンショーリンが 4.5 万頭で一番多く，以下トリムの 4.1 万頭，ナヴァンの 3.6 万頭という順序である。反対に，少ない救貧区が，オールドカッスル（2.1 万頭），アーディー（2.5 万頭），エデンデリー（2.9 万頭）であった。家禽に関して，アーディーが 16.8 万羽で一番多く，以下ドロヘダの 14.3 万羽，オールドカッスルの 14.2 万羽という順序である。以上から，救貧区においては，ダンショーリンあたりを中心に牧畜が一番進展した救貧区であったといえる。

　以上から，ミーズ州の農業は，耕作より牧畜業に特化した地域で，それも乳牛による酪農業ではなく，牛の肥育と成育を中核とした牧畜業であり，ミーズ州の中核地帯において大規模な商業的家畜生産が行われていたことが明確に理解できた。

　さらに，1874 年（表 8 - 7）と 1926 年における土地保有規模別家畜数の表 8 - 8 を比較しておきたい。その比較は 50 年間の変化を見るため，また 1926 年の時期がアレンスバーグとキンボールの調査した時点に近い状況を把握するためである。この 2 つの年次を比較すれば，家畜総数では，乳牛が 1.6 万頭から 1.8 万頭，2 歳以上の肉牛が 10.5 万頭から 13 万頭，2 ～ 1 歳の肉牛が 3.1 万頭から 3.6 万頭，1 歳以下の肉牛が 1.4 万頭から 2.2 万頭，家禽が 26.9 万羽から 57 万羽に増加していたが，ヒツジが 2.4 万頭から 1.7 万頭，ブタが 1.5 万頭から 1.1 万頭に減少していた。とくに，肉牛の増加が顕著であり，1 歳以下の肉牛が 1.6 倍，2 歳以

上の肉牛が 1.25 倍，2 〜 1 歳の肉牛が 1.2 倍にそれぞれ増加し，それは肉牛生産の増加をはかったものといってよい。

そのあたりの状況を土地保有規模と肉牛の頭数を関連させて見れば，1 〜 30 エーカー層では 2 歳以上（3878 頭→8916 頭），2 〜 1 歳（4959 頭→8619 頭），1 歳以下（3937 頭→7380 頭）が増加していた。また，中規模農である 30 〜 100 エーカー層では，2 歳以上で 1.5 倍（1 万 7934 頭→2 万 6585 頭），2 〜 1 歳で 1.3 倍（9138 頭→1 万 1728 頭），1 歳以下で 1.6 倍（4493 頭→7351 頭）にそれぞれ増加していた。さらに，100 〜 200 エーカー以上層の肉牛に関して 2 歳以上で 1.2 倍（2 万 7498 頭→3 万 2741 頭），1 歳以下で 1.4 倍（2442 頭→3518 頭）に増加していたが，2 〜 1 歳（7933 頭→7403 頭）が減少していた。さらに 200 エーカー以上層では，2 歳以上で 1.1 倍（5 万 5390 頭→6 万 1021 頭），1 歳以下で 1.1 倍（3036 頭→3370 頭）が増加していたが，2 〜 1 歳（9329 頭→8231 頭）が減少していた。つまり，100 〜 200 エーカー層と 200 エーカー以上層では 2 〜 1 歳が 0.9 倍に減少していた。それらから，ミーズ州では，これまで西部アイルランドでの牛の繁殖，肥育した成牛を購入していたが，この段階では，30 エーカー層以下では繁殖・子牛の肥育・成育による一貫した，肉牛生産への志向が認められる。それに対して，ミーズ州における大規模農である 100 エーカー以上層では，先述したように，これまでのようにクレア州のような西部アイルランドからの肥育牛の買い取りから判断すれば，西部と東部アイルランドにおける肉牛生産の分業関係の持続が確認されたのである。換言すれば，1926 年段階でのミーズ州の牧畜は，西部アイルランドとの協業と，州内における中小規模農による繁殖・子牛の肥育・成育という肉牛生産の一貫体制とが併存していたものと見てよい。

ところで図 8 − 5 はミーズ州ダンショーリン，[11]ウッドタウンに住む牧畜農のエドワード・ディレーニー（Edward Delany）による 1851 年から 1899 年までの 48 年間の農場会計簿である。ディレーニー家は，1854 年のグリフィス地方税評価原簿によれば 179 エーカーを保有し，それをジュリア・ノックスという地主から 188 ポンドの土地評価額で借りていたが，その評価額には，自分の家と土地，牛飼いの家も含まれていた［Griffith Valuation, County Meath 1854:13］。そして，ディレーニー家は 1911 年には 600 エーカーを保有する大農民になっていた。彼は，1851 〜 1899 年の 48 年間にわたる牛・ヒツジなどの購入・販売に関する『農場会計簿』[12]を詳細に記録していた。それを見れば，その期間における購入頭数・購入値段・購入先・販売頭数・販売額・販売先・純利益などが詳細に記録されており，

第 8 章　20 世紀初頭におけるアイルランド・ミーズ州の世帯構造　　323

図8-5　ミーズ州ダンショーリンのディレーニー家の農場会計簿

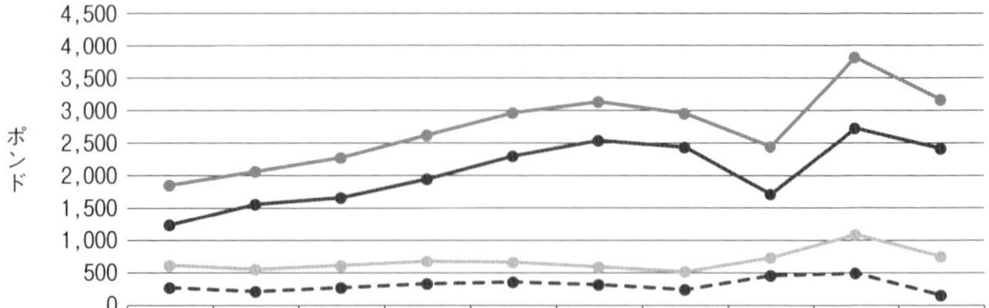

	1852~53	1858~59	1862~63	1867~68	1872~73	1877~78	1883~84	1887~88	1892~93	1897~98
購入	1,237	1,560	1,663	1,947	2,299	2,539	2,437	1,710	2,726	2,416
販売	1,853	2,063	2,278	2,624	2,963	3,133	2,956	2,443	3,815	3,165
粗所得	616	556	615	677	664	594	519	733	1,089	749
純収益	274	214	273	335	359	319	244	458	494	154

（出所）　Gilligan［1998:64］

それにより牧畜農業経営の実態を把握することができる［Gilligan 1998:27, 64］。

　彼の家族を見ておくと，1901年のセンサスでは，エドワードが79歳で，息子（31歳），娘（39歳）とサーヴァントの4人世帯の単純家族世帯であった。しかし，1911年のセンサスでは，息子のエドワードが世帯主であり，1人の息子，3人の娘，2人のサーヴァントから構成される単純家族世帯であった。おそらく，1901年以降に79歳であった父親の死亡により，彼が土地を相続し，7年前に婚姻することにより，新しい世帯形成をしたものと見られる。その会計簿は，そのような2世代にわたったものであった。

　ダンショーリンでは，2歳以上の肉牛数が1871年以降増加しているが，ディレーニーの牧畜業者では1860年後半より牛の購入と販売が増加し，収益もそれに対応した伸びが明確に認められた。たとえば，ディレーニーは，会計簿では1892年10月から1894年5月までの期間に1373頭購入し，それらと同じ頭数を販売していた。とくに，購入月は4～5月に多く，1894年4月には，195頭と200頭に分けて購入されていた［E. Delany, Farm Account Books, 1851-99］。その価格は1頭につき8～12ポンドであった。反対に，販売時期が7月・9月・11月に多いものの，ばらつきが多く認められる。とはいえ，購入した頭数と販売頭数が同じであることから判断すれば，購入後早い段階で販売していたと見られる。そして，牛の販売価格は20～30ポンドであったようである。その結果，肉牛販売による収益率は1850～70年代では多かったものの（40～50％），その後一

時減少したが，1893 年が一番高く 39.9％ であったことがわかる［Gilligan 2015:615］。このように，ミーズ州では 2 歳ぐらいまで肥育された肉牛が主に西部アイルランドから直接購入され，(13) それを鉄道でダブリンまで移送し，ブリテンに生牛として販売していたことが理解される。

　これまで農民による農業経営を中心に見てきたが，ミーズ州では，大規模農が多いという側面と，他方では農業労働者も多いことにも注目しておく必要がある。つまり，保有規模でも見たように，5 エーカー以下層が，1891 年ではすでに 40％，1911 年でも 40％ を占め，土地なし労働者が増加していたのである。そこで，農業労働者が，どのように雇用されていたのかを，1893 年の『農業労働報告書』で見ておこう。ここでは，1893 年の報告書からアーディー救貧区を取り上げるが，農業労働者の特徴を十分にそこから読み取ることができる。アーディー救貧区では，農業労働者が，長期の年期雇用労働，期間限定の労働者，臨時の日雇労働者に区分できよう。まず，年雇用労働者が，年間 25 〜 28 ポンドを得るが，最初に雇用されるときには農夫や牛飼いが 28 〜 35 ポンド得ることも可能であった。大規模牧畜業のラスフォードは，すべてのクラスの労働者に 26 ポンドを与えていたという。また，シエラが 40 ポンドを牛飼いに与えていた［The Agricultural Labourer Report, Ardee Union, 1983:33］。

　期間限定労働者には，コテージと庭が無料で与えられる。彼の雇い主から，彼のためにジャガイモを栽培する 1 アイルランド・ロードの土地が貸与され，種子を自分で用意しなければならないが，肥料が与えられるので，農業労働者の生活に十分なジャガイモを得ることができた。家族のメンバーが農場で働く場合にも，ジャガイモの収穫を増加させるために必要な土地を半エーカーまで借りることができ，ある場合にはミルク・燃料が用意されていた。また，羊飼いや牛飼いには牛，子牛の肥育に乾草も準備されていた［ibid, 33］。

　それらに対して，臨時日雇い労働者の場合の賃金は，一般に 1 週あたり 7 〜 8 シリングであるが，繁忙期の耕作や牛飼いの場合に 9 〜 10 シリングのときもある。不定期の労働の賃金は 1 日に 2 シリング 6 ペンス〜 5 シリングまでの幅が認められる。ある大農家による雇用の場合には，はじめ 4 シリング，つぎが 2 シリング 6 ペンス，再度 3 シリング 9 ペンスというように，日により賃金が変わるケースもある。そして，6 か月間雇用される労働者が，雇用主の家に寄宿か同宿し，その期間に 8 〜 11 シリング得ることになる［ibid. 33］。彼らの労働時間を見ておくと，夏には朝の 6 時 30 分から夜の 6 時 30 分，子供・女性が 7 時〜 6 時 30 分で，冬には夜明けから夕闇までという長時間労働の悪い条件であった［ibid.

表 8-9 ミーズ州の農業における土地保有規模別家族従事者数と雇用従事者数（1912 年）

エーカー	18歳以下男性			18歳以上男性			18歳以下女性			18歳以上女性			計	土地保有者数
	家族員	常雇	臨時雇用	家族員	常雇	臨時雇用	家族員	常雇	臨時雇用	家族員	常雇	臨時雇用		
1～5	4.4	0.5	0.2	58.4	4.4	13.4	2.8	0.2	0.2	15.1	0.3	0.2	100.0	5,388
5～30	5.7	0.5	0.8	55.3	10.5	14.1	2.4	0.2	0.2	9.7	0.3	0.3	100.0	3,833
30～100	3.9	1.4	1.3	39.0	24.6	18.0	1.8	0.5	0.9	6.7	1.1	0.9	100.0	2,023
100～	0.7	3.1	3.0	11.2	56.6	16.2	0.4	0.6	1.5	1.8	2.3	2.5	100.0	1,306
総数	715	332	328	7,749	6,061	3,308	338	87	175	1,472	248	245	21,058	12,550

（注）　土地保有者に対する平均従事者＝農業従事者÷土地保有者数
（出所）　Agricultural Statistics 1847-1926

35]。したがって，年間契約の労働者が安定していたが，臨時日雇い労働者が不安定な状況に置かれていたのであり，そのような悪い条件での労働者がミーズ州で多かったといえるだろう。つまり，1911 年段階では，中核地帯であるダンショーリン，ナヴァン，トリムが，商業的牧畜で支配的であるのに対して，周辺地帯であるオールドカッスル，アーディー，エデンデリーが，中核地帯と比べれば，劣位に位置づけることができる。

　このようなミーズ州の農業経営では，どのような労働力の投下が行なわれているのだろうか。

　表 8-9 は家族従事者数と雇用労働者数を，年齢別と男女別に示したものである。それによれば，従業者数は，土地保有面積階層と雇用従事者数と正の相関関係を明確に示すものの，その平均値の 1.7 人が，先述したメイヨー州（2.1 人）より低いが，クレア州（1.2 人）より高かった。それは，ミーズ州が耕作農業よりも労働力投下の少ない粗放牧畜農経営であったことを顕現するものとみなせる。とくに，ミーズ州の農業従事者が，100 エーカー以下層では，家族従事者の多さが，メイヨー州とクレア州と類似しているように見える。ただし，30 エーカー以下層では，家族従事者が中心に農業に従事するが，100 エーカー以上層になれば，家族従事者数が低下し，保有者数あたりの全従事者数が 5.7 人で一番高く，それによりクレア州より農業経営で牧畜に特化していることが明らかに認められる。

　そこで，その内訳にたちいって見れば，世帯主の割合が，30 エーカー以下層では高いものの，30 エーカー以上層になれば，その数値が急減し，100 エーカー層では 11.2 ％にまでなり，そこに負の相関関係が明らかに認められた。それらに対して，ミーズ州では，18 歳以上の常雇従事者が，すべての階層において，メイヨー州とクレア州よりも多く，臨時雇用においても 100 エーカー以上層以外

では，すべての階層で，他の2州よりも多かったことがわかる。とくに，100エーカー以上層では，常雇従事者が56.6％を占め，全家族員従事者の20.1％より多かった。その反対に，18歳以下の男性家族員，18歳以上の女性家族員，18歳以下の女性家族員による従事者の農業経営へ関与が，他の2州よりすべての階層において低い数値を示していた。つまり，このようにミーズ州の農業従事者の特徴からすれば，世帯主（18歳以上の男子家族員）が中核でありながらも，雇用者，とくに常雇の雇用者による商業的大規模農業であり，しかも耕作農業ではなく牧畜経営が家族戦略であったといえる。

　他方では，ミーズ州では，前述したように1エーカー以下層が30.7％，1〜5エーカー層が12％であり，後述する世帯主職業では，世帯主の農業労働者の割合が20.6％，一般労働者が12.9％であった。また，1911年センサスからミーズ州全体で，18歳以上の男子農業労働者数の5237人，一般労働者数の2883人という人数を算出することができた。そして，ミーズ州の農業では，常雇雇用が6061人，臨時雇いが3308人であったことと関連づければ，両者の雇用労働者として必要な労働力を，このような農業労者，一般労働者により十分賄うことができたといえる。その農業雇用労働者にも小規模農民も含まれていた可能性があったとみなせよう。したがって，このような農業労働者は，条件により婚姻を早くするか，あるいは遅くするという家族戦略により家族を形成すれば，単純家族世帯の形態になるだろうし，逆に，婚姻をしない適応戦略をとれば，独居世帯・非家族世帯を形成させることになるだろう。それゆえ，後述するように，ミーズ州では，家族形成度が弱く，相続の待機者とその兄弟が複合家族世帯よりも，独居世帯と非家族世帯を選択する家族戦略をとり，農業労働者もそのような世帯形成の可能性が多く認められることになる。労働者が婚姻すれば単純家族世帯を形成することになる。

　つまり，ミーズ州の農業は，本来不耕作地が少ない良好土壌であり，1870年頃まで，農作物の耕作も見られたが，それ以降，耕作から完全な牧畜化による商業的経営への転換が行なわれたものと判断できる。しかし，ミーズ州の内部では，中核地帯における大規模な牧畜への特化型と，周辺地帯における耕作農業と牧畜業による複合型への分化が認められた。そして，ミーズ州では，農業従事者も家族従事者よりも雇用労働従事者の多い農業経営が可能であることから判断すれば，農業経営で多様な家族戦略をとることができる。つまり，大土地保有を資源にして，家族ですべて一括継承するかしないか，家長の継承時期の多様性（早く移譲するかどうか），婚姻の選択多様性（婚姻するか生涯未婚かという選択），継承者

以外における職業選択の多様性（離家して他の職業選択，残留して農業労働者になる）などの家族状況的要因により，家族形成の自由度が高く，家族形態においても，以下で見るように直系家族システム規範を重視して，直系家族を形成するか，あるいは，家族状況の要因を重視して，非家族世帯，単純家族世帯，あるいは直系家族のどの形態を選択するかという家族戦略が可能なのであった。とくに大規模農層において，そのような選択範囲が大きかったといえる。また，農業労働者も，家族形成力の弱い可能性を持っていたことも注目しておく必要があるだろう。

　そのような先進地で商業的牧畜地域における人口構造をつぎに明らかにしたい。

3　ミーズ州の人口構造

　表8-10は，レンスター地方における1821〜1911年の州別人口推移を示したものである。それを見れば，ミーズ州の人口は，1821年に16万人であり，1841年に18.4万人へ増加し，大飢饉後の1851年には14万人に減少した。その後も人口が漸次減少し，1911年に6.5万人で，それは1821年の41％であった。同じような傾向を持つ州が，キルケニー州・クイーンズ州・ロングフォード州でも見られるが，これらの州の人口減少が一番激しかったといえる。そして，その他の州は43〜67％の範囲で減少していたが，ダブリンに隣接したキルデア州の減少が一番低かった。それらの減少した州に対して，ダブリン州のみが増加していた。ダブリンでは，1821年には33.5万人であったが，その後10年間隔で比較しても，その増加率が1.1〜1.2倍程度であった。1821年と1911年の期間に141％の増加で，1911年には47.7万人であった。また，人口のピークであった1861年から50年間に6万人が増加したのみであり，これらの増加から判断すれば，ダブリン市は労働力の吸引力が脆弱であったとみなせよう。したがって，ミーズ州の人口減少は，ダブリンへの移動よりも，アメリカへの移民と判断した方が妥当であろう。つまり，ダンドーク港・ダブリン港からのイギリス，アメリカへの移民が西部アイルランドより容易であったと考えられるからである。

　図8-6の人口ピラミッドは，影の部分が1901年で，枠の部分が1911年である。それによれば，50歳代と60歳代で少ない人口が1845年の大飢饉による影響を強く示すものといえる。そして1901〜1911年における30〜50歳代の人口減少が，流出の激しさを物語っている。1911年のピラミッドを他の州と比較すれば，それは，0〜4歳コーホートが少ないものの，富士山型を示しており，55

表 8-10 レンスター地方の州別人口変化

州	1821	1831	1841	1851	1861	1871	1881	1891	1901	1911
ウイクロウ州	110,767	121,557	126,143	98,979	86,479	78,697	70,385	62,136	60,824	60,711
ウェックスフォード州	170,806	182,713	202,033	180,158	143,954	132,666	123,854	111,778	104,104	102,273
ウェストミーズ州	128,819	136,872	141,300	111,407	90,879	78,432	71,795	65,109	61,629	59,986
キングズ州	131,088	144,255	146,857	112,076	90,043	75,900	72,852	65,563	60,187	56,832
カーロウ州	78,952	81,988	86,228	68,078	57,137	51,650	46,568	40,936	37,748	36,252
キルケニー州	181,946	193,686	202,420	158,748	124,515	109,379	99,531	87,261	79,159	74,962
キルデア州	99,065	108,424	114,488	95,723	90,946	83,614	75,804	70,206	63,566	66,627
ダブリン州	335,892	380,167	372,773	405,147	410,252	405,262	418,910	419,216	448,206	477,196
ミーズ州	159,183	176,826	183,828	140,748	110,373	95,558	87,469	76,987	67,497	65,091
ラウズ州	119,129	124,846	128,240	107,662	90,714	84,021	77,684	71,038	65,820	63,665
クイーンズ州	134,275	145,851	153,930	111,664	90,650	79,771	73,124	64,883	57,417	54,629
ロングフォード州	107,570	112,558	115,491	82,348	71,694	64,501	61,009	52,647	46,672	43,820

(出所) W. E. Vaughan & A. J. Fitzpatrick, Irish Historical Statistics, 1978

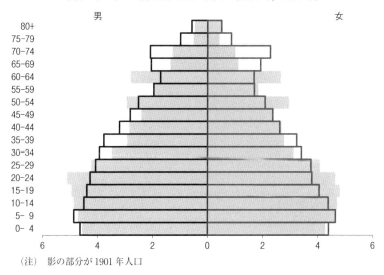

図 8-6 ミーズ州の人口ピラミッド (1901年, 1911年)

(注) 影の部分が1901年人口

第8章 20世紀初頭におけるアイルランド・ミーズ州の世帯構造

〜59歳コーホートでは両年度ともに少ないが，大飢饉によるものといえよう。また，30歳代・40歳代の減少は一時的出生率の減少や死亡率の要因によるものと推察される。そのような人口ピラミッド型が，クレア州では人口他出型のひょうたん型であったが，ミーズ州ではどちらかといえば出生率と死亡率の拮抗した富士山型のピラミッドを示し，1911年における1000人単位での移民率がクレア州の13.9，メイヨー州の17.4よりかなり少ない5.6であった。それは，ミーズ州では移民の必要性が少なく，前述したように，ミーズ州内である程度農業労働者としての雇用があったことによるものと考えられる。そして，1901年と1911年を比較すれば，24歳以下の減少，65歳以上の増加が認められる。65歳以上の増加は，1908年の老齢年金法の改正により，センサス記載時に年齢に意図的な変更が加えられていることによるものと判断できそうである。

男女比に関して，1901年では，婚姻年齢である20〜39歳において，すべての5歳コーホートが1.03〜1.11の範囲で男性が多く，1911年でも同じ結果を示す。1901年と1911年を比較すれば，男女比は，すべての年齢コーホートに拡大しているが，とくに，25〜29歳コーホートでは1.03から1.09へ，35〜39歳コーホートでは1.05から1.17に拡大していた。これは，女性の婚姻によるものか，他出によるものか判断できにくいものの，それは男性の婚姻範囲の縮小化を明確に示すものであり，その結果，婚姻選択範囲を困難にさせる要因のひとつであるといえる。

つぎに，図8-7は，ミーズ州における救貧区別に1841〜1911年の人口の変化を示したものである。ミーズ州の救貧区では，1841〜1911年の60年間に人口減少のトップがアーディーであり，28％まで人口が減少していた。それ以外では，ケルズ（30％），エデンデリー（31％）で，他方では，残存人口率が高い救貧区が，ダンショーリン（45％），ナヴァン（40％），トリム（38％）であり，どちらかといえば北部ミーズ州で人口減少が大きかった。ナヴァンとトリムには大きなタウンがあり，ナヴァン・タウンの人口が1871年で，2935人から1911年に2395人減少しているが，その幅は少ない。つまり，人口減少がどちらかといえば農村部で生起していたと見るべきだろう。1911年の人口密度（エーカー単位）から見れば，ミーズ州全体では，8.9人であるが，一番高い救貧区がダンショーリンの12.3人，以下にはエデンデリーの11.1人，アーディーの10.6人という順序であり，逆に一番低い救貧区がナヴァンの6.5人であり，以下ケルズの7.8人であり，それ以外の救貧区が8〜10の範囲であった。つまり，意外に高い救貧区が農村部であり，タウンを含む救貧区が低い傾向にあった。そこには，

330

図 8 - 7　ミーズ州の救貧区人口の変化

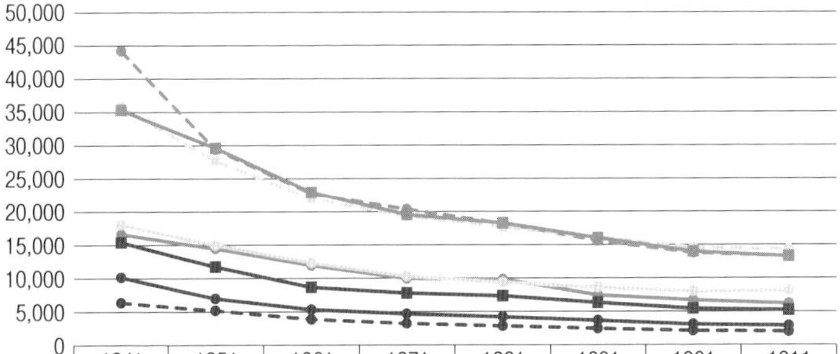

	1841	1851	1861	1871	1881	1891	1901	1911
アーディー	10,161	6,961	5,327	4,660	4,181	3,629	3,048	2,857
ドロヘダ	16,633	14,449	11,916	9,937	9,845	7,439	6,683	6,167
ダンショーリン	18,045	14,971	12,337	10,307	9,360	8,593	7,979	8,085
エデンデリー	6,365	5,165	3,850	3,220	2,832	2,441	2,088	1,966
ケルズ	44,156	29,382	22,722	20,353	18,165	15,585	13,769	13,271
ナヴァン	35,835	27,657	21,988	19,311	17,590	16,100	14,550	14,330
オールドカッスル	15,402	11,715	8,641	7,760	7,343	6,312	5,407	5,174
トリム	35,293	29,604	22,918	19,541	18,256	16,012	13,973	13,241

（出所）　各年次の Report of Census of Ireland から作成

人口の移動が低かったという要因が作用しているものといえよう。

　つぎに，表 8 - 11 は，ミーズ州における 1901 ～ 1911 年の人口，世帯数，農民の割合を示したものである。ミーズ州の 10 年間における人口減少が 6.4 ％であるが，救貧区単位で見ればケルズにおける 15.2 ％の減少が一番高く，以下アーディー，ドロヘダ，エデンデリー，ナヴァンが 6 ％で，それらはミーズ州の平均と同じである。他方，ダンショーリンが，唯一増加した救貧区であり，前述したように富裕な地域で，農業労働者や牛飼いの必要性が高く，増加する要因もあったものと見られる。また貧困地域のオールドカッスルが，ほとんど変化していなかった。ところで，ケルズの激減は，おそらく労働者層の移民によるものと推察される。

　以上において，ミーズ州における人口変化を検討したのであるが，そのような変化の要因と見られる，婚姻率・出生率・死亡率・移民から人口動態をつぎに見ておきたい。

　図 8 - 8 は，1865 ～ 1911 年におけるミーズ州の婚姻率・出生率・死亡率の変化を示したものである。婚姻率が，1865 年には 2.9 で低く，それ以降 1891 年に一時低くなったが，1901 年より上昇し，1911 年には 4.7 であり，クレア州の 3.8,メイヨー州の 4.0 より高くなっている。この婚姻率の上昇は，土地なし労働者の増加と関連し，彼らには，土地相続を待機している農民より，婚姻条件さえクリ

第 8 章　20 世紀初頭におけるアイルランド・ミーズ州の世帯構造　　331

表 8 − 11　ミーズ州の救貧区別人口・世帯数・農民の割合（1901 年，1911 年）

救貧区	1901			1911			10年間の人口増減
	人口数	世帯数	農民の割合	人口数	世帯数	農民の割合	
アーディー	3,024	688	59.1	2,840	689	50.1	▲184
ドロヘダ	6,595	1,524	35.3	6,139	1,484	28.3	▲456
ダンショーリン	8,147	1,857	36.6	8,329	1,893	27.0	182
エデンデリー	2,069	475	64.3	1,935	476	49.9	▲134
ケルズ	16,236	3,644	54.8	13,762	3,167	35.7	▲2474
ナヴァン	13,710	3,056	38.1	12,881	2,877	25.2	▲827
オールドカッスル	4,723	1,071	53.5	4,686	1,076	34.8	▲37
トリム	13,335	3,159	47.8	12,907	3,118	33.4	▲428
ミーズ州	67,839	15,474	46.7	63,479	14,780	32.3	▲4360

アできれば，婚姻することが家族戦略とみなされたのではないかと見られる。
　ところでレンスター地方では，45 〜 54 歳の生涯未婚率が，1841 年で13 %，それ以降増加して，1881 年に22 %，1911 年には31 %に達していた。他方では，25 〜 34 歳の未婚率が，1841 年では49 %であったが，1881 年に63 %に上昇し，1911 年に69 %であった［Kennedy and Clarkson 1993:165-168］。これらの2 つの数値から，レンスター地方では，生涯未婚者が他の地方より一番高く，逆に25 〜 34 歳の未婚率が，アルスター地方に次いで2 番目に低かった。したがって，レンスター地方に属するミーズ州も同じ性格を持つとみなされてよい。つまり，ミーズ州では生涯結婚しない労働者が多いが，農民の場合には，早く結婚する資源を持つもの，選択肢も多岐にわたり，彼らの家族戦略に依存するところが大きいものと考えられる。それらは，メイヨー州と対照的な性格を内包していたといってよい。
　そのような婚姻率に対して，出生率が，婚姻率の上昇した1881 年より以前の1871 年に23 でピークを迎え，それ以降には下降傾向であり，1911 年には18.8 であった。それらの数値がクレア州より，10 〜 4 の範囲で低かったのであり，少子化の性格を内包させていた。そして，死亡率に関して，1865 年に16.4 であったが，1891 年にピークの18.3 まで上昇し，それ以降低下傾向にあるといえる。したがって，ミーズ州では，婚姻率が上昇気味であったが，1891 年に出生率が死亡率と拮抗し，それ以降出生率が停滞したが，死亡率の低下で，自然人口

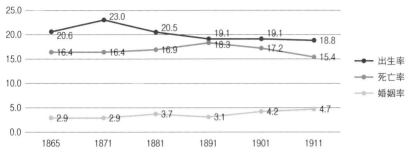

図8-8 ミーズ州の婚姻率・出生率・死亡率

（出所）Annual Report of the Registrar General for Ireland containing a General Abstract of the Numbers, Marriages, Births and Death Registered in Ireland, appropriate years から作成

表8-12 ミーズ州の救貧区別婚姻率（人口1000人に対する）

救貧区	1865	1871	1881	1891	1901	1911
アーディー	4.1	4.7	3.3	3.9	3.3	4.9
ドロヘダ	4.3	4.0	5.1	3.8	4.2	4.2
ダンショーリン	2.2	3.3	6.3	2.5	4.6	4.3
エデンデリー	4.1	4.1	3.4	2.0	5.8	5.3
ケルズ	2.1	1.0	2.5	2.8	4.3	6.0
ナヴァン	3.6	4.2	3.9	2.6	5.0	5.8
オールドカッスル	3.4	3.9	2.4	2.4	2.8	2.6
トリム	3.4	3.8	3.5	4.2	3.4	3.5
ミーズ州	2.9	2.9	3.7	3.1	4.2	4.7

（出所）Annual Report of the Registrar General for Ireland containing a General Abstract of the Numbers, Marriages, Births and Death Registered in Ireland, appropriate years から作成

増加が確保されることになったと見られる。

さらに、表8-12により婚姻率を救貧区別に見ておけば、婚姻率が、1865～1891年において各救貧区で大きく変化しているものと見られるが、それは単年度の婚姻件数によるバイアスによるものである。ここでは、1901年と1911年に限定して婚姻率を見れば、ナヴァンが5.0から5.8、ケルズが4.3から6.0、エデンデリーが5.8から5.3、ダンショーリンが4.6人から4.3人に、それぞれ変化しながら、高い数値を示していた。他方、オールドカッスルでは、1881年以降低い婚姻率が連続し、1911年で一番低い救貧区であった。したがって、婚姻

表 8 - 13　ミーズ州の救貧区別出生率（人口 1000 人に対する）

救貧区	1865	1871	1881	1891	1901	1911
アーディー	21.0	26.0	19.1	17.6	15.1	20.3
ドロヘダ	23.6	25.3	23.7	21.4	18.9	15.9
ダンショーリン	18.4	21.4	19.5	17.8	17.4	18.0
エデンデリー	20.4	23.9	24.6	20.1	22.5	16.3
ケルズ	21.7	24.0	19.7	17.8	19.0	18.0
ナヴァン	21.0	21.1	21.4	20.0	20.0	19.7
オールドカッスル	25.8	28.0	24.3	15.8	18.0	21.6
トリム	20.2	24.7	21.0	20.2	20.0	19.3
ミーズ州	20.6	23.0	20.5	19.1	19.1	18.8

（出所）　Annual Report of the Registrar General for Ireland containing a General Abstract of the Numbers, Marriages, Births and Death Registered in Ireland, appropriate years から作成

　率に関して，各救貧区はかなりの変化を経験していたのであるが，救貧区単位では十分明らかな違いが認められなかったといえよう。

　他方，それに関連する出生率を表 8 - 13 で見れば，1865 年から 1911 年まで出生率が安定している救貧区は，トリム，ダンショーリン，ナヴァン，ケルズである。他方で，変化が大きい救貧区としてアーディー，ドロヘダ，エデンデリー，オールドカッスルが該当している。したがって，1911 年ではどちらかといえば，中核地帯の救貧区が，周辺地帯の救貧区より，出生率が安定していたといえよう。

　救貧区別死亡率を示した表 8 - 14 を見れば，死亡率が 1865 年で高い救貧区が，ドロヘダの 20.1 であり，以下ナヴァン，トリムという順序であった。1865 年以降低下した救貧区が，ドロヘダ，ナヴァン，トリムあたりであるが，すべての救貧区では上下の変化が認められた。1865 〜 1881 年まで高い死亡率であったドロヘダ，トリムあたりは町部を含み，農村部より高い傾向にあったと見られる。ただ，1901 年と 1911 年の期間に死亡率が低下していた救貧区が，ドロヘダ，ダンショーリン，ケルズ，ナヴァンであった。逆に，上昇した救貧区が，アーディー，エデンデリー，オールドカッスルであった。したがって，どちらかといえば，中核地帯で低下し，周辺地帯で上昇していたように思われる。

　以上から，ミーズ州の人口構造は，婚姻率が 1901 年以降上昇したにもかかわらず，出生率の減少は，メイヨー州のように多産ではなく，少産であった可能性が高い。それに死亡率の減少という動態傾向が認められた。婚姻率の上昇が，農

334

表8-14　ミーズ州の救貧区別死亡率（人口1000人に対する）

救貧区	1865	1871	1881	1891	1901	1911
アーディー	16.8	16.4	12.0	16.3	12.8	17.1
ドロヘダ	20.1	18.5	20.3	22.9	15.9	13.0
ダンショーリン	15.0	16.5	18.0	19.1	17.8	12.7
エデンデリー	15.7	16.4	17.5	13.9	10.1	14.4
ケルズ	13.4	14.7	13.4	15.6	17.1	15.5
ナヴァン	18.7	15.4	15.4	19.8	16.8	14.4
オールドカッスル	14.1	16.4	15.2	15.8	18.9	21.3
トリム	18.1	19.1	21.0	18.9	19.4	16.6
ミーズ州	16.4	16.4	16.9	18.3	17.2	15.4

（出所）　Annual Report of the Registrar General for Ireland containing a General Abstract of the Numbers, Marriages, Births and Death Registered in Ireland, appropriate years から作成

民より労働者での増加と考えられる。したがって，その婚姻率の上昇にもかかわらず，それが出生率と対応していないことから見れば人口増加の原因が出生率によるものではなく，死亡率の低下にあったものと判断すべきであろう。このような人口構造が，つぎの世帯構造にも影響を与えると見られるが，それは農民と労働者では大きく相違するものと見られる。つまり，農民の方が労働者より婚姻率が低く，晩婚か，生涯未婚になる可能性が大きく，それは家族戦略と関係していたと判断されるが，労働者の場合には，生活条件がある程度充足すれば，容易に婚姻することが彼らの家族戦略であったからである。その結果，ミーズ州の世帯構造は，メイヨー州・クレア州と比較すれば以下で述べるように，独居世帯・非家族世帯が多くなってくるものと予想される。

　他方，社会的人口移動の移民を前出で示したクレア州・メイヨー州・ミーズ州における1851年から1911年までの移民累計率を図7-9（275頁）で見ておこう。それによれば，ミーズ州の移民は，1876年には，その数値が40.8であり，それはクレア州より少なかったが，クレア州では，その後も移民が増大していた。メイヨー州を含めたコナハト地方では，飢饉後すぐに移民が開始されたのではなく，他の地方より遅かったというのが通説である。しかし，メイヨー州では，1870年代の小飢饉以降に移民が増加し始め，1896年にミーズ州に近寄り，1901年にはミーズ州を超えていることが理解された。つまり，クレア州では，不分割相続が浸透した後，継承者以外の子供が，とくに男子がアメリカへの移民を志したの

に対して，メイヨー州は，分割相続が遅くまで残存していた地域であった。しかし，ミーズ州では，大飢饉後に一時期多く移民したものの，継承者以外の兄弟が，ダブリン周辺で従事しやすかったこと，また，大農場経営の場合には，農業労働者として残留するという家族戦略がとられたため，意外にミーズ州を含めたレンスター地方では，移民が少なかったと見られる。

　表8-15は，1876〜1911年の35年間における年齢コーホートと男女別，既婚男女の移民数をクロス集計したものである。ミーズ州の移民が，大飢饉以降には多かったと思われるが，1876年の単年度では363人，1881年には1400人，1886年と1891年には500人，1896年には350人，1901年には300人，1911年には290人であり，1881年以降減少していることが読み取れる。それらのミーズ州の移民数が，先述した，クレア州よりかなり少ない数値であった。男女別で見れば，1891年と1911年では女性が男性より多いものの，それ以外の年代では，性差に大きな相違が見出されなかった。未婚移民の年齢に関して，すべての時期では20〜30歳コーホートが一番多く，すべての年代で，このコーホートが中核を占めていた。そして，1876年と1881年では，10〜20歳コーホートと30〜40歳コーホートには伯仲した分布が認められたが，その時期以降，それらのコーホートが，お互い減少傾向にあった。既婚の男女に関しては1891年まで，100人近くであったものの，それ以降急減していた。また，既婚男女の年齢に関して，未婚者よりも年齢コーホートが高かった。移住前の職業を見れば，ほとんどの男性移民が労働者，女性移民がサーヴァントであった。

　彼らは，農家で継承者から排除された場合には，渡航費などが援助されて移民したものと思われる。しかし，元来労働者の場合には，自分で渡航費を工面するか，アメリカなどの移民親族からの援助に頼ったに違いない。移民は，ダブリン港やダンドーク港から容易であり，移民先は1876〜1891年までは90％近くがアメリカであったが，それ以降，その割合が80％台になり，カナダへの移民も見られるようになったのである。しかし，ミーズ州の移民は，メイヨー州・クレア州より少なく，移民よりも国内で就業する機会があったものと推察される。つまり，ミーズ州では，アメリカなどの移民が適応的戦略とはみなされず，家族内での残留，国内での就業や移動が彼らの家族戦略だったといえそうである。

　先述したミーズ州の人口減少が1860年以降大きく認められない。つまり，そこには，婚姻率の上昇が見られるものの，出生率の減少，死亡率の減少により，人口の自然増加が顕著でなかったのであり，それがメイヨー州のような多産型ではなく，少産少死型による自然人口と，移民人口の減少に伴ったことにより，

表 8 - 15　ミーズ州の年齢コーホート別移民数

年度	男女別	～10	10～20	20～30	30～40	40～50	50～	計
1876	男	13	23	97	27	20	8	188
	女	17	32	81	18	19	7	174
1881	男	47	85	502	71	41	17	763
	女	34	140	377	41	29	18	639
1886	男・未婚	35	59	205	29	10	1	339
	男・既婚	0	0	8	13	20	11	52
	女・未婚	14	104	154	11	1	0	284
	女・既婚	0	0	19	13	14	10	56
1891	男・未婚	23	74	265	43	3	1	109
	男・既婚	0	0	8	7	11	12	38
	女・未婚	17	129	152	12	1	0	311
	女・既婚	0	0	15	3	20	8	46
1896	男・未婚	8	12	90	28	6	0	166
	男・既婚	0	0	3	5	8	4	20
	女・未婚	8	28	95	11	2	0	144
	女・既婚	0	0	3	9	6	3	21
1901	男・未婚	5	15	87	23	2	0	132
	男・既婚	0	0	0	11	10	2	23
	女・未婚	3	20	83	15	2	0	125
	女・既婚	0	0	2	5	4	2	13
1906	男・未婚	7	32	159	41	3	0	242
	男・既婚	0	1	3	11	12	0	27
	女・未婚	3	77	123	14	1	1	219
	女・既婚	0	0	1	15	10	1	27
1911	男・未婚	7	17	93	26	1	0	144
	男・既婚	0	0	5	18	7	0	30
	女・未婚	4	27	52	7	0	0	90
	女・既婚	0	0	5	15	3	0	23

（出所）　各時期の Emigration Statistics から作成

第 8 章　20 世紀初頭におけるアイルランド・ミーズ州の世帯構造　　337

ミーズ州の人口が現状維持であったと見られるのである。しかし，そこには農民と労働者での人口構造に相違が見られたことも前述した。

　以上で見てきたような農業構造と人口構造の特徴が，つぎの世帯構造にどのように反映されているのかを以下で検討しよう。

4　ミーズ州の世帯構造

(1) 世 帯 主

　まず表8-16により世帯主の年齢構成を見れば，世帯主の平均が1901年の52.2歳から54.4歳に2.2歳に上昇している。その内訳を見れば，1901年では50～59歳コーホートが中核で，以下60～69歳コーホート，40～49歳コーホートという順序であった。しかし1911年には60～69歳コーホートと40～49歳コーホートが同じ割合であり，30～39歳コーホートから70～79歳コーホートへの広範囲な拡大が特徴といえそうである。世帯主の男女別で見れば，1901年と1911年ともに，男性の世帯主が，女性より3倍多かった。1901年では，男性の世帯主は，50～59歳コーホートがピークであり，以下40～49歳コーホート，60～69歳コーホートという順序であるが，女性世帯主は，69～69歳コーホートに集中性が見られ，以下50～59歳コーホート，40～49歳コーホートという順序であった。つまり，女性世帯主が男性世帯主より1コーホート上であることは，男性世帯主の死亡後世帯主になる傾向があるものと読むことができよう。

　年齢分布を農民・労働者・その他に区分した図8-9を見れば，1901年では農民が60～69歳コーホートを中核として40～60歳まで拡大分布を示すが，労働者が，50～59歳コーホートを中核に30歳～49歳コーホート，60～69歳コーホートへ拡大するという相違した分布がそこに認められる。また1911年において農民が60～69歳コーホートでピークであるものの，40～59歳コーホートと70～79歳コーホートへの世帯主年齢の拡大化が顕著であった。労働者が，40～49歳コーホートでピークを示し，30～39歳コーホートへの拡大，50～69歳コーホートへの減少が見られ，そこに農民と労働者のコントラストが明白になる。

　つまり，世帯主が20～29歳コーホートでは，農民が2.8％と2.5％，労働者が6.6％と6.4％，30～39歳コーホートでは農民が10.3％と9.6％であることは極めて低いといえよう。それはアイルランドの一般的特徴であると見られるが，そこには，農民世帯主の年齢上昇化，労働者の下降化が顕著に見られ，それ

338

表8-16 ミーズ州の世帯主・性別年齢構成（1901年，1911年）

年齢	1901 男性	1901 女性	1901 計	1911 男性	1911 女性	1911 計
～19	0.2	0.2	0.2	0.2	0.1	0.2
20～29	6.3	3.5	5.6	5.4	2.4	4.7
30～39	16.1	8.7	14.3	17.7	7.0	15.2
40～49	21.4	14.7	19.8	21.9	12.3	19.6
50～59	23.4	24.0	23.6	19.8	16.8	19.1
60～69	20.9	30.8	23.4	17.7	26.0	19.6
70～79	9.2	13.3	10.2	14.7	30.5	18.4
80～89	2.2	4.3	2.7	2.5	4.5	2.9
90～	0.2	0.4	0.2	0.2	0.5	0.3
計	100.0	100.0	100.0	100.0	100.0	100.0
総数	11,670	3,788	15,462	11,291	3,467	14,758
平均	50.9	56.1	52.2	52.4	60.9	54.4

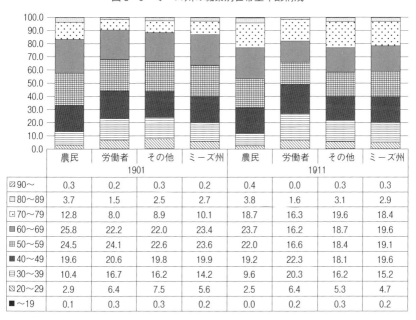

図8-9 ミーズ州の職業別世帯主年齢構成

	農民 1901	労働者 1901	その他 1901	ミーズ州 1901	農民 1911	労働者 1911	その他 1911	ミーズ州 1911
90～	0.3	0.2	0.3	0.2	0.4	0.0	0.3	0.3
80～89	3.7	1.5	2.5	2.7	3.8	1.6	3.1	2.9
70～79	12.8	8.0	8.9	10.1	18.7	16.3	19.6	18.4
60～69	25.8	22.2	22.0	23.4	23.7	16.2	18.7	19.6
50～59	24.5	24.1	22.6	23.6	22.0	16.6	18.4	19.1
40～49	19.6	20.6	19.8	19.9	19.2	22.3	18.1	19.6
30～39	10.4	16.7	16.2	14.2	9.6	20.3	16.2	15.2
20～29	2.9	6.4	7.5	5.6	2.5	6.4	5.3	4.7
～19	0.1	0.3	0.3	0.2	0.0	0.2	0.3	0.2

表 8 - 17　ミーズ州の世帯主職業（1901 年，1911 年）

職業コード	職業分類	1901	1911
5	警察官	0.5	0.1
32	教員	0.1	0.6
55	庭師	0.3	0.5
56	家内サーヴァント	3.8	1.1
60	ケアテーカー	0.4	0.4
62	掃除婦	0.5	0.2
63	洗濯，風呂掃除	0.3	0.1
81	鉄道関係事務員	0.4	0.5
84	御者	0.5	0.5
100	農民	46.5	44.4
103	農業労働者	18.3	20.6
104	牧羊者	3.7	3.6
112	造園業	0.6	0.5
114	馬飼い	0.6	0.8
116	家畜商人	0.5	0.5
118	ゲームキーパー	0.3	0.2
168	大工	1.5	1.7
170	石工職人	0.3	0.3
197	馬具職人	0.2	0.3
214	ホテル経営	0.9	1.0
225	肉屋	0.3	0.2
231	パン屋	0.4	0.3
236	八百屋	0.4	0.4
275	衣料品商	0.2	0.3
282	洋服仕立て工	0.7	0.5
283	婦人帽，婦人服，コルセット製造	0.5	0.3
285	下着製造，仕立て屋	0.2	0.3
290	靴製造・販売	0.9	0.7
377	鍛冶屋	0.6	0.8
399	一般商人，卸売り業	0.6	0.4
404	一般労働者	8.4	12.9
	計	93.4	95.0
	総数	11,900	10,747

（注）　原則的に 3 ％以上の職業のみ

は後述するように農民の家長による家長権の長期化，後継者の未婚化・晩婚化，労働者の場合には，家族状況の整備により婚姻が可能で，それが世帯主の年齢下降と対応するものと考えられる。

　ちなみに世帯主の婚姻率を見ておくと，ミーズ州では1901年と1911年とも52.4％であるが，クレア州の63.1％と62.1％より低い。また生涯未婚率を算出すれば，クレア州の場合，世帯主では9.3と14.3，ミーズ州が全体で28.5と34.0，世帯主で23.1と24.4で，それらはミーズ州での世帯主婚姻率が低いことを示す。つまり，ミーズ州の生涯未婚率がクレア州（全体で14.3と23.5，世帯主で9.3と14.3）より極めて高かった。このようなミーズ州の生涯未婚化が世帯形成に大きなインパクトを与えるものといえよう。そして，それが，後述する世帯分類における兄弟同居の世帯形態や未婚の独居世帯と結びつくことになる。

　つぎに表8-17は，世帯主職業について，414種類の職業分類のうち0.3％以上である職種を抽出したものであるが，そこに32種類の職業が含まれる。そのなかで一番多い職業は，圧倒的に農民であり，その数値は1901年の46.5％，1911年の44.4％であるが，以下農業労働者の18.3％と20.6％，一般労働者の8.4％と12.9％，牧羊者の3.7％と3.6％という順序を示す。しかしクレア州における農民の56.8％と比較すれば，それは低い数値を示す。それ以外に1％を超える職業は大工，ホテル・パブ経営者のみであった。ミーズ州の職業分布に関して，第1に，ミーズ州で農業労働者と牧羊者の多さが，牧畜による大規模農業経営であることを明確に示す。第2に，一般労働者の多さが，ミーズ州における立地，つまりナヴァン，トリム，ケルズという地方町および隣接するダブリン市における労働市場の存在を示唆するものといえる。

　それでは，以上のような世帯主の属性を持つミーズ州の世帯構造をつぎに検討しよう。

(2) 世帯規模

　表8-18でミーズ州の世帯規模を見れば，1901年では平均世帯規模が4.4人であったが，1911年では4.3人にわずかに減少しているものの，それはほぼ同じ数値とみなしてよい。世帯規模の内訳を見れば，1901年には3人世帯が16.7％でピークであり，2人世帯の16.6％，4人世帯の14.7％，5人の世帯の12.3％という順序であった。1911年には，世帯規模のピークが2人世帯に移動し，17.7％であり，以下，3人世帯の16.3％，4人世帯の14.9％，5人世帯の12.5％という順序であったが，ピークの移動が認められたものの，そこに大き

第8章　20世紀初頭におけるアイルランド・ミーズ州の世帯構造　　341

表 8-18　ミーズ州の職業別世帯規模（1901 年，1911 年）

人数	1901				1911			
	農民	労働者	その他	ミーズ州	農民	労働者	その他	ミーズ州
1	6.9	11.1	12.9	10.3	8.2	11.4	12.6	10.8
2	15.1	17.7	17.3	16.6	17.4	18.1	17.7	17.7
3	17.7	15.8	16.4	16.7	17.6	14.9	16.2	16.3
4	16.1	14.0	13.7	14.7	16.6	13.9	14.3	14.9
5	13.5	11.7	11.6	12.3	13.0	12.4	12.1	12.5
6	11.1	10.2	8.7	9.9	9.2	10.1	8.9	9.3
7	7.4	7.5	6.5	7.0	6.9	7.6	6.5	6.9
8	5.3	5.4	4.6	5.0	4.0	5.1	4.6	4.6
9	3.3	3.6	3.5	3.5	2.9	3.4	2.9	3.0
10	1.8	1.6	2.2	1.9	2.1	1.7	1.8	1.9
11	1.8	1.4	2.6	2.1	1.9	1.4	2.4	2.0
計	100.0	100.0	100.0	100.0	100.0	100.0	100.0	100.0
総数	5,336	3,527	6,000	14,863	4,774	4,001	5,991	14,766
平均	4.5	4.3	4.3	4.4	4.3	4.3	4.2	4.3

な相違が認められなかった。しかし，世帯規模を農民と労働者の職業から見れば，平均世帯規模に関して，1901 年には農民が 4.5 人で，労働者が 4.3 人であったが 1911 年には同数の 4.3 人であり，農民の世帯規模の減少が認められた。さらに，世帯規模の内訳に関して，1901 年では，農民が 3 人世帯の 17.7 ％で一番多く，以下 4 人，2 人，5 人という世帯規模の順序であるが，労働者が，2 人世帯の 17.7 ％で一番多く，以下，3 人，4 人，5 人という世帯規模の順序であり，しかも両者ともに 1 人世帯が多かった。それらの分布は 1911 年にもほぼ同じであった。このように，農民と労働者ではわずかであるが相違が認められたにすぎない。

　しかし，これらのミーズ州の世帯規模の特徴を，クレア州と比較すれば，それは平均規模の少なさ（5.2 人）とピークの低下（クレア州で 4 人）がミーズ州の特徴であるといえる。それは，ミーズ州における婚姻率・出生率・死亡率により反映されたものと見ることができるが，とくに前述したように生涯未婚率の多さに影響されていると見られる。

　表 8-19 は 1911 年のミーズ州の世帯規模を救貧区と農民・労働者・その他の

342

表8-19　ミーズ州の救貧区別・職業別世帯規模（1911年）

救貧区	職業	1〜2	3〜4	5〜6	7〜8	9〜	計	総数	平均
アーディー	農民	29.8	32.4	18.8	12.1	6.9	100.0	346	4.2
	労働者	25.3	31.8	24.7	12.9	5.3	100.0	170	4.3
	その他	36.4	34.1	17.9	8.1	3.5	100.0	173	3.7
	計	30.3	32.7	20.0	11.3	5.7	100.0	689	4.1
ドロヘダ	農民	24.5	36.2	22.1	8.0	9.2	100.0	326	4.3
	労働者	35.4	27.7	20.6	11.1	5.3	100.0	379	4.0
	その他	35.9	27.8	20.5	9.7	6.1	100.0	443	3.9
	計	32.5	30.1	21.0	9.7	6.7	100.0	1,148	4.1
ダンショーリン	農民	21.8	33.1	22.5	13.3	9.2	100.0	510	4.7
	労働者	27.5	29.6	22.3	13.2	7.5	100.0	615	4.4
	その他	32.7	28.9	20.5	10.2	7.6	100.0	764	4.2
	計	28.1	30.3	21.7	12.0	8.0	100.0	1,889	4.4
エデンデリー	農民	23.2	37.3	23.2	9.0	7.3	100.0	177	4.3
	労働者	37.0	32.9	15.1	6.8	8.2	100.0	73	3.8
	その他	38.1	25.7	21.9	9.5	4.8	100.0	105	3.8
	計	30.4	33.0	21.1	8.7	6.8	100.0	355	4.0
ケルズ	農民	24.3	34.5	24.7	10.6	5.9	100.0	1,129	4.3
	労働者	28.4	28.0	23.3	14.3	5.9	100.0	760	4.4
	その他	29.0	31.0	21.0	11.6	7.4	100.0	1271	4.3
	計	27.1	31.5	22.9	11.9	6.5	100.0	3,161	4.3
ナヴァン	農民	27.3	31.6	21.2	12.2	7.7	100.0	756	4.4
	労働者	25.6	30.7	24.0	11.2	8.5	100.0	804	4.5
	その他	28.0	29.4	22.0	12.6	8.0	100.0	1434	4.4
	計	27.2	30.3	22.4	12.1	8.0	100.0	2,996	4.4
オールドカッスル	農民	26.4	32.9	22.3	12.5	5.9	100.0	489	4.3
	労働者	30.7	30.1	23.3	11.3	4.6	100.0	326	4.1
	その他	24.6	32.7	22.2	13.1	7.4	100.0	594	4.5
	計	26.6	32.2	22.5	12.5	6.2	100.0	1,409	4.3
トリム	農民	26.6	36.4	21.2	9.4	6.3	100.0	1,041	4.2
	労働者	32.8	26.0	21.3	14.1	5.7	100.0	872	4.2
	その他	32.2	32.0	20.0	9.6	6.2	100.0	1,203	4.0
	計	30.5	31.8	20.8	10.8	6.1	100.0	3,116	4.1
ミーズ州	農民	25.6	34.2	22.2	11.0	7.0	100.0	4,774	4.3
	労働者	29.5	28.8	22.5	12.7	6.5	100.0	3,999	4.3
	その他	30.3	30.5	21.0	11.1	7.1	100.0	5,987	4.2
	計	28.6	31.2	21.8	11.5	6.9	100.0	14,760	4.3

第8章　20世紀初頭におけるアイルランド・ミーズ州の世帯構造

職業でクロス集計したものである。それによると，ミーズ州全体（4.3人）では，農民と労働者が，同数の4.3人，その他が4.2人であり，平均世帯規模で多い救貧区が，ダンショーリンとナヴァンの4.4人のみであった。また，農民と労働者の平均世帯規模で一番その差が大きかった救貧区が，ドロヘダの0.4人であり，それ以外では農民と労働者，その他の職業では，0.1～0.5人の範囲で農民の規模がプラスであったが，そこに大きな相違が認められなかった。また，農民の平均世帯規模が労働者よりマイナスの救貧区がケルズとナヴァンであり，農民とその他の職業の差がマイナスであるのはオールドカッスルのみであった。したがって，救貧区単位で，農民と労働者とその他の職業において世帯規模に優位差があったとはいえない。つまり，ミーズ州の世帯規模は，一般的に，先述したように婚姻率の低さ，とくに生涯未婚率の高さ，少子化に大きく影響され，それらの要因が農民・労働者・その他の職業に同じような性格として内包され，そのような世帯の小規模化が彼らの家族戦略であったといえそうである。

　それでは，そのような状況が，子供数にどのように影響していたのかを，つぎに見ておこう。

　表8-20で子供数を見れば，平均子供数が1901年では3.2人，1911年では3.1人であり，そこに大きな相違はない。しかし，クレア州（3.6人，3.5人）と比較すれば，ミーズ州では0.5人少ないことがわかる。その内訳を見ておくと，一番多い子供数が1人で両年とも24％であり，その他の職業の子供数と反比例している。1911年では4人までが78％占めており，5人以上では10％以下であることが読み取れる。そして，子供数分布では，農民と労働者という世帯主職業の変数に優位差が認められなかった。このように子供数の少なさが，世帯の小規模化と強く相関している。それらの子供数の少なさが，生涯未婚化や晩婚化と強く因果関係を持つ。つまり，1911年の婚姻率が，アイルランド全体では5.4，出生率が23.3，死亡率が16.6である。それが，クレア州では3.8，18.1，13.8，ミーズ州では4.7，18.8，15.4であり，両州ともにアイルランド全体より，婚姻率と出生率で低いが，死亡率も低い。つまり，婚姻率と出生率で低いが，それを死亡率の低さでカヴァーして人口の自然増を実現していた。どちらかといえば，ミーズ州が少産少死型であるが，ミーズ州では移民が少ないという理由で，人口減少が微減にとどまったと見てよい。

　以上から，そのような人口学的変数が子供数の小規模化，さらに世帯規模の低さと大きく関係していたと見るべきであろう。

　つぎに子供の年齢コーホートを表8-21で見れば，それは，0～9歳コーホー

表 8 - 20　ミーズ州の職業別子供数（1901 年，1911 年）

人数	1901				1911			
	農業	労働者	その他	計	農業	労働者	その他	計
1	21.4	22.5	26.6	23.8	23.6	22.2	26.5	24.4
2	21.8	21.6	21.6	21.7	21.0	19.5	23.3	21.5
3	19.2	14.9	17.7	17.5	19.0	18.4	18.9	18.8
4	14.9	14.7	12.5	13.9	14.0	14.2	11.9	13.2
5	9.4	10.5	8.4	9.3	9.5	10.6	8.2	9.3
6	6.4	7.2	6.3	6.5	5.6	6.8	4.9	5.7
7	3.6	4.8	3.6	3.9	3.7	4.6	3.3	3.8
8	2.0	2.4	2.1	2.1	2.2	1.9	1.9	2.0
9	0.9	1.2	0.8	0.9	0.7	1.0	0.6	0.8
10〜	0.4	0.0	0.4	0.4	0.7	0.6	0.5	0.6
計	100.0	100.0	100.0	100.0	100.0	100.0	100.0	100.0
総数	3,312	2,294	3,349	9,355	2,756	2,562	3,720	9,038
平均	3.2	3.3	3.1	3.2	3.2	3.3	3.0	3.1

表 8 - 21　ミーズ州の年齢別子供数（1901 年，1911 年）

年齢	1901		1911	
	男性	女性	男性	女性
0〜4	15.9	18.0	16.3	19.9
5〜9	16.8	19.4	17.3	20.6
10〜14	17.0	19.5	15.8	19.0
15〜19	15.0	15.9	13.5	13.8
20〜24	13.7	12.4	11.6	9.5
25〜29	9.4	8.0	9.0	7.4
30〜34	6.2	3.5	7.0	4.4
35〜39	3.2	1.6	4.7	2.8
40〜44	1.6	0.8	2.7	1.3
45〜49	0.6	0.4	1.4	0.8
50〜54	0.3	0.1	0.6	0.4
55〜59	0.2	0.2	0.2	0.1
計	100.0	100.0	100.0	100.0
総数	16,267	13,559	15,738	12,456

トまでは 1911 年が多いが，それ以外の年齢コーホートでは 1901 年の方が多い傾向にある。子供が減少する年齢層が 15 〜 19 歳コーホートで開始され，それ以降も減少が継続するが，30 〜 34 歳コーホートで急減しており，それは意外に遅いことも明らかになる。つまり，それは 15 〜 19 歳コーホートで労働者として就労するために離家することを意味している。男女別では 25 〜 29 歳コーホートまでほぼ同じ割合を示すが，それ以降 30 歳以上で男子が多くなり，特に 1911 年では 1901 年より増加していることがわかる。これは世帯主としての家長が家長権を長く維持することに強く関係したものといえる。

　またその年齢分布から見れば，それは未婚率が高いことを明らかに示していた。すなわち，1911 年では，男性が 30 〜 34 歳コーホートでは 6.7 ％，35 〜 39 歳コーホートでは 4.3 ％を占めている。この数値は，クレア州と類似したものであるが，それはアイルランド全体に 1881 年以降浸透した生涯未婚化・晩婚化という人口学的変数と家長による後継者の継承待機と何らかの関連があることを明確に示すものといえよう。

(3) 世帯類型

　ハメル＝ラスレットによる世帯分類にもとづいて作成した表 8 - 22 を見れば，ミーズ州では，1901 年において，単純家族世帯が 59.1 ％，非家族世帯が 23.8 ％，拡大家族世帯が 13.1 ％で，それらが中核を占めるが，独居世帯（3.2 ％）と多核家族世帯が（1.3 ％）が極めて低かった。1911 年には，単純家族世帯・拡大家族世帯・多核家族世帯が 1901 年とほぼ同じ割合であった。しかし，独居世帯では 3.2 ％から 10.9 ％への増加，非家族世帯では 23.8 ％から 17.6 ％への減少が強く認められた。すなわち，先述したクレア州の世帯構成と比較すれば，ミーズ州の世帯構成には，1901 年の非家族世帯と 1911 年の独居世帯が極めて多く，反対に単純家族世帯・拡大家族世帯・多核家族世帯の少なさが強く認知され，それは，ミーズ州の世帯形成において，家族的紐帯が弛緩していることを明確に示したものと判断できる。

　つぎに，世帯主職業から見れば，1901 年には，非家族世帯が，農民では 25.9 ％，労働者では 19.4 ％であり，それが 1911 年では，23.8 ％と 11.3 ％で減少しているものの，ミーズ州の世帯形成を特徴づけるものである。それ以外の世帯タイプでは，1901 年では，単純家族世帯が農民より労働者で多く，拡大家族世帯と多核家族世帯が農民で多かった。そして，そのような分布が，1911 年でも継続して見られた。つまり，独居世帯・非家族世帯の優位性は，世帯主が未婚

表 8 - 22　ミーズ州の職業別世帯構成（1901 年，1911 年）

世帯分類	1901				1911			
	農民	労働者	その他	計	農民	労働者	その他	計
独居世帯	1.6	2.8	4.7	3.2	8.2	11.7	11.1	10.9
非家族世帯	25.9	19.4	24.2	23.8	23.8	11.8	16.5	17.6
単純家族世帯	56.7	65.0	58.3	59.1	53.3	63.3	59.7	57.6
拡大家族世帯	14.1	11.6	12.0	12.5	13.1	11.8	11.7	12.3
多核家族世帯	1.7	1.2	0.9	1.3	1.6	1.4	0.9	1.5
計	100.0	100.0	100.0	100.0	100.0	100.0	100.0	100.0
総数	5,522	3,614	2,683	15,453	4,763	3,974	1,898	14,733

（注）　労働者は，農業労働者，一般労働者を含む

であることを意味し，それは婚姻率の低さと相関していた。さらにミーズ州では生涯未婚者も多かったと考えられる。とくに，非家族世帯では労働者より農民に多いことが大きな特徴であったといえる。

　以上から，ミーズ州における世帯形成が，アレンスバーグとキンボールによるクレア州で展開された典型的な直系家族である多核家族世帯が農民で 5 ％，メイヨー州で 5.7 〜 6.4 ％より少なく，独居世帯と非家族世帯，単純家族世帯の優位性が，東部アイルランドにおける世帯形成の特徴を顕現させたものといえる。

　そこで，表 8 - 23 の世帯分類の内訳にたちいって見れば，独居世帯では未婚者が寡婦・夫の 2 倍の数値であり，しかもクレア州の 2 倍であった。また非家族世帯では兄弟姉妹の同居がかなり多く，それが 9 ％を占め，親族の同居も 5 ％程度見られるが，しかも，それはクレア州の 2 倍であった。単純家族世帯ではクレア州とほぼ同じ分布が認められた。そして，拡大家族世帯と多核家族世帯がすべてのクラスでクレア州より少ないという特徴が見られた。以上から，ミーズ州の世帯では世帯形成がなされるものの，家族形成度が弱く，そこから家族崩壊的性格が強く内包されているものと判断されよう。

　つぎに，世帯主年齢と世帯形態を関係づけた図 8 - 10 を見れば，前述の独居世帯と非家族世帯が，すべての年齢コーホートで認められる。それは，とくに 29歳以下のコーホートと 30 〜 39 歳コーホートで一番多く，それ以降に減少しながらも，それらの形態が持続しているという特徴であった。単純家族世帯は，29歳以下のコーホートから開始されるが，30 〜 39 歳コーホートで増加し，50 〜59 歳と 60 〜 69 歳のコーホートで一番多く分布していることがわかる。拡大家

第 8 章　20 世紀初頭におけるアイルランド・ミーズ州の世帯構造　　　347

表 8-23 ミーズの世帯構成（下位分類による，1901 年，1911 年）

世帯分類	下位分類	1901	1911
1．独居世帯	1a 寡婦・寡夫	3.2	3.1
	1b 未婚・不明者	7.1	7.8
2．非家族世帯	2a 兄弟の同居	8.9	9.0
	2b その他の親族同居	4.5	4.7
	2c 親族関係のない者の同居	3.6	4.0
3．単純家族世帯	3a 夫婦のみ	6.8	7.6
	3b 夫婦と子供	34.1	33.7
	3c 寡夫と子供	5.2	4.7
	3d 寡婦と子供	12.7	11.7
4．拡大家族世帯	4a 上向的拡大	3.3	3.3
	4b 下向的拡大	5.1	5.0
	4c 水平的拡大	3.6	3.3
	4d 4a-4c の組合わせ	0.6	0.6
5．多核家族世帯	5a 上向的拡大	0.3	0.3
	5b 下向的拡大	1.0	1.1
	5c 水平的拡大	0.0	0.0
	5d 兄弟同居家族	0.0	0.0
	5e その他の多核家族世帯	0.1	0.1
計		100.0	100.0
総数		14,853	14,733

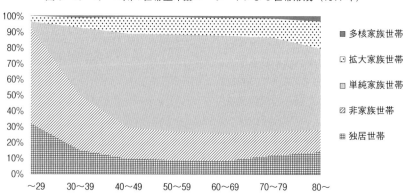

図 8-10 ミーズ州の世帯主年齢コーホートによる世帯形成（1911 年）

族世帯は 29 歳以下のコーホートで開始されるものの，それ以降徐々に増加し，70 ～ 79 歳と 80 歳以上コーホートで最大化を経験する。それらに対して，多核家族世帯は，前述した世帯構成でも見た，全年齢コーホートで少なく，70 ～ 79 歳と 80 歳以上のコーホートでわずかに増加しているものと見られる。

　つまり，ミーズ州では，世帯形成度がとくに若いコーホートで低いこと，世帯が形成されたとしても単純家族世帯が中核で，拡大家族世帯が世帯主年齢と相関しているものの，その割合が低いこと，さらに多核家族世帯がかなり少ない分布を示していた。

　このような非家族世帯と独居世帯の形成が先述した未婚化（生涯未婚も含む），晩婚化と大きく関連するものと思われる。さらにそれは，農民の家長が，土地保有権を長期に維持したい状況と，継承者が未婚で土地継承を待つが，大規模農の場合には，周辺に同等の階層で相手を見つけることが困難になり，継承後もすぐに婚姻により世帯形成するより，兄弟と同居する非家族世帯を形成する可能性が強く，その結果，世帯形成度の弱さになって発現するものと推察される。また 1880 年頃から未婚化や生涯未婚化が浸透し，それらの要因が拍車をかけ，1911 年にはそれがピークを迎え，それらの要因が非家族世帯と独居世帯の形成を促進させた大きな要因と考えられる。

　表 8 - 24 は，1911 年における救貧区と農民・労働者・その他の職業別の世帯構成を示したものである。それによれば，独居世帯では，農民が 8.2 ％，労働者が 11.6 ％，その他の職業が 12.6 ％であったが，救貧区と関係づければ，アーディー以外の救貧区では，すべて農民より労働者，その他の職業が多い数値を示していた。そこでは，ドロヘダの労働者が一番多く 15.2 ％で，以下エデンデリー，オールドカッスルという順序であり，その他の職業がエデンデリーの 22.1 ％であり，以下，アーディー，ドロヘダという順であった。それらは周辺地帯の救貧区に集中していた。農民に関して，エデンデリーで一番多く 11 ％を占めていたが，それ以外の救貧区では有意な差が認められなかった。

　非家族世帯が 23.8 ％，11.9 ％，12.6 ％であったが，農民では，トリムが 26.2 ％で一番多く，以下，ドロヘダの 25.6 ％，ダンショーリンの 24.7 ％，ナヴァンの 24.0 ％という順序であった。また，労働者では，アーディーが 14.6 ％で一番多く，以下，ダンショーリンの 13.5 ％，ナヴァンの 13.3 ％であった。その他の職業では，アーディーが一番多く 18.5 ％で，ダンショーリンの 17.9 ％，ドロヘダの 17.6 ％であった。つまり，非家族世帯は，農民が中核地帯で多い傾向にあった。

第 8 章　20 世紀初頭におけるアイルランド・ミーズ州の世帯構造　　349

表 8 - 24 ミーズ州の救貧区別・世帯主職業別世帯構成 (1911 年)

救貧区	職業	独居世帯	非家族世帯	単純家族世帯	拡大家族世帯	多核家族世帯	計	総数
アーディー	農民	8.7	23.5	54.2	12.8	0.9	100.0	345
	労働者	8.2	14.6	62.6	14.0	0.6	100.0	170
	その他	17.9	18.5	53.2	9.8	0.6	100.0	173
ドロヘダ	農民	7.1	25.6	54.0	11.7	1.5	100.0	324
	労働者	15.2	9.4	60.4	12.9	2.1	100.0	381
	その他	16.5	17.6	53.6	11.3	0.9	100.0	442
ダンショーリン	農民	6.5	24.7	53.3	13.9	1.6	100.0	510
	労働者	9.6	13.5	62.6	13.2	1.0	100.0	613
	その他	13.2	17.9	56.7	10.7	1.6	100.0	760
エデンデリー	農民	11.0	23.6	50.3	13.6	2.3	100.0	177
	労働者	11.0	12.3	71.2	4.1	1.4	100.0	73
	その他	22.1	13.5	51.0	12.5	1.0	100.0	104
ケルズ	農民	8.4	21.1	55.6	13.2	1.8	100.0	1,125
	労働者	11.2	11.1	64.9	11.8	1.1	100.0	760
	その他	10.1	16.5	59.5	12.6	1.3	100.0	1272
ナヴァン	農民	8.1	23.9	52.4	14.3	1.3	100.0	756
	労働者	9.4	13.3	64.4	11.0	2.0	100.0	799
	その他	11.5	16.8	57.9	11.7	2.1	100.0	1431
オールドカッスル	農民	9.8	21.6	54.7	12.7	1.2	100.0	489
	労働者	14.1	10.4	61.3	12.9	1.2	100.0	326
	その他	9.2	13.9	62.0	12.2	2.7	100.0	590
トリム	農民	8.6	26.2	50.9	12.4	1.8	100.0	1,037
	労働者	13.8	11.1	62.6	11.0	1.5	100.0	871
	その他	15.0	16.6	54.8	12.5	1.1	100.0	1199
ミーズ州	農民	8.2	23.8	53.3	13.1	1.6	100.0	4,763
	労働者	11.6	11.9	63.2	11.8	1.4	100.0	3,993
	その他	12.6	16.6	57.3	11.9	1.6	100.0	5,971

(注) 労働者は, 農業労働者, 一般労働者を含む

単純家族世帯が，農民では，ミーズ州全体の数値に近く，50～55％の範囲で
あったが，労働者では53.3％と63.2％であったが，エデンデリーが71.2％で
一番多いものの，ほぼ60～65％の範囲であり，その他の職業では，オールド
カッスルで一番多く，51～59％であり，それは，農民と労働者より拡散した分
布を示していた。したがって，労働者世帯が一番単純家族世帯を形成しており，
婚姻条件を満たせば，それが一番良い家族戦略と認められたのであろう。

　拡大家族世帯と多核家族世帯を含む複合家族に関して，農民の多い救貧区が，
エデンデリーの15.9％で，以下，ナヴァンの15.6％，ダンショーリンの
15.5％であったが，労働者で一番多い救貧区がアーディーの14.6％，ダン
ショーリンの14.2％，ドロヘダの14.1％であった。すなわち，複合家族世帯は
どちらかといえば，中核地帯における農民に多いといえるが，それは農民と労働
者で1～2％程度の違いであり，そこに農民と労働者とに有意な差がなかったも
のと判断される。しかし，前述したように，ミーズ州では，救貧区単位で見ても，
どちらかといえば，独居世帯・非家族世帯・単純家族世帯の組み合わせが優位で
あり，複合家族世帯が劣位であった。

　以上のような世帯構成と年齢コーホートおよび救貧区別世帯構成で見た特徴を，
大規模牧畜農であるダンショーリン救貧区を例にとり，世帯主の年齢，職業，ハ
メル＝ラスレットの世帯分類の3変数により，詳細に検討したい。

　まず，表8-25で見れば，ダンショーリンの農民の場合，独居世帯が，各コー
ホートで4～10％の範囲で低い数値であったが，非家族世帯がすべての年齢
コーホートで多く，30～39歳コーホートと70～79歳コーホートで30％を占め，
それ以外のコーホートでも23～28％の範囲であった。そして，単純家族世帯が，
80歳以上のコーホートで一番多く59％を占めるが，それ以外のコーホートでは
ほぼ50％に納まっていた。拡大家族世帯では，30～39歳コーホートで少ない
ものの，ほぼその割合が年齢コーホートの上昇と対応していた。多核家族世帯が
少ないものの，70～79歳コーホートで一番多かった。

　他方，労働者の場合には，独居世帯が29歳以下と30～39歳の若いコーホー
トと高齢者のコーホートに二分されていた。非家族世帯では，若い世代のコー
ホートと70歳以上のコーホートに二分されており，これは独居世帯と同じ特徴
といえる。単純家族世帯が40～49歳コーホートで一番ピークを迎え，それ以降
減少していた。拡大家族世帯が，60歳以上のコーホートで一番多く，多核家族
世帯が少ないものの，コーホート上昇と対応関係が認められた。

　さらに，その他の職業世帯に関して，独居世帯が，29歳以下の若いコーホー

表8-25　ミーズ州ダンショーリン救貧区の職業別・世帯主年齢別世帯構成（1911 年）

年齢	独居世帯	非家族世帯	単純家族世帯	拡大家族世帯	多核家族世帯	計	総数
農民							
～29	7.1	28.6	50.0	14.3	0.0	100.0	14
30～39	7.5	30.2	54.7	5.7	1.9	100.0	53
40～49	9.8	23.2	50.9	15.2	0.9	100.0	112
50～59	6.3	24.4	55.9	12.6	0.8	100.0	127
60～69	4.5	22.5	57.7	13.5	1.8	100.0	111
70～79	3.9	31.6	44.7	15.8	3.9	100.0	76
80～	5.9	0.0	58.8	35.3	0.0	100.0	17
計	6.5	24.7	53.3	13.9	1.6	100.0	510
労働者							
～29	15.2	26.1	56.5	2.2	0.0	100.0	46
30～39	10.8	12.6	63.1	12.6	0.9	100.0	111
40～49	6.2	10.3	74.0	9.6	0.0	100.0	146
50～59	5.6	13.5	65.9	13.5	1.6	100.0	126
60～69	15.7	11.3	54.8	17.4	0.9	100.0	115
70～79	9.5	17.5	49.2	22.5	1.6	100.0	63
80～	0.0	16.3	50.0	16.7	16.7	100.0	6
計	9.6	13.5	62.6	13.2	1.0	100.0	613
その他							
～29	19.7	39.3	36.1	4.9	0.0	100.0	61
30～39	7.3	16.3	64.2	11.4	0.8	100.0	123
40～49	9.1	18.3	66.5	5.5	0.6	100.0	164
50～59	6.9	12.2	72.5	7.6	0.8	100.0	131
60～69	15.6	14.9	53.2	14.9	1.4	100.0	141
70～79	24.3	19.2	35.8	15.0	5.8	100.0	120
80～	19.0	19.0	33.3	28.6	16.7	100.0	21
計	13.1	18.1	56.5	10.6	1.6	100.0	761

（注）　労働者は，農業労働者，一般労働者を含む

トで，他の職業より一番多く 19.7 ％を占めていたが，それ以降減少し，60 歳以上の高齢者のコーホートで増加していた。非家族世帯も 29 歳以下の若いコーホートでも一番多く，39.3 ％であり，それ以降減少していた。それらに対して，

単純家族世帯が 30 〜 39 歳コーホートで増加し，50 〜 59 歳コーホートでピークを迎えている。拡大家族世帯が 60 〜 69 歳以降のコーホートで増加し，多核家族世帯が 70 歳以上のコーホートで増加していた。

したがって，これらの農民・労働者・その他の職業世帯を比較すれば，農民が独居世帯では労働者，その他の職業より少ないが，非家族世帯で多いという特徴がまず指摘できる。つまり，ダンショーリンでは，世帯主になったとしてもすぐに婚姻するのではなく，兄弟あるいは親族と同居する可能性が大きく，それが彼らの家族戦略だった。すなわち，非家族世帯で同居する親族では，一番兄弟姉妹が多く，全体の 38.9 ％を占め，それ以外では孫（30 ％），甥・姪（14.3 ％）であった。しかし，その親族同居数（931 人）では，その他の職業で一番多く 81.3 ％を占め，労働者が 13.4 ％，農民が 5.3 ％であり，意外に農民の親族数が少なかった。だが，農民で同居親族数が少ないものの，兄弟姉妹が 70 ％を占めており，労働者では，兄弟姉妹（41.6 ％），甥・姪（24 ％），孫（12.8 ％）で，その他の職業では，兄弟姉妹（39 ％），孫（25.9 ％），甥・姪（22.1 ％）であった。

なお，同居親族数の性別では，ダンショーリン全体では女性親族（51.7 ％）が，男性親族（41.4 ％）より多く，婚姻に関して，同居親族全員（931 人）のなかで，男性の未婚率（92.3 ％）が女性（84.9 ％）より高かった。

そのような農民に対して，労働者とその他の職業世帯では，30 〜 39 歳コーホートで，婚姻が開始され，それが単純家族世帯を形成させていた。そして，その後拡大家族世帯へ移行していた。しかし，農民は依然非家族世帯を維持しながら，婚姻による単純家族世帯も形成するが，その割合が労働者より低かった。また，世帯主の年齢上昇に伴い拡大家族世帯へ移行するパターンが認められた。だが，農民では，親族との同居が，他の職業より少なく，その同居親族が兄弟姉妹に限定されていたが，農民世帯では，後継者以外の兄弟以外の親族が早い段階で離家する可能性が強かった。そして，労働者と他の職業の世帯を比較すれば，それらの世帯では，独居世帯から，非家族世帯への移行も認められるが，婚姻を契機に単純家族世帯を形成させる。しかし，それは親族員が農民のように兄弟姉妹に限定されるのではなく，多くの傍系親族員を世帯に内包させながら世帯形成していたことがわかる。

以上のように，ミーズ州における世帯形成度の低さは，世帯主の未婚に顕現されていたのであった。つまり，大農場規模で一番商業的牧畜化が進行していたダンショーリンの家族戦略が，ミーズ州における農民家族構造を象徴していたと

いっても過言ではない。逆に，労働者やその他の職業では，婚姻がある段階で一番幸福を追求する手段としての家族戦略とみなされたのであろう。

　そこで，なぜミーズ州では非家族世帯が，これまで見てきたメイヨー州・クレア州より多く，家族形成度が低いのかを追究してみよう。そのために，ミーズ州で一番土地保有規模の商業的牧畜の性格の強いダンショーリンと，その周辺地帯と見られる中小規模で，耕作と牧畜の混合農業タイプのオールドカッスルとの比較をとおして検討したい。

　ダンショーリンでは，30 エーカー以下層の農民が 57 ％を占めていたのであるが，貧困であったオールドカッスルでは 78 ％，100 エーカー層では 23 ％と 4 ％であった。栽培耕作地面積では，ダンショーリンが 8 ％であるが，オールドカッスルでは，ジャガイモとオート麦が多く 25 ％を占めていた。それに対して，肉牛では，ダンショーリンが，2 歳以上が 3.6 万頭で，オールドカッスルの 0.9 万頭より多かった。人口に関して，ダンショーリンが 1851 年から 1911 年の期間に 54 ％，オールドカッスルが 44 ％にそれぞれ減少していた。また，1911 年の婚姻率に関して，ダンショーリンが 4.3 であったが，オールドカッスルが 2.6 であり，出生率では，18 と 21.6，死亡率では，12.7 と 21.3 であり，そこにオールドカッスルの多産多死型の傾向が見られた。平均世帯規模では，ダンショーリンが 4.4 人，オールドカッスルが 4.3 人であり，そこに大きな違いが見られない。世帯形態では，ダンショーリンでは，独居世帯が 6.5 ％，非家族世帯が 24.7 ％に対し，オールドカッスルが 9.6 ％と 21.6 ％であった。さらに，45 〜 54 歳の生涯未婚者数に関して，ダンショーリンが兄弟姉妹で 202 人であるが，オールドカッスルが 155 人であった。このような指標により，ダンショーリンとオールドカッスルを比較すれば，婚姻率が土地保有規模と直接相関し，男性継承者の生涯未婚化が農場保有規模と相関していたと考えられる。さらに移民率もそのような農場保有規模と相関を持ち，移民が多くなれば，婚姻も可能になってくると考えられる[14]。つまり，ミーズ州では，富裕地域であるダンショーリンでも，周辺地区で貧困な救貧区であるオールドカッスルにおいても生涯未婚化が典型的に発現したのであるが，それ以外の救貧区でも，小規模保有農の場合，婚姻が可能かどうかは土地保有と関係し，30 エーカー以下であれば，婚姻の可能性が低くなり，さらにそこに兄弟姉妹が同居すればなおさら，生涯未婚あるいは晩婚である家族戦略を選択しなければならなかったといえる。さらに，ミーズ州ではいまだ行なわれている持参金システムにおいても，その準備が不可能であれば，姉妹が未婚で残留も認められた。それと，ミーズ州では，大規模農における兄弟による農業労働力と

しての認識も強かったのではないだろうか。そこで，最終的には，土地という生態学的条件により世帯形成もかなり影響され，そのような条件に応じて，移民するかあるいは残留するかが家族戦略として決定されたのであろう。他方では，労働者の方が土地保有に拘束されないがゆえに，婚姻条件が充足すれば，家族形成が可能であった。

　換言すれば，西部アイルランドのクレア州・メイヨー州と東部アイルランドのミーズ州の比較から，ミーズ州の世帯は，農民では非家族世帯と独居世帯が1901年で27.5％，1911年で32％に増加し，しかも非家族世帯では兄弟同居世帯が両年度とも9％を占めるという特徴を強く持つが，意外に早く，後継者以外の家族員による早い離家の可能性を強く内包させていた。そして，農民家族，とくに土地保有規模に対応して，婚姻せずに生涯未婚化が強く認められるのであり，そこに土地による拘束が強く作用していたとも考えられる。それゆえ，ミーズ州が，他の州より家族形成度が低いといわれることにもなる。他方，労働者の世帯でも1911年に独居世帯が増加しており，それらは，アイルランド全体で1911年以降浸透してきた晩婚化や生涯未婚者という婚姻変数がミーズ州でも大きなインパクトを世帯形成に与えていたものといえる。

(4) 親 族 数

　まずミーズ州における家族関係を表8-26で見ておくと，1901年では，まず世帯主に対する配偶者が50％の割合であり，その数値がクレア州の60％と比べて低い。それは，世帯主の未婚化率と対応したものであった。世帯主と配偶者に子供の50.8％が加われば，89％を占め，それは基

表8-26　ミーズ州の家族関係（1901年，1911年）

続柄	1901	1911
世帯主	25.3	26.3
配偶者	12.5	13.0
息子	27.7	27.9
娘	23.1	22.1
娘の配偶者	0.2	0.3
息子の配偶者	0.3	0.4
甥・姪	2.3	2.1
孫	2.3	1.4
父	0.0	0.1
母	0.4	0.3
義理の父	0.1	0.1
義理の母	0.0	0.2
兄弟	2.0	2.1
姉妹	3.2	3.4
兄弟の配偶者	0.2	0.2
姉妹の配偶者	0.3	0.2
合計	100.0	100.0
総数	61,070	56,245

第8章　20世紀初頭におけるアイルランド・ミーズ州の世帯構造　　355

表 8‒27　ミーズ州の居住親族とその他の居住者
（1901 年，1911 年）

関係	1901	1911
親	2.7	2.3
兄弟姉妹	21.6	20.9
兄弟姉妹の配偶者	1.8	1.8
子供の配偶者	1.2	2.5
甥・姪	9.1	8.4
孫	8.9	9.8
その他の親族	1.6	3.3
親族数	46.9	49.0
サーヴァント	27.1	23.3
同居人	1.8	1.4
寄宿人	5.2	6.5
訪問者	3.2	3.1

本的に夫婦家族を構成している。そして，息子の割合（27.7 ％）が娘（23.1 ％）より多い。それ以外の親族では，親の割合に関して，それがかなり少ない数値であるが，どちらかといえば世帯主の父母が，配偶者方の父母より多い。兄弟に関して，姉妹が（3.2 ％），兄弟（2.0 ％）より多かった。義理の子供に関しては，大きな相違が認知できなかった。したがって，ミーズ州における家族は，家族関係に関して，夫婦家族である単純家族世帯が中核を占め，3 世代の直系家族の要因が少なく，父母への垂直的拡大よりも兄弟姉妹の水平的拡大が優位であり，それはトッドのいう父系的同居による直系家族形成が弱かったと判断できよう。なお，それらの特徴は1901 年と 1911 年で大きな相違が見られなかった。

　表 8‒27 は，ウォールが 1983 年に提起した算出方法であり同居親族集団の世帯主に対する関係構成と親族関係の規模を 100 世帯当たりで示した値である。それによると，親族総数が 1901 年の 46.9 人と 1911 年の 49.0 人で，それはメイヨー州の 1911 年の数値（67 人）やクレア州の数値（51.3 人と 53.9 人）より少ないことがわかる。そして，その内訳を見れば兄弟姉妹が 21 ～ 22 人で，全体の半数近くを占めており，つぎに甥・姪と孫が 9 人ぐらいで，上向世代である両親が 2 人とかなり少ないという特徴が見られる。それは典型的な直系家族が発現しているメイヨー州・クレア州と大きく相違した分布を示す。つまり，クレア州では両親が 9 人前後，兄弟が 14 ～ 17 人，孫が 12 人前後，甥・姪が 7 人前後という分布を示すが，それらに対してミーズ州では兄弟姉妹割合の多さが顕著に認められる。すなわちそれは未婚で世帯形成をする非家族世帯，あるいは拡大家族世帯における水平的拡大の多さを示したものと考えられる。

　以上から，親族の分布から見れば，メイヨー州・クレア州より，親族規模が少なく，しかも，父母，孫，という直系家族を形成する直系親ではなく，兄弟姉妹

の傍系親が多いという特徴が明確に認められた。そこから，ミーズ州の世帯形成は非家族世帯と単純家族世帯では優位，拡大家族世帯・多核家族世帯では劣位であることの再確認がなされたのである。

(5) ライフコース

先述したように家長は家督や土地相続権をできる限り堅持し，土地に家名を残したいという意識が強く，早い段階で後継者にそれらを継承させようとはしない。その結果，後継者は家族労働力として未婚の状態に置かれた。そこで世帯主のライフコースからミーズ州における世帯主年齢コーホートによる世帯形成過程の特徴を見ておこう。すなわちミーズ州において，1901年では世帯主が，20歳代後半から80歳までなだらかな山を形成するのに対して，子供が50歳まで減少しながら継続した分布が明確に認められる。兄弟が30歳代から拡大し始め，70歳代で減少しながらも継続した分布を示す。他の親族が，10歳代中頃まで多いものの，その後かなり減少しながら持続するという傾向がある（図8-11）。そのような1901年と1911年（図8-12）を比較すれば，ほぼ同じようなライフコースが展開されるが，1911年における兄弟姉妹が，50～70歳まで1901年より多く分布していることに相違点を見出せよう。そのような世帯主のライフコースが兄弟の同

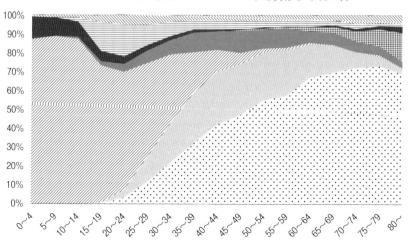

図8-11　ミーズ州の年齢コーホートによる世帯員分布（1901年）

□ 世帯主　☒ 配偶者　⊡ 子供　■ 兄弟姉妹　⊞ 父母　■ 親族　☰ サーヴァント　☒ 他人

（出所）Census Returns of Ireland, 1901

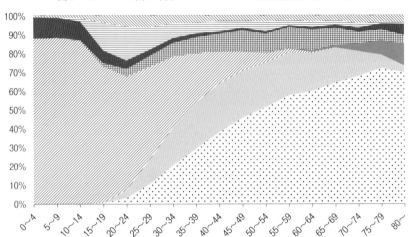

図 8-12 ミーズ州の年齢コーホートによる世帯員分布 (1911 年)

□ 世帯主　■ 配偶者　☒ 子供　■ 兄弟姉妹　⊞ 親　■ 親族　⊟ サーヴァント　☒ 他人

（出所）　Census Returns of Ireland, 1911

居の長期化と結びつき，このような世帯主のライフコースから世帯分類における未婚の非家族世帯の多さも理解される。

サーヴァントに関して，1901 年と 1911 年とほとんど同じ動きが見られるものの，1911 では 30 歳代で少し減少しながら，それ以降の 1901 年の減少と相違して 40 歳以降も少し増加傾向が維持されている。

以上の世帯主のライフコースから，大規模牧畜農で一子相続が維持されながらも，継承者が土地相続後にすぐに婚姻するのではなく，残留している兄弟との同居の継続性が高いことを意味し，さらに，その兄弟が生涯未婚で非家族世帯の継続の可能性もありうるのであるが，同居する彼らはサーヴァントととも貴重な労働力源であるとみなされていた。つまり世帯形成に婚姻変数が大きく作用しているものと理解されたのである。

5　ミーズ州におけるケース・スタディによる世帯構造と相続

以上の分析から，まず同じ村での継続的居住率が低く，特に労働者の流動性が高いという人口学的変数，およびとくに 1881 年以降，アイルランド全体に浸透してきた未婚化・晩婚化・生涯未婚化という人口学的変数が世帯形成に大きなイ

ンパクトを与え，家族崩壊と見られるような性格も世帯構造に内包されていたことも明らかになった。その結果ミーズ州ではクレア州より拡大家族世帯と多核家族世帯の割合が少なく，農民では非家族世帯と未婚の独居世帯の割合が1911年で32％を占め，とくに非家族世帯では兄弟同居世帯の割合の高さが特徴として顕現していた。そこで以前松尾が詳細なモノグラフで取り上げたアッパー・ナヴァン郡ベクティブ選挙区ベクティブ村（Bective townland）を取り上げ，世帯構造の特徴をケース・スタディにより明らかにしたい。[15]

　ベクティブ村は1901年に19世帯あったが，1911年には11世帯に減少し，継続世帯が7世帯，消滅世帯が12世帯，新しく入村してきた世帯が4世帯であった。消滅世帯のほとんどが，サーヴァント・家畜管理・家畜見張りという農業労働者であった。また入村者も3人が農業労働者，1人が一般労働者であり，これらの消滅世帯，入村世帯ともに土地なし世帯であった。したがって，これらの世帯では流動性が高い世帯で，継続世帯がほとんど農家であった。以下で，ベクティブ村のケース・スタディをとおして世帯ダイナミックスを詳細に見てみよう[16]（図8-13）。

　【ケース1】コネル（Connell）家は世帯主のトーマス（Thomas，45歳）と妻ブリジット（Bridget，40歳）と子供4人，甥1人による7人の拡大家族世帯であり，2つの区画にある34エーカーと36エーカーの土地を保有する70エーカーの農民であった。トーマスは1854年の地方税評価簿に記載されているトーマス・キャロラン（Thomas Carolan）から何らかの方法で70エーカーを入手していた。1911年にはトーマスがすでに死亡し，55歳の妻のブリジットが相続し，いまだ32歳で未婚のトーマスには相続させていない。この世帯では雇用されているサーヴァントが2人おり，息子の3人（トーマス，チャールズ，ヨセフ）の労働力によって十分経営できるものといえる。世帯構成はサーヴァント2人を含む8人の拡大家族世帯で変化が認められない。

　【ケース2】スミス（Smyth）家は世帯主ジェームズ（James，64歳）が，すでに配偶者をなくし，子供8人（息子4人，娘4人）の大きな単純家族世帯を構成している。1854年に保有していた父親のフィリップ（Philip）からジェームズが31歳の1878年に55エーカーを相続している。おそらく父親フィリップの死後相続と思われる。そして，1911年にはジェームズ（78歳）が，家長を継続し，息子のフィリップ（47歳）にいまだ相続させず，彼は未婚のままである。この10年間にアニー（Annie）という娘が，離家しているのみで，彼女が1901年に

第8章　20世紀初頭におけるアイルランド・ミーズ州の世帯構造　　359

図8-13 ミーズ州における世帯動態の事例

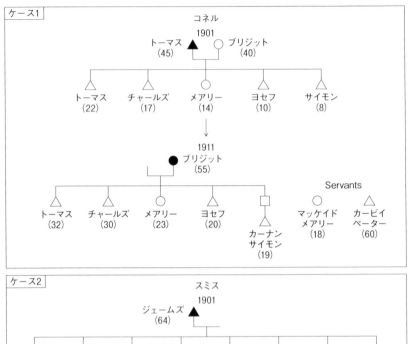

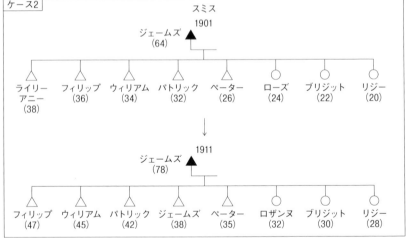

すでに38歳であった。また息子のジェームズ（38歳）が帰家している。そのような9人の単純家族世帯であったことが認められる。このケースは，1911年段階で息子に相続させずに，ジェームズが土地保有権を保持している様子を明確に示すとともに，子供たちも婚姻せずに家に残留していることも明らかになる。職業欄に4人の息子が，すべて農民の息子と記載されており，サーヴァントなどの

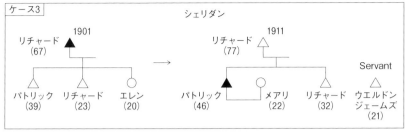

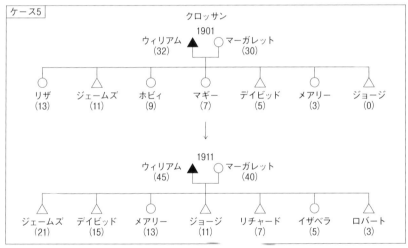

(注) △＝男，○＝女，▲＝世帯主，（ ）＝年齢

農業労働者が存在しないが，彼らの労働力で十分経営可能な面積である。なお，おそらく息子のフィリップが，1911年と1937年の間に父親の死後相続しているものと見られる。

【ケース3】シェリダン（Sheridan）家は，世帯主のリチャード（Richard, 67歳）が，配偶者をなくして，息子2人と娘の4人の単純家族世帯であり，リチャードが，1878年に34歳で土地40エーカーを，1854年段階で保有していた

トーマス・ミッキーヴァー（Thomas Mikeever）から何らかの方法で入手し，息子のパトリックが，1899年に生前相続をしている。1901年と1911年の10年間に，娘のエレンが離家するとともに，パトリックが22歳のメアリーと婚姻し，弟のリチャード（32歳）が家に残留し，農業サーヴァント1人を加えて5人の多核家族世帯を形成している。これは父親の老齢による生前相続と推察されるが，パトリックが相続後，縁組婚により婚姻し，直系家族を形成したケースと思われる。

【ケース4】同じシェリダン家であるので，おそらくリチャードの弟であると思われるジョン（John，65歳）夫婦が，息子ヨセフ（Joseph）と娘マリアン（Marian）の4人世帯で単純家族世帯を形成していた。父親のジョンにより，1854年の土地評価簿には24エーカーの保有が認められる。それを息子のジョンが1878年に32歳で相続したと思われるが，おそらくそれ以前にメアリーと婚姻していた。1901年以降ジョンの死亡後，一時メアリーが相続し，メアリーの死後，息子のヨセフが相続し，1911年には未婚のヨセフとイトコのメアリー，サーヴァントと非家族世帯を形成した。

【ケース5】クロッサン（Crossan）家は農家でなく，ウイリアム（William，32歳）が羊飼いの雇用労働者で，21歳で婚姻し7人の子供（4人の息子と3人の娘）からなる単純家族世帯であった。1901年と1911年の間に3人の娘が離家し，おそらく家内サーヴァントに雇用されたと思われる。そして，彼が，1901年以降も子供を作り，7人（5人の息子と2人の娘）の子供と9人の世帯を形成していた。1911年の彼の職業が，農場管理であり，その時点で24エーカーの土地を入手していた。それは，おそらく農地改革後に購入したものと思われる。このケースは，農業労働者の場合には，家族状況要因が準備できれば，早婚が可能であることを示している。

以上のケースから世帯主は土地に対する統制権を長く維持したいという意識が強く，息子が40歳代になっても相続させていない。また，世帯主の死亡後，その配偶者が若い場合には一時的であるが，意外に長く統制権利を保持し続ける傾向があることも指摘できる。さらに早く，継承者が土地相続をしたとしても，婚姻せずに兄弟と同居する場合があることも明らかにされた。そのような農民に対して農業労働者は早い婚姻が可能であり，同じ村に継続してとどまるか，あるいは他出するかという流動性の高さ理解ができた。

6 結　論

　以上において東部アイルランドにおける世帯構造の形成原理を提起した。つまり独立変数が農民・労働者世帯，従属変数が世帯構造，媒介変数として婚姻・相続・土地保有・人口学的変数がそれぞれ位置づけられる。ミーズ州においては，100エーカー以上という大農民では，家長が土地に対する統制権の長期の保持の意識を強く持ちながら，継承者に相続を待機させ，継承者が未婚の状態に置かれ，晩婚化・未婚化を強いられた。継承者以外の子供が，早い段階で離家するか，家族内労働として継承予定者と同居することになった。ところが，大規模保有農では，主に継承者が相続するにしても，余裕があるため，非継承者への土地の一部譲与，姉妹への持参金，あるいは外国への移民費用を準備することが可能であり，多様な家族戦略が選択できる可能性を強く持った。しかし，農業労働者・一般労働者は，国内移動・国際移動・大西洋横断移動がダンドーク港・ダブリン港から容易であり，その結果労働者の流動性も高いが，大農場での雇用も選択することができたのである。そして，彼らは，婚姻の条件が準備できれば，早い段階での婚姻が可能であり，早婚・晩婚あるいは生涯未婚を選択することができたが，それも適応的戦略と見てよい。

　このような変数により世帯形態には単純家族世帯が多いものの，多核家族世帯・拡大家族世帯がクレア州より低く，非家族世帯・独居世帯が多くなる。しかしミーズ州の世帯構造にも直系家族規範が存在すると見られ，家族状況の支持があれば直系家族が形成される可能性を持つものと考えられる。

　その結果，ミーズ州での農業は，1エーカー未満の農民の多さに影響され30エーカー以下層の小規模農民が70％を占めるが，100エーカー層の大規模農民が12％を占め，それはアイルランド全体の6％で2倍の規模を持つ。しかも大規模農民は1870年代以降とくに耕作農よりも牧畜に特化し，そこでは西部から購入した2歳牛を2.5〜3歳まで肥育し，それをダブリン市場での売却やイギリスへ生牛で輸出するという商業的牧畜業が盛んであった。それゆえ，農業労働者や牛飼い，羊飼いの労働者を必要とし，世帯に残留する息子も貴重な労働力であった。このような東部アイルランドの牧畜業が可能であったのは西部アイルランドにおける子牛から2歳牛までの肥育との分業が前提であった。しかし，20世紀初頭には，大規模牧畜農では，西部アイルランドとの分業関係を後退させ，自分たちで，肥育用素牛の繁殖から，1歳半〜2歳半ぐらいまでの肉牛の肥育，

さらに成育牛までのプロセスを一貫して行なうようになってきたことも事実であった。

　そのような農民に対して，農業労働者・一般労働者はケース・スタディで見たように国内移動・国際移動・大西洋移動の可能性を内包させた流動性が農民より高かったと思われる。

　ミーズ州では，農民の場合，家長が土地保有を長期に保持し，土地に家名を残したいという意識が他の州より強くはないが直系家族システム規範が存在した。そして，後継者が家長の死亡や身体的衰えにいたるまで，相続を待機することを強いられていた。それゆえ相続後婚姻するか，未婚でいるかを選択する必要があった。ミーズ州でも持参金システム，縁組婚制度の残存が確認されており，大農民の場合には仲人を介して同階層の家との縁組が行なわれたものと推察される。しかし中小規模農民の場合，継承がかなり高年齢になる可能性があり，その段階で婚姻相手を見つけることも容易でない状況もあるし，持参金を準備できない可能性もあった。そして 1880 年代頃よりアイルランド全体で浸透してきた生涯未婚者・未婚化・晩婚化により，世帯を形成しない後継者もいたようである。ミーズ州の場合には，生涯未婚者が 1901 年の 28.5 から 1911 年の 34 まで上昇し，世帯主では 23 〜 24 という数値が認められた。その結果，世帯分類において非家族世帯・独居世帯の多さが顕現してきたのである。

　他方労働者の場合には，世帯形成の準備ができれば，婚姻が可能であったのであり，それが不可能の場合には，晩婚化・生涯未婚化の選択をしなければならなかった。労働者の非家族世帯が農民世帯より少ないが，未婚の独居世帯も多いという特徴が認められる。

　これまで検討してきたクレア州のように西部アイルランドでは直系家族システム規範が認められ，それを支持する家族状況が存在したが，ミーズ州のような東部アイルランドでは，直系家族システム規範が存在するとしても，それを支持する状況的要因に強く規定されてくる。したがって，ミーズ州全体で 1911 年の多核家族世帯と拡大家族世帯が 22.5 ％のクレア州より少ない数値であり，農民の場合には 15 〜 16 ％で，少し多い結果を示していた。つまり大規模農では，家族規範・相続・婚姻という媒介変数が世帯形成に強くインパクトを与え，そこで幸福追求のできる家族戦略がとられたものと判断できた。そして世帯形成が行なわれても，そこに家族が形成されないという非家族世帯に象徴される家族崩壊的性格も内包されていたといえよう。つまり，そのような家族構造も，ミーズ州での家族戦略であったと理解できよう。

364

第9章

結　論

　現在のアイルランド家族は，イギリスの家族と類似して多様な特徴を持ってい
る。すなわち，原則は核家族が支配的形態であるものの，同棲婚，晩婚化，未婚
化，婚外子の増加，離婚（1995年離婚の承認）の増加，同性婚の承認（2015
年）などにより，家族の価値観の変化とともに，家族の多様化が進行している。
　ところで，イギリスから独立時の1922年のアイルランド自由国の憲法には家
族の条項がなかったが，アイルランド1937年憲法の41条1-1項では家族はつ
ぎのように位置づけられている。すなわち，「国は，家族が，社会の自然な第一
次的かつ基本的な単位集団であること，及び不可譲かつ時の経過により変わるこ
とのない権利を有し，全ての実定法に先立ち，かつ，優位する道徳的制度である
ことを承認する」。また，1-2項で「したがって，国は，社会秩序の必要な基礎
並びに国民及び国家の福祉に欠くことができないものとして，家族の構成及び権
能を保護することを保障する」という記載がある。また，婚姻制度に関して，3
-1項に「国は，家族の基礎たる婚姻の制度を特別の配慮により保護し，かつ，
侵害から保護することを約束する」と書かれている。したがって，現代のアイル
ランドでは，日本と相違して憲法で依然家族は国家の基礎に位置づけられている。
現憲法においても家族の位置づけは，アイルランド自由国の初代首相のデ・ヴァ
レラにより1937年の最初に起草された憲法（新しく1995年に加えられた離婚法
以外）が基本的に変化していないのである。
　つまり現代アイルランドにおいても「家族は，例外的な状況を除いて，政府の
外部介入に対する自治を有している。さらに，ここで権利を保障されている家族

とは，婚姻に基づく家族であって，事実婚家族にはこの権利は保障されない。また，これらの権利は，家族が集団として有する権利であって，個々の家族の成員の個人権ではない[3]」とみなされているのである。したがって，この41条にもとづけば，アイルランドの家族には核家族モデルが想定されていた［増田幸弘 2003:73］。しかし，著者が19世紀〜20世紀初頭におけるアイルランドの家族研究を追究するときには，そこまで家族が重視されていたかどうか疑問に思える。すなわち，アレンスバーグとキンボールが調査した1930年代には，とくに農村において伝統的直系家族が確認され，それにもとづく家族イデオロギーも認知されているからである。そのような，近代家族をモデルにした憲法，それにもとづく家族法が制定されたとしても，アイルランド国民がそれを家族規範としてすぐに受け入れたわけでもない。それ以前の伝統的家族意識がしばらく家族規範として残存し，それにもとづく行動をとる可能性が高い。

　つまり，アイルランドでは，現在のような核家族以前の直系家族では，以下のようなイデオロギーがあったものと考えられる。プロテスタントの政治学者であるチャブがカトリックの精神的状況として「冷徹な権威主義」，「峻厳な欲望の禁圧」，「信条に対する忠実さでなく，組織とりわけ人物（とくに両親）に対する忠誠を重んじる気風」，「真理の追及ではなく，既知の真理の理解を重視する反知性主義」の4点を挙げている［松尾 1980:29］。ここでは，直系家族に則した精神状況として，両親に対する忠誠を重んじる気風が重要である。つまり，これまで検討してきた，アイルランドの伝統的家族である直系家族システム規範において，家長の家長権の堅持に対する後継者の待機する精神が重要であったと考えられる。そのようなアイルランド独自の精神がなければ，当時の家族を維持できなかったといえる。また，婚姻に関しても，直系家族が優位であるときには，婚姻当事者の意思よりも，家長の権限で縁組婚が執り行なわれたのであり，そこには自由婚が重視されていなかったのであった。

　そのような状況は，戦後の日本と同じであるといえる。すなわち，戦後新民法によって新しい家族制度が制定されたが，日本人には長く伝統的家族とその家意識が残存したことと同じなのであった。それは，日本の直系家族における儒教による親に対する孝，つまり「親に対する子の恭順・服従に義務[4]」に相当するものといえよう。そのようなアイルランドの伝統的家族は，戦前の日本における家制度と類似した性格を持つものと考えられる。そして，著者は，センサスデータをもとに伝統的な直系家族をマクロとミクロの両方から追究することができた。その結果，19世紀〜20世紀初頭では，核家族システムから直系家族システムへの

変化が地域差と時間差があるにもかかわらず，確実にその存在が確認された。本書では，そのような家族の変化を主に，センサス個票にもとづいて明らかにすることが目的だったのである。

　これまで，著者は，一般的に家族は家族規範要因と家族状況要因により形成されてきたと考えてきた。その立場からすれば，19世紀から20世紀初頭におけるアイルランドの家族は，核家族システムにもとづく家族から直系家族システムにもとづく家族へという枠組みから捉える方法が妥当である。すなわち，19世紀初頭には，アイルランド家族は，核家族システムにもとづく核家族が支配的であったものの，19世紀中頃の大飢饉前後を契機にして，直系家族システムにもとづく直系家族に変化したというモデルである。しかし，その変化が，理念的に核家族システムと直系家族システムによる家族形成であるという時間断絶的な変化と捉えられがちであるが，その変化は現実には段階的に変化するわけではなく，グレイが指摘しているように地域により，すでに直系家族システム的な要因（たとえば不分割相続，縁組婚など）の兆候が認められ，その結果スムーズに直系家族システムによる直系家族形成への転換ができたとみなすことができよう。

　以上のようなアイルランドの家族変化モデルにもとづくと，18世紀末から19世紀にかけて，アイルランド農村の家族はランディール制にもとづくクラハンという形態で生活し，家族の集住，土地の分割保有が広く浸透していた。そのような状況では家族も核家族システムにもとづく核家族が優位な家族タイプであった。しかし，それ以降，家族はクラハンの崩壊により，自分の土地保有地に家屋を形成し，生活するようになる。その後，農村家族は持参金にもとづく縁組婚の浸透，それと土地保有の分割から不分割システムへの変化の統合により，詳細に直系家族システム規範が形成され，そのような直系家族システム規範は，直系家族状況により支持されたのである。しかし，アイルランドの直系家族システムは，日本の直系家族システムと比較すると，ルーズなシステムであり，直系家族システム規範を基層にしながらも，家族状況要因により，地域的・階層的な家族戦略が採用される可能性を強く内包させていたものと捉えることができる。

　そのような仮説を，アイルランドでは，1821年の残存するセンサス個票（主に5州），100％の1901年と1911年のセンサス個票により，アイルランドの農村家族を検証した。

　まず19世紀初期には，1821年におけるセンサス個票の残存しているデータによれば，大規模農地域であるミーズ州・キングズ州では，19世紀の早い時期に土地保有の移譲が行なわれ，どちらかといえばクラハンの存在が希薄あるいは早

第9章　結　論　　367

い段階で消滅した地域では，不分割相続の兆候が認められた。そして，大保有農の場合，そこでの家族は，複合家族世帯が，労働者の場合に単純家族世帯が優位であるという性格を内包させていた。中農層であるキャヴァン州とファーマナー州では，農業と家内工業（麻家内工業）の経済的基盤にもとづいて，彼らは，早い土地保有の分割と早婚が戦略と認識され，彼らの世帯は単純家族世帯が優位な形態であった。小規模農であるゴールウェイ州では，分割相続が支配的ではありながら，土地面積の狭小性，土地条件の悪さにより農業のみでの生計が不可能で，麻家内工業，漁業，労働者という多様な職業に就労する貧困地域であった。ここでの世帯主は，自分の老後のために，早く相続させるより，子供の相続を待機させ，子供もそれに対応した家族戦略をとった。その結果，予想と反して，複合家族世帯が多く認められた。しかし，その形態は世帯のライフサイクルに対応したものと理解される。このような3つの地域で相違が認められるが，基本的には核家族システムにもとづく核家族であるが，ライフサイクルによる複合家族世帯，あるいは単独相続による複合家族形態も認知され，そこには地域性が十分に認められた。

　20世紀初頭になれば，全国的なセンサス個票を利用することにより，19世紀の家族形成には東部アイルランドと西部アイルランドとの間に大きな地域的相違が全国的に認められた。すなわち，西部アイルランドは婚姻率が東部アイルランドより低いが，高出生率・低死亡率であった。1870年代以降生涯未婚者がアイルランドで浸透し始め，それがレンスター地方・アルスター地方で顕著に認められ，その要因が世帯形成率の低下を導いた。コナハト地方とマンスター地方で生涯未婚者が増加したものの，多産と低死亡率，小規模移民によりカヴァーされ，他の地方より世帯規模が大きかった。コナハト地方とマンスター地方で人口の自然増が認められるものの，アメリカへの移民が1880年以降増加し，人口減少も経験することになった。

　西部アイルランドでは世帯主年齢が1901年より1911年が高くなったが，それは家長が家長権を維持したことによる。家長は後継者に早い段階で継承させずに未婚のままで待機させたことが晩婚化や未婚化を導いた。とくに西部アイルランドでの世帯がその性格を強く内包させていたが，それは後継者の継承の待機による晩婚化，さらに後継者以外の子供の移民としての排出がwell-beingであるとみなす家族戦略であった。他方東部アイルランドは後継者以外の子供にとって，ダブリン，ベルファストなど国内での就業やアメリカ，イギリスへの移民も容易であった。そして，継承者以外の兄弟は生家に残留し，生涯未婚であり，世帯主

と同居する傾向が認められ，それが婚姻するより，より良い適応戦略とみなされたのである。さらに，東部で土地なし農業労働者，サーヴァントが多く，大規模農で雇用されるという経済的要因により家族形成の可能性があったが，生涯未婚の選択も存在した。そのような家族状況的要因に規制されることにより，直系家族よりも，単純家族世帯・独居世帯・非家族世帯の形成を選択し，その結果，家族形成度が低くなったものと判断されるのである。

世帯形態に関して，西部アイルランドのコナハト地方とマンスター地方で複合家族が 1901 年より 1911 年で増加しているのに対して，すでに，アルスター地方とレンスター地方を含む東部アイルランドでは，逆にそれが 1901 年段階で減少していた。その結果複合家族は西高東低の分布が顕著に認められた。

以上の分析から東部アイルランドよりも西部アイルランドに直系家族が強く顕在化し，それは農民社会という自給的農業形態の小中規模農業地域で形成された。しかし，ここでいう西部アイルランドは厳密にいえばコナハト地方とマンスター地方の一部（クレア州とケリー州）を示している。他方商業的農業社会である東部アイルランドでは，ルースな直系家族システム規範が見られるものの，大規模農民の場合には，多くの家族状況要因から，自分たちに良い家族戦略をとり，相続後も婚姻するか，しないかも含めた選択が行なわれた。そのような状況で，アイルランドに浸透してきた生涯未婚化志向も認められ，兄弟や親族との同居による非家族的世帯も家族戦略のひとつであった。また，非継承者の離家が容易であるという家族状況的要因や土地なし労働者が世帯形成時に単純家族世帯の形態をとる可能性から家族形成度が弱く，しかも直系家族形成が認められなかった。

つまり，西部アイルランドの家族は直系家族システム規範が強く，それを家族状況的要因により支持された構造であったが，東部アイルランドは，直系家族システム規範が認められるものの，それを支持する家族状況的要因が弱い構造であったと判断された。このように西部アイルランドと東部アイルランドに地域性が認められるものの，アレンスバーグとキンボールが 1930 年代に，彼らが調査対象としたアイルランドの中規模農での直系家族形成の仮説が，基本的には統計的に検証されたことを意味している。

そのような，全国規模の特性をもとに，つぎに，小規模で貧農地帯であるメイヨー州，中規模農地帯のクレア州，大規模農地帯のミーズ州の家族比較が行なわれた。

メイヨー州では，土地相続システムの変化が，他の州よりも遅く，分割相続が 19 世紀の終わりまで行なわれ，これが小農の増加に拍車をかけた。しかし，こ

第 9 章　結　　論　　369

れらの小農の生活の維持には比較的広範囲に認められた共有地が利用できたこと，イングランド，スコットランドへの季節移民による現金収入，タマゴ・バターの販売による副収入の要因が家族戦略に内包されていた。そのようなメイヨー州では，人口の70％が農民で，複合家族が1901年で23.2％，1911年には25.7％に増加していた。とくに，直系家族の典型である多核家族世帯が，4.8％（1901年）から5.4％（1911年）に増加していた。そして，多核家族世帯では，下向的拡大が優位であり，それは世帯主の年齢と相関関係を強く持つ。つまり，それは世帯主が，家長権を長く維持していたことによるものと理解できる。家族内の親族関係では，1911年で息子の配偶者が（1.3％）が娘の配偶者（0.4％）よりも多く，父（0.2％）が義理の父（0.1％）より，母（0.8％）も義理の母（0.3％）よりそれぞれ多く，それらに男孫（3.0％）と女孫（2.9％）が加わった数値は，父系的直系親であることを明確に示しており，それは，直系家族形成を明確に示すものと判断できる。つまり，トッドは，直系家族の重要な指標のひとつとして，父方同居を挙げているが［トッド 2016：上 80］，メイヨー州は，それに該当していた。

　さらに，メイヨー州では遅くまでクラハン集落の残存が，親族結合の強固な存在を意味し，その結果，貧困であるがゆえに親族的集団性を維持するという家族戦略が働くことによるアイデンティティも直系家族システムと結合したと見られよう。

　クレア州では，世帯構造は，中小規模農で，低い移動性，土地保有の継続性を強く持つ。そして，世帯主が長く家長権を保持し，後継者を未婚の状態にさせ，彼を家族労働力とみなしていた。その結果，後継者が晩婚で，世帯主の死後に，土地を継承し，縁組婚により，家族形成をした。複合家族世帯が25％であるが，そのなかで，直系家族には直系家族システム規範が認知され，それが家族状況により支持されていた。ところで，メイヨー州の親族関係と比較すれば，全体的に父系的直系親族は少ないものの，息子の配偶者が娘のそれの3倍，父母が義理の父母より3倍近い数値であることからすれば，やはり父系的直系家族を形成していたと判断できよう。

　ミーズ州では，世帯は，商業的大規模農と高い移動性を持つ土地なし労働者に区分される。後者の労働者は，移動が容易であるため，国内・国外への移動性の強い性格を持っていた。大規模農は耕作農業より，牧畜農業に特化していた。彼らの世帯主は，家長権を維持する期待があったものの，他の州よりその意思が弱く，特定の段階で，後継者に継承させる傾向も認められる。後継者以外の子供た

ちは，早い段階で離家し，ダブリンや外国への移民も容易であった。ところが，後継者も相続後に早く縁組婚による婚姻よりも，残留兄弟との非家族世帯を形成し，それも彼らの家族戦略だったのである。中小規模の場合にも，同じように後継者も婚姻せずに兄弟や親族との同居を選択する家族戦略が採用された。そして，他の2州より家族形成度が弱く，とくに直系家族形成が弱いことも理解された。つまり，親族数を見れば，世帯主の割合が，他の2州より最大6％多いのに対して，子供の配偶者と父母の割合がメイヨー州の半分であり，しかも兄弟姉妹の割合が2倍であるという顕著な相違が認められた。したがって，複合家族世帯でも，水平的拡大家族の形態が多く形成されている。すなわち，それは継承者の婚姻後，非継承者の兄弟が生涯未婚者で同居して，労働力となる家族戦略を反映したものといえる。また，大規模農であっても，直系家族システム規範を持つものの，死後相続という家族状況的要因により，単純家族世帯が多く形成されているものと判断された。

　換言すると，アイルランドでは，すでに直系家族システムが19世紀前半に特定の地域（東部アイルランド）に形成されていたと考えられるが，直系家族システムは，19世紀後半以降20世紀にかけて，アイルランド全体に浸透していき，東部アイルランドよりも，アレンスバーグとキンボールが調査した西部アイルランドの中小規模における農民で強く形成されていたと判断することができよう。

　以上の結論から，本書の研究的位置づけを以下の3点から見ておきたい。すなわち，第1点は，著者の専門である社会学では，本研究がどのような意味を持つのだろうか。第2点は，本研究が日本のアイルランド史研究ではどのように位置づけられるのだろうか。第3点はヨーロッパでの最近の直系家族の展開との関連について考えてみる。そのような3点から，本書の位置づけができるであろう。

　第1点として，本書において，たびたび「家族戦略」という概念が分析道具として使用されている。この概念は，家族史において有効な分析道具となりうるが，これまで，ブルデュー[5]，アンダーソン，ティリー[6]の研究が代表的であるといわれている［西野理子 1998:57-69］。ここでは，家族戦略とは「個人の生存のために家族が集団として機能していた地理的歴史的状況に限定して，家族集団と環境との相互作用から，人々の行動を研究者の側から解釈する際に活用する枠組み[7]」と規定しておきたい。そうすれば，家族史研究では，「結婚（世態形成），出産，労働，相続，移民などの諸家族行動を，当事者の合理的な利益計算[8]」という合理的選択アプローチから，有効な説明が可能であるといえる。

　本書との関連でいえば，アンダーソンがイギリスで初めて1851年センサス原

第9章　結　　論　　371

簿の５％抽出データを用いてプレストンにおける産業化・都市化と労働者階級の家族関係を明らかにしたのであった(9)。そして，彼によれば，「ある種の状況下では，未来の自分たち自身と自分たちの子孫のために，通常の生活水準を維持しようとする家族構成員によって取り入れられていた，しばしば無意識的な「戦略」を中心概念として採用する」というアプローチ(10)から，世帯形成が分析されている。

　アイルランドの農民家族史に則して家族戦略を見れば，アイルランドでは，直系家族システム規範が顕在化していても，個人や家族がおかれた家族状況的要素のなかで，彼らが一番幸福を充足する家族戦略を採用し，それに対応した世帯形態を選択することになる。たとえば，第６章で取り上げたメイヨー州では，小・中農の家族は，家長の死亡・老齢で土地の継承，縁組婚により新しい家族形成がなされる。しかし，土地継承者は，小保有農が多く，彼らは農業のみでは生活が不可能である場合には，世帯主の季節的出稼ぎ，配偶者の農作業，タマゴ・バターの生産および販売により生計を立てるような全家族員による家族戦略がとられることになる。そして，継承者でさえ，適任の配偶者を選択できない場合には生涯未婚である戦略もとられるし，継承者以外の兄弟が，家に残留するか，離家し，就業あるいは移民を選択する戦略も採用されることになった。他方，第８章で取り上げたミーズ州の場合には，大規模農では，継承者が，ある段階で継承し，縁組婚により家族形成を行なうが，それ以外の兄弟は，農業労働者として残留するか，一部財産を取得して他の職業に就業するか，アメリカへ移民する方法を戦略として選択したのであった。アイルランドの家族形成において，個人のレヴェル，家族単位のレヴェルにおいて一番福祉追求の家族戦略がそこでは採用されたものと解釈されるのである。その意味で，アイルランド家族史研究にも家族戦略の道具が有効であると考えられる。

　第２に，本来，著者のこれまでのアイルランド家族史研究には，日本でアイルランド農村を研究対象にした松尾太郎というアイルランド史研究者による影響が大きかった。彼はゲール文化が残存しているとみなしたメイヨー州アキル島の調査で，共同体における入会地である共有地資料を分析し，大塚史学と川島の入会権概念を駆使して自分の共同体論に対する方法論を見つけた。さらに，彼はラウズで入会権の消滅を解明し，アイルランドにおける共同体論とその変化を追究した。とくに共同体にもとづく地主と土地保有者の関係が詳細に分析された。しかし，彼の研究には人口学的要因や家族などの社会的要因があまり重視されていないように思われた。それに対して著者は，19世紀初期の核家族から直系家族への変化を比較家族史的に明らかにするという目標が，彼の追求する課題と大きく

372

違っていた。著者は残存した1821年，1841年，1901年，1911年センサスのデータベースを初めて作り，それに基づいた研究をした。そして，ケース研究であるが，家族ダイナミックスと土地の移動を関連させて追究することができた。そのような試みによって，アイルランド農村史研究に少しは新しい成果を出すことができたのではないかと考える。

　第3に，1960年代以降には，ヨーロッパの家族研究はケンブリッジ・グループやジョン・ヘイナルの「北西ヨーロッパの単純世帯システム」概念の影響により[11]，北西ヨーロッパの家族は核家族システムによる核家族が支配的であるとみなされる傾向にあった。しかし，これらの枠組みから外れた西欧ヨーロッパ・北欧ヨーロッパ・東欧ヨーロッパでの直系家族研究が現在でも根強く積み重ねられている。つまり，最近の研究として，フォーヴーシャムーによる貴重なフランスの直系家族研究［Fauve-Chamoux 1995;2006;2009a;2009b］，グルーヴァーとスツォルティセクによる東部ヨーロッパの直系家族研究［Gruber and Szoltysek 2012］，モリングのフィンランド研究［Moring 2009］など，それらの直系家族研究には枚挙に遑がない[12]。しかし，本研究のように，100％センサスデータによる国全体を対象としたアイルランドの直系家族研究は，ヨーロッパにおいてあまり行なわれていないようである。それゆえ，本書は，それらの研究に対してある程度貢献できたものと思われる。

注

■序章

(1) ミネソタ人口センターにおけるセンサスデータの詳細に関しては，つぎの文献を参照してほしい。S. Ruggles, E. Roberts, S, Sarkar and M. Sobek, The North Atlantic Population Project: Progress and Prospects, *Historical Methods*, 44-1, 2011, 1-6; M. Sobek, L. Cleveland, S. Flood, P. K. Hall, M. L. King, S. Ruggles and M. Schroeder, Big Data: Large-Scale Historical Infrastructure from the Minnesota Population Center, *Historical Methods*, 44-2, 2011, 61-68; S. Ruggles, Big Data for Population Reseach, *Demography*, 51-1, 2014, 287-297; R. McCaa, The Big Census Data Revolution: IPUMS-International, *Review Demographical History*, 30-1, 2013, 69-88. とくに「北大西洋人口プロジェクト」の計画と実行プロセスを見るには，North Atlantic Population Project Home Page, 2004 と North Atlantic Population Project Description Home Page に詳細に解説されている。また，それ以降のこのプロジェクトの進行に関しては，Ipums NAPP, Revision Histoy（https://www.nappdata.org/napp/revision_history.shtml）に詳細に示されている。

(2) エセックス大学 UK データアーカイブに関しては，ウラードによる『オンライン歴史人口報告書』JISC Development Programmes Project Document Cover Sheet, Final Report（http://www.data-Archive.ac.uk/media/1693/OHPR_finalreport.pdf）で詳細に知ることができる。

(3) ケブン・シューラーを中心とした『I-CeM』プロジェクトに関しては，I-CeM のホームページを参照してほしい。I-CeM, Integrated Census Microdata Project（http://i-cem.info）

(4) ヤンキーシティー研究は，5巻にまとめられているが，第1巻の『現代コミュニティの社会生活』が1941年に刊行され始めたのであり，それはアレンスバーグとキンボールによる『アイルランドにおける家族とコミュニティ』の第1版の出版（1940年）とほぼ同時期であった。

(5) リンド夫妻の『ミドゥルタウン』が1929年の刊行であり，続編の『変貌期のミドゥルタウン』が1939年に刊行されていた。

(6) ソローキンとジンマーマンによる『農村・都市社会学原理』が1929年，『農村社会学における体系的資料源泉』が1930年に3巻で刊行されている。

(7)　トマスとズナニッキによる『ヨーロッパとアメリカにおけるポーランド農民』は
　　5巻にまとめられているが，1918〜1920年に刊行されていた。

(8)　有賀喜左衛門による『日本家族制度と小作制度』は『農村社会の研究』の改訂版
　　であり，それは1938年の刊行で，『大家族制度と名子制度』は，はじめ『南部二戸
　　郡石津村に於ける大家族制度と名子制度』として1939年に刊行された。

(9)　鈴木栄太郎による『日本農村社会学原理』は1940年に刊行された。

(10)　喜多野清一による最初の同族団研究として，1936年の「信州更科村若宮の同族
　　団」の論文を挙げることができる。

(11)　及川宏による最初の同族組織研究として，1938年の「信州諏訪塚原村に於ける
　　分家に就いて」を挙げることができる。

(12)　エンブリー夫妻の須恵村調査ではエンブリーによる『日本の村，須江村』が
　　1939年，妻エラによる『須恵村の女たち』が1982年に刊行されている。

(13)　最近エンブリーが80年前に調査した須恵村に住みこみ，その研究の後をたどっ
　　ている田中一彦の著作『忘れられた人類学者』は非常に興味深い。なぜなら，アレ
　　ンスバーグとキンボールの研究にも同じような動きがあった。著者もその時の
　　フィールドノートなどをアメリカで収集したが，この著書に生かしきれなかったの
　　が残念である。

(14)　齋藤英里は，これまでのアイルランド構造を東西区分説のみでなく，南北差と東
　　西差という両軸で捉える必要性を唱えている［齋藤 2005：30］。本書で利用している，
　　GIS地図を分析した結果，そのような両軸で捉える方法も有効であると思われる。

■第1章

(1)　アレンスバーグ（1911–1997）は，アイルランド，クレア州の調査をもとに博士
　　論文をハーヴァード大学へ1934年提出した［Arensberg 1934］。写真出典：Co-
　　lumbia University Record 22-15, Feburary, 21, 1997. 彼の原稿は現在スミソニ
　　ア協会アーカイブに保存されている（最近，アレンスバーグコレクションが家族か
　　ら寄贈された）。写真出典：http://www.columbia.edu/cu/record/archives/vol22/
　　vol22_iss15/record2215.28.html

(2)　キンボール（1909–1982）は，アイルランドのクレア州のエニス町を対象にして
　　博士論文をハーヴァード大学へ，1936年に提出した。その一部は，彼らの『アイ
　　ルランドの家族とコミュニティ』の第2版に掲載されている［Kimball 1936］。そ
　　の原稿は，現在，シカゴニューベリー図書館に所蔵されている。
　　　写真出典：Part of Louis Edward Nollau F Series Photographic Print Collection
　　(University of Kentucky)（http://kdl.kyvl.org/catalog/xt7sf7664q86_4176_1）

(3)　アレンスバーグとキンボールの著書である『アイルランドにおける家族とコミュ

注　　375

ニティ』の3版に載せられた，バーン，エドモンドソン，ヴァーリィによる序章が重要である。それは101ページにわたるもので，アレンスバーグとキンボールが残した手稿をもとに執筆したものである。それらには，コロンビア大学のキンボールコレクション（Milbank Memorial Library, Teachers College, Columbia University），ハーヴァード大学ピーボディ博物館（Peabody Museum Archives, Harvard University）には，ホートンペーパ，ホートンの手稿，アレンスバーグ私的コレクション（現在スミソニアン協会アーカイブ部門所蔵），Christy Fie, Register to the Papers of Conard M Arensberg, National Anthropological Archives Smithsonian Institution, 4210 Silver Hill Road, Suitland, Maryland 20746, 2011, www.nmnh. si.edu/naa に詳しくリストが記載されている。それ以外に，シカゴニューベリー図書館（Chicago Newberry Library）にはキンボールの資料も所蔵されている。キンボールのアイルランド関係資料は，「キンボール資料目録（Inventory of the Solon Toothaker Kimball papers, 1902-1981)」に記載されている。とくにボックス2にはインタビュー資料，ボックス6には土地関係，ボックス9〜19にはクレア州の資料が存在する［https://mms.newberry.org/xml/xml_files/Kimball.xml]。そして，バーンとマホニィによる「人類学的アーカイブの再訪と再構成：ハーヴァード・アイルランド調査（1930-1936)」において，アレンスバーグとキンボールの残したフィールドワークノートや写真をもとにして，彼らのアイルランド調査に対して感情移入した洞察（empathetic insight）がなされている。それは人類学的コミュニティ研究に芸術家・社会学者などの関係する後継者が相互に関与することによる方法論を示唆するものである［Byren and O'Mahony 2013]。これらの研究成果は，2008年に作られたリナモナ調査グループ（Rinnamona Research Group）によるものであり，そのメンバーには，バーンをリーダーとして1930年代にアレンスバーグとキンボールのインフォーマントの直系子孫であった4人が含まれていた。そのグループ目標は，調査時点とほとんど同じ土地で生活してきた人々が，当時の伝統的生活方法や知識から社会的，経済的変化を観察し，追体験することであったと思われる。そして，そのグループは家族とコミュニティの物語を21世紀に伝えることが最終目的であった ［Byrne and O'Mahony 2011；2013]。このグループが，『The Rinamona Dail, Re-Framing the Story』というタイトルで，アイルランドのクレア州におけるハーヴァード・アイルランドの人類学的調査の出会いが2012年にCDで公開されている。

(4) Harvard To Study Qualities of Character Making Irishman, *Register*, 1932, 11, 12.
また，「ハーヴァード大学アイルランド調査」には，アイルランドでの調査内容，調査期間，調査方法が明記されていた。Harvard University Irish Expedition, 1932, Peabody Museum Harvard University。そして，アイルランド人類学の予算

が1931〜1934年まで，総額が，2万4162ドルで，社会人類学が33％の7893ドルであり，その多くはロックフェラー財団とハーヴァード大学からの費用であったことがわかる［Irish Survey Finances, 1934, Harvard University Peabody Museum所蔵］。

(5) ウォーナーは，サラ（Sarah）という人に手紙で，クレア州を調査地とするに至るプロセスを記していた。つまり，最初から，ウォーナーは，アイルランド全体調査が可能であると認識しており，ドニゴール州（西部・東部），キャヴァン州（西部・東部），ファーマナー州（南部・北部）にそれぞれ地理的に二分して，その違いを，とくにカトリックとプロテスタントの宗派的相違に着目して調査していた。つまり，ドニゴール州の西部では12地区，東部で11地区，キャヴァン州の西部では，6地区，東部では9地区，ファーマナー州の南部では5地区，北部では8地区の予備調査地がそこに認められる。たとえば，ドニゴール西部は，すべてカトリックであるが，東部は，カトリックとプロテスタント，長老派教会の混合であった。［Warner's letter, 1939, 11, 25］

また，アレンスバーグとキンボールがクレア州を調査地として選定したのは，彼らの分析した農業経営形態にも関係している。彼らはメイヨー州・クレア州・ミーズ州の土地保有規模を以下の図で比較している。

下の図はアレンスバーグとキンボールが示したメイヨー州・クレア州・ミーズ州

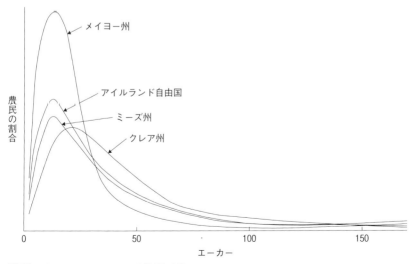

図　土地保有規模別農民の割合（メイヨー州・クレア州・ミーズ州，1926年）

（出所）　Arensberg and Kimball［2001:14］

における 1926 年の保有規模別農民の割合である。それによると彼らが調査した時点でも，メイヨー州は，一番極端に保有規模が少ない割合で集中している明らかに小規模保有農であることを示していた。それに対して，クレア州は，メイヨー州より小規模農が少なく，50 エーカー層に近いところがピークである中規模保有農であり，ミーズ州は，一方では，クレア州より左に小規模保有層のピークがありながら，他方では，クレア州より 150 エーカー以上層で多い 2 極型を示していることを明確に示していた。彼らは，クレア州で一番直系家族形態が顕在化していたとみなしている。著者は彼らが分析した 3 州における農業経営による相違に着目し，本書で小規模農のメイヨー州，中規模農のクレア州，大規模農のミーズ州を選定したのである。

(6)　1932 年において，ウォーナーとアレンスバーグには研究協力者として，アイルランド国立大学（たぶん UCD）のジョージ・オブライエン（George O'Brien）教授とデラージィ（Delargy）がいたと思われる。オブライエンが主にクレア州で経済領域，デラージィが民俗学領域を担当していた［Proposed Method for Studying Social Groupings of County Clare during the Summer of 1932］。

(7)　ランディール制度の本格的研究は 1950 年代マックコート（D. McCourt）によるものである［McCourt 1947;1950］。それ以前には，エヴァンズによるドニゴール州のクラハン研究がある［Evans 1939］。また，ジョンソンによるアイルランド農村居住の研究も重要な研究である［Johnson 1958］。マックコート研究以降多くの文献が蓄積されているが，フラハティによる研究が，人類・地理学的，歴史地図的，生態学的適応，共同体的，人口学的パースペクティブから整理しており，ランディール制の研究経過の追跡に有益な文献といえる［Eoin Flaherty, 2015］。日本語文献として，米田巌の研究がある［米田巌 1977;1980］。

(8)　このデータはユニバーシティ・カレッジ・ダブリンのアイルランド民俗学コレクションに現在保存されている。そのなかに 1950 年代に調査された「縁組婚についての質問項目」のデータがある。このデータは，アイルランド民俗委員会（The Irish Folklore Commission）が 1956 年の夏・秋にクイーンズ大学ベルファストで有名な人口史学者であったコネルにまとめ役を依頼し，36 人の調査員が「縁組婚質問紙」を配布し，それにより 1957 年 1 月末に 1300 ページにわたる質問紙に対する記述された調査結果が残されている［Briody 2008:284］。この質問紙には，A ～ L に区分された 40 項目が挙げられていた［Questionnaire on Matchmaking Manuscript, 459-1461, 1481］。この資料は，縁組婚を知るうえで極めて重要なものといえる。

(9)　アレンスバーグはアイルンド調査の意義と調査結果を後年に簡潔に記している［Arensberg 1942］。

(10)　クーリングは，相互扶助的労働を意味し，日本では「結」に相当するものである。

クーリングに関しては，松尾の文献が詳しい［松尾 1975:133］。また Arensberg and Kimball［2001:72-73］も参照。

(11)　フレンドは相互扶助的労働の提供を意識する範囲であり，クレア州ではふたいとこまでの同一世代がそれに属する［松尾 1975:135］。また，馬淵東一の文献に詳しく解説されている［馬淵 1978:229-233］。

(12)　アイルランド公文書館で，初めて1901年と1911年のセンサス個票が閲覧できるようになったのは，1960年代であり［Drake 1984:44］，それらが100年間公開禁止法にもとづかずに公開されたのは，大英帝国が実施した調査であるという理由からであるといわれている。

(13)　ギナーンの『消えゆくアイリッシュ』は，アイルランド研究で頻繁に引用される文献のひとつであるが，141ページの「表5.1　世帯タイプの分布」における，ミーズ州・クレア州・メイヨー州の拡大家族世帯の数値は，著者の各州の数値と比較して，あまりにも高く，逆に多核家族世帯で低いことがわかる。これは，おそらく彼によるデータのサンプリングに問題があるように思われる。したがって，彼の提示した拡大家族世帯と多核家族世帯の数値は多いに信憑性に欠けるものと判断される。

(14)　バードウェル・フェザントは，ケリー州のバリーダフ（Ballyduff）で，1986年に1901年と1911年のセンサス個票を用いながら，主にヒアリング調査にもとづいた文化人類学的調査を行なっている。センサス個票数は，1901年では，293世帯の1613人，1911年では279世帯の1613人であった。彼女は，直系家族を3世代家族とみなして分析している。これまでラスレットの3世代数が22～27％，ギボン，カーティンの12.2％，フィッツパトリックの13.8％（1901年），14.1％（1911年）を参考にしながら，バリーダフでは，40エーカー以上の大農民で，それが14.3％を占めるが，中程度の農民では12.6％を示していることを明らかにした。もっとも，直系家族ではない3世代拡大家族は，25.0％と23.4％であり，それらの数字よりも多かった。したがって，それらの数値からすればアイルランドにおける直系家族の割合が13～14％であるとみなされてよい［Birdwell-Pheasant 1992:219-220］。そして，相続に関して，息子による相続が，農場規模により相違するものの，70～77％であることを示していることは貴重な数値であるといえる［Birdwell-Pheasant 1992:213］。

■ 第2章

(1)　トッドは，4つの主要な家族制度がヨーロッパ全土に行きわたると見る。そして，家族制度の定義に，親子関係と兄弟関係に注目した。つまり，親子関係が権威主義的か自由主義的か，兄弟関係が平等主義的か非平等主義的かの変数から4つの可能

な家族タイプが析出される。それは，絶対核家族・平等主義核家族・直系家族・共同体家族の4つの家族タイプである。その詳細は，『ヨーロッパ大全Ⅰ』を参照してほしい［トッド 1992］。

(2) フィッツパトリックは，1852年以降の分割相続の中止と1870年以降専門職，事務職の就業機会の増加に対応して，直系家族の展開が見られたことを明らかにしている［Fitzpatrick 1892:58］。

(3) ケネディは1870年の土地法により，多くの人が，土地保有の継承を希望するようになったとみなしている［Kennedy 1973:158］。

(4) Connell［1950, 55-56］。

(5) アケンソンは，飢饉後の家族の特徴として，つぎのような8つの特徴を指摘している。すなわち，第1に，アイルランド家族は核家族を残存させながらも，たしかに直系家族イデオロギーが圧倒的に支配的になった。直系家族システムで，1人の子供が家族の主要な権利を相続すること，つまり農場分割しないことによる家族経営強化が規範になった。第2に，婚姻年齢が上昇し，その結果1922年のアイルランド自由国成立時に（最初の可能なデータの年代），ヨーロッパ平均より高く，男性の婚姻年齢が35歳であった。第3にアイルランド人がヨーロッパでもっとも未婚者が多くなった。ここでいう未婚者は，宗教的意味での性への拒絶ではなく，人口学者による未婚女性・未婚男性を意味している。第4に，ヨーロッパ人の基準による，不法な愛がほとんどなく，もしあれば，飢饉前の時期より少ないということなのである。第5に，婚姻の制限や非婚による愛の制限の結果として，アイルランドは現代社会で，性的に抑圧された社会になり，ある学者はこれとアイルランドの高い精神的病（精神分裂病）が結びついていると見ている。たとえばシェーファ・ヒューズの研究［Scheper-Hughes 1979］がその典型であるといえる。第6に，出生率が驚くほど高い。第7に，小農場の分割から排除による直系家族の結合は，アルスター地方以外での産業部門の欠如と高い妊娠率が，高移民率を引き起こすことを意味している。第8に，アイルランドは，ヨーロッパと比類なく，19世紀中期から20世紀中期にかけて人口減少を経験していた［Akenson 1988:27］。以上のような彼により指摘された特徴は，著書の仮説を強化してくれるものであるといえる。

■第3章

(1) アイルランドの地図作成は，最初英国の陸地測量部長のコルビー（T. F. Colby）により1824年に開始された。彼と彼のスタッフが1825年ベルファスト周辺で測量を開始した。しかし，スタッフが少数で測量が迅速に進まず，その後スミス卿（Sir James Carmichael Smyth）を代表に本腰に取り組んだが，それも頓挫した。だが，1833年ロンドンデリー州で6インチの地図が50枚完成した。その後，1846年に

939 枚の地図が作成されたことにより，アイルランドの陸地測量地図が完成したのである。これに関して Thomas Frederick Colby, Wikipedia（https://en.wikipedia.org/wiki/Thomas_Frederick_Colby）参照。また，アイルランド陸地測量部（Ordnance Survey）の歴史に関しては，ドハティの研究を参照のこと［Doherty 2004］。

(2)　救貧区（poor law union）に関して，1838 年の「アイルランド救貧法」により，3 人の救貧法委員により救貧区が区画された。それは，救貧者が救貧法評価にもとづいて貧民救済を受け取る単位になった。その救貧区はイギリスをモデルとしたもので，それが設けられ町にちなんで名づけられた。したがって，それは市民教区とその範囲が相違している。また，その救貧区は，救貧選挙区の集合でもあり，さらにその下にタウンランドが位置している。1838 年法にもとづき 2049 の選挙区から構成される 130 救貧区が創設された。その後，1864 年の登記本所（General Register Office）の設立に伴い，救貧区がその管理になった。

(3)　Devon Commission（https://en.wikipedia.org/wiki/Devon_Commission）

(4)　Report from Her Majesty's Commissioners of Inquiray into the State of the Law and Practice in respect to the Occupation of Land in Ireland, 1845, Vol1.

(5)　ダブリン，ダンドーク，ニューリー，アーマー，ラーガン，ベルファスト，アントリム，バンブリッジ，ラーン，コーレーン，マニーモア，デリー，ストラベーン，カッスルダーク，オマー，ケールドン，カッスルブレイニー，キャリックマクロス，ドロヘダ，ダブリンの 20 地区である。

(6)　ロンドン，ナヴァン，ケルズ，ヴァージニア，キャヴァン，レスナスケア，エニスキレン，ドニゴール，バーリシャノン，スライゴー，ボイル，キャリック・オン・シャノン，モヒル，ロングフォード，マリンガー，アスローン，ロスコモン，カッスルリア，スィンフォード，バリナ，ウェストポート，カッスルバー，バリンローブ，クリフデン，ゴート，バリナスロー，トゥアム，ゴールウェイ，ラウレア，パーソンズタウン，ロスクレア，ニーナー，スカリフ，エニス，エニスタイモン，キルラッシュ，リムリック，キルマロック，ニュカッスル，リストーウェル，トラリー，キラーニ，カアーサイビーン，ケンマレ，バントリー，スキバリーン，バンドン，キンセールの 48 地区である。

(7)　コーク，ミッドルトン，マクローン，カンターク，マロー，ファーモイ，リスモア，ダンガーバン，クロンメル，クローヒーン，テイペッラリ，カシェル，サーリス，アビーライクス，キラーニー，キャリック・オン・サイア，ウォーターフォード，ニューロス，ウェックスフォード，エニスコーシー，シレラー，カーロ，マウントメリック，タラモア，エデンデリー，ネース，ダブリン，ブレー，ダブリンの 29 地区である。

■第4章

(1) 本書で使用している家族と世帯の概念を明確にしておきたい。家族社会学では，森岡は，家族が「夫婦・親子・きょうだいなど少数近親者を主要な成員とし，成員相互の深い感情的係わり愛で結ばれた，第一次的な福祉志向の集団」，世帯が「住居と大部分の生計を共同する人びとからなる集団」であり，「家族関係を含んでいるが，同居人・使用人といった家族員でないものも含む」消費生活の単位であると概念上区別している［森岡・望月 1995:3-6］。しかし，川北は，産業革命以前という条件付きで，家族には二重の意味が含まれるとみなす。すなわち，それは戸籍上の家族である血縁・姻戚関係の集団と生活実態上の家族であるハウスホールドの2つである。後者のハウスホールド（世帯）は，家計をともにする人々の集団とみなされ，ひとつの屋根に住み，同じ釜の飯を食べる人間の集団であり，工業化前のイギリスでは，「ファミリー」と「ハウスホールド」とが同義であったという［川北稔 1979:216-217］。本書でも，川北の定義を踏襲して，家族と世帯を同義の意味で使用している。その世帯は，アイルランドのセンサスにおける世帯の定義と対応しているものといえよう。

(2) たとえば，コネルによるアイルランドの婚姻率の高さおよび初婚年齢の低さが，飢饉前の人口増加を導くという仮説［Connell 1950:425］がある。それに対してドレークが批判し，さらにリーが反批判するという論争があった。本来コネルは，1780年以降50年間に，アイルランド人口の急増が，婚姻率と出生率の上昇によるもので，それが早婚による要因と地主による貸付地の増加を目論んで行なわれた小保有農を促進させる要因によるものであるという仮説を提唱したのである。それに対して，ドレークが，コネルの早婚説に異を唱えている。その早婚説は，コネルが1836年の『貧困調査』を史料としすぎた結果であるとし，センサス統計を十分活用していないと批判している。さらに，リーがドレーク批判を試みたのであった。つまり，ドレークが，逆に1841年センサスから，1830年代の男子婚姻年齢を高く見ており，逆に彼が，『貧困調査』をまったく参照していないことを挙げている。つまり，リーはセンサス資料より，『貧困調査』資料が信頼できるものと判断したのであった［Connell 1950;Drake 1963;Lee 1968］。

(3) 英国議会資料の農業統計では一般にイギリスの法定エーカー（sterling acre）が使用されているようであり，アイルランドではアイルランド・エーカー（7840平方ヤード）が使われている場合もあり，両者の違いの判断は難しいといわれている。なお，1アイルランド・エーカー＝1.62法定エーカーであり，本書ではほぼ法定エーカーが使われている。

(4) 1841年の平均婚姻年齢を見れば，ミーズ州とキングズ州が一番高く27〜28歳，以下ファーマナー州の26〜27歳，キャヴァンとゴールウェイ州の25〜26歳とい

う順序であったことが 1841 年の地図からわかる［Kennedy et al. 1999:52］。

(5)　リチャード，ウォールはキルケニー州における 1821 年と 1841 年の 2 つの教区の
センサス個票を分析し，つぎのような結果を導いている。1821 年では，アグリシュ
教区（Aglish）は 72 世帯であり，世帯形態では，単純家族世帯が 50 %，多核家族
世帯が 25 %，拡大家族世帯が 24 % であった。またポートナスカリー教区（Port-
nascully）は 156 世帯であったが，単純家族世帯が 47 %，多核家族世帯が 24 %，
拡大家族世帯が 21 % であった。1841 年では，アグリシュ教区が 39 世帯で，拡大
家族世帯が 48.7 %，単純家族世帯が 35.9 %，多核家族世帯が 12.8 %，ポートナ
スカリー教区では，51 世帯で，単純家族世帯が 43.1 %，多核家族世帯が 31.3 %，
拡大家族世帯が 23.5 % であった。このような，拡大家族世帯と多核家族世帯が半
数を占めるということに驚かされる。そこにはデータ数の少なさというバイアスも
存在すると思われるが，著者の 1821 年の結果とそこに大きな開きがありすぎるの
である。つまり，今の段階で，この数値をどう見るかの判断は保留するしかない。
ただし，ウォールがこの未刊行の資料を著者に提供していただいたことには感謝し
ている。

(6)　イニシュアーに関して，オコナーの未刊行論文が参考になる。彼女は 1821 年の
センサスを利用して世帯構成を分析している。やはり単純家族世帯よりも複合家族
世帯が多く，平均世帯規模が 7 人であり，フラハティ姓が 25 戸見られ，59 世帯の
35 % を占めることをも明らかにしている［O'Connor 1977:11］。

(7)　ロイルは，アラン諸島の 1821 年人口センサス個票をデータにして，アラン島の
農業・漁業・海藻灰にもとづく経済と密接な親族社会を結び付けて，飢饉前のアラ
ン諸島の特徴を明らかにしているが，これは貴重な研究といえる［Royle 1983］。
とくに，同姓の多さに着目しているところが興味深い。

(8)　この飢饉前における不分割相続の存在は，ケネディによる調査によっても明らか
にされている。彼は『貧困調査』により，飢饉前に分割相続が，コナハト地方で
9.2 %，レンスター地方で 5.2 % であると示しているが，それはレンスター地方が
一番低かったことを意味している［Kennedy 1985:4-5］。

■第 5 章

(1)　1871 年におけるヨーロッパの婚姻率に関して，ロシアが 10.4 で一番高く，イン
グランドとウェールズが 8.3，アイルランドが 5.3 であり，表で示された 18 か国
のなかで一番低かった。ケネディらは，イングランドとウェールズがアイルランド
の婚姻率より 60 % 高かった理由として，両国での近代化の違いと飢饉後の移民か
ら説明している。つまり，アイルランドの婚姻率はロシアを除外したヨーロッパで
最低の婚姻率だったのである［Kennedy et al. 1999:57, Table 3］。それと生涯未婚

率の高さは相関するものといえよう。

(2)　ギナーンの作成した表によれば，生涯未婚率が 1841 には男性の 10 ％，女性の 12 ％から，1851 年には，12：13，1861 年には 15：14 に逆転し，それ以降ではほぼ男性の数値が高かった。すなわち，その数値は，1871 年には 17：16，1881 年には 17：17，1891 年には 20：18，1901 年には 24：22，1911 年には 27：23 であった［Guinnane 1997:89，表 4.1 参照］。

(3)　生涯未婚者問題について，ケネディ［Kenendy 1973］やギナーン［Guinnane 1997］，ストラスマンとクラーク［Strassmann and Clarke 1997］による研究がある。

(4)　ケネディによるデータから，アイルランドにおける 25 ～ 34 歳の婚姻率が，男性の場合 1841 年には 43 ％，1851 年には 61 ％，1861 年と 1871 年には 57 ％，1881 年には 62 ％，1891 年には 67 ％，1901 年には 72 ％，1911 年には 74 ％であり，それはイングランド・ウェールズの 2 倍であったことがわかる。また，女性の場合には，それが 28 ％，39 ％，39 ％，38 ％，41 ％，48 ％，53 ％，56 ％と漸次上昇を示していたが，男性よりも数値が低かった。つまり男性が女性よりも晩婚化であり，それをケネディは，継承者が，親の死亡まで土地相続の待機の延長によるものと解釈している［Kennedy 1973:143-152］。そのような男性の晩婚化が女性に大きく影響するのは当然であった。

(5)　飢饉後のアメリカ移民からの手紙を史料としたアイルランド移民研究としてカービー・ミラーの研究を挙げることができる［ミラー／ワグナー 1998］。また 17 世紀から 19 世紀初期の飢饉以前の移民に関しても，移民の手紙を史料としたカービー・ミラーらの研究は貴重である［Miller et al. 2003］。

(6)　アイルランドでの潜在出生率（国民の希望がすべて実現した場合の出生率）を見れば，それは，1851 年が 4.5 人，1872 年が 5.2 人，1881 年以降減少し，1881 年と 91 年が 4.7 人，1901 年が 4.4 人，1911 年が 4.2 人に減少していた。しかし，現実の出生数はそれらの数値をすべて上回り，5 ～ 6 人になっていた。また，アイルランドにおける合計特殊出生率の統計は 1961 年以降しか見当たらないが，1961 年には 3.8 人であり，1971 年に 4 人に増加するがそれ以降減少し，2011 年には 2.0 であった［FitzGerald 2017:20，Table 1-6］。したがって，おそらく 1851 ～ 1911 年の合計特殊出生率は，その潜在出生率と近似していたように思われる。

(7)　アイルランドでは，子供の出産時に，10 万人当たりの母親の死亡率がイングランドとウェールズよりも高かった。すなわち，それが 1864 年では 679，1880 年では 713，1900 年では 645，1920 年では 548 であり，イングランドとウェールズでは，その数値は 1900 年の 467 が一番高かったのであり，そこにはかなりの差が認められ，アイルランドの助産技術が遅れていたようである［FitzGerald 2017:17，Table

384

1.5]。

(8)　アイルランドで平均寿命が明らかになるのは，1871年以降である。男性の平均
寿命が1871年では49.6歳，1881年では49.4歳，1891年では49.1歳，1910年で
は49.3歳，1911年では53.6歳であり，女性が，50.9歳，49.9歳，49.2歳，49.6
歳，54.1歳とそれぞれ上昇していた。その数値はすべての年次でイングランドと
ウェールズより高かったのである［FizGerald 2017:15, Table 1.3]。

(9)　ハメル＝ラスレットの世帯分類は，最初ラスレットが『Household and Family
in Past Time』で展開したことは周知のことである。それをハメルと協力して最終
的にハメル＝ラスレットの世帯分類になった。ハメル＝ラスレット分類表は，ラス
レット分類表に新しく，ハメルによるセルビアのザドルガ，マケドニアの事例によ
る分類・奉公人・訪問者・下宿人・同居人のカテゴリーの付加により再構成された
ところに特徴がある。この世帯分類表は，「夫婦家族単位（CFU）」の組み合わせ
により構築されたものであり，世帯の中にひとつのCFUしかない場合，それ以上
のCFUを含む場合がある。そして，拡大家族世帯と多核家族世帯の分類に，中心
になるCFUを基準にして上向的拡大・下向的拡大・水平的拡大に区分したことが
特徴であるといえる。その詳細は，彼らの「世帯構造とは何か」に譲る。それでは，
なぜ1972年のラスレット分類表に後でハメルが参加して1974年にハメル＝ラス
レット分類表に再構築されたのかという疑問が残る。1972年のハメルによるラス
レット編集による論文集に掲載されているザドルガの論文（The zadoruga as pro-
cess）には，世帯分類表が使用されていない。彼によれば，どうも急遽ザドルガの
世帯分類表を作成する必要があったようであり，時間をとって作成したものではな
かったと，ハメルが記憶している［彼の著者へのメール資料］。そして，彼による
と，この世帯分類表は，センサスで世帯を見る，あるいはどのような世帯であるか
を早く決めるために汎論理的（algorithm）な性格であるものと考えられている。
そして，前述したようにハメルは，東欧のバルカンの家族研究者として有名である
が，その家族は，合同家族が理念型であるものの，合同家族の分裂時には，それら
が核家族になるのであり，センサス資料のみに頼れば合同家族が顕在化しないこと
もあると見られている。したがって，彼は，センサス分析が静態的であり，ダイナ
ミックな分析が必要であると強調している［著者へのメールによる資料，2011年9
月24日］。したがって，彼らの世帯分類表には多くの批判があることも事実である。
たとえば日本の宗門人別帳による江戸時代の家族分析をするときに，多核家族世帯
を直系家族世帯と合同家族世帯に再分類される方法が取り入れられている［岡田
2000:139-140]。また，アメリカでは，ラグルズによる批判もある。しかしながら，
この分類表は，すでに，これまでかなりの研究において利用されており，それらの
成果との比較ができるという意義が見出されるのであり，それゆえ本書でも，この

注　　385

ハメル＝ラスレット分類表を利用しているのである。

■第 6 章

(1) このアイルランドの麻工業の基本文献としてギルの研究が挙げられる［Gill 1964］。日本では，齋藤英里の研究［齋藤 1984;2003］，武井章弘の研究［武井 1993;2016］を参照してほしい。

(2) アイルランド貧民蝟集地域委員会の歴史に関しては，ミックスの文献が古典的研究である［Micks 1925］。最近の研究には，ブラナックがある［Breathnach 2005］。

(3) 本来，松尾分類によれば，兼業農家が 5 〜 30 エーカー，家族労働経営が 30 〜 100 エーカー層，雇用労働力経営が 100 エーカー層に区分されるが，1874 年の農業統計には，1 〜 5，5 〜 15，15 〜 30 エーカーという区分があるが，1926 年統計には，その区分がなく，1 〜 30 エーカーに統一されていた。したがって，両者の統計比較のために後者の基準である 1 〜 30 エーカーに区分しなおしてある。

(4) 本多は，メイヨー州で 1872 年の 2 〜 1 歳の肉牛の飼養ランクが 5 位，1873 年の 2 歳以上が 3 位であることを指摘しているが［本多 2013:21］，それは，1861 〜 1871 年における 2 〜 1 歳の肉牛が 1 万頭，2 歳以上が同時期に 4000 頭の増加によるものであり，おそらく 100 エーカー以上層農民による牛の飼養であったといえよう。

(5) 本多は，1871 年の農業統計を利用して，牛の地域的分業と全国移動のデータを作成している。それによれば，2 歳以上と 2 〜 1 歳の牛の移動がミーズ州で 1 位であるが，メイヨー州で 7 位と 9 位，クレア州で 15 位と 16 位であり，意外にメイヨー州が西部アイルランドで高いことを示している［本多 2013:21］。

(6) 『貧困調査』によれば，コッティアは，シンプルな小屋で，1 エーカー以下の土地を農民やそれ以外の土地保有者から借地し，それらの土地で，ジャガイモ・オート麦・亜麻を栽培していた人々である。その土地は毎年変えられる可能性があり，その地代と家賃は，彼らの労働力で支払われた。ダナハーによれば，1841 年には，農民が 47 万人，男子労働者とサーヴァントが 11 万人，コティアが 73.7 万人いたという。彼らは 0.5 エーカーを 3 ポンドで借地したことにより，地代のために 1 日 6 ペンスで 120 日労働しなければならかった。そして，コティア労働者は，農民と比較して，早く婚姻し，農民と比べて多くの子供を持つ大家族を形成していた［O'Danachair 1880/81:155］。したがって，この時期の人口増加は彼らによる早婚と出生率の高さによるものと見られる。しかし，大飢饉以降コティア階級が消滅されたと見られる［O'Danachair 1880/81］。

(7) メイヨー州バーリクロイ村は，すでにブラウンにより調査されているが，ウエストポート救貧区に属し，ムレットの南 18 マイルに位置している。Emigration from

Ballycroy Co Mayo Ireland（http://freepages.genealogy.rootsweb.ancestry.com/~deesegenes/ballycroy.htm）

(8)　Bateman［1971:256］による。

(9)　ガブリエルは，1911 年にはラッカン選挙区では，平均世帯規模が 5.37 人で，あるタウンランドでは 2.57 人，他のタウンランドでは 7.33 人の場合もあったが，平均 5.5 人を超えるタウンランドが 29 のうち 14 あったことを明らかにしている［Gabriel 1977:124］。

(10)　1901 年と 1911 年のセンサス個票において，とくに年齢が不正確である場合が多い。基本的に 1901 年での年齢に 10 歳加齢した年齢が 1911 年年齢になるはずである。しかし，1901 年と 1911 年の期間に 20 ～ 30 歳の年齢差がかなり見受けられるのであるが，その原因として，調査対象者の記載ミス，調査者のチェック漏れがふつう挙げられるが，ここでは，調査対象者に，1908 年老齢年金法改正により，年金受給年齢に近づけたいという意思が働いていることも挙げられる。そのような問題があるものの，ここでは，個票における年齢記載を利用している。

■第 7 章

(1)　アイルランドの相続研究はオグラーダ［O'Grada 1993:180-220］とケネディの研究［Kennedy 1991］ぐらいであり，それ以外ほとんど行なわれていない。なお，遺言書を史料としたカレンによる相続研究があるが［Cullen 2012］，今後それらの詳細なデータによる相続研究が望まれる。クレア州では，唯一マッガイアによる遺言を史料とした相続研究がある。それによると，1858 ～ 1876 年には，分割相続が 20.6 %，不分割相続が 32.4 %，配偶者への相続が 35.3 %，それ以外が 11.7 %であった。しかし，1877 ～ 1899 年には，それが 13.3 %，46.6 %，34.6 %，5.3 %に変化し，不分割相続と配偶者相続の優位性がそこに認められた。配偶者相続は一時的であり，それが不分割相続で，その後子供に一子相続されるものと理解される［NcGire 1984:51］。

(2)　1851 年センサス報告書にクレア州のリムリック救貧区の注に，この救貧区の残りがリムリック州にあると明記されている。Census of Ireland 1851: part1, area, population, and number of houses, by townlands and electoral division: County Clare, 45. 地図上では，リムリック救貧区はシャノン川を挟んで設定されており，おそらくシャノン川の北部分がクレア州に所属したものと思われる。また，1911 年センサス報告書でも同じ記載が確認できる。

(3)　Census of Ireland, 1911, Area, house and population; also the ages, civil or conjugal condition, occupations, birthplaces, religions, and education of people. Province of Munster, 5-18.

(4) Agricultural Statistics of Ireland, 1911, 40-41.

(5) トゥラ救貧区が 1909 年以降スカリフ救貧区に統合されたことにより,これまで
の流れを見るために,1909 年の農業統計を利用した。

(6) 本多によれば,クレア州における 1872 年の 2 ～ 1 歳の飼養牛が 4 位,1873 年の
2 歳以上が 8 位であった［本多 2013:21］。2 ～ 1 歳牛の頭数が 1871 ～ 1881 年に
8000 頭増加により上位であったが,2 歳以上の頭数がこの期間に増加していなかっ
たので 8 位になったものと理解できる。

(7) アレンスバーグとキンボールが 1852 年の土地法改正を示唆しているが,その改
正法を法律では確認できなかった。

■第 8 章

(1) ケネディは,ドニゴール州,北テイペラリー,南テイペラリー,東ミーズの 4 地
域データに基づいて相続を追究している。20 世紀初頭では,すべての地区におい
て長子相続が優位であったという。そして,11 教区を含む東ミーズにおいて,
1911 年～ 1945 年の期間に総数 31 ケースのうち 67 ％が長子相続であったことを明
らかにしている。また,それが,保有規模では 100 エーカー層で一番多く,100
エーカー以下層では,半分程度に低下していた。つまり,それは,継承者以外の子
供への教育費用や土地取得における援助の形態により,相続の代償が行なわれたこ
とによるものと見られる［Kennedy 1985:26-27］。

(2) ケネディによれば,100 エーカー以上の農民層では,非継承者が代償を取得でき
る割合が 71 ％であり,それ以下の階層では逆に代償取得の割合が 30 ％に低下して
いることを明らかにしている［Kennedy 1985:33］。

(3) すでに 1851 年センサス報告書の注に,アーディー救貧区の残りがラウズ州にあ
るという記載がある。Census of Ireland, 1851, *Part. I showing the area, population
and number of houses, by townlands and electoral divisions, County of Meath.*
BPP 1852 XLVI.561 (1494). 226.

(4) ミーズ州に属するドロヘダ救貧区に関して,1851 年センサス報告書の注に,そ
の残りがラウズ州とドロヘダバラにあるという記載がある。Census of Ireland,
1851, *Part. I showing the area, population and number of houses, by townlands
and electoral divisions, County of Meath.* BPP 1852 XLVI.561 (1494). 226.

(5) ミーズ州に属するエデンデリー救貧区以外にキルデア州とキングス州にも残分の
救貧区があることが,1851 年センサス報告書に記載されていた。Census of Ire-
land, 1851, *Part. I showing the area, population and number of houses, by town-
lands and electoral divisions, County of Meath.* BPP 1852 XLVI.561 (1494). 227.

(6) Census of Ireland, 1911, Area, house and population; also the ages, civil or con-

gugal condition, occupations, birthplaces, religions, and education of people. Province of Leinster.

(7) 各年度の農業統計における人口は，一番近い時期のセンサスが使用される。すなわち，1911 年にはセンサス調査が行なわれたのであるが，農業統計作成時には，1911 年センサスが集計されておらず，1901 年人口が記載されているのである。

(8) Agricultural Statistics of Ireland, 1911, 38-41.

(9) コネルのいう，飢饉前の耕作農から牧畜農への変換説はギリガンによっても指摘されている［Gilligan 1998:18］。

(10) Gilligan［2015:606］

(11) ダンショーリンの牧畜業に関して，ギリガンによる文献が詳しい［Gilligan 2015:603-631］。

(12) その資料は，アイルランド国立図書館の資料室に保管されている。Edward Delany, Farm Account Books of Edward Delany, Co. Meth, 1851-99, National Library, NLS, MSS, 19347-8.

(13) たとえば，1907 年 1 月 1 日から 1908 年 9 月 30 日までの期間に，アイルランド王立警察隊が調査した牛の移送記録には，西ゴールウェイから 157 頭，クレア州から 104 頭，ウェストミーズから 88 頭，ロスコモン州から 87 頭であったことが記載されている［Return by Counties and Quarterly Periods of Number of Cattle Drives reported by Rotal Irish Constabulary to have taken place in Ireland from the 1st day of January, 1907, to the 30th day of September, 1908, 2］。

(14) ここでの解釈は，ストラスマンとクラークの研究に負うところが大きい。彼らは生態学的条件から以下のような 5 つの仮説を提起してアイルランド農民の生涯未婚者増加を検証した。第 1 に，農民の婚姻率が農場の利用可能性に応じて直接変化する。第 2 に，男子継承者間の生涯未婚者の発生率が農場の減少に対応して増加する。第 3 に，アイルランド農村で経済的機会が減少することに対応して，移民が増加する。第 4 に，移民率が農場規模と逆比例の関係にある。第 5 に，移民がアイルランドを離れることにより婚姻の機会が改善する［Srassmann and Clarke 1998:33］。したがって，アイルランドでは，農民の場合，大規模農家であれば，婚姻の機会が多いが，そうでなければその機会も減少し，継承者ばかりか，その兄弟姉妹も未婚になる可能性があることを示唆しており，まさに農場保有規模という生態学的条件を強調しているところに特徴があるといえる。その意味で，この仮説は，ミーズ州あたりの直系家族システム規範があまり強固でない地域には説得力があるものといえる。

(15) 松尾太郎［1998:239-314］参照。

(16) ここで利用する土地保有面積に関しては松尾太郎資料による。

■第9章

(1) 国立国会図書館調査及び立法考査局，2012，『各国憲法集（2）アイルランド憲法』，59-60 から引用。

(2) 増田によれば，第41条3項のような家族保護条項は 1922 年のアイルランド自由国憲法に存在しなかったと示唆している［増田 2003:72］。

(3) 国立国会図書館調査及び立法考査局，2012，『各国憲法集（2）アイルランド憲法』，11 からの引用。

(4) 川島武宜［2000:88］からの引用。

(5) ブルデューは，『婚姻戦略』で，婚姻戦略とは，単なる結婚ではなく「良い結婚」をなすことが目的で，それで利益を最大化し，特殊なタイプの取引である結婚の経済的，象徴的費用を最小化することが，その目的であるとみなしている［ブルデュー 2007:207］。この本の解説者の丸山茂は，ブルデューが提唱する戦略とは，人間の行動が，既存のルールに従って行なうものではなく，伝統的，教化された意識的・無意識的行動様式（ハビトゥス）に従いながら，いくつかの可能性（ストラテジー的行動）の結果であると説明している［丸山茂 2007:304］。

(6) ティリーは，移民・出生学・学校教育・労働力参加・子供との同居・婚姻年齢などを取り扱う多くの家族戦略があると理解している［Tilly 1979:138］。

(7) 西野理子［1998:69-70］

(8) 田渕六郎［1993:92］

(9) アンダーソンは，産業化と家族との関係を議論しているが，それを 1851 年のイギリスにおけるセンサス原簿のサンプルを最初に利用して明らかにしたところに特徴があるといえる。また，同じ時期にアームストロングによるヨーク研究にも 1841 年と 1851 年のセンサス原簿が利用されている［Armstrong 1974］。

(10) アンダーソン［1988:110］

(11) ヘイナルの世帯形成原理は，北西ヨーロッパの単純世帯システムに共通する形成ルールと合同世帯システムに共通する形成システムに区分される。すなわち，前者では，第1に，男女どちらも晩婚であった，第2に，結婚後，夫婦が自分たちで世帯を管理した，第3に，結婚前の若者たちは，奉公人として世帯間を移動したという3つのルールが設定され［ヘイナル 2004:419-420］，それにもとづいてヘイナルラインが作成されている。そのラインには，アイルランド，南フランス，フィンランド，東欧が除外されていた。ヘイナル理論の提唱後，それを基礎にした多くの家族・人口研究があるが，ヘイナル理論に対する再検討の論文集である Engelen と Wolf 編『ユーラシアにおける婚姻と家族』の研究は貴重な文献である［Engelen and Wolf 2005］。

(12) 家族史の専門雑誌である *The History of the Family* に多くの直系家族の論文が

掲載されている。

あ と が き

　まず，アイルランド家族史研究を本格的に始めたのは，1993 年に出会った法政大学故松尾太郎教授のおかげであった。そして，彼に，トリニティ・カレッジのルイ・カレン教授（現名誉教授）を紹介していただき，1995 ～ 1996 年にかけてトリニティ・カレッジで 1 年間研修することができた。その期間中，著者はアイルランド家族を日本の伝統的家族と比較するというパースペクティブで，アイルランド家族史を研究することにした。ところが，データとしてセンサス報告書に限界を感じたので，アイルランドのセンサス個票をデータにして研究しようとした。当初，センサス個票はダブリンのアイルランド国立公文書館に所蔵されており，1901 年と 1911 年センサスからいくつかの州の選挙区を選択し，コピー・写真・手書きでセンサス個票を収集し始めた。その作業は時間がかかるとともに，それらにもとづく研究も少なかった。したがって，まったくデータの処理，分析方法がわからなかったので，少しでも関係する研究者を訪問し，教えを受けたのであった。その結果，多くのアイルランド歴史研究者，イギリス史研究者などに教授していただいた。

　2003 年に，エセックス大学のウラード博士（現イギリス・データ・アーカイブ教授）にミネソタ人口センターの NAPP プロジェクトに 1881 年の 100 ％グレート・ブリテンのセンサスデータ，アメリカの 1880 年の 100 ％センサスデータがあることを聞き，その年の 11 月にシカゴで開催された社会科学史学会（Social Science History Association）の学会終了後，ミネソタ大学のラグルズ教授を訪問し，それらのデータを入手することができた。そのデータベースは，イギリスが 3000 万人，アメリカが 5000 万人の膨大なデータであった。その後，IPUMS のアメリカセンサスデータも収集できた。センターの設備（CUB）を数回自由に利用させていただいたラグルズ教授に感謝したい。そのときにエヴァンズ助教授，フィッチ博士にもデータ利用方法を教えていただいた。また，IPUMS-International の責任者でマッカ教授とも知り合いになれた。

　その後，文献のデジタル化，アイルランドの国立公文書館のセンサスのウェブサイトでの公開などで，急速にデータ利用が容易になったことは，アイルランド家族史をマクロに検証するために役立った。

エセックス大学ではシュウラー教授（現レスター大学教授），ウォール氏（元ケンブリッジグループ研究員）および夫人のヘルシンキ大学ベアトリス教授　および歴史学部ヒッグス教授にもお世話になった。2010～2011年にケンブリッジグループでの研修を勧めてくれたのもウォール氏であった。しかし，ケンブリッジ滞在中病気で他界されたことは残念であった。しかし，ケンブリッジのウォール宅を幾度か訪問し，貴重なアドヴァイスをいただいたことも幸運であった。ケンブリッジの1年滞在後，2011年8月から2か月弱，アルター教授のおかげにより，ミシガン大学のICPSR（Inter-University Consortium for Political and Social Reseach）で研修させていただいたこともありがたかった。

アイルランドではゴールウェイ大学では，社会学・政治学部カーティン教授，ヴァーレイ上級講師，バーン上級講師，コーク大学では地理学部スミス教授，社会学部タッカー講師（故人），ダブリン大学では経済史のオグラーダー教授にそれぞれお世話になった。そして，メイヌース大学の社会学部グレイ教授は，私のテーマと一番近い研究をしておられ，何回もお会いしたときに議論することができたし，英語版のイントロダクションを執筆していただいた。また，同大学歴史学部ブランティ教授にもお世話になった。それ以外に，経済社会調査研究所（Economic and Social Research Institute）のハナン教授（当時），ファーヘイ研究員（現UCD教授），農業・食料発達研究所（TEAGASC）のコミンズ教授にもご協力いただいた。

イギリスでは，最初にセンサス・データによる研究をされたエジンバラ大学アンダーソン教授・副学長（現名誉教授）にも忙しいところ，私の論文に目を通していただいた。また，GISによる地図作成にカンニハム博士（現ダラム大学講師）の助力を得た。クイーンズ大学ベルファスト校の社会経済史学部ケネディ教授は，研究当初に貴重なドニゴール州グレンコロンブキル教区の1911年センサス個票のコピーを初対面の私にさせて下さった。今のように自由にコピーできない時代だったので，それは貴重な資料であった。同大学の社会学部ブリーン教授（現オックスフォード大学教授）には彼のケリー州の調査の話を伺い，その成果であった博士論文のコピーをいただいた。同大学のリサーチフェローのコリンズ氏（前アイルランド・リスバーン・リネンセンター研究員），人類学部のマックファーレン上級講師からもアイルランドの研究情報を得ることができた。ランカスター大学プーリー教授にはリヴァプールのアイルランド人移民の研究でお世話になった。

アメリカでは，ボストンカレッジのオニール准教授にお世話になった。ボスト

ンカレッジでオニール准教授の講義時間に一度私のアイルランド家族研究を講義させていただいたこともよい記念になった。また，同じ大学のケニー教授にも私の英語論文にコメントをいただいた。そして，アメリカにおけるアイルランド移民研究者として有名なミズーリ大学のミラー教授にお会いして，貴重な意見をいただいた。キンボール教授の教え子であるコロンビア大学，コミタス教授にもアレンスバーグとキンボールのアイルランド調査時の資料収集でお世話になった。ニューヨーク州立大学ビンガムトン校人類学部ウィルソン教授とは，ミーズ州の研究を話題にして議論した。ハーヴァード大学人類学部ベスター教授には，アレンスバーグとキンボールの資料収集でお世話になった。

　カナダでは，ヨーク大学社会学部ダロー教授，モントリオール大学人口学部ディロン教授，グエルフ大学歴史学部インウッド教授，ジェームズ教授，クイーンズ大学歴史学部アケンソン教授，ヴィクトリア大学歴史学部サガー教授，バスカヴィル教授（現アルバータ大学），オタワ大学歴史学部ガフィールド教授に各方面でお世話になった。ヨーク大学人類学部シルバーマン名誉教授には，アイルランド家族史研究で貴重なコメントをいただいた。

　アメリカでは，2003 年から毎年社会科学史学会大会（Social Sience History Association）に参加し始め，2007 年から報告していたが，ある報告でフランスの家族史研究で有名なフォーヴーシャムー名誉教授と知り合いになれたのも光栄に思っている。

　またノルウェーのベルゲン大学のソリ准教授には，何度も自宅に訪問して，センサスデータのプログラミング処理，GIS の地図作成に長時間割いていただき，本当にお世話になった。今利用している資料も彼のおかげである。また，世界で一番北にあるトロムソ大学トゥールヴァルセン教授，ベルギーではソーラー教授にも貴重な資料をいただいた。それ以外に，オーストリアでは，ウイーン大学ミッテラウアー教授，チャーマン教授（故人），スタイドル教授，スウェーデンではルンド大学ベングトソン教授，ドライブ教授，ウメオ大学ブランドストローム教授，エドヴィンソン教授，アイスランドではアイスランド大学ガルザルスドゥッティル教授と歓談できたことはありがたかった。

　社会科学史学会での報告では，オーストリアのグラーツ大学グルーバー教授，アメリカのフランシスマリオン大学メアリー永田教授に貴重なコメントをいただいた。

　なお，本書で引用しているエマニュエル・トッド氏に，2011 年にケンブリッジで研修中にパリでお会いする約束をしていたが，当方の事情でかなわなかった

のが残念であった。とくに，彼が博士論文作成時，指導教授のラスレットとの立場の違いがあったといわれているが，そのあたりの事情を詳細に聞きたかったからである。

　日本では，本多三郎（大阪経済大学），山本正（大阪経済大学），高神信一（大阪産業大学），武井章弘（大阪学院大学），齋藤英里（武蔵野大学），後藤浩子（法政大学），勝田俊輔（東京大学）の各氏，およびアイルランド協会の方々にお世話になった。とくに，本多名誉教授には，本書の審査委員として評価をしていただき，齋藤教授には，本書の原稿を読み，貴重なコメントをいただいた。それと，私のコンピュータのトラブルにいつも丁寧に対応していただいた，ワイズ情報技術サービスの吉岡省吾氏にも感謝したい。

　史料収集に際してアイルランド国立図書館，国立アイルランド公文書館，ダブリン大学図書館，トリニティ・カレッジ図書館，コーク大学図書館，ゴールウェイ大学図書館，メイヌース大学図書館，クイーンズ大学ベルファスト図書館，リヴァプール大学図書館，エセックス大学図書館，ハーヴァード大学ピーボデイ考古学・民族学博物館，ミシガン大学 ICPSR 図書室，シカゴのニューベリー図書館，ワシントンのスミソニアン博物館アーカーブ部門，アイルランドの各州公共図書館で大変お世話になった。

　本書を完成させるために，1995 年の研修以降，毎年のようにアイルランドを訪問してきたが，カレン教授，ヌエラ夫人，娘のクリスティーンさんの親切な歓迎が，私の研究に大きな励ましになり，アイルランド研究を継続させることができた。そして，英語本を出版したときには，英語論文の校正，推薦文の執筆，英語本へのコメントをいただいたが，十分それが生かしきれなかったように思える。彼から，私の毎年の訪問に，「渡り鳥」という名前を頂戴した。彼には最大の感謝を捧げなくてはならない。

　また，学部，大学院，研究者になってから現在までお世話になった恩師光吉利之先生（奈良女子大学名誉教授）には深甚の感謝を捧げねばならない。先生には，私の最初の論文作成時に，何回も赤字で訂正していただき，それにより研究者の道が開かれることになった。それ以降も日本の農村家族調査時に，長野県・京都府・奈良県・三重県での調査に同行させていただいたこと，さらに，日頃から，何かあればご相談，ご指導していただき，これまで研究活動ができたのも先生のおかげであったと思っている。

　以上の人々から，多大なアドヴァイスや援助をいただいたおかげで本書を出版することができたが，もし本書で何か問題があるとすれば，著者の責任によるも

のであり，ご寛恕いただきたい。なお，最近，シュウラー教授とヒッグス教授によるI–CeM プロジェクトの 1851 ～ 1911 年のイギリスの 100 ％センサスデータを入手することができたが，それはウラード教授をはじめ，そのプロジェクトの教授にそれぞれお世話になった。それと，アメリカのミネソタ人口センターから1850 年の 100 ％データを入手することができたが，それは 1845 年のアイルランド大飢饉時におけるアメリカ移民の分析に不可欠なデータである。今後，それらのデータによりイギリス，アメリカにおけるアイルランド移民の研究を深化させたいと思っている。

　最後に，長年私の研究を蔭から支えてくれた妻の壽美子にも最大の感謝をしておきたい。

　なお本書の出版は，2017 年度桃山学院大学学術出版助成によるものである。

地図・図表等一覧

●地図

（番外）　アイルランドの地方行政区分地図　*xii*

地図1-1　アイルランドにおける1840年代のクラハン　8

地図1-2　ドニゴール州マリンベグ村のクラハン（1835年）　9

地図1-3　ドニゴール州マリンベグ村のクラハン解体後の集落（1906年）　10

地図3-1　アントリム州フォートタウン村の土地図　64

地図5-1　トッドによる伝統的ヨーロッパ農業システム　114

地図5-2　アイルランドの平均土地保有（1851年，1881年，1911年）　114

地図5-3　1エーカー以下の土地保有（1911年）　115

地図5-4　1〜30エーカーの土地保有（1911年）　115

地図5-5　30〜100エーカーの土地保有（1911年）　117

地図5-6　100エーカー以上の土地保有（1911年）　117

地図5-7　アイルランドの耕地の土地利用（1911年）　118

地図5-8　アイルランドの地方税評価額（1911年）　120

地図5-9　アイルランドの作付耕作地面積（1911年）　120

地図5-10　アイルランドの穀物耕作地面積（1911年）　121

地図5-11　アイルランドのジャガイモの栽培耕作地面積（1911年）　121

地図5-12　アイルランドの平均畜牛頭数（1911年）　122

地図5-13　アイルランドの2歳以上の平均畜牛頭数（1911年）　122

地図5-14　アイルランドの2〜1歳の平均畜牛頭数（1911年）　123

地図5-15　アイルランドの1歳以下の平均畜牛頭数（1911年）　123

地図5-16　アイルランドの平均ヒツジ頭数（1911年）　124

地図5-17　アイルランドの平均ブタ頭数（1911年）　125

地図5-18　アイルランドの平均家禽数（1911年）　125

地図5-19　アイルランドの農業地域　126

地図5-20　アイルランドの婚姻率（1911年）　130

地図5-21　アイルランドの男性初婚年齢（1841年）　130

地図5-22　アイルランドの男性初婚年齢（1851年）　131

地図 5 - 23　アイルランドの男性初婚年齢（1871 年）　　131

地図 5 - 24　アイルランドの男性初婚年齢（1911 年）　　133

地図 5 - 25　アイルランドの女性初婚年齢（1841 年）　　133

地図 5 - 26　アイルランドの女性初婚年齢（1851 年）　　134

地図 5 - 27　アイルランドの女性初婚年齢（1871 年）　　134

地図 5 - 28　アイルランドの女性初婚年齢（1911 年）　　136

地図 5 - 29　アイルランド男性の生涯未婚率（1851 年）　　138

地図 5 - 30　アイルランド男性の生涯未婚率（1871 年）　　138

地図 5 - 31　アイルランド男性の生涯未婚率（1911 年）　　140

地図 5 - 32　アイルランド女性の生涯未婚率（1851 年）　　140

地図 5 - 33　アイルランド女性の生涯未婚率（1871 年）　　141

地図 5 - 34　アイルランド女性の生涯未婚率（1911 年）　　141

地図 5 - 35　アイルランドの出生率（1911 年）　　146

地図 5 - 36　アイルランドの死亡率（1911 年）　　148

地図 5 - 37　アイルランドの農民世帯の割合（1911 年）　　151

地図 5 - 38　アイルランドの平均世帯主年齢（1911 年）　　151

地図 5 - 39　アイルランドの世帯主婚姻率（1911 年）　　152

地図 5 - 40　アイルランドの平均世帯規模（1841 年）　　154

地図 5 - 41　アイルランドの平均世帯規模（1851 年）　　155

地図 5 - 42　アイルランドの平均世帯規模（1861 年）　　155

地図 5 - 43　アイルランドの平均世帯規模（1911 年）　　156

地図 5 - 44　アイルランドの農民の平均世帯規模（1911 年）　　156

地図 5 - 45　アイルランドの平均子供数（1911 年）　　159

地図 5 - 46　アイルランドの農民の平均子供数（1911 年）　　159

地図 5 - 47　アイルランドの 18 歳以下の子供数（1911 年）　　160

地図 5 - 48　アイルランドの独居世帯数（1911 年）　　162

地図 5 - 49　アイルランドの農民の独居世帯数（1911 年）　　162

地図 5 - 50　アイルランドの非家族世帯数（1911 年）　　163

地図 5 - 51　アイルランドの農民の独居世帯数と非家族世帯数（1911 年）　　163

地図 5 - 52　アイルランドの農民の独居世帯と非家族世帯の平均世帯主年齢（1911 年）
　　　　　164

地図 5 - 53　アイルランドの労働者の独居世帯と非家族世帯の平均世帯主年齢(1911 年)
　　　　　164

地図 5 - 54　アイルランドの単純家族世帯数（1911 年）　　166

地図 5 - 55　アイルランドの農民の単純家族世帯の平均世帯主年齢（1911 年）　　166

地図 5-56　アイルランドの労働者の単純家族世帯の平均世帯主年齢（1911 年）　168

地図 5-57　アイルランドの拡大家族世帯数（1911 年）　168

地図 5-58　アイルランドの垂直的拡大家族世帯数（1911 年）　169

地図 5-59　アイルランドの多核家族世帯数（1911 年）　169

地図 5-60　アイルランドの農民の多核家族世帯数（1911 年）　171

地図 5-61　アイルランドの複合家族世帯数（1911 年）　171

地図 5-62　アイルランドの複合家族世帯の平均世帯規模（1911 年）　172

地図 5-63　アイルランドの農民複合家族世帯の平均世帯主年齢（1911 年）　172

地図 5-64　アイルランドの労働者複合家族世帯の平均世帯主年齢（1911 年）　173

地図 5-65　アイルランドの 100 世帯当たりの親族数（1911 年）　180

地図 5-66　アイルランドの 100 世帯当たりのサーヴァント数（1911 年）　180

地図 6-1　メイヨー州の救貧区　189

地図 6-2　メイヨー州の貧民蝟集地図（1891 年）　190

地図 6-3　メイヨー州の貧民蝟集地図（1909 年）　191

地図 6-4　ジョーダンによるメイヨー州における中核，周辺地帯　193

地図 6-5　ラスラッカン村のクラハン集落　237

地図 7-1　クレア州における救貧区　250

地図 7-2　クレア州南ルオックの土地保有　297

地図 8-1　ミーズ州の救貧区　306

●図

図 1-1　メイヨー州におけるランディール制度　6

図 1-2　クレア州ルオック村の小農場（20 エーカー）　12

図 1-3　クレア州ルオック村の典型的な農家と庭　13

図 1-4　縁組婚による家族の再形成プロセス　16

図 2-1　トッドによる直系家族分布図　39

図 2-2　アイルランドの農民家族の直系家族モデル　41

図 2-3　アイルランドの農民家族の世帯形成モデル　45

図 3-1　キャヴァン州キラシャンドラ教区の 1821 年センサス個票　48

図 3-2　キャヴァン州キラシャンドラ教区の 1841 年センサス A 票（表側）　50

図 3-3　キャヴァン州キラシャンドラ教区の 1841 年センサス A 票（裏側）　50

図 3-4　1851 年アントリム州センサス個票事例（表側）　52

図 3-5　1851 年アントリム州センサス個票事例（裏側）　52

図 3-6　1901 年クレア州北ルオックのセンサス個票事例　54

地図・図表等一覧　399

図3-7　1911年クレア州南ルオックのセンサス個票事例　54

図4-1　州別土地保有カテゴリーによる分布（1821年）　81

図4-2　職業別世帯規模分布（1821年）　90

図4-3　職業別世帯規模分布（1841年）　90

図4-4　土地保有規模別世帯構成（1821年）　98

図4-5　世帯主年齢コーホートによる世帯形成（アイルランド，1821年）　99

図4-6　世帯主年齢コーホートによる世帯形成（キャヴァン州，1821年）　99

図4-7　世帯主年齢コーホートによる世帯形成（ファーマナー州，1821年）　100

図4-8　世帯主年齢コーホートによる世帯形成（ゴールウェイ州，1821年）　100

図4-9　世帯主年齢コーホートによる世帯形成（キングズ州，1821年）　100

図4-10　世帯主年齢コーホートによる世帯形成（ミーズ州，1821年）　101

図4-11　世帯主年齢コーホートによる世帯形成（キャヴァン州，1841年）　101

図4-12　アイルランドにおける世帯主年齢コーホートによる世帯員分布（1821年）　104

図4-13　キャヴァン州における世帯主年齢コーホートによる世帯員分布（1821年）　106

図4-14　ゴールウェイ州における世帯主年齢コーホートによる世帯員分布（1821年）　106

図4-15　ミーズ州における世帯主年齢コーホートによる世帯員分布（1821年）　107

図4-16　キャヴァン州における世帯主年齢コーホートによる世帯員分布（1841年）　107

図5-1　アイルランドの人口変化　128

図5-2　地方別アイルランドの婚姻率（1000人に対する，1865～1911年）　128

図5-3　地方別アイルランドの出生率（1000人に対する，1865～1911年）　145

図5-4　地方別アイルランドの死亡率（1000人に対する，1865～1911年）　147

図5-5　地方別移民人口数の推移　149

図5-6　直系家族のダイナミックスモデル　177

図6-1　メイヨー州の土地保有　192

図6-2　メイヨー州の年次別農産物耕地面積　197

図6-3　メイヨー州の年次別家畜数　202

図6-4　メイヨー州の救貧区別季節的移民数の推移　209

図6-5　コナハト地方の人口変化（1821～1911年）　213

図6-6　メイヨー州の人口ピラミッド（1901年，1911年）　214

図6-7　メイヨー州の救貧区別人口変化　215

図6-8　メイヨー州の婚姻率・出生率・死亡率　217

図6-9 メイヨー州バーリクロイの移民時期 222

図6-10 メイヨー州バーリクロイの移民年齢 222

図6-11 メイヨー州の職業別世帯主年齢構成 224

図6-12 メイヨー州の世帯主の男女別年齢構成 224

図6-13 メイヨー州の世帯主年齢コーホートによる世帯形成（1911年） 230

図6-14 メイヨー州における世帯主年齢による世帯員のダイナミックス（1911年）
　　　　236

図7-1 クレア州の土地保有 252

図7-2 クレア州の年次別農作物耕地面積 256

図7-3 クレア州の年次別家畜数 260

図7-4 クレア州の救貧区別家畜数（1909年） 263

図7-5 マンスター地方の人口変化（1821～1911年） 269

図7-6 クレア州の人口ピラミッド（1901年，1911年） 269

図7-7 クレア州の救貧区別人口変化 271

図7-8 クレア州の婚姻率・出生率・死亡率 271

図7-9 クレア州・メイヨー州・ミーズ州の各年度人口1000人に対する移民率
　　　　275

図7-10 クレア州の世帯主年齢コーホートによる世帯形成（1911年） 288

図7-11 クレア州の年齢コーホートによる世帯員分布（1911年） 295

図7-12 クレア州南ルオック家族のケース・スタディ 298

図8-1 ミーズ州の土地保有 308

図8-2 ミーズ州の農作物の耕地面積 312

図8-3 ミーズ州の年次別家畜数 319

図8-4 ミーズ州の救貧区別家畜数（1911年） 321

図8-5 ミーズ州ダンショーリンのディレーニー家の農場会計簿 324

図8-6 ミーズ州の人口ピラミッド（1901年，1911年） 329

図8-7 ミーズ州の救貧区人口の変化 331

図8-8 ミーズ州の婚姻率・出生率・死亡率 333

図8-9 ミーズ州の職業別世帯主年齢構成 339

図8-10 ミーズ州の世帯主年齢コーホートによる世帯形成（1911年） 348

図8-11 ミーズ州の年齢コーホートによる世帯員分布（1901年） 357

図8-12 ミーズ州の年齢コーホートによる世帯員分布（1911年） 358

図8-13 ミーズ州における世帯動態の事例 360

（注内） 土地保有規模別農民の割合（メイヨー州・クレア州・ミーズ州，1926年）
　　　　377

地図・図表等一覧　　401

●表

表序−1　北大西洋人口プロジェクトのデータベース　　*iii*

表1−1　オニールによるキラシャンドラ教区の世帯構成　25

表1−2　ギボンとカーティンによる調査結果一覧　29

表1−3　世帯タイプの分布　35

表1−4　職業別世帯構成　36

表1−5　1901年と1911年の世帯タイプのダイナミックス　36

表3−1　グリフィス地方税課税評価額の事例（アントリム州バリーマネ教区フォート
　　　　タウン村）　64

表3−2　マスグレーブ所領地（ドニゴール州グレンコロンブキル教区）①　69

表3−3　マスグレーブ所領地（ドニゴール州グレンコロンブキル教区）②　70

表3−4　マスグレーブ所領地（ドニゴール州グレンコロンブキル教区）③　71

表3−5　マスグレーブ所領地におけるマリンベグ村の土地保有の例①　72

表3−6　マスグレーブ所領地におけるマリンベグ村の土地保有の例②　73

表4−1　各州のセンサス個票の属性（1821年，1841年）　80

表4−2　州別世帯主年齢（1821年，1841年）　85

表4−3　州別・職業別世帯主年齢構成（1821年，1841年）　86

表4−4　世帯主職業の割合（1821年，1841年）　88

表4−5　州別世帯規模の割合（1821年，1841年）　89

表4−6　世帯主年齢による平均世帯規模（1821年，1841年）　91

表4−7　土地保有規模別平均世帯規模（1821年）　92

表4−8　州別子供数（1821年，1841年）　93

表4−9　州別・年齢別子供数（1821年，1841年）　93

表4−10　州別世帯構成（1821年，1841年）　94

表4−11　州別世帯構成（下位分類，1821年，1841年）　96

表4−12　職業別世帯構成（1821年，1841年）　97

表4−13　世帯主と居住する親族数（1821年，1841年）　103

表4−14　世帯員の州別平均年齢（1821年，1841年）　108

表5−1　地方別男女別生涯未婚率（45〜54歳）　137

表5−2　4州の世帯主年齢構成（1901年，1911年）　153

表5−3　4州の世帯規模（1901年，1911年）　157

表5−4　4州の子供数（1901年，1911年）　160

表5−5　4州の世帯構成（1901年，1911年）　175

表5-6　4州の下位分類による世帯構成（1901年，1911年）　176

表5-7　4州の世帯ダイナミックス　178

表5-8　4州の親族数（1901年，1911年）　181

表6-1　メイヨー州の年次別・規模別土地保有　194

表6-2　メイヨー州の年次別土地利用割合　195

表6-3　メイヨー州の救貧区別土地利用（1911年）　196

表6-4　メイヨー州の土地保有規模別耕作地面積（1874年）　198

表6-5　メイヨー州の救貧区別耕作地面積（1911年）　199

表6-6　メイヨー州の土地保有規模別耕作地面積（1926年）　200

表6-7　メイヨー州の土地保有規模別家畜数（1874年）　203

表6-8　メイヨー州の救貧区別平均家畜数　204

表6-9　メイヨー州の土地保有規模別家畜数（1926年）　206

表6-10　メイヨー州の土地保有規模別季節移民労働者　207

表6-11　メイヨー州の農業における土地保有規模別家族従事者数と雇用従事者数
　　　　（1912年）　212

表6-12　メイヨー州の救貧区別婚姻率（人口1000人に対する）　218

表6-13　メイヨー州の救貧区別出生率（人口1000人に対する）　219

第6-14　メイヨー州の救貧区別死亡率（人口1000人に対する）　219

表6-15　メイヨー州の年齢コーホート別移民数　221

表6-16　メイヨー州の世帯主職業の割合（1901年，1911年）　226

表6-17　メイヨー州の職業別世帯規模（1911年）　227

表6-18　メイヨー州の職業別子供数（1901年，1911年）　228

表6-19　メイヨー州の子供の年齢別未婚者数（1901年，1911年）　228

表6-20　メイヨー州の職業別世帯構成（1901年，1911年）　230

表6-21　メイヨー州の世帯構成（下位分類，1901年，1911年）　232

表6-22　メイヨー州の救貧区別世帯類型（1911年）　233

表6-23　メイヨー州の家族関係（1901年，1911年）　234

表6-24　メイヨー州の救貧区別親族数（1911年）　235

表6-25　ラスラッカン村の世帯ダイナミックス（1901〜1911年）　239

表6-26　1890年代のメイヨー州ノックダフの家計簿　243

表6-27　1890年代のメイヨー州ウェストポート救貧区バリークロイ村の家計簿
　　　　244

表7-1　クレア州の救貧区別土地保有の推移　253

表7-2　クレア州の年次別土地利用割合　254

表7-3　クレア州の救貧区別土地利用（1911年）　255

地図・図表等一覧　　403

表7-4　クレア州の土地保有規模別耕作地面積（1874年）　256

表7-5　クレア州の救貧区別耕作地面積（1909年）　258

表7-6　クレア州の土地保有規模別耕作地面積（1926年）　259

表7-7　クレア州の土地保有規模別家畜数（1874年）　261

表7-8　クレア州の土地保有規模別家畜数（1926年）　264

表7-9　クレア州の農業における保有規模別家族従事者数と雇用従事者数（1912年）
　　　267

表7-10　クレア州の救貧区別婚姻率（人口1000人に対する）　273

表7-11　クレア州の救貧区別出生率（人口1000人に対する）　274

表7-12　クレア州の救貧区別死亡率（人口1000人に対する）　274

表7-13　クレア州の年齢コーホート別移民数　276

表7-14　クレア州の救貧区別センサス個票の世帯数（1901年，1911年）　278

表7-15　クレア州の性別・年齢別世帯主の割合（1901年，1911年）　279

表7-16　クレア州の世帯主職業（1901年，1911年）　280

表7-17　クレア州の職業別世帯主年齢構成（1901年，1911年）　281

表7-18　クレア州の職業別世帯規模（1901年，1911年）　283

表7-19　クレア州の救貧区別職業別世帯規模（1911年）　284

表7-20　クレア州の世帯主職業別子供数（1901年，1911年）　285

表7-21　クレア州の年齢別・男女別子供数（1901年，1911年）　286

表7-22　クレア州の子供の年齢別婚姻状況（1901年，1911年）　286

表7-23　クレア州の職業別世帯構成（1901年，1911年）　287

表7-24　クレア州の世帯構成（下位分類，1901年，1911年）　289

表7-25　クレア州の農民と労働者の世帯構成（1911年）　290

表7-26　クレア州の家族関係（1901年，1911年）　292

表7-27　クレア州の救貧区別親族数（1911年）　293

表7-28　クレア州の家族ダイナミックス（クレア州ルオック）　296

表8-1　ミーズ州における救貧区別土地保有規模　309

表8-2　ミーズ州の年次別土地利用割合　311

表8-3　ミーズ州の救貧区別土地利用（1911年，エーカー）　311

表8-4　ミーズ州の土地保有規模別耕作地面積（1874年）　314

表8-5　ミーズ州の救貧区別耕作地面積（1911年）　315

表8-6　ミーズ州の土地保有規模別耕作地面積（1926年）　316

表8-7　ミーズ州の土地保有規模別家畜数（1874年）　319

表8-8　ミーズ州の土地保有規模別家畜数（1926年）　322

表8-9　ミーズ州の農業における土地保有規模別家族従事者数と雇用従事者数（1912

年）　326
表 8−10　レンスター地方の州別人口変化　329
表 8−11　ミーズ州の救貧区別人口・世帯数・農民の割合（1901 年，1911 年）　332
表 8−12　ミーズ州の救貧区別婚姻率（人口 1000 人に対する）　333
表 8−13　ミーズ州の救貧区別出生率（人口 1000 人に対する）　334
表 8−14　ミーズ州の救貧区別死亡率（人口 1000 人に対する）　335
表 8−15　ミーズ州の年齢コーホート別移民数　337
表 8−16　ミーズ州の世帯主・性別年齢構成（1901 年，1911 年）　339
表 8−17　ミーズ州の世帯主職業（1901 年，1911 年）　340
表 8−18　ミーズ州の職業別世帯規模（1901 年，1911 年）　342
表 8−19　ミーズ州の救貧区別・職業別世帯規模（1911 年）　343
表 8−20　ミーズ州の職業別子供数（1901 年，1911 年）　345
表 8−21　ミーズ州の年齢別子供数（1901 年，1911 年）　345
表 8−22　ミーズ州の職業別世帯構成（1901 年，1911 年）　347
表 8−23　ミーズ州の世帯構成（下位分類による，1901 年，1911 年）　348
表 8−24　ミーズ州の救貧区別・世帯主職業別世帯構成（1911 年）　350
表 8−25　ミーズ州ダンショーリン救貧区の職業別・世帯主年齢別世帯構成（1911 年）
　　　　　352
表 8−26　ミーズ州の家族関係（1901 年，1911 年）　355
表 8−27　ミーズ州の居住親族とその他の居住者（1901 年，1911 年）　356

●写真

写真 1−1　コンラッド・アレンスバーグ　　4
写真 1−2　ソロン・キンボール　　4
写真 1−3　ドニゴール州ファナード西区バリーホールスカイ村のクラハン（1840 年代）
　　　　　9
写真 1−4　ドニゴール州テーリン村の 19 世紀末の住居風景　11
写真 6−1　メイヨー州のイングランドへの収穫移民（1881 年）①　208
写真 6−2　メイヨー州のイングランドへの収穫移民（1881 年）②　208

史料・文献目録

●未刊行資料

Census Returns of Ireland, 1821, 1841, 1901 and 1911, National Archives of Ireland. http://www.census.nationalarchives.ie/pages/

Delany, Edward, Farm Account Books of Edward Delany, County Meath, 1851–99, National Library, NLI, MSS.19347–8.

Congested Districts Board, Estate of Henrry & Edgar Musgrave, Co. Donegal (Glen-columbkille Estate), Schedule of Area, 時期不詳, Irish Land Commission, Box 5584, Record No.10032.

Minnesota Population Center. North Atlantic Population Project: Complete Count Mi-crodata. Version 2.0 [Machine-readable database]. Minneapolis, MN: Minnesota Population Center, 2008.

Schurer, K., Woollard, M., 2003, National Sample from the 1881 Censuses of Great Britain. [data collection]. UK Data Service. SN: 4375, http://dx.doi.org/10.5255/UKDA-SN-4375-1.

O'Reilly, Mat, 1956, Matchmaking, Williams Town, Oldcastle, Co. Meath, Irish Folklore Commission, ms.1460, University College of Dublin Folklore Department.

Shimizu's Database of Irish Census of 1901 and 1911, 2011.

Shimizu's Database of Irish Census of 1821, 2014.

Shimizu's Database of Irish Census of 1841, 2014.

Shimizu's Linkage Data of Irish Census of 1901 and 1911, 2015.

Congested Districts Board for Ireland, Confidential Inspector's Local Reports, 1892–1898 (Baseline Reports), National Library of Ireland.

Wall, R., 時期不詳, Structure of the Irish Household, 1821 and 1841.

●未刊行博士論文

Almquist, Eric, Lucien, 1977, *Mayo and Beyond: Land, Domestic Industry and Rural Transformation in the Irish West*, unpublished Ph. D. Dissertation, Boston University.

Breen, Richard, 1980, *Up the Airy Mountain and Down the Rushy Glen*, Unpublished Ph. D. Dissertation, University of Cambridge.

Corrigan, C., 1989, *Irish Coresidence Patterns in the Early Twentieth Century*, Unpublished MA Dissertation, Maynooth University.

Gabriel, Thomas Morley Griffitt, 1977, *Keeping the Name on the Land: A Study of Land and Families in a County Mayo Parish*, Unpublished Ph. D. Dissertation, University of Cambridge.

McCourt, Desmond, 1947, *Rundale and its Social Concomitants*, M. A. Dissertation, Queen's University of Belfast.

―――, 1950, *The Rundale System in Ireland: a Study of its Geographical Distribution and Social Relations*, Ph. D. Dissertation, Queen's University of Belfast.

Moran, C. P., 1981, *The Land Question in Mayo, 1868-1890*, M. A. Dissertation, University College Galway.

Shannon, Dunn, 2008, *Little More Than a Winter Home: an Historical Archaeology of Irish Seasonal Migration at Slievemore, Achill Island*, Unpublished Ph. D. Dissertation, Syracuse University.

Smyth, W. J., 1969, *Cloghenn-Burncort, A Social Geography of a Rural Parish in South Tipperary*, Unpublished Ph. D. Thesis, University College Dublin.

Sprott, Anne, 1961, *Social and Economic Problems of Depopulation in a Rural Area: South Lough, Country Clare*, Unpublished B. A. Dissertation, Queen's University of Belfast.

Wilson, Thomas M., 1985, *The Impact of the Common on Agriculture and Politics in Eastern Ireland*, Unpublished Ph. D Dissertation, The City University of New York.

● 英国議会資料・アイルランド政府資料

Preliminary Observations, Enumeration Abstract, Appendix, Ireland, 1823, Abstruct of The Answer and Returns Made Pursuant to an Act of the United Pariament passed in the 55th Year of the Reign of His Late Magesty George The Third, 1821, House of Commons.

First Reports from His Majesty's Commissioners for Inquiring into the Condition of the Poorer Classes in Ireland with Appendix (A) and Supplement to Appendix (B), 1835, XXXII.

First Reports from His Majesty's Commissioners for Inquiring into the Condition of the Poorer Classes in Ireland with Appendix (C)-Part I and II, 1835, XXX.

First Reports from His Majesty's Commissioners for Inquiring into the Condition of the Poorer Classes in Ireland with Appendix (D) and Supplement, 1835, XXXI.

First Reports from His Majesty's Commissioners for Inquiring into the Condition of the Poorer Classes in Ireland with Appendix (E) and Supplement, 1836, XXXII.

First Reports from His Majesty's Commissioners for Inquiring into the Condition of the Poorer Classes in Ireland with Appendix (F), 1836, XXXIII.

First Reports from His Majesty's Commissioners for Inquiring into the Condition of the Poorer Classes in Ireland Supplement II to Appendices (D) (E) (F), 1836, XXXIV.

First Reports from His Majesty's Commissioners for Inquiring into the Condition of the Poorer Classes in Ireland Appendices (G), 1836, XXXIV.

First Reports from His Majesty's Commissioners for Inquiring into the Condition of the Poorer Classes in Ireland Appendices (H), 1836, XXXIV.

Second Reports from His Majesty's Commissioners for Inquiring into the Condition of the Poorer Classes in Ireland, 1837, XXXI.

Third Reports from His Majesty's Commissioners for Inquiring into the Condition of the Poorer Classes in Ireland, 1836, XXX.

Indexes to Report of Irish poor Law Commissioners, 1835–1839, 1836, XLIII.

Report of The Commissiners Appointed to Take the Census of Ireland for the year 1841, 1843, Dublin: Her Majesty's Stationary Office.

Law and Practice to respect to the Occupation of Land in Ireland, 1845, Part2, Dublin: Majesty's Stationary Office.

Report of The Commissiners Appointed to Take the Census of Ireland for the year 1851, 1852–3, The Census of Ireland for the year 1851. Part II. Returns of Agricultural Produce in 1851, XCIII [1589]. Dublin: Majesty's Stationary Office.

Central Valuation of Reteable Property in Ireland, 1854, County Meath, Union of Dunshughlin, 13, Dublin: Alexander Thom and Sons.

Agricultural Statistics of Ireland for the year 1861, 1863, Dublin: Majesty's Stationary Office.

First Annual Report of the Registrar-General of Marriages, Births and Deaths in Ireland, 1864, Dublin: Her Majesty's Stationary Office 1869.

Agricultural Statistics of Ireland for the year 1865, 1867, Dublin: Majesty's Stationary Office.

Second detailed Annual Report of the Registrar-General for Ireland of the Marriages, Births and Deaths registered in Ireland in during the year 1865, 1870, His Majesty's

Stationery Office, HC 1870, [C.4].

Eighth detailed Annual Report of the Registrar-General for Ireland of the Marriages, Births and Deaths registered in Ireland in during the year 1871, 1874, Dublin: Majesty's Stationary Office. HC1874, [C.968].

Agricultural Statistics of Ireland for the year 1871, 1873, Dublin: Majesty's Stationary Office.

Agricultural Statistics of Ireland for the year 1874, 1876, Dublin: Majesty's Stationary Office, [C-1380].

Emigration Statistics of Ireland for the year1876, 1877, Dublin: Majesty's Stationary Office, [C-1700].

Emigration Statistics of Ireland for the year 1881, 1882, Dublin: Majesty's Stationary Office, [C-3170].

Agricultural Statistics of Ireland for the year 1881, 1882, Dublin: Majesty's Stationary Office. [C-3332].

Eighteenth detailed Annual Report of the Registrar-General for Ireland of the Marriages, Births and Deaths registered in Ireland in during the year 1881, 1882, Dublin: Majesty's Stationary Office. HC1882, [C.3368].

Eighteenth annual report of the Register General of Marriages, Births and Deaths in Ireland: 1881, HC, 1882, Cd-3244, Dublin: His Majesty's Stationery Office.

Emigration Statistics of Ireland for the year 1881, 1882, Dublin: Majesty's Stationary Office, HC1882, [C.3170].

Agricultural Statistics, Ireland, 1885, Report and Tables, Migratory Agricultural Labourers, Dublin: Alex Thom & Co. C-4601.

Emigration Statistics of Ireland, for the year, 1891, 1892, Dublin: Her Majesty's Stationary Office, [C-6777].

Agricultural Statistics of Ireland for the year 1891, 1892, Dublin: Majesty's Stationary Office, [C-6679].

Twenty-eighth detailed Annual Report of the Registrar-General for Ireland of the Marriages, Births and Deaths registered in Ireland in during the year 1891, 1892, His Majesty's Stationery Office, HC 1892, [C.6787].

Congested Districts Board for Ireland, First Annual Report of the Congested Districts Board for Ireland, 1893, Dublin: Majesty's Stationary Office, [C-6908].

Royal Commission on Labour, 1893, The Agicultural Labourer, Vol.IV, Ireland Report, by Mr. Arthur Wilson Fox, upon the Poor Law Union of Castlereagh, London: His Majesty's Stationary Office, HC 1893, [C-6894].

Emigration Statistics of Ireland, for the year, 1901, 1902, Dublin: Her Majesty's Stationary Office 1900, [Cd-976].

Census of Ireland, 1901, Part I. Vol.II, Province of Munster, County of Clare [Cd 1058].

Thirty-eighth detailed annual report of the Registrar General (Ireland) containing A General Abstract of the Numbers of Marriages, Births, and Deaths, Registered in Ireland during 1901, HC, 1902, Cd-1225, Dublin: His Majesty's Stationery Office.

Department of Agriculture and Technical Instruction for Ireland, 1902, Agricultural Statistics of Ireland, with Detailed Report for the Year 1901, Dublin: Majesty's Stationary Office, HC1902 [Cd.1170].

Return by Counties and Quarterly Periods of the Number of Cattle Drives reported by Royal Irish Constabulary to have taken place in Ireland from the 1st day of January, 1907, to the 30th day of September, Cattle Drives (Ireland) 1908, Dublin: Majesty's Stationary Office.

Department of Agriculture and Technical Instruction for Ireland, Agricultural Statistics of Ireland, Irish Agricultural Labourers, 1911, 1912, Dublin: Majesty's Stationary Office.

Emigration Statistics of Ireland for the year 1911, 1912, Dublin: Majesty's Stationary Office., [Cd.6131].

Forty-eighth detailed Annual Report of the Registrar-General for Ireland of the Marriages, Births and Deaths registered in Ireland in during the year 1911, 1912–1913, Dublin: Majesty's Stationary Office. HC1912–1913, [Cd.6313].

Ireland, Census of Ireland 1911: Province of Leinster, County of Dublin HC. 1912, Cd-6048-I, Dublin: His Majesty's Stationery Office.

Ireland, Census of Ireland 1911: Province of Leinster, City of Dublin, HC, 1912, Cd-60492-II, Dublin: His Majesty's Stationery Office.

Return as to Old Age Pensions in Ireland, showing for each Financial year since the passing of the Old Age Pensions Act, 1908, the number of claims received; number of Pensions granted; and number in force on the 31st day of March, giving rates of pension, 1913, London: His Majesty's Stationary Office.

Department of Industry and Commerce, 1930, *Agricultural Statistics 1847–1926*, Dublin: The Stationary Office, Dublin.

●第二次文献

Aalen, F. H. A., K. Whelan and M. Stout, (eds.), 1997, *Atlas of Irish Rural Landscape*, Cork: Cork Univesity Press.

Akenson, D. H., 1988, *Small Differences, Irish Catholics and Irish Protestants, 1815-1922, an International Perspective*, Kingston and Montreal: McGill-Queen's University Press.

Almquist, E. L., 1979, Pre-Famine Ireland and the Theory of European Proto-Industrialization: Evidence from the 1841 Census, *Journal of Economic History*, 39, 699-718.

Anderson, M., 1980, *Approaches to the History of the Western Family*, (1988, 北本正章訳, 『家族の構造・機能・感情』, 東京：海鳴社)

Arensberg, C., 1937 (1959, 1968), *The Irish Countryman*, Gloucester: Peter Smith.

————, 1942, Irish Rural Social Organization, Transactions Secetion of Anthropology, *The New York Academy of Science*, 202-207.

Arensberg, C. and S. Kimball, 2001 (1940, 1968), *Family and Community in Ireland*, 3rd ed. Ireland: CLASP.

Armstrong, A., 1974, *Stability and Change in an English County Town*, Cambridge: Cambridge University Press.

有賀喜左衛門, 1966, 『日本家族制度と小作制度』(有賀喜左衛門著作集Ⅰ, Ⅱ), 東京：未來社.

————, 1967, 『大家族制度と名子制度』(有賀喜左衛門著作集Ⅲ), 東京：未來社.

Barber, Sarah, 1982, Irish Migrant Agricultural Labourers in Nineteenth Century Lincolnshire, *Saothar, Journal of Irish Labour History Society*, Vol.8, 10-23.

Bateman, J., 1971 (1876), *The Great Landowners of Great Britain and Ireland*, New York: Leicester University Press.

Bell, J. and M. Watson, 2008, *A History of Irish Farming, 1750-1950*, Dublin: Four Courts Press.

Bielenberg, A. and Ciara Breathnach, 2000, *Family Income and Expenditure in the West of Ireland: The Evidence from the Baseline Reports of the Congested District Board*, Meeting of Historical National Accounts Group for Ireland at the ESRI.

Birdwell-Pheasant, Donna, 1992, The Early Twentieth-Century Irish Stem Family, in M. Silverman & P. H. Gulliver (eds.) *Approaching the Past: Historical Anthropology through Irish Case Studies*, New York: Columbia University Press, 56-78.

————, 1993, Irish Households in the early 20th Century: Culture, Class and Historical Contingency, *Journal of Family History* 18, 1: 19–38.

Bourdieu, P., 2002, *Le Bal Des Célibataires*（2007, 丸山茂・小島宏・須田文明訳, 『結婚戦略：家族と階級の再生産』, 東京：藤原書店）

Bourke, Joanna, 1987, Women and Poultry in Ireland, 1891–1914, *Irish Historical Studies*, 25, 293–310.

Breathnach, Ciara, 2004, The Role of Women in the Economy of West of Ireland, 1891–1923, *New Hibernia Review*, 8-1, 80–92.

―――, 2005, *The Congested Districts Board of Ireland, 1891–1923, Poverty and Development in the West of Ireland*, Dublin: Four Courts Press.

Breen, R., 1983, Farm Servanthood in Ireland, 1900–40, *The Economic History Review* 36-1, 87–102.

Bourke, P. M. A., 1965, The Agricultural Statistics of 1841 Census of Ireland, *The Economic History Review*, 18-2, 376–391.

Brody, H., 1974, *Inishkillane: Change and Decline in the West Ireland*, London: Harmondsworth.

Brody, M., 2008, *The Irish Folklore Commission, 1935–1970*, Helsinki: Finnish Literature Society.

Browne, C. R., 1891, The Ethnography of the Aran Islands, County Galway, *Proceedings of the Royal Irish Academy*, 768–829.

―――, 1895, The Ethnography of the Mullet, Inishkea Islands, and Portacloy, County Mayo, *Proceedings of the Royal Irish Academy*, 587–649.

―――, 1896, The Ethnography of Ballycroy, County Mayo, *Proceedings of the Royal Irish Academy*, 74–111.

―――, 1899, The Ethnography of Clare Island and Irish-Truck, County Mayo, *Proceedings of the Royal Irish Academy*, 40–70.

―――, 1899, The Ethnography of Gartmna and Lettermullen in County Galway, *Proceedings of the Royal Irish Academy*, 223–268.

―――, 1900, The Ethnography of Carna and Mweenish in the Parish of Moyruss, Connemara, *Proceedings of the Royal Irish Academy*, 203–534.

Budd, J. W. and Timothy Guinnane, 1991, Intentional Age-Misreporting, Age-Heaping, and the 1908 Old Age Pensions Act in Ireland, *Population Studies*, 45, 497–518.

Byrne, Ann, Ricca Edmondson and Tony Varley, 2001, Introduction to the Third Edition, in C. M. Arensberg and S. T. Kimball, *Family and Community in Ireland*, Ireland: CLASP, I-CI.

Byrne, Ann and D. O'Mahony, 2012, Family and Community:（Re）Telling Our Own

Story, *Journal of Family*, 33-1, 52-75.

————, 2013, Revisiting and Reframing the Anthropological Archive: The Harvard-Irish Survey (1910-1936), *Irish Journal of Anthropology*, 16-1, 1-15.

Carney, F. J., 1977, Aspects of Pre-famine Irish Household Size: Composition and Differentials, in (eds.), L. M. Cullen & T. C. Smout, *Comparative Aspects of Scottish and Irish Economy and Social History 1600-1900*, Edinburgh: John Donald Publishers, 32-46.

————, 1977, Household Size and Structure in two areas of Ireland, 1821 and 1911, in (eds.), L. M. Cullen & F. Furet, *Ireland and France 17th-20th Centuries, Toward a Comparative Study of Rural History*, Paris: Edition De L'Eclole Des Hautes Etude En Sciences Sociale, 149-165.

Clarkson, L. A., 1977, Household and Family Structure in Armagh city, 1770, *Local Population Studies*, 18, 15-38.

————, 1981, Marriage and Fertility in Nineteenth Century Ireland, in R, B. Outhwaite, (ed.) *Marriage and Society*, New York: Palgrave Macmillan, 237-255.

————, 1989, The Environment and Dynamic of Pre-factory Industry in Northern Ireland, in Pat Hudson (ed.), *Regions and Industries*, Cambridge: Cambridge University Press, 252-270.

Cohen, M., 1990, Peasant Differentiation and Proto-Industrialisation in the Ulster Countryside: Tullylish 1690-1825, *Journal of Peasant Studies*, 17, 413-32.

Commission on Emigration and other Population Problems 1948-1954, 1954, Dublin: The Stationery Office.

Collins, Brenda, 1993, The Irish in Britain, 1780-1921, in (eds.) B. J. Graham & L. J. Proudfoot, *An Historical Geography of Ireland*, London: Academic Press, 366-398.

Connell, K. H., 1950a, *The Population of Ireland, 1750-1845*, Oxford: The Clarendon Press.

————, 1950b, Land and Population on Ireland, 1780-1845, *The Economic History Review*, 2-3, 278-289.

Connell, Peter, 2004, *The Land and People of County Meath, 1750-1850*, Dublin: Four Courts Press.

Connolly, S. J., 1985, Marriage in Pre-Famine Ireland, in (ed.) Cosgrove, A., *Marriage in Ireland*, Dublin: College Press, 78-98.

Connor, D, G. Mills and N. Morre-Cherry, 2011, The 1911 Census Dublin city: A Spatial Analysis, *Irish Geography*, 44-2/3, 245-263.

Corrigan, C., 1993, Household Structure in Early Twentieth Century Ireland, *Irish*

Journal of Sociology, 3, 56–78.

Cousens, S. H., 1961, Emigration and Demographic Change in Ireland, 1851–1861, *The Economic History Review*, 14.2, 275–288.

Cousens, Mel, 2011, *Poor Relief in Ireland, 1851–1914*, Oxford: Peter Lang.

Crawford, E. M., 2003, *Counting the People, A Survey of the Irish Censuses, 1813–1911*, Dublin：Four Courts Press.

Crawford, W. H. and R. H. Foy, 1998, *Town in Ulster, Local History Studies*, Belfast: Ulster Historical Foundation in Association with the Federation for Ulster Local Studies.

Cullen, L. M., 1972, *An Economic History of Ireland since 1660*, London: B. T. Batsford.

――――, 2012, *Economy, Trade and Irish Merchants at Home and Abroad 1600–1988*, Dublin: Four Courts Press

Cullen, L. M. and F. Furet, (eds.), 1977, *Towards a Comparative Study of Rural History, Ireland and France 17ᵗʰ–20ᵗʰ Centuries, Proceedings of the First Franco-Irish Symposium on Social and Economic History*, 149–165.

Doherty, G. M., 2004, *The Irish Ordnance Survey, History, Culture and Memory*, Dublin: Four Courts Press.

Drake, M., 1963, Marriage and Population Growth in Ireland, 1750–1845, *The Economic History Review*, Vol.14, 301–313.

――――, 1984, An Irish Story, *Local Population Studies*, 32, 44.

Duranton, G., A. Rodriguez-Pose and R. Sandall, 2007, *Family Types and Persistence of Regional Disparties in Europe*, Bruges European Economic Research Papers, No.10, College of Europe, http://www.coleurop.be/eco/publications.htm

Embree, J. F., 1939, Suye Mura: a Japanese Village（1987，植村元覚訳，『日本の村 須恵村』，東京：日本経済評論社）

Evans, E. E., 1939a, Some Survivals of the Irish Openfield System, *Geography*, 24, 24–36.

――――, 1939b, Donegal Survivals, *Antiquity*, 13, 207–222.

――――, 2000 （1957）, *Irish Folk Ways*, New York: Dover Publications.

Fauve-Chamoux, A., 1995, The Stem Family, Demography and Inheritance: The Social Frontiers of Auto-Regulation, in （Ed.） Richard L. Rudolph, *The European Peasant Family and Society*, Liverpool: Liverpool University Press, 86–113.

――――, 2006, Family Reproduction and Stem-Family System: From Pyrenean Valleys to Norwegian Farms, *The History of the Family*, 11–3, 171–184.

――――, 2009a, The Stem Family and the Picardy-Wallonia Model, in （eds.） Antoinette Fauve-Chamoux and Emiko Ochiai, *The Stem Family in Eurasian Perspective*, Bern: Peter Lang, 203–252.

─────, 2009b, Family Reproduction and Stem-Family System: from Pyrenean Valleys in Norwegian Farms, in (eds.) Antoinette Fauve-Chamoux and Emiko Ochiai, *The Stem Family in Eurasian Perspective*, Bern: Peter Lang, 499–527.

Fauve-Chamoux, A. and M.-P. Arrizabalaga, 2005, Family Transmission in Eurasian Perspective, *The History of the Family*, 10, 3: 183–193.

Fitzgerald, J., 2017, Irish Demography since 1740, in E. F. Biagini & M. E. Daly (eds.), *The Cambridge Social History of Modern Ireland*, Cambridge: Cambridge University Press, 7–24.

Fitzpatrick, David, 1982, Family and Rural Unrest, in P. J. Drudy (ed.), *Ireland: Land, Politics and People*, Cambridge: Cambridge University Press, 37–75.

─────, 1983, Irish Farming Families before the First World War, *Comparative Studies in Society & History*, 25, 339–395.

─────, 1985, Marriage in post-famine Ireland, in Art Cosgrove (ed.), *Marriage in Ireland*, Dublin: College Press, 116–131.

Flaherty, E., 2015, Rundale and 19th Century Irish Settlement: System, Space and Genealogy, *Irish Geography*, 48–2, 3–38.

Fox, R., 1978, *The Tory Islanders* (1987, 佐藤信行・米田巌訳, 『孤島はるか・トーリィー』, 東京：思索社)

Freeman, T. C., 1943, The Congested Districts of Western Ireland, *The Geographical Review*, 13–1, 1–14.

Gibbon, Peter, 1973, Arensberg and Kimball Revisited, *Economy and Society*, 2, 479–498.

Gibbon, P. and C. Curtin, 1978, The Stem Family in Ireland, *Comparative Studies in Society & History*, 20–3, 429–453.

Gibbons, P., Magherabeg Clachan, http://www.oughterardheritage.org/content/place/magherabeg-clachan

Gill, C., 1964, *The Rise of the Irish Linen Industry*, Oxford: The Clarendon Press.

Gilligan, Jim, 1998, *Graziers and Grasslands*, Dublin: Irish Academic Press.

─────, 2015, A Lovely Wilderness of Grass: the Graziers of Rural Meath before the Great War, in A. Crampsie and F. Ludlow (eds.), *Meath History and Society*, Dublin: Geography Publications, 603–631.

Gilligan, Patricia, 2013, *Drumlomman Parish Cavan Ireland, Census 1821*, 1955–2007, www.familyhistory.ie/docs/archives/Drumlomman

Gray, J., 2005, *Spinning the Threads of Uneven Development*, Oxford: Lexington Books.

―――, 2006, Gender Composition and Household Labour Strategies in Pre-famine Ireland, *The History of the Family*, 11-1, 1-18.

―――, 2012, Household Formation, Inheritance and Class-Formation in Nineteenth Century Ireland: Evidence from County Fermanagh, in Anne-Lise Head-König (ed.), *Inheritance Practices, Marriage Strategies and Household Formation in European Rural Societies*, Turnhout: Brepols Publishers, 153-180.

Grenham, J., 1999, *Tracing your Irish Ancestors* (Second Edition), Dublin: Gill & Macmillan.

Gruber, S. and M. Szoltysek, 2012, Stem Families, Joint Families, and the European Pattern, *Journal of Family History*, 105-125.

Guinnane, T. W., 1992, Intergenerational Transfers, Emigration, and the Rural Irish Household System, *Explorations in Economic History*, 29, 456-476.

―――, 1993, The Poor Law and Pensions in Ireland, *Journal of Interdisciplinary History*, 24-2, 271-291.

―――, 1996, The Family, State Support and Generational Relations in Rural Ireland at the Turn of the Twentieth Century, in Tamara K. Hareven (ed.), *Aging and Generational Relations Over the Life Course*, New York: Walter de Gruyter, 100-119.

―――, 1997, *The Vanishing Irish*, Princeton: Princeton University Press.

―――, 1999, Did Irish Marriage Patterns Survive the Emigrant Voyage?, Irish-American Nuptiality, 1880-1920, *Irish Economic and Social History*, 26, 15-34.

Guinnane, T. W., C. M. Moehling & C. O. Grada, 2004, *The Fertility of the Irish in America in 1910*, Department of Economics, University College Dublin, Working Paper 04/02.

Hareven, T. K., 1991, The History of the Family and the Complexity of Social Change, *American Historical Review*, 96-1, 95-124.

Hajnal, John, 1982, Two Kinds of Preindustrial Household Formation System, *Population and Development Review*, 8-3, 449-494. (2003, 浜野潔訳, 「前工業化期における二つの世帯形成システム」, 速水融編『歴史人口学と家族史』, 東京：藤原書店, 415-477)

Hammell, E. A. and Peter Laslett, 1974, Comparing Household Structure over Time and between Cultures, *Comparative Studies in Society and History*, 16-1, 73-109.

ハメル, ユージン／ピーター・ラスレット, 2003, 「世帯構造とは何か」落合恵美子訳, 速水融編『歴史人口学と家族史』, 東京：藤原書店, 308-348.

Hannan, D. F., 1979, *Displacement and Development: Class, Kinship and Social Change in Irish Rural Communities*, Dublin: The Economic and Social Research Institute.

―――, 1982, Peasant Models and Rural Ireland, in P. J. Drudy (ed.), *Ireland: Land, Politics and People*, Cambridge: Cambridge University Press, 141-165.

Harkness, D. A. E., 1931, Irish Emigration, in W. F. Willcox (ed.), *International Migration, VolⅡ*：Interpretations, http://www.nber.org/chapter/c5112, 261-282.

本多三郎, 2013, 「1870 年代アイルランド畜産業」, 『エール』, 32, 15-27.

Humphreys A., 2007 (1966), *New Dubliners, Urbanization and the Irish Family*, Oxson: Routledge.

Hynes, Eugene, 1988, Family and Religious Change in a Peripheral Capitalist Society: Mid-Nineteenth Century Ireland, in D. L. Thomas (ed.), *The Religion and Family Connection: Social Science Perspectives*, Utah: Religious Studies Center, Brigham Young University, 161-174.

I-CeM, Integrated Census Microdata Project, http://i-cem.info

Ipums NAPP, Revision Histoy, https://www.nappdata.org/napp/revision_history.shtml

Irish Family: 1850-1950, 2013, http://www.faculty.fairfield.edu./faculty/hodgson/Courses/so142/Ireland/ireland.htm

Irish Times, *Rundale in County Mayo: 25 Years' Struggle Ends*, Jan. 12, 1943. http://www.open.edu/openlearn/openlearn-ireland/ireland-places-culture-heritage/the-rural-dimension-rundale-the-west-ireland.

JISC Development Programmes Project Doument Cover Sheet, Final Report, http://www.data-Archive.ac.uk/media/1693/OHPR_finalreport.pdf

Johnson, J. H., 1958, Studies of Irish Rural Settlement, *Geographical Review*, 48, 554-566.

Jones, David Seth., 1995, *Graziers, Land Reform, and Political Conflict in Ireland*, Washington D. C.: The Catholic University of America Press.

Jordan, Donald E., 1994, *Land and Popular Politics in Ireland*, Cambridge: Cambridge University Press.

川北稔, 1979, 「産業革命と家庭生活」, 角山栄編『講座西洋経済史Ⅱ　産業革命の時代』, 東京：同文館, 216-233.

川島武宜, 2000 (1948), 『日本社会の家族的構成』, 東京：岩波書店.

Kennedy, L., 1985, *Inheritance Patterns in Irish Farming Areas*, ESRC End of Award Report, unpublished.

Kennedy, Liam, 1991, Farm Succession in Modern Ireland: Elements of a Theory of Inheritance, *Economic History Review*, XLIV, 477-499.

Kennedy, L. and L. A. Clarkson, 1993, Birth, Death and Exile: Irish Population History,

1700-1921, in B. J. Graham and L. J. Proudfoot (eds.), *An Historical Geography of Ireland*, San Diego: Academic Press, 158-184.

Kennedy, L., E. M. Crawford and L. A. Clarkson, 1999, *Mapping the Great Irish Famine*, Dublin: Four Courts Press.

Kennedy, R. E., 1973, *The Irish: Emigrations, Marriage and Fertility*, Berkeley: University of California Press.

Kent, J. P., 2002, On the Decline of Marriage in Rural Ireland, 1851-1911: The Role of Ecological Constraints and/or Developing Philopatry, *Population and Environment*, 23-6, 525-540.

喜多野清一, 1976, 『家と同族の基礎理論』, 東京：未來社.

国立国会図書館調査及び立法考査局, 2012, 『各国憲法集（2）アイルランド憲法』 http://dl.ndl.go.jp/view/download/digidepo_3487278_po_201101b.pdf?contentNo=1

桑山敬己, 2012, 「第二次大戦前後のアメリカ人研究者による日本村落研究」, 『民博通信』, 139, 9-10.

Laslett, P., 1972, (ed.) *Household and Family in Past Time*, Cambridge: Cambridge University Press.

――――, 1985, *The Traditinal European Household*（1992, 酒田利夫・奥田伸子訳, 『ヨーロッパの伝統的家族と世帯』, 東京：リブロポート）

Lee, J., 1968, Marriage and Population in Pre-Famine Ireland, *The Economic History Review*, 21-2, 283-295.

――――, 1973, *The Modernisation of Irish Society 1848-1918*, Dublin: Gill and Macmillan.

Linehan, T. P., 1992, History and Development of Irish Population Censuses, *Journal of the Statistical and Social Inquiry Society of Ireland*, Vol.16, Part 4, 91-132.

馬淵東一編, 1978, 『人類の生活――文化と社会』, 東京：教養文庫.

McCaa, R., 2013, The Big Census Data Revolution: IPUMS-International, *Review Demographical History*, 30-1, 69-88.

Macafee, W., 1998, Forttown, County Antrim, in W. H. Craford and R. H. Foy (eds.), *Townlands in Ulster*, Belfast: Ulster Hisotical Foundation and Federation for Ulster Local Historical Studies, 35-66.

Lynd, R. S. and H. M. Lynd, 1929, *Middletown*（1990, 中村八朗訳, 『ミドルタウン』, 東京：青木書店）

McGuire, M., 1984, Rural Inheritance in 19th Century, Clare and Limerick, *Dal gCais*, 7, 49-55.

増田幸弘, 2003, 「アイルランド憲法における家族保護条項―判例を中心として」, 熊本

学園大学『社会関係研究』, 9-2, 69-92.

丸山茂, 2007, 「家族史研究におけるブルデューの位置」, ピエール・ブルデュー『結婚戦略——家族と階級の再生産』丸山茂・小島宏・須田文明訳, 東京：藤原書店, 302-306.（Bourdieu, P., 2002, *Le Bal des célibataires*）

松尾太郎, 1980, 『アイルランド問題の史的構造』, 東京：論創社.

————, 1987, 『アイルランドと日本』, 東京：論創社.

————, 1995, 「近代アイルランド先進地農村における土地保有の推移——ミーズ州の二教区 1821 ～ 1901 年」, 『法政大学経済志林』, 62-3/4, 35-114.

————, 1998, 『アイルランド農村の変容』, 東京：論創社.

Meagher, Timothy, 2001, *Inventing Irish America*, Notre Dame: University of Notre Dame Press.

McKenna, Edward, 1978, Age, Region, and Marriage in Post-Famine Ireland: An Empirical Examination, *The Economic History Review*, 31-2, 238-256.

McKernan, Anne, 1995, War, Gender and Industrial Innovation, *Journal of Social History*, 28, 109-24.

Micks, W. L., 1925, *An Account of the Constitution, Administration and Dissolution of the Congested Disticts Board for Ireland from 1891 to 1923*, Dublin: Eason & Son.

Miller, K. & P. Wagner, 1994, *Out of Ireland, the Story of Irish Emigration to America*,（1998, 茂木健訳, 『アイルランドからアメリカへ』, 東京：東京創元社）

Miller, K., A. Schrier, B. D. Boling and D. N. Doyle, 2003, *Irish Immigrants in the Land of Canaan, Letters and Memoirs from Colonial and Revolutionary America, 1675-1815*, New York: Oxford University Press.

Mitchell, Brian, *A New Genealogical Atlas of Ireland*, Maryland: Genealogical Publishing Co., Inc.

光吉利之, 1981, 「農民家族」, 篠原武夫・土田英雄共編『地域社会と家族』, 東京：培風館, 78-112.

Mitterauer, Michael and Reinhard Sider, 1982, *The European family*（1993, 若尾祐司・若尾典子訳, 『ヨーロッパ家族社会史』, 名古屋：名古屋大学出版会）

Mitterauer, Michael, 1990, *Historich-anthropologiche familienforschung*（1994, 若尾祐司他訳, 『歴史人類学の家族研究』, 東京：新曜社）

Morgan, V. and W. Macafee, 1984, Irish Population in the Pre-Famine Period: Evidence from County Antrim, *The Economic History Review*, 37, 182-96.

————, 1987, Household and Family Size and Structure in County Antrim in the mid Nineteenth Century, *Continuity and Change*, 2-3, 455-476.

Moring, B., 2009, Land, Inheritance and the Finnish Stem Family, in Antoinette

Fauve-Chamoux and Emiko Ochiai (eds.), *The Stem Family in Eurasian Perspective*, Bern: Pater Lang, 173–202.

森岡清美・望月嵩, 1995, 『新しい家族社会学』・東京：培風館.

西野理子, 1998, 「「家族戦略」研究の意義と可能性」, 丸山茂・橘川俊忠・小馬徹編 『家族のオートノミー』, 東京：早稲田大学出版部, 54–74.

O'Brien, W. P., 1893, The Agricultural Labourer Ireland Report, Poor Law Union of Ennistymon, *Royal Commission of Labourer*, B-IV, 51–57.

O'Connor, J. and Daly, M., 1983, *Transition and Change in Mid-West of Ireland: a Baseline Study of West Limerick*, Social Reserch Center, National Institute for Higher Education, Limerick.

O'Connor, M., 1997, *Household Composition of the Island of Inisheer, Galway Bay, Ireland as indicated by the 1821 Census*, Final Project Report for Open University Course DA301, 1–18 (Manuscript).

O'Danachair, C., 1980/1981, Cottier and Landlord in Pre-Famine Irelnd, *Bealoideas*, 48/49, 154–165.

O'Gráda, Cormac, 1973, Migration and Post-Famine Adjustment in the West of Ireland, *Studia Hibernica*, No.13, 48–76.

————, 1993, *Ireland Before and After the Famine*, Manchester: Manchester University Press.

————, 1994, *Ireland, A New Economic History 1780–1939*, Oxford: Clarendon Press.

————, 2000, The Political Economy of the Old Age Pension: Ireland c.1908–1940, *UCD Center for Economic Researching Working Paper Series*, WP00/22, University College Dublin School of Economics.

————, 2002, *Infant and Child Mortality in Dublin a Century Ago*, Center For Economic Research, Working Paper Series, 2002, Department of Economics, University College Dublin.

及川宏, 1967, 『同族組織と村落生活』, 東京：未來社.

岡田あおい, 2004, 「世帯構成の分類モデル〜ハメル・ラスレットモデルの限界と修正可能性」, 三田哲学会 『哲学』, 第112集, 107–130.

O'Kelly, W. Q. A., Irish Harvesters on their Way to England. Illustration for The Illustrated London News, 28 May 1881. http://www.lookandlearn.com/history-images/search.

O'Neill, Kevin, 1984, *Family and Farm in Pre-famine Ireland*, Wisconsin: The University of Wisconsin Press.

Orme, A. R., 1970, *The World' Landscape 4. Ireland*, London: Longman.

Pat, J., R. MacManus, J. Meegan and P. O'Sullivan, 2016, The Rurak Dimension-After-Rundale, Open Learn, http://www.open.edu/openlearn/openlearn-ireland/ireland-places-culture-heritage/the-rural-dimension-after-rundale

Phelps, K., 2007, History of Irish Depopulation: 1815-1913, http://wiki.dickinson.edu/index.php/History_of_Irish_Depopulation:_1815-1913

Rhodes, Rita, 1992, *Women and the Family in Post-Famine Ireland*, New York & London: Garland Publishing Inc.

Proudfoot, V. B., 1959, Clachan in Ireland, *Gwerin*, 3.2, 110–20.

Royle, S. A., 1983, The Economy and Society of the Aran Islands County Galway in the Early Nineteenth Century, *Irish Geography*, 16, 36–53.

Ruggles, S., 1987, *Prolonged Connections, the Rise of Extended Family in Nineteenth -Century England and America*, Madison: The University of Wisconsin Press.

―――, 1994, The Transformation of American Family Structure, *American Historical Review*, 59, 103–128.

―――, 2007, The Decline of Intergenerational Coresidence in the United States, 1850–2000, *American Sociological Review*, 72, 962–989.

―――, 2012, The Future of Historical Family Demography, in *The Annual Review of Sociology*, 38, 423–441.

―――, 2014, Big Data for Population Research, *Demography*, 51–1, 287–297.

Ruggles, S., E. Roberts, S. Sarkar and M. Sobek, 2011, The North Atlantic Population Project: Progress and Prospects, *Historical Methods*, 44–1, 1 6.

The Rural Dimension ― http://www.open.edu/openlearn/openlearn-ireland/ireland-places-culture-heritage/the-rural-dimension-rundale-the-west-ireland

齋藤英里, 1984, 「19 世紀前半アイルランドの農村社会と麻工業――比較地域史的考察」, 『社会経済史学』, 50-3, 275-306.

―――, 2003, 「19 世紀アイルランドにおける工業化の特質」, 篠塚信義他編 『地域工業化の比較史的研究』, 札幌市：北海道大学図書刊行会, 185-216.

―――, 2005, 「アイルランドにおける地域の諸相と産業の盛衰――歴史的接近」, 『札幌大学経済学部附属地域経済研究所　地域と経済』, 2, 27-39.

斎藤修, 2002, 「比較史上における日本の直系家族世帯」, 速水融編 『近代移行期の家族と歴史』, 京都：ミネルヴァ書房, 19-37.

Saito, Osamu, 1998, Two Kinds of Stem-Family System, *Continuity and Change*, 13, 167–86.

Scheper-Hughes, N. 1979, *Saints, Scholars, and Schizophrenics: Mental Illness in Rural*

Ireland, Berkeley: University of California Press.

Schurer, K. and M. Woollard, 2002, *National Sample from the 1881 Census of Great Britain 5% Random Sample*, Working Documentation Version 1.1, University of Essex, Historical Censuses and Social Surveys Research Group, 2002.

清水由文，1994，「アイルランドにおける直系家族の一考察（1）」，『桃山学院大学社会学論集』，27-2, 23-69.

―――――，2000，「アイルランドの家族史研究に関わる資料について」，『桃山学院大学総合研究所紀要』，26-1, 71-85.

―――――，2002，「20世紀初頭におけるアイルランドの農民家族」，『桃山学院大学社会学論集』，36-1, 1-50.

―――――，2004，「19～20世紀におけるアイルランドの家族変動」，『桃山学院大学社会学論集』，37-2, 53-90.

―――――，2011，「20世紀初頭におけるアイルランド・クレア州の世帯構造」，『桃山学院大学社会学論集』，44-2, 5-37.

―――――，2012，「20世紀初頭におけるアイルランド・ミーズ州の世帯構造」，『桃山学院大学社会学論集』，45-2, 1-38.

Shimizu, Yoshifumi, 2013, Transition of the Irish Household Structure: Comparing Results from the 1901 and 1911 Census Returns, with Reference to Two Cases of Glencolumbkille and Clogheen,『桃山学院大学社会学論集』，47-1, 1-34.

―――――, 2014a, Changes in Families in Ireland from the 19th Century to the Early 20th Century,『桃山学院大学社会学論集』，47-2, 1-24.

清水由文，2014b，「20世紀初頭におけるアイルランド・メイヨー州における世帯構造」，『桃山学院大学総合研究所紀要』，39-2, 1-32.

Shimizu, Yoshifumi, 2015, Regional Variation in Household Structure in Early Twentieth Century Ireland,『桃山学院大学総合研究所紀要』，41-1, 19-54.

チャーノフ，1957，『小農経済の原理』磯部秀俊・杉野忠夫訳，東京：大明堂.

Smyth, W. J., Nephew, Dowries, Sons and Mothers, 2000, in Siddle, D. J.（ed.）*Migration, Mobility and Modernization*, Liverpool University Press, 9-46.

Smyth, W. J., 2008, Measuring heads, bodies and evaluating family farming and occupational continuities: revisiting the 1931-36 Harvard Anthropological Survey of Co. Clare/Ireland, in（eds.）M. Lynch & P. Nugent, *Clare-History and Society*, Dublin: Geography Publication, 589-620.

Sobek, M., L. Cleveland, S. Flood, P. K. Hall, M. L. King, S. Tuggles and M. Schroeder, 2011, Big Data: Large -Scale Historical Infrastructure from the Minnesota Population Center, *Historical Methods*, 44-2, 61-68.

Soltow, L., 1981, Age and Economic Achievement in an Irish Barony in 1821, *Explorations in Economic History*, 18, 389-398.

Sorokin, P. and C. Z. Zimmerman, 1929, *Principles of Rural-Urban Sociology*, New York: Henry Holt & Co.

―――, 1965 (1930), *A Systematic Source Book in Rural Sociology*, New York : Russell & Russell, Three Volumes.

Steidl, Annemarie and E. Stockhammer, 2007, *Coming and Leaving. Internal Mobility in Late Imperial Austria*, Department of Economics Working Paper, No.107, University of Vienna.

Steidl, Annemarie, 2009, Introduction, in Josef Ehmer (ed.), *European Mobility*, Vandenhoeck & Ruprecht & Co.

Strassmann, B. I. and A. L. Clarke, 1998, Ecological Contraints on Marriage in Rural Ireland, *Evolution and Human Behavior*, 19, 33-55.

鈴木栄太郎, 1968, 『日本農村社会学原理』（鈴木栄太郎著作集Ⅰ, Ⅱ）, 東京：未來社.

田渕六郎, 1993, 「『家族戦略』研究の可能性」, 東京都立大学, 『人文学報』, 300, 87-117.

高橋基泰, 1999, 『村の相伝――親族構造・相続慣行・世代継承』, 東京：刀水書房.

田中一彦, 2017, 『忘れられた人類学者』, 福岡：忘羊社.

Thompson, W. J., 1913, The Census of Ireland 1911, *Journal of the Royal Statistical Society*, 76-7, 46-59.

武井章弘, 1993, 「アイルランドの工業化と企業者行動：1830年代における綿工業の衰退と麻工業の勃興」, 『経営史学』, 28-3, 1-29.

―――, 2016, 「大飢饉とアイルランド経済」, 勝田俊輔・高神真一編『アイルランド大飢饉』, 東京：刀水書房, 27-64.

Tilly, L. A., 1979, Indivisual Lives and Family Strategies in the French Proletariat, *Journal of Family History*, 4-2, 137-152.

Thomas, W. I. and F. Znaniecki, 1918-1920, *The Polish Peasant in Europe and America: Monograph of an Immigrant Group*, Boston: Richard G. Badger, The Gorham Press, Five Volumes.

Todd, Emmanuel, 1985, *The Explanation of Ideology*, Oxford: Basil Blackwell.

―――, 1985, *The Causes of Progress*, Oxford: Basil Blackwell.

―――, 1990, L'Invention de l'Europe, 1992, 『新ヨーロッパ大全』（石崎晴己訳）, 東京：藤原書店.

―――, 2011, L'Origine Des Systèmes Familiaux, Tome 1 (2016, 石崎晴己監訳, 『家族システムの起源』, 上・下, 東京：藤原書店)

Tucker, V., 1999, Images of Development and Underdevelopment in Glencolumbkill, County Donegal, 1830–1970, in John Davis (ed.), *Rural Change in Ireland*, Belfast: The Institue of Irish Studies The Queen's University of Belfast, 84–115.

Turner, Michael, 1993, Rural Economies in Post-Famine Ireland, c.1850–1914, in B. J. Graham and L. J. Proudfoot (eds.), *An Historical Geography of Ireland*, San Diego: Academic Press, 293–337.

————, 1996, *After the Famine, Irish Agriculture 1850–1914*, Cambridge: Cambridge University Press.

Varley, A., 1983, The Stem Family in Ireland Reconsidered, *Comparative Studies of Society and History*, vol.25, 381–392.

Vaughan, W. E. and A. J. Fitzpatrick, 1978, *Irish Historical Statistics: Population 1821–1971*, Dublin: Royal Irish Academy.

Wall, Richard, 1983, The Household: Demographic and Economic Change in England, 1650–1970, in Richard Wall (ed.), *Family Forms in Historic Europe*, Cambridge: Cambridge University Press. 493–512.

ウォール, リチャード, 1988, 「世帯」中村伸子訳, 斎藤修編著『家族と人口の歴史社会学―その人口学的および経済的変化』, 東京：リブロポート, 265–292.

Warner, W. L. and P. S. Lunt, 1941, *The Social Life of a Modern Community* (Yankee City Series Volume 1), New Heven, Yale University Press.

Wakefield, E., 1812, *An Account of Ireland, Statistical and Political*, London: Longman.

Whelan, K., 2012, Clachans: Land scape and Life in Ireland before and after the Famine, in P. A. Duffy and W. Nolan (eds.), *At the Anvil: Essays in Honour of William J. Smyth*, Dublin: Geography Publications, 453–475.

Wilson, Thomas M., 1984, From Clare to the Common Market: Perspectives in Irish Ethnography, *Anthropological Quarterly*, 57–1, 1–15.

————, 1998, Culture and Class among the "Large" Farmers of Eastern Ireland, *American Ethnologist*, 14–4, 678–693.

————, 1990, From Patronage to Brokerage in the Local Politics of Eastern Ireland, *The American Society for Ethnohistory*, 37–2, 158–187.

Wilson, Thomas M. and Hastings Donnan, 2006, *The Anthropology of Ireland*, Oxford: Berg.

Woollard, M., Census of Ireland, 1813, Histpop Online Historical Population Reports, http://www.histpop.org/ohpr/servlet/View, 2016.06.19.

Woollard, M., Census of Ireland, 1821, Histpop Online Historical Population Reports. http://www.histpop.org/ohpr/servlet/View, 2016.06.19.

Woollard, M., Census of Ireland, 1841, Histpop Online Historical Population Reports. http://www.histpop.org/ohpr/servlet/View, 2016.06.19.

Woollard, M., Census of Ireland, 1851, Histpop Online Historical Population Reports. http://www.histpop.org/ohpr/servlet/View, 2016.06.19.

安元稔編著，2007，『近代統計制度の国際比較』，東京：日本経済評論社.

米田巌，1977，「大西洋縁辺地帯の農業景観（Ⅰ）」，『東大教養学科紀要』，10, 15-42.

―――――，1980，「アイルランドの農村景観」，『人文地理』，32-2, 41-156.

米村昭二，1981，「アイルランドの農民家族の婚姻」，家族史研究編集委員会編『家族史研究』，3，東京：大月書店，116-155.

Young, A., 1892, *Arthur Young's Tour in Ireland（1776-1779）*, Vol.1, Vol.2, London, George Bell & Sons.

●補遺：英国議会資料におけるアイルランドセンサス報告書リスト

1821 年アイルランドセンサス報告書

Census of Ireland, 1821, *Abstract of answers and returns made pursuant to an act of the united parliament passed in the 55th year of the reign of his late majesty George the third ...... Preliminary observations, enumeration abstract, appendix.* BPP 1824 XXII.411（577, 1823）.

1831 年アイルランドセンサス報告書

Census of Ireland, 1831, *Return of population of the several counties in Ireland, 1831.* BPP 1831-32 XXXVI.299（60）.

Census of Ireland, 1831, *Return of population of the counties of Ireland, 1831.* BPP 1833 XXXIX.1（254）.

Census of Ireland, 1831, *Comparative abstract of the population in Ireland as taken in 1821 and 1831, arranged in order of parishes, boroughs, counties and provinces.* BPP 1833 XXXIX.3（23）.

Census of Ireland, 1831, *Abstract of answers and returns under the population acts. Enumeration 1831.* BPP 1833 XXXIX.59（634）.

1841 年アイルランドセンサス報告書

Census of Ireland, 1841, *Report of the commissioners appointed to take the census of Ireland for the year 1841.* BPP 1843 XXIV.1（504）.

Census of Ireland, 1841, *Abstract of census of Ireland for the year 1841.* BPP 1843

史料・文献目録　　425

LI.319 (459).

1851 年アイルランドセンサス報告書

Census of Ireland, 1851, *A comparative view of Census of Ireland, 1841–1851 distinguishing the several unions and electoral divisions, and showing the area and population of those districts respectively.* BPP 1852 XLVI.357 (373).

Census of Ireland, 1851, *Part. I showing the area, population and number of houses, by townlands and electoral divisions, County of Carlow.* BPP 1852 XLVI.401 (1465).

Census of Ireland, 1851, *Part. I showing the area, population and number of houses, by townlands and electoral divisions, County of Kildare.* BPP 1852 XLVI.421 (1481).

Census of Ireland, 1851, *Part. I showing the area, population and number of houses, by townlands and electoral divisions, County of Kilkenny.* BPP 1852 XLVI.483 (1486).

Census of Ireland, 1851, *Part. I showing the area, population and number of houses, by townlands and electoral divisions, King's County.* BPP 1852 XLVI.493 (1488).

Census of Ireland, 1851, *Part. I showing the area, population and number of houses, by townlands and electoral divisions, County of Longford.* BPP 1852 XLVI.521 (1492).

Census of Ireland, 1851, *Part. I showing the area, population and number of houses, by townlands and electoral divisions, County of Louth.* BPP 1852 XLVI.541 (1503).

Census of Ireland, 1851, *Part. I showing the area, population and number of houses, by townlands and electoral divisions, County of Meath.* BPP 1852 XLVI.561 (1494).

Census of Ireland, 1851, *Part. I showing the area, population and number of houses, by townlands and electoral divisions, Queen's County.* BPP 1852 XLVI.601 (1502).

Census of Ireland, 1851, *Part. I showing the area, population and number of houses, by townlands and electoral divisions, County of Westmeath.* BPP 1852 XLVI.629 (1504).

Census of Ireland, 1851, *Part. I showing the area, population and number of houses, by townlands and electoral divisions, County of Wexford.* BPP 1852 XLVI.661 (1527).

Census of Ireland, 1851, *Part. I showing the area, population and number of houses, by townlands and electoral divisions, County of Wicklow.* BPP 1852–53 XCI.347 (1544).

Census of Ireland, 1851, *Part. I showing the area, population and number of houses, by townlands and electoral divisions, County of Clare.* BPP 1852–53 XCI.383 (1552).

Census of Ireland, 1851, *Part. I showing the area, population and number of houses, by townlands and electoral divisions, County of Cork.* (*E. Riding*). BPP 1852–53 XCI.429 (1550).

Census of Ireland, 1851, *Part. I showing the area, population and number of houses, by townlands and electoral divisions, County of Cork.* (*W. Riding*). BPP 1852–53

XCI.499 (1551).

Census of Ireland, 1851, *Part. I showing the area, population and number of houses, by townlands and electoral divisions, County of Roscommon.* BPP 1852–53 XCI.515 (1555).

Census of Ireland, 1851, *Part. I showing the area, population and number of houses, by townlands and electoral divisions, County of Kerry.* BPP 1852–53 XCI.547 (1543).

Census of Ireland, 1851, *Part. I showing the area, population and number of houses, by townlands and electoral divisions, County of Limerick.* BPP 1852–53 XCI.601 (1554).

Census of Ireland, 1851, *Part. I showing the area, population and number of houses, by townlands and electoral divisions, County of Tipperary.* (*N. Riding*). BPP 1852–53 XCI.649 (1549).

Census of Ireland, 1851, *Part. I showing the area, population and number of houses, by townlands and electoral divisions, County of Tipperary.* (*S. Riding*). BPP 1852–53 XCI.685 (1545).

Census of Ireland, 1851, *Part. I showing the area, population and number of houses, by townlands and electoral divisions, County of Waterford.* BPP 1852–53 XCI.723 (1546).

Census of Ireland, 1851, *Part. I showing the area, population and number of houses, by townlands and electoral divisions, County of Armagh.* BPP 1852–53 XCII.45 (1547).

Census of Ireland, 1851, *Part. I showing the area, population and number of houses, by townlands and electoral divisions, County of Cavan.* BPP 1852–53 XCII.69 (1563).

Census of Ireland, 1851, *Part. I showing the area, population and number of houses, by townlands and electoral divisions, County of Donegal.* BPP 1852–53 XCII.107 (1567).

Census of Ireland, 1851, *Part. I showing the area, population and number of houses, by townlands and electoral divisions, County of Down.* BPP 1852–53 XCII.159 (1570).

Census of Ireland, 1851, *Part. I showing the area, population and number of houses, by townlands and electoral divisions, County of Fermanagh.* BPP 1852–53 XCII.191 (1574).

Census of Ireland, 1851, *Part. I showing the area, population and number of houses, by townlands and electoral divisions, County of Londonderry.* BPP 1852–53 XCII.231 (1571).

Census of Ireland, 1851, *Part. I showing the area, population and number of houses, by townlands and electoral divisions, County of Monaghan.* BPP 1852–53 XCII.259 (1575).

Census of Ireland, 1851, *Part. I showing the area, population and number of houses, by*

史料・文献目録　　427

townlands and electoral divisions, County of Tyrone. BPP 1852–53 XCII.293 (1579).

Census of Ireland, 1851, *Part. I showing the area, population and number of houses, by townlands and electoral divisions, County of Galway.* BPP 1852–53 XCII.339 (1557).

Census of Ireland, 1851, *Part. I showing the area, population and number of houses, by townlands and electoral divisions, County of Leitrim.* BPP 1852–53 XCII.425 (1548).

Census of Ireland, 1851, *Part. I showing the area, population and number of houses, by townlands and electoral divisions, County of Mayo.* BPP 1852–53 XCII.453 (1542).

Census of Ireland, 1851, *Part. I showing the area, population and number of houses, by townlands and electoral divisions, County of Antrim.* BPP 1852–53 XCII.5 (1565).

Census of Ireland, 1851, *Part. I showing the area, population and number of houses, by townlands and electoral divisions, County of Sligo.* BPP 1852–53 XCII.555 (1560).

Census of Ireland, 1851, *Part II. Returns of agricultural produce in 1851.* BPP 1852–53 XCIII.1 (1589).

Census of Ireland, 1851, *Part III. Report on the status of disease in Ireland.* BPP 1854 LVIII.1 (1765).

Census of Great Britain, 1851, *Religious worship and education. Scotland. Report and tables.* BPP 1854 LIX.301 (1764).

Census of Ireland, 1851, *Part IV. Report on ages and education.* BPP 1856 XXIX.1 (2053).

Census of Ireland, 1851, *Part. V. Tables of deaths. Vol. I.* BPP 1856 XXIX.261 (2087–I).

Census of Ireland, 1851, *Part. V. Tables of deaths. Vol. II.* BPP 1856 XXX.1 (2087–II).

Census of Ireland, 1851, *Part. VI. General report.* BPP 1856 XXXI.1 (2134).

1861 年アイルランドセンサス報告書

Census of Ireland, 1861, *Enumeration abstracts of number of inhabitants in Ireland, 1841, 1851 and 1861. Religious profession, 1861. Number of Houses and families, 1841, 1851 and 1861.* BPP 1861 L.885 (2865).

Census of Ireland, 1861, *General alphabetical index to the townlands and towns, parishes and baronies of Ireland.* BPP 1862 LI.1 (2942).

Census of Ireland, 1861, *Part I showing the area, population and number of houses, by townland and electoral divisions. Vol. I. and II. Provinces of Leinster and Munster.* BPP 1863 LIV.1 (3204).

Census of Ireland, 1861, *Part I showing the area, population and number of houses, by townland and electoral divisions. Vol. III. and IV. Provinces of Ulster and Con-*

naught. BPP 1863 LV.1 (3204).

Census of Ireland, 1861, *Part II. Report and tables on ages and education. Vol. I.* BPP 1863 LVI.1 (3204-I).

Census of Ireland, 1861, *Part II. Report and tables on ages and education. Vol. II.* BPP 1863 LVII.1 (3204-I).

Census of Ireland, 1861, *Part III. Vital statistics. Vol. I. Report and tables relating to the status of disease.* BPP 1863 LVIII.1 (3204-II).

Census of Ireland, 1861, *Part III. Vital statistics. Vol. II. Report and tables relating to the status of disease.* BPP 1863 LVIII.1 (3204-II).

Census of Ireland, 1861, *Part. IV. Report and tables relating to the religious professions, education and occupations of the people. Vol. I..* BPP 1863 LIX.1 (3204-III).

Census of Ireland, 1861, *Part. IV. Reports and tables relating to religious professions, education and occupations. Vol. II.* BPP 1863 LX.1 (3204-III).

Census of Ireland, 1861, *Part. V, General report.* BPP 1863 LXI.1 (3204-IV).

1871 年アイルランドセンサス報告書

Census of Ireland 1871, *Abstract of enumerators' returns.* BPP 1871 LIX.801 (C.375).

Census of Ireland, 1871, *Part I. Area, houses, and population: also the ages, civil condition, occupations, birthplaces, religion, and education of the people. Vol. I. Province of Leinster.* BPP 1872 LXVII.1 (C.662).

Census of Ireland, 1871, *Part I. Area, houses, and population: also the ages, civil condition, occupations, birthplaces, religion, and education of the people. Vol. II. Province of Munster.* BPP 1873 LXXII.Pt.I.1 (C.873).

Census of Ireland, 1871, *Part II. Vital statistics. Vol. II. Report and tables relating to deaths.* BPP 1873 LXXII.Pt.II.477 (C.876).

Census of Ireland, 1871, *Part I. Area, houses, and population: also the ages, civil condition, occupations, birthplaces, religion, and education of the people. Vol. III. Province of Ulster.* BPP 1874 LXXIV.Pt.I.1 (C.964).

Census of Ireland, 1871, *Part II. Vital statistics. Vol. I. Report and tables relating to the status of disease.* BPP 1873 LXXIV.Pt.III.1 (C.1000).

Census of Ireland, 1871, *Part I. Area, houses, and population: also the ages, civil condition, occupations, birthplaces, religion, and education of the people. Vol. IV. Province of Connaught.* BPP 1874 LXXIV.Pt.II.1 (C.1106).

Census of Ireland, 1871, *Part III. General report, with illustrative maps and diagrams, summary tables, and appendix.* BPP 1876 LXXXI.1 (C.1377).

Census of Ireland, 1871, *Alphabetical index to townlands and towns of Ireland.* BPP 1877 LXXXVII.1 (C.1711).

1881 年アイルランドセンサス報告書

Census of Ireland, 1881, *Preliminary report with Abstract of the enumerators' summaries.* BPP 1881 XCVI.159 (C.2931).

Census of Ireland, 1881, *Part I, Area, population and number of houses; occupations, religion and education. Vol. I. Province of Leinster.* BPP 1881 XCVII.1 (C.3042).

Census of Ireland, 1881, *Part I, Area, population and number of houses; occupations, religion and education. Vol. II. Province of Munster.* BPP 1882 LXXVII.1 (C.3148).

Census of Ireland, 1881, *Part I, Area, population and number of houses; occupations, religion and education. Vol. III. Province of Ulster.* BPP 1882 LXXVIII.1 (C.3204).

Census of Ireland, 1881, *Part I, Area, population and number of houses; occupations, religion and education. Vol. IV. Province of Connaught.* BPP 1882 LXXIX.1 (C.3268).

Census of Ireland, 1881, *Part II, General report, with illustrative maps and diagrams, tables, and appendix.* BPP 1882 LXXVI.385 (C.3365).

Census of Ireland, 1881, *Supplement to alphabetical index of townlands and towns of Ireland.* BPP 1882 LXXIX.697 (C.3379).

1891 年アイルランドセンサス報告書

Census of Ireland 1891, *Preliminary report with Abstract of the enumerators' summaries.* BPP 1890–91 XCIV.175 (C.6379).

Census of Ireland, 1891, *Part I, Area, houses, and population: also the ages, civil condition, occupations, birthplaces, religion, and education of the people. Vol. I. Province of Leinster.* BPP 1890–91 XCV.1 (C.6515).

Census of Ireland, 1891, *Part I, Area, houses, and population: also the ages, civil condition, occupations, birthplaces, religion, and education of the people. Vol. II. Province of Munster.* BPP 1892 XCI.1 (C.6567).

Census of Ireland, 1891, *Part I, Area, houses, and population: also the ages, civil condition, occupations, birthplaces, religion, and education of the people. Vol. III. Province of Ulster.* BPP 1892 XCII.1 (C.6626).

Census of Ireland, 1891, *Part I, Area, houses, and population: also the ages, civil condition, occupations, birthplaces, religion, and education of the people. Vol. IV. Province of Connaught.* BPP 1892 XCIII.1 (C.6685).

Census of Ireland, 1891, *General report with illustrative maps and diagrams, tables and appendix.* BPP 1892 XC.1 (C.6780).

Census of Ireland, 1891, *Supplement to alphabetical index of townlands and towns of Ireland.* BPP 1892 XC.635 (C.6781).

1901 年アイルランドセンサス報告書

Census of Ireland, 1901, *Preliminary report with abstracts of the enumerators' summaries,* BPP 1901 XC.179 (Cd.613).

Census of Ireland, 1901, *Part I. Area, houses, and population: also the ages, civil or conjugal condition, occupations, birthplaces, religion and education of the people, Vol. I. Province of Leinster* [*Part 1*]. BPP 1902 CXXII.1 (Cd.847-I).

Census of Ireland, 1901, *Part I. Area, houses, and population: also the ages, civil or conjugal condition, occupations, birthplaces, religion and education of the people, Vol. I. Province of Leinster* [*Part 2*]. BPP 1902 CXXIII.1 (Cd.847-II).

Census of Ireland, 1901, *Part I. Area, houses, and population: also the ages, civil or conjugal condition, occupations, birthplaces, religion and education of the people, Vol. II. Province of Munster* [*Part 1*]. BPP 1902 CXXIV.1 (Cd.1058-I).

Census of Ireland, 1901, *Part I. Area, houses, and population: also the ages, civil or conjugal condition, occupations, birthplaces, religion and education of the people, Vol. II. Province of Munster* [*Part 2*]. BPP 1902 CXXV.1 (Cd.1058-II).

Census of Ireland, 1901, *Part I. Area, houses, and population: also the ages, civil or conjugal condition, occupations, birthplaces, religion and education of the people, Vol. IV. Province of Connaught.* BPP 1902 CXXVIII.1 (Cd.1059).

Census of Ireland, 1901, *Part I. Area, houses, and population: also the ages, civil or conjugal condition, occupations, birthplaces, religion and education of the people, Vol. III. Province of Ulster* [*Part 1*]. BPP 1902 CXXVI.1 (Cd.1123-I).

Census of Ireland, 1901, *Part I. Area, houses, and population: also the ages, civil or conjugal condition, occupations, birthplaces, religion and education of the people, Vol. III. Province of Ulster* [*Part 2*]. BPP 1902 CXXVII.1 (Cd.1123-II).

Census of Ireland, 1901, *Part II. General report, with illustrative maps and diagrams, tables and appendix.* BPP 1902 CXXIX.1 (Cd.1190).

Census of Ireland, 1901, *General topographical index, consisting of an alphabetical index to the townlands and towns of Ireland.....* BPP 1904 CIX.1 (Cd.2071).

史料・文献目録　　431

1911 年アイルランドセンサス報告書

Census of Ireland, 1911, *Preliminary report with abstract of the enumerators' summaries*, BPP 1911 LXX.641 (Cd.5691).

Census of Ireland, 1911, *Area, houses, and population: also the ages, civil or conjugal condition, occupations, birthplaces, religions, and education of the people. Province of Leinster.* BPP 1912–13 CXIV.1 (Cd.6049).

Census of Ireland, 1911, *Area, houses, and population: also the ages, civil or conjugal condition, occupations, birthplaces, religions, and education of the people. Province of Munster.* BPP 1912–13 CXV.1 (Cd.6050).

Census of Ireland, 1911, *Area, houses, and population: also the ages, civil or conjugal condition, occupations, birthplaces, religions, and education of the people. Province of Ulster.* BPP 1912–13 CXVI.1 (Cd.6051).

Census of Ireland, 1911, *Area, houses, and population: also the ages, civil or conjugal condition, occupations, birthplaces, religions, and education of the people. Province of Connaught.* BPP 1912–13 CXVII.1 (Cd.6052).

Census of Ireland, 1911, *General report, with tables and appendix.* BPP 1912–13 CXVIII.1 (Cd.6663).

Census of Ireland, 1911, *Supplement to the general topographical index of Ireland.....* BPP 1913 LXXX.1 (Cd.6756).

＊この英国議会資料におけるアイルランドセンサス報告書リストは，エセックス大学イギリスデータアーカイブ部ウラード教授により作成されたものであるが，彼の許可を得て転載させていただいたものである〔Woollard, M, 2007, JISC Development Programs Project Document Cover Sheet, Final Report, 61–75〕。

人 名 索 引

ア 行

アケンソン（D. H. Akenson）　380,394
有賀喜左衛門　　*v*,375
アレンスバーグ（C. Arensberg）　*iv-vii*,3-
　5,11,14-22,24,28,30-34,40,43,111,205,
　229,248,249,252,258,264,268,288,292,293,
　295,296,301,303,304,322,347,366,369,371,
　374-378,388,394
アンダーソン（M. Anderson）　371,390,393
ヴァーレイ（A. Varley）　27,393
ウィルソン（Thomas Wilson）　*iv*,394
ウェイクフィールド（E. Wakefield）　76
ウォーナー（W. L. Warner）　*v*,4,5,14,15,
　377,378
ウォール（R. Wall）　102,234,292,356,383,
　393
ウラード（M. Woollard）　374,392,396
エヴァンズ（E. Evans）　378,392
エドモンドソン（Ricca Edmondson）　376
エンブリー（J. F. Embree）　*v*,*vi*,375
エンリ（Louis Henry）　*i*
及川宏　*v*,375
オーファレル（E. O'Farell）　53
オグラーダ（Cormac O'Grada）　210,387,
　393
オコナー（M. O'Connor）　20
オニール（Kevin O'Neill）　*vi*,25-27,40,42,
　393

カ 行

カーティン（C. Curtin）　*iv*,*vi*,27,29,32,40
カーニー（F. J. Carney）　*vi*,22,23,27,91
カレン（L. M. Cullen）　74,77,387,392,395
川北稔　382
川島武宜　372,390
喜多野清一　*v*,375
ギナーン（T. W. Guinnane）　*iv*,*vi*,27,35-37,
　143,247,379,384
ギボン（Peter Gibbon）　*iv*,*vi*,14,18,20,27,
　29,32,40,379
ギリガン（Jim Gilligan）　318,389
キンボール（S. Kimball）　*iv-vii*,3-5,11,14-

　22,24,28,30-34,40,43,111,205,229,248,
　249,252,258,264,268,288,292,293,295,296,
　301,303,304,322,347,366,369,371,374-
　377,388,394
グベール（Pierre Goubert）　*i*
クラーク（A. L. Clarke）　384,389
グリフィス（R. Griffith）　62-65,237,323
グルーヴァー（S. Gruber）　373
グレイ（J. Gray）　*iv*,*vi*,23,24,27,42,76,367,
　393
ケネディ（L. Kennedy）　74,119,143,380,
　383,384,387,393
コートニー（William Courtney）　60
コネル（K. H. Connell）　24,42,76,313,378,
　382,389
コリガン（C. Corrigan）　*vi*,27,32,34
コルビー（T. F. Colby）　380

サ 行

齋藤英里　375,386,395
斎藤修　38
シェーファ・ヒューズ（N. Scheper-Hughes）
　380
シューラー（K. Schurer）　*iv*,374
ジョンソン（J. H. Johnson）　378
シングルトン（E. Shingleton）　51
ジンマーマン（C. Z. Zimmerman）　*v*,374
鈴木栄太郎　375
スツォルティセク（M. Szoltysek）　373
ストラスマン（B. I. Strassmann）　384,389
ズナニエキ（F. Znaniecki）　*v*
ソローキン（P. Sorokin）　*v*,374

タ・ナ 行

田渕六郎　390
チャヤーノフ（A. V. Chayanov）　185,186
ティリー（L. A. Tilly）　371,390
デイリー（M. Daly）　20
ディレーニー（Edward Delany）　323,324
ドイル（D. Doyle）　53,65,66
トッド（E. Todd）　39,40,113,114,292,356,
　370,379,380,394
ドネリー（W. Donnelly）　51,61

433

トマス（W. L. Thomas）　*v*
ドレーク（M. Drake）　382
トンプソン（W. J. Thompson）　53
西野理子　390

ハ　行

パーク（R. E. Park）　*v*
バージェス（E. W. Burgess）　*v*
バードウェル・フェザント（Donna Birdwell-Phesant）　27,35,37,43,379
バーン（Anne Byrne）　376,393
ハナン（D. Hannan）　18,19,21,33,186,393
ハミルトン（W. Hamilton）　49
ハメル（E. A. Hammel）　23,26,33,94,160,174,229,239,248,346,351,385,386
バルフォア（A. J. Balfour）　189
ハレーブン（Tamara Hareven）　*i*
フィッツパトリック（David Fitzpatrick）　27,42,379,380
フートン（E. A. Hooton）　3
フォーヴーシャムー（A. Fauve-Chamoux）　373,394
フォックス（R. Fox）　5,220
ブラウン（C. R. Browne）　*v*,3,10,386
ブラウンリッグ（H. Brownrigg）　49
ブラナック（Ciara Breathnach）　386
フラハティ（Eoin Flaherty）　378
ブリーン（R. Breen）　20,21,27,393
ブルデュー（P. Bourdieu）　371,390
ブレディ（B. Brady）　53
ヘイナル（J. Hajnal）　*i*,38,390
ベンチ（Bench）　47
本多三郎　395

マ　行

米田巌　378
マカフィー（W. Macafee）　27
マスグレーブ（Edgar Musgrave）　69-73
松尾太郎　5,6,10,21,22,63,66,68,109,184,189-191,199,210,212,246,251,303,304,306,308,359,366,372,379,389,392
マッコート（Desmond McCourt）　7
マテソン（Robert Matheson）　53
馬淵東一　*vi*,379
ミッテラウワー（Michael Mitterauer）　38
ミラー（K. Miller）　384,394
メイスン（Mason）　76
モーガン（V. Morgan）　27
モリング（B. Land Moring）　373

ヤ　行

安元稔　46
ヤング（A. Young）　76
米村昭二　56,78,248,304

ラ・ワ　行

ラーコム（T. Larcom）　49
ラグルズ（S. Ruggles）　*i*,*ii*,385,392
ラスレット（Peter Laslett）　*i*,*ii*,23,25-27,33,35,94,160,174,229,239,248,379,385,386,395
リー（J. Lee）　77,346,351,382
リンド（R. S. Lynd）　*v*,374
ロイル（S. A. Royle）　383
ワイルド（W. Wilde）　49,51

事 項 索 引

ア 行

アイナー　5, 28
IPUMS-International　*ii*, 374, 392
IPUMS-USA　*ii*
アイルランド
　——教会　55, 62
　——公文書館　iv, 74, 379, 394
　——1937年憲法　365
　——土地委員会　66, 67, 254
　『——における家族とコミュニティ』　3,
　　303, 374, 375
　——における貧困階級調査　56
　——のカントリーマン　3, 303
　——の農業統計　59
　——民俗委員会　75, 378
　——陸地測量部　47, 381
アウトフィールド　6, 7, 11
アキルマン　210
麻家内工業　77, 78, 83-85, 104, 109, 187, 210,
　213, 368
アメリカへの渡航費用　220
アレンスバーグ私的コレクション　375,
　376
家に残留　41, 44, 112, 236, 249, 304, 360, 362,
　368, 372
イギリス・データ・アーカイブ　iv, 374,
　392
移住率　30
1年乾草地　316
1歳以下の肉牛　201, 202, 206, 260, 264, 318,
　320-322
一子相続（システム）　15, 187, 248, 358, 387
移民統計　62, 220, 268, 270, 275
隠居家族　38
インフィールド　6, 7
ウェル・ビーイング　43, 144
牛飼い　211, 266, 267, 323, 325, 331, 363
牛販売による収益率　324
英国議会資料　vi, 56, 59, 60, 75, 382
永年乾草地　258, 316
縁組婚　3, 14-17, 35, 41, 42, 75, 76, 78, 111, 187,
　248, 300-302, 304, 362, 364, 366, 367, 370-

　372, 378
縁組婚についての質問項目　378
オート麦　14, 62, 67, 82, 83, 119, 197-201, 207,
　242, 244, 246, 255, 257, 259, 265, 312-317,
　354, 386
甥・姪　26, 28, 45, 103, 105, 182, 234, 236, 293,
　294, 353, 356
大麦　82, 197, 199, 201, 255, 257, 259, 313, 315,
　317
親子関係が権威主義的か自由主義的　379

カ 行

家禽　49, 59, 126, 127, 201-203, 205, 206, 210,
　242, 260-264, 318, 320-322
核家族システム　vi, vii, 23-25, 27, 34, 38, 42,
　76, 78, 79, 95, 97, 102, 108, 110, 111, 182, 185,
　187, 248, 366-368, 373
拡大家族世帯　i, 23-30, 32, 34-37, 78, 79, 94-
　97, 99-102, 104-106, 110, 167-170, 174-179,
　183, 188, 229-232, 238-242, 247, 287-291,
　293-297, 299-303, 305, 346-353, 356, 357,
　359, 363, 364, 379, 383, 385
拡大型ピラミッド　214
家計簿　198, 203, 205, 211, 242
下向的多核家族世帯　95, 96
家族規模　22, 23, 90
家族形成度　112, 144, 153, 165, 175, 177, 182,
　183, 232, 327, 347, 354, 355, 369, 371
家族周期　v, 25-27, 37, 38
家族従事者　212, 213, 267, 268, 326, 327
家族戦略　vii, 24, 43-45, 78, 79, 85, 87, 97, 109,
　111, 112, 143, 144, 158, 173, 177, 182, 186-
　188, 207, 209, 211, 213, 223, 231, 234, 235, 238,
　242, 247, 249, 268, 301, 305, 327, 328, 332, 335,
　336, 344, 351, 353-355, 363, 364, 367, 368-
　372, 390
家族適応的戦略　44
家族労働力経営　191, 253
家畜飼料　197, 255, 312
家長権　38, 132, 135, 137, 143, 153, 182, 187,
　188, 217, 225, 231, 236, 238-242, 246-248,
　272, 279, 287, 293, 294, 300, 301, 304, 341, 346,
　366, 368, 370

435

家父長制支配　41
乾草地　12, 118, 197, 199, 200, 255-260, 312, 314-318
季節移民農業労働統計　59
季節的出稼ぎ労働　186-188, 205, 209, 219, 246, 247
北西欧型世帯形成システム　373
北大西洋人口プロジェクト　*ii*, 374
機能主義理論　*v, vi*, 14, 15
基本変数　79
キャンセル土地評価簿　65
救貧区　*vii*, 29, 59, 63, 81, 189, 193-196, 199, 200, 204, 205, 207, 209-211, 214-216, 218-220, 222, 227, 229, 232-235, 237, 242, 244, 249-258, 262-264, 266, 270, 271, 273-275, 277, 278, 282-284, 290, 291, 293, 294, 307, 309-311, 315-318, 321, 322, 325, 330-335, 342-344, 349-352, 354, 381, 386-388
救貧区別土地利用　196, 226, 254, 311
教会記録　55, 75
境界ライン　113, 129, 145, 147, 150, 157, 158, 161, 165, 167, 170, 229, 245, 285
教区　24-26, 47, 48, 50, 51, 55, 57, 63-66, 68-70, 74, 78, 79, 83, 237, 381, 383, 388, 393
共住集団　33
共住集団規模　22, 23
兄弟姉妹　26, 41, 45, 49, 95, 97, 103-108, 110, 142, 175, 181, 182, 222, 231, 234-236, 242, 289, 293-295, 347, 353, 354, 356-358, 371, 389
共有地　3, 5-7, 11, 65, 68, 83, 199, 201, 211, 242, 245, 246, 259, 370, 372
義理の子供　103, 234, 292, 293, 356
キンボールコレクション　376
クーリング　*v*, 19, 378, 379
クラハン　5-8, 10, 11, 68, 109, 207, 237, 242, 367, 370, 378
グリフィスの地方税課税評価　62
鶏コレラ　189
経済的変数　21, 32, 34, 37, 44, 80
兼業農家　191, 195, 198, 199, 201, 206, 209-212, 246, 251, 252, 255, 261, 300, 308, 310, 314, 315, 318, 386
後継者の指名　248, 287, 304
耕作地の枯渇　304
耕作地農業　21, 127, 317
耕作農から牧畜農　201, 389
構築変数　79

荒蕪地・山地　196, 199
合理的選択アプローチ　371
国際移動　51, 305, 363, 364
国内移動　51, 305, 363, 364
小作人追放　304
コッティア　223, 272, 386
子供総数　229
子供の年齢コーホート　285, 344
コナハトマン　210
コネイカ　57, 58, 60, 84
小麦　62, 82, 84, 119, 197-201, 243-245, 255-259, 311, 313-317
小麦・大麦　197-199, 201, 256, 312, 315
雇用従事者　212, 267, 268, 326
雇用労働経営　268
雇用労働力経営　191, 198, 261, 320, 386
婚姻記録　55, 61
婚姻，出生，死亡に関する報告書　61
婚姻登録本所　51, 53
婚姻年齢　44, 58, 80, 128, 129, 143, 167, 174, 215, 270, 300, 330, 380, 382, 390
婚姻の割合　28
混合農業　30, 126, 127, 196, 197, 202, 211, 223, 262, 312, 317, 354
根菜・野菜面積　199

サ　行

サーヴァント　87, 103, 105, 181, 183, 188, 220, 225, 235, 236, 241, 266, 277, 279, 294, 299, 324, 336, 358-360, 362, 369, 386
GIS　*vii*, 112, 174, 182, 375, 393, 394
シカゴニューベリー図書館　375, 376, 395
自作地　43, 111, 252, 310
自作農創出　189
持参金システム　15, 17, 110, 248, 354, 364
私的占取と共同体的占取
地主の囲い込み　211, 304
死亡率　29-31, 44, 62, 113, 128, 129, 146-148, 182, 216-220, 271, 272, 273, 275, 285, 301, 330-336, 342, 344, 354, 368, 384, 398
資本主義度　30, 31
ジャガイモの不作　7, 189
収穫地面積　198, 200, 255, 256, 259, 314, 316
周辺地帯　126, 193, 196, 197, 199, 205, 207, 209, 220, 229, 234, 310, 312, 316, 317, 326, 327, 334, 349, 354
出生率　29-31, 44, 45, 62, 83, 91, 113, 128, 129, 143, 145-148, 157, 182, 215-218, 220, 223,

436

246, 271-274, 282, 283, 285, 301, 330-336, 342, 344, 354, 368, 380, 382, 384, 386, 398

十分の一税課税簿　62

峻厳な欲望の禁圧　366

生涯未婚者　44, 112, 132, 137, 142, 144, 145, 150, 165, 167, 182, 183, 188, 223, 246, 304, 332, 347, 354, 355, 364, 368, 369, 371, 384, 389

上向的多核家族世帯　95, 96, 301

常雇・臨時雇用　212

少子化　332, 344

小農社会家族　19

小農社会モデル　18, 186

小農社会論　18, 19

小農場周辺地帯　126, 127

織布工　24, 78, 83-85, 87, 104, 109, 187, 188

女性初婚年齢　132-136, 398

新居制の生殖家族　187

人口学的変数　21, 37, 44, 113, 285, 344, 346, 358, 363

人口ピラミッド　214, 217, 269, 272, 328, 330

人口密度　270, 330

親族数　44, 91, 95, 103, 105, 113, 181, 182, 234, 294, 353, 371

親族による渡航費の援助　223

垂直拡大家族世帯　25, 95, 174, 289

垂直タイプ　36

水平タイプ　36

水平的拡大家族世帯　25, 95, 103, 167, 289

成員，相続，役割　40

成牛地域　124

生牛として販売　205, 325

政治的経済モデル　20

西部アイルランド　iv, 3, 7, 14, 18, 31-33, 36, 40, 43, 44, 111-113, 116, 118, 119, 124, 127, 132, 135, 137, 139, 142-145, 147, 150, 153, 157, 158, 161, 165, 167, 170, 174, 175, 177-179, 181-183, 186, 189, 249, 264, 303-305, 307, 318, 321, 323, 328, 355, 363, 364, 368, 369, 371, 386

西部肉牛放牧地帯　127

西部ヒツジ・肉牛放牧地帯　127

世帯規模　22, 23, 30, 44, 89-94, 113, 153, 154, 157, 158, 170, 174, 182, 185, 217, 226, 229, 238, 282, 283, 285, 341, 342, 344, 368

世帯形成　23, 24, 44, 86, 89, 104, 113, 135, 144, 161, 174, 182, 183, 225, 235, 282, 291, 305, 324, 327, 341, 346, 347, 349, 353, 355-358, 364, 368, 369, 372, 390

世帯形態のダイナミックス　242

世帯構造　23, 24, 26, 33, 35, 77, 110, 135, 142, 143, 184, 186, 248, 251, 278, 288, 303, 305, 307, 335, 338, 341, 359, 363, 370, 385

世帯主職業　87, 91, 94, 97, 153, 225, 229, 232, 238, 267, 279, 281, 285, 287, 291, 303, 327, 341, 344, 354

世帯主年齢　22, 23, 44, 79, 85, 86, 91, 95, 96, 99, 102, 113, 150, 153, 161, 165, 167, 170, 173, 174, 215, 223, 225, 230, 232, 235, 236, 238, 247, 278, 281, 338, 341, 347, 349, 351, 353, 368, 370

世帯主の婚姻率　29, 152, 153, 341

世帯主の年齢コーホート　282, 288, 357

世帯主の父母　292, 356

世帯の世代数　28

選挙区　35, 49, 51, 55, 59, 68, 242, 249, 250, 264, 278, 306, 307, 359, 381, 387, 392

センサス個票　iv-vii, 22, 23, 25-27, 32-37, 53, 65, 76-79, 108, 112, 113, 182, 186, 188, 215, 224, 246, 249, 278, 282, 296, 301, 303, 307, 367, 368, 379, 383, 387, 392, 393

センサス実施法　46, 47

センサス統合マイクロデータプロジェクト　iv

センサス報告書　iv, 47, 48, 51, 53, 249, 250, 278, 306, 387, 388, 392

1000エーカー単位の家畜数　28

1000エーカー単位の穀物生産の土地割合　28

1000エーカー単位の農場労働者数　28

1908年の年金法の改正　270

先進型牧畜農業地域　308

1000人単位の移民率・出生率・死亡率　28

1838年の救貧法　249, 306

相互扶助的労働　32, 378, 379

相続システム　15, 17, 24, 78, 187, 216, 246, 248, 295, 296, 300, 303, 313, 369

相続戦略　24

素牛地域　124

タ　行

ターフ・ボッグ　196, 199, 312

大飢饉　vi, 6, 7, 22, 24, 25, 37, 42, 56, 59, 61, 76, 77, 81, 111, 127-129, 132, 135, 137, 148, 150, 154, 186, 187, 189, 213, 214, 216, 217, 220, 223, 246, 248, 249, 268, 272, 277, 301, 304, 307, 313, 328, 330, 336, 367, 386, 396

大西洋移動　305, 364
タウンランド　8, 10, 29, 47, 49, 51, 53, 55, 57, 62, 63, 65-68, 73, 79, 109, 110, 237, 242, 295, 296, 301, 307, 381, 387
多核家族世帯　23, 25-27, 32-34, 37, 78, 79, 95, 96-99, 102, 103, 105, 153, 167, 170, 174-177, 179, 182, 183, 188, 229, 230-232, 238, 239, 241, 247, 248, 278, 287-289, 291, 293-295, 300-303, 305, 346, 347, 349, 351, 353, 357, 359, 362-364, 370, 379, 383, 385
多産型　217, 336
多産多死型　354
タマゴの生産と行商　187
単純家族世帯　23-25, 27, 33-37, 43, 44, 78, 94-99, 101-104, 109, 110, 112, 165, 167, 174-177, 179, 183, 229-231, 233, 238-241, 287-289, 291, 296, 299-302, 324, 327, 328, 346, 347, 349, 351, 353, 356, 357, 359-363, 368, 369, 371, 383
男性初婚年齢　129
地域的ヴァリエーション　43, 44, 111-113, 127, 175, 182, 183
父方同居形態　41
チャヤーノフ理論　185, 186
中核地帯　193, 195-199, 205, 207, 216, 219, 220, 229, 233, 310, 312, 315-317, 322, 326, 327, 334, 349, 351
中規模耕作農業と牧畜　259
中規模保有　24, 30, 31, 78, 80-83, 85, 92, 98, 109, 254, 378
中心－周辺モデル　20, 21
中部放牧地帯　126, 127
直系家族　vii, 14-17, 19, 22, 25-28, 30-45, 95, 102, 108, 110-114, 167, 170, 175-177, 182, 183, 186-188, 231, 233-235, 242, 246-251, 268, 288, 291-296, 299-301, 303-305, 328, 347, 356, 362, 363, 366, 367, 369-373, 378-380, 385, 390
　　——システム　vi, 17, 23-25, 27, 38, 42-44, 76, 102, 110, 111, 142, 182, 187, 248, 366, 367, 370, 371, 380
　　——（システム）規範　34, 37, 40, 43-45, 79, 82, 108, 109, 111, 112, 132, 178, 179, 181, 182, 187, 188, 239, 242, 246, 248, 249, 291, 296, 301, 304, 305, 328, 363, 364, 366, 367, 369-372, 389
　　——の状況の要因　28, 43, 111
　　——の発達周期　35, 40
直系親族　103, 182, 234, 370

定位家族　187
デボン・コミッション　60
デボン報告書　60
同居親族集団　102, 234, 292, 356
東部アイルランド　7, 31, 32, 40, 42-44, 111-113, 116, 118, 119, 124, 127, 132, 135, 137, 139, 143, 144, 146, 147, 150, 152, 157, 158, 161, 165, 167, 170, 174, 175, 177-179, 181-183, 206, 260, 264, 265, 267, 303, 304, 307, 318, 323, 347, 355, 363, 364, 368, 369, 371
渡航費　216, 277, 301, 336
土地地方税評価額　28
土地登記法　65
土地なし労働者　44, 78, 84, 112, 116, 183, 209, 211, 217, 220, 277, 304, 305, 325, 331, 369, 370
土地保有のモード　30
ドニゴールマン　210

ナ　行

仲人　15, 364
2～1歳の肉牛　201, 206, 264, 301, 318, 320, 322, 323, 386
肉牛生産の一貫体制　323
2歳以上の肉牛　203, 206, 260, 262, 264, 318, 320-322, 324
西の部屋　14-17, 41, 42
『日本の村，須恵村』　v, 375
乳牛　201-203, 205, 206, 210, 260-262, 264, 318, 320-322
年雇用労働者　325
年齢コーホート　23, 85, 99-102, 104-106, 215, 220, 221, 225, 230, 231, 270, 275-278, 288, 294, 295, 330, 336, 337, 346-349, 351, 358
農業経営の地域性　44
農業サーヴァント　44, 78, 112, 305, 362
農業生産調査報告書　59
農業労働者　22, 29, 34, 44, 57, 58, 60, 63, 75, 84, 87-89, 112, 116, 144, 181, 183, 188, 191, 210, 211, 225, 226, 251, 266, 279, 280, 290, 291, 305, 315, 325, 327, 328, 330, 331, 336, 340, 341, 347, 350, 352, 359, 361-364, 369, 372
農作業の相互扶助　266
農産物耕地面積　197
農場会計簿　323
農民家族と経済活動　185
農民世帯　23, 24, 34, 91, 92, 94, 150, 151, 161, 225, 291, 302, 303, 305, 338, 353, 364
農民層分解　113, 191, 195, 197

農民体系モデル　20,21

ハ　行

ハーヴァード・アイルランド調査　3,376
配偶者方の父母　292,356
ハメル＝ラスレットによる世帯分類　23,
　94,174,229,248,287,346,351,385
晩婚化　28,42,45,87,128,129,132,135,137,
　142-144,146,150,153,182,216,249,294,301,
　304,341,344,346,349,355,358,363-365,
　368,384
肥育地域　124
非家族世帯　23,29,35-37,44,45,94,96,97,
　99-102,112,144,161,163-165,174-178,
　181-183,230,231,233,238,239,287-291,
　296,327,328,335,346-359,362-364,369,
　371
非賃金労働力仮説　185
ヒツジ　49,59,81,124,201,203,205,206,242,
　260-266,313,318,320-323
日雇い労働　211,246
ひょうたん型　269,330
平等主義的か非平等主義的かの変数　379
貧民蝟集地域　66-68,189,190,195,211,237,
　242,245,252,264,265,269,386
貧民蝟集地域開発局基礎報告書　66,242
夫婦家族単位　234,385
複合家族世帯　23,24,34,45,79,94,95,97,98,
　102-105,109,110,136,152,165,170-174,
　181,183,229,233,238,239,242,287,291,293,
　294,327,351,367,368,370,371,383
複合家族世帯と農民の比率の相関係数　40
父系的同居　234,292,356
ブタ　14,49,59,124,126,127,202,203,206,
　242,260-266,318,320-322
不分割相続　17,24,33,35,42,43,68,76,82,89,
　94,95,97,99,110-112,142,143,150,186,187,
　216,242,246,270,295,301,304,313,335,367,
　368,383,387
プル要因　305
フレンド　19,379
分割相続　24,42,68,78,82,84,87,89,95,98,
　109,110,135,143,150,186,187,198,207,211,
　213,214,216,223,246,248,295,301,303,313,
　336,368,369,380,383,387
平均子供数　92,145-147,158,159,229,238,
　344
平均世帯規模　22,28-30,89-92,153-157,

170,172,226,282,341,342,344,354,383,387
平均畜牛家畜頭数　119
平均土地保有規模　28,80,113
傍系親族　36,45,103,182,353
紡糸工　24,78,83-85,87,104,109,187
牧草地　11,12,49,62,118,195,196,197,200,
　205,207,242,254-256,266,311,313
牧草地化　196,201,313
牧畜化　108,118,201,202,205-207,255,259,
　300,310,313,317,327,353
牧畜農　30,81,82,202,203,260,262,315,323,
　326,358,363
牧畜農業　21,124,205,257,266,267,323,370
干し草の刈り　210
保有規模別耕作地面積　198,200,256,258,
　259,314,316
保有地放棄や売却　220,277

マ・ヤ　行

ミネソタ人口センター　i,ii,374,392,396
民俗慣行調査　75
息子の配偶者　234,292,370
娘の配偶者　234,292,355,370
ヤンキーシティ研究　v,4,5,14,15,374
遺言書　68,74,75,295,302,387

ラ　行

ライフコース　i,105,107,225,235,236,294,
　357,358
ライフサイクル・サーヴァント　i,105
ライ麦　119,198,199,201,256,259
酪農業　260,301,318,320,322
酪農・肉牛飼育地帯　126,127
ランディール制度　5-7,10,11,78,83,84,109,
　195,211,214,242,246,367,378
リナモナ　5,376
両親に対する忠誠　366
リンケージ手法　112,182
臨時日雇い労働者　325,326
ルオック　5,11,12,28,296
零細規模保有の停滞性　192
冷徹な権威主義　366
ローマカトリック教会　55,61
労働市場　183,226,303,305,341
労働者世帯　90,92,94,305,351,363
労働投下率　30
労働力の投下　212,267,326
老齢年金法　187,224,282,330,387

事項索引　　439

■著者略歴

清水由文（しみず・よしふみ）
1948年　兵庫県に生まれる。
1970年　関西学院大学社会学部卒業。
1976年　関西学院大学大学院社会学研究科博士課程単位
　　　　取得退学。
現　在　桃山学院大学教授。社会学専攻。
著　作　『Studies of Post-1841 Iriah Family Structures』
　　　　（桃山学院大学総合研究所，2016年），『変容す
　　　　る世界の家族』〔共編〕（ナカニシヤ出版，1999
　　　　年），『生をつなぐ家』〔共著〕（風響社，2013
　　　　年），『アイルランドの経験──植民・ナショナ
　　　　リズム・国際統合』〔共著〕（法政大学出版会，
　　　　2009年），『職業と家族生活』〔共著〕（ナカニシ
　　　　ヤ出版，1997年），他。

アイルランドの農民家族史

2017年12月30日　　初版第1刷発行

著　　者　　清　水　由　文

発　行　者　　中　西　　　良

発行所　株式会社　ナカニシヤ出版

〒606-8161　京都市左京区一乗寺木ノ本町15
T E L（075）723-0111
F A X（075）723-0095
http://www.nakanishiya.co.jp/

© Yoshifumi SHIMIZU 2017　　　　　　印刷・製本／亜細亜印刷
＊乱丁本・落丁本はお取り替え致します。
ISBN978-4-7795-1214-8　　Printed in japan

◆本書のコピー，スキャン，デジタル化等の無断複製は著作権法上
での例外を除き禁じられています。本書を代行業者等の第三者に依
頼してスキャンやデジタル化することはたとえ個人や家庭内での利
用であっても著作権法上認められておりません。